매력 자본

매력 자본

캐서린 하킴

이현주 옮김

Honey Money: The Power of Erotic Capital

민음사

HONEY MONEY:

The Power of Erotic Capital

by Catherine Hakim

차례

매력 자본이 왜 중요한가?

애나는 보수가 두둑하던 금융업에서 일하다가 실직했다. 덕분에 새 일자리를 찾아 나서야 했다. 그녀는 다이어트와 꾸준한 운동으로 체중을 줄였다. 10년은 젊어 보였다. 미장원에 가서 염색을 하고 젊고 생기 있게 보이는 짧은 헤어스타일로 바꾸었다. 또한 매력적인 프로처럼 보이도록 값비싼 옷을 사서 군살 없는 몸매를 드러냈다. 그렇게 하고선 면접을 다녔다. 그 옷을 입으면 자신감이 느껴졌다. 어떻게 되었을까? 3개월 뒤 그녀는 컨설턴트 업종에서 새로 일자리를 잡았다. 연봉은 50퍼센트나 올랐다.

애나는 공기업보다는 외모를 중시하는 사기업에서 일한다. 하지만 누구나 그녀처럼 될 수 있다. 지성과 전문가로서의 지식, 경험까지 보완해 주는 자산에 투자하고 활용하지 않을 이유는 없다. 새로 직장을 구하는 사람들은 인맥을 동원하라고, 다시 말하면 자신의 사회 자본을 활용하라는 조언을 자주 듣는다. 하지만 외모와 스타일을 바꾸는 것만으로도 똑같은 효과를 얻을 수 있다.

나는 아름다운 용모와 성적 매력, 자기표현 기술과 사회적 기술이 합쳐진, 애매하지만 정말 중요한 자본을 설명하기 위해 '매력 자본(erotic capital)'이라는 용어를 만들어 냈다. 다시 말하면 사람들을 호감 가는 동료로 만들고 사회의 모든 구성원, 특히 이성에게 매력 있는 인물로 만드는 신체적, 사회적 매력을 매력 자본이라 할 수 있다. 우리는 자격증이나 훈련, 직무 경험과 같은 인적 자본이 소중하다는 생각에 익숙해져 있다. 더욱 최근에는 네트워킹과 사회 자본, 즉 무엇을 아는가 대신 누구를 아는가가 중요함을 깨닫기 시작했다. 이 책에서 나는 지금까지는 딱히 뭐라고 표현할지 적절한 꼬리표가 없었기 때문에 완전히 무시되어 온 매력 자본에 대한 증거와 그것이 지닌 영향력을 보여 줄 것이다.

매력 자본은 사회적, 경제적 과정과 사회적 상호작용, 신분 상승을 이해하는 데 있어 인적 자본이나 사회 자본만큼 중요하다. 그리고 섹슈얼리티(성행위에 대한 인간의 욕망과 행위, 그리고 이와 관련된 사회제도와 규범을 모두 포함하는 용어—옮긴이)와 성적 관계를 이해하는 데도 아주 중요하다. 성애화되고 개인화된 현대사회에서 매력 자본은 남녀 모두에게 점점 더 중요해지고 있다. 여성의 경우에는 예전부터 매력 자본을 개발하고 활용해 왔다. 실제로 여성이 남성보다 더 큰 성적 매력을 지녔다는 연구 결과들이 있다. 미술가들은 이 사실을 수백 년 전에 간파했다.

구직자에게 조언하는 카운슬러들은 좋은 첫인상을 심어 줄 기회는 두 번 오지 않는다는 사실을 상기시킨다. 어차피 후보자 명단에 오른 사람들은 모두들 적합한 자격을 지니고 있고 적절한 경력을 갖고 있다. 면접이야말로 승자가 되는 데 도움이 되는 매력 자본 같은 특별한 재능을 드러낼 수 있는 기회이다. 이미 자격증과 경험을 갖추고 있던 애나는 자주 간과되는 이 자산에 투자한 것이다. 그렇다면 제대로 자격을 갖추지 못한 사람이라면? 매력 자본이 가장 중요한 자산이 될 수도 있다.

매력 자본은 회의실에서 침실에 이르기까지 인생의 모든 부문에서 지능만큼이나 중요하다. 매력적인 사람들은 다른 사람들을 친구, 연인, 동료, 고객, 의뢰인, 팬, 추종자, 유권자, 지지자, 후원자로 만든다. 그들은 (배우자와 친구에 대한 선택권이 더 커짐에 따라) 사생활에서 더 성공을 거두는 동시에 정치나 스포츠, 예술, 비즈니스에서도 성공을 거둔다. 나는 이 책을 통해 매력 있는 사람들이 더 많이, 더 빨리 성공하게 만드는 사회적 과정을 알아내고자 한다. 매력은 몇 살부터 중요해지기 시작하는가? 아름답고 잘생긴 사람들은 자신의 장점을 알고 있는가? 아름다움과 뇌 사이에 연관 관계가 있을까? 만약 아름답게 태어나지 못했다면 어떤 식으로든 매력을 키울 수는 있는가? 이러한 의문을 파헤치고자 한다.

연구 초기에 한 가지 수수께끼가 등장했다. 연구 결과에 따르면 놀랍게도 남성이 여성보다 매력 자본으로 더 많은 경제적 이득을 본다. 대개 사회적, 신체적 매력에서 더 높은 점수를 받는 쪽은 여성이다. 아마도 여자들이 예쁘고 호감 있게 보이려고 더 많이 노력하기 때문일 것이다. 그런데 현실에서는 여성의 매력 자본이 남성의 매력 자본보다 덜 보상받는 듯하며 이는 노동시장에서 가장 명백히 드러난다. 왜 그럴까? 그러면 우리는 어떻게 해야 할까?

이 문제에 대해서는 부분적으로 내가 '남성의 섹스 결핍(male sex deficit)'이라 부른 남성의 강한 성욕으로 설명할 수 있을 듯하다. 남자들은 섹스 결핍으로 인해 어릴 때부터 좌절감을 느낀다. 이는 사적인 관계에서 여성에 대한 남성의 태도는 물론, 공적인 관계에서도 은연중에 영향을 미친다. 나는 세계적으로 실시된 성에 대한 최근 조사를 통해 남성의 섹스 결핍 현상을 우연히 알게 되었다. 우리가 이미 알고 있듯이, 남자들은 성적으로 만족이라곤 모른다. 남성의 섹스 결핍은 매력 자본을 통해 모든 남녀 관계에 영향을 미친다. 가부장제는 여성이 집 밖에서 어떤 옷을 입고 어떤 행동을 해야 하는지 통제하는 '도덕화의 과정' 속에서 이 사실을 감추려고 무진장 애써 왔다. 내가 보기에 급진적인 페미니즘은 여성의 매력을 하찮게 여기는, 가부장제와 비슷한 생각을 채택함으로써 막다른 골목에 이르렀다. 왜 페미니스트들은 여성에게 어울리는 옷과 태도에 대한 남자들의 인습에 도전하지 않았는가? 여성성을 완전히 파괴하기보다는 차라리 옹호하면 어땠을까? 왜 여자들에게 기회가 있을 때마다 남자들을 이용하라고 부추기는 사람이 한 명도 없을까? 급진적인 페미니즘은 여성을 해방하기보다는 억제하는 것처럼 보일 수 있다.

이 책은 개인적인 의견과 편견을 제시하는 책은 아니다. 모든 논거는 이러한 주제를 다룬 사회과학의 광범위한 연구 증거를 기초로 하고, 실제로 그 증거로부터 발전했다. 그 증거는 앞으로 제시할 것이다. 나

의 두 가지 주요한 개념인 매력 자본과 남성의 섹스 결핍 역시 새롭지만 증거에 근거를 둔 것이다.[1]

1장에서는 매력 자본이라는 개념을 소개하며, 매력 자본이 풍요로운 현대사회에서 점점 더 중요해지는 이유도 함께 설명할 것이다. 지난 100년 동안 IQ가 10년마다 6퍼센트 정도씩 꾸준히 높아진 것처럼, 신체적인 매력 또한 시간이 지나면서 높아지고 있다. 신장이 인지능력이나 사회적 기술과 연관이 있는 것처럼 이 두 과정 역시 어떤 식으로든 연결되어 있을지도 모른다.[2] 매력 자본도 IQ나 신장처럼 측정할 수 있을까? 신체적 매력과 사회적 매력 중에 어느 것이 더 중요할까?

특히 남성은 키가 크면 사회적, 경제적으로 유리하다는 사실은 널리 알려져 있다. 미국 대통령은 대부분 키가 컸거나 최소한 라이벌보다는 컸다. 마찬가지로 사회적, 신체적 매력은 사적인 관계에서뿐 아니라 직장이나 사회에서도 중요한 이점이 되는 듯하다. 4장부터는 매력 자본이 일상생활에서 어떻게 작용하는지 살펴보고 모든 활동에서 매력 자본이 지닌 이점을 검토할 것이다.

4장과 5장에서는 신체적, 사회적 매력이 친구 관계와 데이트, 구애, 결혼, 이성 유혹, 바람피우기, 친구 만들기, 착하고 정직한 사람으로 인정받고 거의 모든 상황에서 수월하게 살아갈 수 있는 능력 등 일상생활에서 남녀 모두에게 안겨 주는 이점을 증명할 것이다. 평생 매력 자본이 주는 이점은 가끔 '차별'로 분류되는데, 이는 온당치 않다. 남을 설득하고 매혹하는 능력이든 컴퓨터 프로그램에 대한 지식이든 혹은 비행기를 조종하거나 남보다 빠르게 달릴 수 있는 능력이든, 드물다는 것은 어떠한 상품이나 재능, 기술에 가치를 부여한다.

매력 자본은 역할과 책임을 두고 매일 싸워야 하는 부부들에게도 중요할 수 있다. 대부분의 연구는 이성 부부를 검토하지만, 한쪽 배우자가 더 어리고 매력적인 동성 부부에서도 비슷한 패턴이 나타난다. 이는 '성의 경제학(sexual economics)'[3] 혹은 내가 표현한 대로 남녀 간의 모든 교환과 관계의 기초가 되는 '성 경제학(sexonomics)'으로 귀결된다.

6장에서는 성적인 연예산업과 성 산업, 그리고 광고업의 많은 부분을 매력 자본을 판매하는 사업으로 재규정한다. 성 서비스의 관련 여부와 관계없이, 연예산업 종사자들은 확실히 더 젊고 매력적이고 아름답고 건강하고 생기 넘치는 경향이 있다. 물론 성적으로도 무척이나 매력적이다. 그리고 춤이나 노래, 곡예와 같은 예술적인 재능이나 기타 다양한 사회적 기술을 제공한다. 심지어 음악 산업마저도 성적 자극에 민감해져서, 가수들은 무대와 카메라 앞에서 성적 매력과 활력을 발산하는 능력을 위주로 발탁된다. 의류와 향수 광고는 성적 매력을 크게 부각하는 분야가 되고 있다. 광고는 세제에서 자동차, 윤활유에 이르는 모든 종류의 상품에 여성의 섹시함과 아름다움을 이용한다.

7장에서는 매력 자본의 사업적 가치를 살펴본다. 다시 말하면 매력 자본이 정치와 언론, 직장, 스포츠, 예술계에서 상품과 서비스, 아이디어, 정책을 판매하는 데 어떻게 도움이 되는지 알아볼 것이다. 클럽이나 술집 같은 서비스 산업에서, 매력 자본의 일부인 사회적 기술은 특별한 스타일과 느낌을 내는 데 특히 중요할 수 있다. 모든 화이트칼라 직종, 특히 고객이나 의뢰인과 접촉해야 하는 전문직과 관리직 종사자에게도 사회적 기술은 중요하다. 이제는 정치인이나 학자들도 뛰어난 지식은 물론이고 매력적이고 단정한 모습까지 도움이 된다는 사실을 깨달았다. 텔레비전이 그들의 생각뿐 아니라 모습까지 노출시키기 때문이다. 매력으로 인해 발생하는 수익이 특정 직업에 집중되기는 하지만, 몇몇 연구 결과에 따르면 키가 크면 소득이 10~20퍼센트 늘어나는 것처럼 전체 노동인구의 소득에서 10~20퍼센트는 '외모 프리미엄' 덕분이다.

매력 자본은 너무나도 명백한 개념처럼 보이기 때문에 왜 이전에 사람들이 그것을 알아보지 못했는지 궁금할 정도다. 1~3장에서 나는 욕망의 정치 때문에 여성이 전반적으로 밀려나는 상황이 야기됐다고 주장할 것이다. 매력 자본은 남성의 욕망은 크게 자극하지만 여성의 욕망은 그리 적극적으로 자극하지 못한다. 매력 자본과 그것의 가치에 대한 논쟁은 남성의 성욕과 연관된다. 여자들이 남자의 '약점'을 이용하는 경우에도, 남자들은 대개 이 사실을 인정하려 들지 않았다. 따라서 여성의 매력 자본은 남성의 섹스 결핍, 자존심, 남녀 간의 권력투쟁을 둘러싼 레토릭과 뒤엉키게 되었다. 현대의 성 정치학은 여성의 매력 자본과 성적 능력(섹슈얼리티)이 사생활에서 갖는 가치를 끊임없이 부인한다.

페미니스트들은 남성의 성욕이 더 강하다는 건 근거 없는 믿음이고 나쁜 행동에 대한 책임을 회피하기 위한 구실에 불과하다고 주장한다. 그들은 다른 부분에서와 마찬가지로 성욕에서도 남녀 간에 큰 차이가 없다고 주장한다. 나는 그들의 주장이 틀렸음을 증명하기 위해 2장에서 신중하게 증거를 검토할 것이고 남녀 간의 욕망의 차이가 매력 자본의 가치에 미치는 영향을 고려할 것이다. '남성의 섹스 결핍'이 보편적인 현상이라는 결론을 입증하기 위해 전 세계에서 시행된 성에 관한 조사 결과를 자세히 제시할 것이다. 사회과학자들이 대체로 회피해 온 이 사실을 새로운 사회적 진실로 입증하고, 그것이 사생활이나 공적인 생활 모두에서 남녀 간의 관계에 미치는 영향을 조사하는 일은 중요하다.

매력 자본의 이점이 상당히 크기 때문에 우리는 왜 이러한 개인적인 자산이 지금까지도 명쾌히 인정받지 못했는지 의심을 품어야 한다. 3장에서는 가부장적인 이데올로기가 여성의 매력 자본을 조직적으로 하찮은 것으로 만드는 바람에 여성이 그 자본을 이용하지 못했고 결국 피해를 본 측은 남자들이었다고 주장할 것이다. 대체로 여성이 남성보다 매력 자본이 더 많기 때문에 남자들은 그 자본이 존재한다거나 가치가 있다는 것을 부인한다. 그리고 여자들이 자신의 이점을 정당하게 이용하지 못하도록 해 왔다. 안타깝게도 오늘날 급진적인 페미니스트들은 매력 자본의 활용에 '도덕적으로' 반대하는 가부장적인 입장에 힘을 보태 준다. 많은 페미니스트들의 저술은 여성의 아름다움과 성적 매력을 이렇게 영원히 경멸함으로써 남성 우월주의적 관점과 공모한다. '외모 지상주의' 비판과 뚱보들의 반란은 매력 자본의 사회적, 경제적 가치에 대해 거부감을 표현한 가장 근래의 예이다.

넓은 의미에서 보면 페미니즘은 다수의 분파가 경쟁하는 교회이다. 프랑스와 독일의 페미니즘은 대체로 여성의 매력 자본(이 개념을 직접 사용하지는 않고)을 인정해 왔고 중요시해 왔다. 여성의 매력 자본에 대한 그들의 인식은 유럽 대륙의 페미니스트와 청교도적인 앵글로색슨계의 급진적 페미니스트를 갈라놓는 깊은 간격을 설명해 준다.

매력 자본은 남성에 대한 여성의 절대적인 우위가 발생하는 삶의 일면을 드러낸다. 이는 지금까지 남자들이 인정하기 거부해 온 중대한 사실이다. 제4의 자산인 매력 자본에 대한 재인식은, (페미니즘 사상가들의 공헌에도 불구하고) 21세기에도 사회과학이 얼마나 성차별적이고 가부장적이었는지를 명확히 드러내 준다. 또한 매춘과 대리모 임신같이 뜨거운 논쟁이 이루어지는 공공정책 분야에서도 새로운 관점을 열어 준다.

매력 자본의 개념은 노동시장과 사적인 관계에서의 여성의 위치에 관한 폭넓은 연구로부터 탄생했다. 이는 기존의 성공학과 대중적인 처세술에서도 빠진 부분이다. 나는 사적인 관계뿐 아니라 공적인 관계의 모든 면면을 새롭게 볼 수 있는 시각을 제시하려 하며, 바라건대 그 과정에서 여성들이 보다 나은 협상력을 갖길 바란다.

1 매력 자본이란 무엇인가?

매력적인 사람은 눈에 띈다. 사람들은 그런 사람들을 알아보고, 그들에게 끌릴 뿐만 아니라 호의를 품는다. 오바마 대통령은 재능도 많고 머리도 좋고 교육도 많이 받았지만, 잘생기고 호리호리하고 건강해 보이고 옷을 잘 입는다는 점이 흑인 최초로 미국 대통령이 되는 데 기여한 듯하다. 특히 그의 아내 미셸을 모든 사람들이 좋아하는 점도 그의 성공에 큰 도움이 되었다. 한편 엘리자베스 테일러는 어렸을 때부터 빛을 발하는 미인이었다. 그녀는 자신이 출연한 모든 영화에서 스크린을 빛냈다. 남자들은 늘 그녀가 매력적이라고 생각했고 그녀는 긴 생애 동안 여덟 번 결혼했다.

빼어난 미인은 세계인의 마음을 빼앗는 듯하다. 중국 여배우 공리는 세계 최고의 미인으로 손꼽히는데, 중국인 감독 장이머우가 감독한 여러 영화에 출연했을 때만큼 미국 영화 「마이애미 바이스」에서도 큰 성공을 거두었다. 미국 골프 선수 타이거 우즈는 운동선수로는 처음으로 총수입이 10억 달러가 넘었는데, 대부분의 수입이 운동선수로서 벌어들인 것이라기보다는 수천 억 달러 규모의 스폰서 거래에서 얻은 것이다. 그의 매력이 순전히 미국에 국한되지 않고 전 세계적으로 인정받기 때문이다.[1] 여기서도 역시 매력적인 배우자와 아이들이 그의 매력의 일부를 차지했다.

이러한 예들은 유명인과 관련이 있지만, 일상생활에서도 동일한 패턴을 찾을 수 있다. 신체적으로, 사회적으로 매력 있는 사람들은 인생의 모든 면과 직업에서 이익이 될 수 있는 '강점', 즉 매력을 지니고 있다.

돈으로 거의 모든 것을 살 수 있다는 사실은 다들 알고 있다. 이제는 실력주의 사회가 되었기 때문에 우리는 훌륭한 교육과 경력의 엄청난 경제적, 사회적 이점을 가리키기 위해 '경제 자본'과 함께 '인적 자본'에 대해 이야기하는 데에도 익숙해졌다. 인적 자본은 또한 지식 경제 기업에 직원이 어떻게 공헌하는지를 설명할 때에도 쓰인다. 게다가 최근에는 친구나 친척, 사업상 지인의 경제적, 사회적 가치를 가리키기 위해 '사회 자본(social capital)'이라는 말이 채택되었다. 이는 자신이 아는 '것'과는 분명히 다른 것으로 자신이 아는 '사람'을 가리킨다. 그리고 '매력 자본'은 매일 그 중요성을 확인하게 되는데도 지금까지는 무시되어 온, 네 번째 개인 자산이다.

매력 자본은 아름다운 외모, 성적 매력, 활력, 옷 잘 입는 능력, 매력과 사회적 기술, 성적 능력을 모두 아우르며, 신체적 매력과 사회적 매력이 혼합된 것이다. 섹슈얼리티는 매력 자본의 일부분으로, 친밀한 관계에서만 적용되기 때문에 쉽게 간과되는 부분이다.[2] 그러나 세계적으로 실시된 성에 관한 조사 결과를 보면, 풍요로운 사회에 사는 사람들이 현대적인 피임 기구의 발명 이전에 일반적으로 가능했던 것보다 더 자주, 더 많은 상대와 성관계를 갖고 있음을 알 수 있다. 따라서 섹슈얼리티는 온갖 유형의 성적 유흥이 크게 증가하는 데 기름을 부을 뿐 아니라 문학과 대중문화, 광고에 점점 더 침투해 나감으로써 과거보다도 생활에서 더 큰 역할을 한다. 이를 새로운 '성 해방'으로 환영하는 이들도 있지만 많은 이들이 몹시 싫어한다. 대중 광고 여기저기서 등장하는 성적인 이미지는 과거 수십 년 동안 등장한, 더없이 행복해 보이는 가정주부의 이미지만큼이나 페미니즘의 분노를 산다.[3]

현대에는 과거에 왕이 후궁을 두고 귀족이 첩을 들였던 것처럼 섹슈얼리티가 지배층과 부자에게만 중요한 것이 아니라 모든 이에게 점점 더 중요해졌다. 단지 성적 유흥에 대한 남성의 요구가 끊임없이 이어진다는 이유만으로도 여성의 매력 자본 가치는 상승하는데, 안타깝게도 많은 여성들이 이 사실을 충분히 알고 있지 못하다.

매력 자본의 6가지 요소

매력 자본은 여러 가지 면을 갖고 있다. 사회나 시점에 따라 그중의 특정한 일면이 두드러질 수도 있고 아닐 수도 있다. 무엇이 아름다운가에 대한 생각은 문화나 시대별로 다르지만, 아름다운 외모는 항상 가장 중요한 요소이다. 물론 개인적인 취향 또한 다르다. 대표적으로 남아프리카의 일부 사회는 몸이 아주 풍만한 여성을 칭찬한다. 서유럽의 패션모델들은 거식증 환자처럼 보일 정도로 키가 크고 말랐다. 이전 세기에는 눈이 작고 입이 장미 봉오리같이 조그만 여성을 우아하고 아름답게 여겼다. 사진 촬영에 적합한 얼굴 생김새를 강조하는 현대의 추세는 이제 눈과 입이 크고 '조각 같은' 얼굴을 아름답다고 인정한다. 부록 '매력 자본 측정법'에서 지적한 대로 가장 최근의 연구 조사를 보면 전통적인 모습과 좌우 얼굴 대칭, 한결같은 피부톤이 매력에 도움이 되는 것을 알 수 있다.

그러나 매력은 벨르(belle) 혹은 졸리 레이드(jolie laide)에서 입증되듯이 대체로 성취된 특징이라 할 수 있다. 프랑스어의 벨르 레이드(남자의 경우는 보 레이드)는 표현 능력이나 스타일을 통해 매력을 발산하는 못생긴 여성을 가리킨다. 몸매를 유지하고 자세를 좋게 하고 자신을 돋보이게 만드는 색깔과 모양으로 꾸미고 자신에게 어울리는 헤어스타일과 옷을 선택하는 등의 변화로 완전히 새로운 외모를 만들 수 있다. 그러나 많은 사람들이 그러한 노력을 기울이는 데 실패한다. 그로 인해 훌륭한 미인은 늘 부족하고 어디에서나 그 가치를 인정받는다.

두 번째 요소는 성적인 매력으로, 이 요소는 전통적인 아름다움과 아무런 관계가 없을 수도 있다. 아름다움은 어느 정도까지는 대체로 얼굴의 매력을 말하는 반면, 성적인 매력은 섹시한 몸에 관한 것이다. 그러나 성적 매력은 남성이든 여성이든 개성과 스타일로 표현될 수도 있다. 사회적 상호작용에서 드러나는 개성, 혹은 세상에 존재하는 하나의 방법을 말할 수도 있다. 아름다움은 고정된 경향이 있기 때문에 사진으로 쉽게 담아 낼 수 있다. 성적 매력은 누군가가 몸을 움직이고 말하고 행동하는 방식과 관련이 있기 때문에 영화에서 포착되거나 직접 눈으로 관찰할 수밖에 없다. 많은 젊은 사람들이 성적 매력을 지니지만, 그 매력은 나이가 들면서 쉽게 시들해질 수 있다. 그리고 개개인의 취향 또한 바뀐다. 서양 남성들은 가슴파, 엉덩이파, 다리파로 나뉘지만, 대부분의 문화에서 중요한 것은 전체적인 외모이다. 몸집이 작은 여성을, 심지어는 조그마한 여성을 좋아하는 남자들이 있는가 하면, 키가 크고 우아한 여성에게 마음을 빼앗기는 남자들도 있다. 또한 근육이 잘 발달된 강인한 남성을 좋아하는 여성이 있는가 하면, 호리호리하고 약해 보이는 남자를 선호하는 여성도 있다. 이상적인 남성에 대한 이러한 두 가지 의견은 인도네시아와 중국의 가극에서 세련되고 고상하고 머리 좋은 학자와 힘세고 활기 있는 전사로, 붓의 힘과 검의 힘으로 각각 묘사된다.

매력 자본의 세 번째 요소는 당연히 사회적인 요소이다. 우아함과 매력, 인간관계 기술, 사람들이 자신을 좋아하게 만들고 자신과 함께 있을 때 편안하고 행복하게 해 주고 자신을 알고 싶어 하게 하고 괜찮다면 자신을 갈망하게 만드는 능력이다. 상대에게 추파를 던지는 기술은 배울 수 있지만, 이 기술 역시 누구에게나 있는 것은 아니다. 힘 있는 자리에 있는 사람들 중에서도 엄청난 매력과 카리스마를 지닌 사람들이 있는가 하면, 전혀 그렇지 못한 사람들도 있다. 남자나 여자나 모든 상황에서 적당히 노닥거리는 데 뛰어난 사람들이 있는 반면, 그렇지 못한 사람들도 있다. 이러한 사회적 기술 역시 가치가 있다.

네 번째 요소는 신체적인 건강함과 사회적인 에너지, 훌륭한 유머가 섞여 나타나는 활력이다. 활력이 넘치는 사람들은 다른 사람의 마음을 사로잡을 수 있다. '파티에서 제일 재미있는 사람'이 바로 대표적인 예이다. 일부 문화권에서는 유머를 소중히 여기는데, 대부분의 문화에서 활력은 춤 실력이나 스포츠 활동에서 여실히 나타난다. 그래서 종종 운동선수들이 특별한 매력의 소유자로 인정받는 것이다.

다섯 번째 요소는 사회적 표현력이다. 옷 입는 스타일이나 화장법, 향수, 보석 등의 장식품, 헤어스타일, 사람들이 자신의 사회적 지위와 스타일을 세상에 표시하기 위해 지니고 다니거나 입는 다양한 액세서리를 말한다. 군복과 같은 공식적인 제복은 지위, 계급, 권한을 알리며, 에로틱한 의미를 담고 있는 경우가 많다. 파티 같은 사교 행사에 참석하는 일반인들은 행사에서 만나는 모르는 사람들에게 자신의 사회적, 경제적 지위를 알릴 뿐 아니라 매력 있게 보이도록 옷을 입는다. 장소와 주제에 따라 섹시한 옷차림새나 사회적 지위의 상징물을 강조하는 정도가 달라진다. 과거에는 사치 금지법 때문에 지위를 알리는 상징물을 옷에 사용할 수 없었다.[4] 현대의 패션도 부분적으로 이러한 역할을 하는데, 오늘날에는 경제적인 지위만큼이나 성적 취향과 패션 리더임을 표현하는 데 초점을 맞추고 있다. 전 세계적으로 장례식은 정숙함과 단순함, 수수한 복장을 요구하는 반면, 결혼은 화려한 복장을 자극한다. 사회적 표현력에 뛰어나고 적절하게 옷을 잘 입는 사람들은 노숙자처럼 보이는 사람들보다 매력적이다.

여섯 번째 요소는 섹슈얼리티이다. 테크닉, 열정, 야한 상상력, 장난기 등 성적으로 만족감을 주는 파트너가 되는 데 필요한 모든 것을 말한다. 누군가가 괜찮은 애인인지 여부는 상대방만이 알 수 있다. 물론 이러한 능력은 연령뿐 아니라 상대방의 능력과 열정에 따라 달라질 수 있다. 성욕이 강한 사람들이 결국에는 더 훌륭한 기술을 깨우칠 가능성이 크지만, 밝힌다고 잘하게 되는 건 아니다. 아주 드물게 예외가 있지만, 전국적인 성생활 조사도 사람들의 성적 매력과 성적 능력에 관한 정보를 제공해 주지 못한다.[5] 조사 결과를 보면, 모든 인구집단의 성 충동이 크게 차이가 난다는 사실을 알 수 있다. 성적으로 몹시 적극적인 남녀는 극소수이고, 대다수는 중간 정도다. 그리고 소수는 대개 금욕 생활을 한다.[6] 따라서 성적 테크닉은 성인의 경우에도 보편적인 특성이 아니며 최고의 능력은 소수의 자산이라고 결론 내리는 것이 합당해 보인다. 이 요소는 대개 사적이고 친밀한 관계에서만 적용되기 때문에 마지막에 설명한 반면, 나머지 다섯 가지 요소는 모든 사회적 상황에서 작용한다.

여성뿐 아니라 남성의 경우에도 여섯 가지의 모든 요소가 한 사람의 매력 자본을 만든다. 이 중 어떤 것이 중요한지는 종종 남녀별로 다르며 문화 간에, 그리고 시대에 따라 다르다. 파푸아뉴기니에서 깃털로 머리를 장식하고 화려한 색채와 창조적인 디자인으로 얼굴을 칠하는 사람은 남성이다. 유럽 여성은 화장품으로 얼굴을 꾸미지만, 남자들은 거의 화장을 하지 않는다. 매력 자본의 가치는 직업에 따라 달라질 수도 있는데, 직업이 매력 자본의 가치를 두드러지게 할 수도 있고 그렇지 않을 수도 있다. 예를 들어 IT 산업 종사자는 일반적으로 매력 자본이 필요하지 않으며, 그렇기 때문에 '괴짜'라는 정형화된 모습으로 그려지는 것일 수도 있다. 이와는 대조적으로 일본의 게이샤와 파키스탄의 타와이프라는 기녀들은 자신이 하는 일에서 매력 자본을 핵심적인 부분으로 활용한다. 게이샤와 타와이프가 지닌 여섯 가지 요소의 모습은 서로 다르다. 게이샤는 다재다능한 접대부이자 예능인, 혹은 가수로서 주로 다실(茶室)이나 요릿집, 요정 등 대중적인 장소에서 일하면서도 정기적으로 성적인 서비스는 제공하지 않지만, 타와이프들은 능숙한 춤꾼이자 이슬람 가수일 뿐 아니라 그들이 지닌 매력의 한 가지로서 성을 제공할 수도 있기 때문이다.[7] 양쪽 모두에게 기분 좋은 만남을 제공하기 위한 교제술과 사치스러운 복장, 달콤한 대화, 우아함과 매력이 중요하며, 이는 그들이 받는 요금에 반영된다. 매력 자본의 사회적, 경제적 가치는 이른바 '유흥업종'에서 두드러지지만,[8] 그 밖의 모든 사회생활에서도 매우 중요하다.

일부 문화에서는 여성의 매력 자본이 임신 능력과 밀접하게 관계되어 있다. 대략 1만 3000년 전에 그려진 인간의 모습 중 다수는 여신으로 보이는 여성이며 일본의 토우(土偶)처럼 다산의 상징으로 믿어졌다. 기독교 미술에서는 아기 예수와 함께 있는 젊은 성모 마리아의 모습이 가장 인기가 있다. 서인도제도의 여러 집단에서는 임신 능력이 여성의 성적 매력에서 무척이나 중요하기 때문에 미혼 여성은 결혼이 최종적으로 결정되기 전에 자신의 임신 능력을 증명한다. 따라서 약혼한 여성이 결혼식을 올리기 전에 건강한 아이를 출산하는 일이 흔히 일어난다. 인도에서는 결혼 생활에 아이가 없어서는 안 되고 인생에서 무척 중요하다고 여기기 때문에 아이가 없는 부부는 스스로 원해서 자식을 낳지 않았다기보다는 불임의 불행한 피해자로 간주된다. 일부 문화에서 동성애가 지탄받는 한 가지 이유는 자손을 낳을 수 없기 때문이다.[9] 많은 문화에서 다산한 여성은 매력적으로 간주되는데 아이들이 건강하고 예쁠 경우에는 특히 더 그러하다. 이탈리아 남자들은 잘생긴 아들을 둔 여성을 칭찬하는 반면, 미국 남자들은 오직 여성의 아름다운 긴 다리와 윤기 나는 긴 머리만을 칭찬한다. 일부 문화에서는 임신 능력이 매력 자본의 일곱 번째 요소로 추가되는데, 이 요소는 물론 여성에게만 존재한다. 특정 문화에서는 이 요소의 중요성을 더욱 강조하기 때문에 자연히 여성이 남성보다 우위에 있다. 경우에 따라서는 생식 자본을 다섯 번째 자산으로 간주하지만, 높은 임신율을 특징으로 하는 농촌 사회일 때보다 21세기의 현대 사회에서는 낮게 평가되는 듯하다.[10]

고대 그리스의 헤타이라이와 일본의 게이샤, 이탈리아 르네상스 시대의 고급 매춘부에서 알 수 있듯이, 몇몇 문화에서 매력 자본과 문화 자본은 밀접하게 관련되어 있다. 이 여성들은 아름다운 외모와 성적 매력뿐 아니라 춤이나 노래, 음악 연주, 그림, 시를 낭송하거나 쓰는 예술적인 능력 때문에도 칭찬받는다. 베로니카 프랑코는 고급 매춘부로도 유명했지만 이탈리아의 시인으로도 유명했다.[11] 현대에는 모니카 벨루치, 조지 클루니, 비욘세, 엔리케 이글레시아스같이 영화와 방송, 무대에서 섹시함을 발산하는 배우와 가수를 들 수 있다. 인기 가수인 레이디 가가나 그레이스 존스, 데이비드 보위의 과장된 옷 스타일이 설명하듯이, 일부 연예인들은 자신의 페르소나로부터 창조한 행위예술을 무대 안팎에서 보여 준다.

따라서 매력 자본은 모든 사회적 상황에서 사회 구성원, 특히 이성에게 보여 주는 심미적, 시각적, 신체적, 사회적, 성적 매력을 종합해 놓은 것이다. 매력 자본에는 키나 피부색과 같이 고정된 특징뿐 아니라 배우고 키울 수 있는 기술이 포함된다.[12] 일반적으로 여성은 생식력이 중요하지 않은 문화에서도 남성보다 매력 자본을 더 많이 지녔으며 그 자본을 더욱 적극적으로 사용한다. 예를 들어 대개 여성은 남성보다 헤어스타일에 공을 들이고 외모를 치장하고 유지하는 데 더 많은 시간을 들인다. 내가 아는 여성 중에는 자기 신발은 색상과 스타일별로 100켤레가 넘는데 남편 신발은 두세 켤레에 불과한 사람들도 있다. 매력 자본은 사춘기 청소년과 젊은이들, 인종적, 문화적으로 소수집단에 속하는 사람들, 사회적으로 혜택 받지 못하는 집단과 이중국적의 이민자처럼 경제적, 사회적, 인적 자본에 접근하기 힘든 모든 집단에게 중요한 자산이다.

내가 생각하는 매력 자본은 성적 매력에 초점을 둔 과거의 개념보다 훨씬 더 범위가 넓고[13] 섹슈얼리티와 에로틱한 연예산업에 대한 최근의 연구 증거로 채워져 있으며 구성 요소에 대해 정확히 규정되어 있는 동시에 북미와 유럽의 소수집단인 동성애 하부문화뿐 아니라 대다수를 차지하는 이성애 문화에도 적용된다.

매력 자본이 남녀 간에 어떻게 다른지, 어떤 요소가 가장 중요한지, 그것이 다른 자산에 비해 얼마나 중요한지에 대해 문화별로 비교하고 시간에 따른 추세를 연구하는 것이 가치가 있을 것이다. 나는 이 책에서 최신 현대사회에 집중할 텐데, 바로 이 사회에서 매력 자본이 가장 큰 중요성과 가치를 획득하기 때문이다.

제4의 개인 자산

사람들은 네 가지 형태의 개인 자산을 지니고 있으며, 매력 자본은 그 자산 중에 네 번째에 해당한다. 경제 자본, 문화 자본, 사회 자본의 차이와 그 자본들 간의 관계는 프랑스 사회학자 피에르 부르디외가 1983년에 처음으로 설명했다.[14] 그 개념들이 무척이나 유용한 것으로 입증되면서 유럽의 사회과학뿐 아니라 일상 언어의 일부로도 빠르게 자리 잡았다.[15]

경제 자본은 돈이나 토지, 재산처럼 재정적인 이득을 발생시키는 데 사람들이 이용하는 자원과 자산의 총합이다.

문화 자본은 경제학자들이 규정하는 인적 자본, 즉 노동시장에서 소득을 얻는 데 이용할 수 있는 교육상의 자격이나 훈련, 기술, 근무 경험을 포함한다.[16] 그러나 부르디외가 생각한 문화 자본에는 인적 자본을 넘어 문화적 지식과 문화적 가공물까지 포함된다. 미술, 문학, 음악에 대한 지식이나 훌륭한 취향과 적절한 억양을 규정하고 누군가를 '기품 있는' 사람으로 만드는 내면화된 문화 등 사회적으로 소중하게 여겨지는 정보 자원과 자산이 그것이다. 여기에는 또한 그림이나 음악, 조각, 희곡과 서적, 아름다운 가구, 건축가가 설계하거나 역사적으로 중요한 주택 등을 소유하고 사고팔 수 있으며 누군가의 사회적 지위를 높여 주는 구체적인 문화적 인공물도 포함된다.

부르디외가 규정한 사회 자본은 한 사람이나 집단이 유용한 연줄을 제공해 줄 수 있는 집단이나 일족 혹은 클럽의 회원이 되거나 그들과 그물처럼 얽힌 관계를 맺음으로써 얻는 실제 자원이나 잠재적 자원을 합친 것이다. 한 마디로 무엇을 아는지가 아니라 누구를 아는가이다. 따라서 사회 자본이라는 용어를 응용하면 '배후 조종'이나 팔랑카(palanca, 지렛대), 연고주의, 부패가 용인될 수 있는 것으로 바뀔 수 있다. 자신의 경력을 키우기 위해 상호 지원과 인정의 부채 관계를 맺는 정치인이나 학자들은 물론 이탈리아 마피아도 사회 자본에 크게 의존한다.[17] 사회 자본은 사회의 사다리를 올라가고 권력과 영향력을 행사하거나 돈을 버는 데 이용할 수 있다. 훌륭한 사회적 접촉은 어떤 사업상의 모험에 결정적으로 중요할 수 있다. 정치적 자본은 사회 자본의 특수한 형태이며 개인의 정치적 인맥과 자산, 자원을 가리킨다. 사회적(그리고 정치적) 자본은 개개인에게 생기며, 더 부유해지고 성공할수록 인맥을 형성하기가 수월해진다. 그들은 자신이 아는 사람들보다 더 많은 사람들에게 '알려지는' 것이다. 한 개인의 사회 자본의 양이나 가치는 그 사람의 인맥의 크기와 그 인맥 속에 있는 사람들이 지닌 경제적, 문화 자본 가치의 함수이다. 따라서 누군가의 친구가 모두 가난하고 무식하다면, 그 사람의 사회 자본은 사실상 거의 가치가 없을 수도 있다.[18]

부르디외의 세 가지 자본에 관한 논문이 영어로 처음 소개된 직후인 1988년에 혼란스럽게도 미국의 제임스 콜먼이 부르디외의 연구를 전혀 언급하지 않으면서 다른 개념의 사회 자본을 소개하는 논문을 발표했다. 다소 갈피를 잡지 못한 이 두 번째 이론은 사회 자본을 한 개인의 자산이라기보다는 가족이나 사회적 집단, 공동체의 재산으로 다루었다. 부르디외와 콜먼의 사회 자본 개념은 일부 공통적인 특징을 띠기는 하지만 기본적으로 서로 다르다. 콜먼의 이론은, 미국에서 『나 홀로 볼링』을 통해 20세기에 미국 시민연대의 흥망을 다룬 로버트 퍼트남 등에 의해 가장 활발하게 발전했다. 이제 사회 자본은 지역사회가 합의된 규범과 신뢰감을 양산하면서 가족들 간의 공동 제휴와 연대를 이룰 때 탄생하는 시민문화와 시민사회, 공공선을 의미하는 데 종종 사용된다.[19]

이 책에서는 유럽에서 가장 영향력이 있었고 폭넓게 사용되는 피에르 부르디외의 개인 자산에 대한 광범위하고 더욱 정밀한 이론적 틀을 이용하고 있다. 자산에 대한 분류는 유용한 것으로 입증되었다. 자본주의 사회에서 부자로 태어나지 않은 사람이 다른 형태의 자본을 이용하여 성공하는 과정을 설명해 주기 때문이다. 본인의 능력으로 좋은 학교나 대학에 들어가서 출세하는 사람들도 있고 훌륭한 재능이 없는데도 괜찮은 친구를 사귀는 사람들도 있다.

부르디외를 비롯한 사회과학자들은 매력 자본을 간과했지만 그것은 돈이나 교육, 연줄만큼 소중하다.[20] 사회는 다양한 유형의 자본에 각기 다른 중요성을 부여할 수 있으며 그러한 자본은 경제적인 이익으로 전환될 수도 있다. 어떤 이들은 모든 유형의 자본을 다 갖추고 있다. 가난한 사람들은 사실상 어떤 자산이나 가치도 지니지 못했을 수 있다. 대부분의 사람들은 인생의 각기 다른 시간에 여러 조합의 개인적 자산을 지닌다. 젊은 사람들은 경제적으로는 가난할지 모르지만 매력 자본이 풍부해서 생기 있고 매우 매력적일 수 있다. 나이 든 사람들은 금전적으로는 부유하지만 신체적으로는 매력이 없을 수 있다. 이제껏 매력 자본이 무시되어 온 한 가지 이유는 그 자본을 독점할 수 없는 엘리트층이 자신들에게 이익이 되도록 그것을 하찮게 여기고 열외로 취급했기 때문이다. 다른 이유들은 3장에서 다룰 것이다.

아름다운 외모는 그 영향력이 어린 시절부터 뚜렷이 나타난다는 점에서 다른 형태의 자본과 다르다. 이 점은 4장에서 증명할 것이다. 매력 있는 아이들은 더욱 호의적인 환경에서 성장하여 어린 나이부터 매력 자본을 발전시킨다. 다른 형태의 자본들은 대개 성년의 초기에나 효과가 나타나기 시작한다. 현대의 실력주의 사회에서는 사람들이 자신의 인적 자본을 키우는 데 20년 정도를 투자하는데, 주로 교육제도를 이용하거나 가끔은 현장 훈련을 이용하기도 한다. 부모나 다른 친척들에게서 상속받지 못했다면 유용한 사회적 인맥을 구축하고 어느 정도의 재산을 모으는 데에도 시간과 노력이 필요하다.[21] 이와는 대조적으로 매력 자본에 대한 투자는 신체적으로, 사회적으로 매력이 있다면 그것을 통해 얻을 수 있는 이점을 실감하는 어린 시절이나 사춘기 초기에 시작할 수 있다. 그 결과 매력 자본이 어떤 사람들에게는 평생 동안 중요한 자산이 될 수 있는 반면, 또 어떤 이들은 교육과 경력에 자신의 모든 노력을 투자하기도 한다.

돈으로 매력 자본을 살 수 있을까?

피에르 부르디외는 남녀 관계를 분석하면서 주도권과 권력을 얻기 위한 남녀 간의 경쟁에 크게 관심을 보였다.[22] 그러나 그는 매력 자본에 주의를 기울이지는 않았는데, 아마도 매력 자본이 다른 세 가지 개인적 자산과 상당히 다르기 때문이었을 것이다. 부르디외는 경제 자본

(본질적으로 돈)이 다른 모든 자본 유형의 기초라고 간주했지만, 매력 자본만은 예외이다. 돈 많은 부모는 자기 아이들에게 예쁜 옷을 사 주고 최고로 보이도록 훌륭한 예의범절을 가르칠 수는 있지만, 아이들이 확실히 아름답고 섹시하게 태어나도록 보장해 줄 수는 없다. 매력 자본과 다른 세 가지 자본 간의 연관성은 우연히 발생한다. 다시 말하면 예측하기 힘들고 믿을 수 없다는 얘기이다. 이러한 사실 때문에 매력 자본은 독립적이고 파괴적이며 예측이 불가능하다는 특징을 띤다. 매력 자본의 가치를 낮게 평가하고 그것이 지닌 사회적 중요성을 숨기려고 하는 한 가지 이유가 바로 이것이다.

몇몇 저술가들은 문화 자본의 개념을 확대하여 매력을 포함시키려고 애써 왔다. 일례로 일부 학자들은 부르디외가 문화 자본에 속하는 한 가지 요소로 성적인 매력을 취급했다고 주장한다.[23] 아마도 그들은 부르디외가 근육질의 체격과 그을린 몸을 성적인 매력의 근거로 지나가듯 언급했던 것을 오해했던 것 같다. 사실 그때 그는 신체적으로 튼튼한 사람의 여러 면이 타고난 특징이라기보다는 후천적인 특징이라는 주장을 설명하고 있었다.[24] 부르디외는 사회 계급의 차이를 보여 주는 구체적인 문화 자본, 즉 지위 높은 집안에서 되풀이하여 배운 억양과 예의범절이나, 선탠방이 아니라 따뜻한 나라에서 요트를 타고 값비싼 휴가를 보냈음을 의미하는 검은 피부 같은 것에만 관심을 기울이고 있었다. 그는 매력 자본이 노력이나 개인의 계획보다는 출생 계급과 출신 집안에 의해 구축되는 일상적인 경제적, 사회적 계층 체계에 들어맞지 않기 때문에 그 자본을 이해하지 못했다. 매력 자본의 주요한 특징은 사회적 출신 성분과 전적으로 관계가 없을 수도 있고 극적인 사회적 신분 상승을 위한 수단을 제공해 줄 수 있다는 점이다.

부르디외의 시각은 이제 시대에 뒤떨어진다. 그리고 그는 사회경제적 집단을 가로지르는 21세기의 새로운 스타일과 라이프스타일 족(고스족, 펑크족, 스포츠 광신도, 음악 광팬 등)의 영향력, 다문화 사회에서 나타나는 스타일의 복잡성을 예상하지 못했다. 일례로 최근 영국에서 이루어진 연구 결과에 따르면 혼혈인이 가장 매력적으로 간주된다.[25] 모든 사회 영역의 요구를 충족시키는 의류업체인 막스앤스펜서 광고에 단골로 등장하는 프랑스 모델 노미 르누아르가 대표적인 예이다. 인구의 3퍼센트 정도인 혼혈인들은 영국과 대부분의 국가에서 소수집단을 구성한다. 다문화 사회에서 진정으로 새로운 집단을 구성하는 그들을 20세기의 사고로는 다룰 수 없다.

매력 자본을 잃어버린 네 번째 개인 자산으로 추가한다면, 부르디외의 이론적 틀은 시대에 뒤떨어지기는 하지만 여전히 가장 유용하다. 그가 자본이 다양한 형태로 전환될 수 있음을 강조했기 때문이다. 부르디외는 양이나 구성, 가변성에서 서로 다른 모든 유형의 자본을 개인의 자산으로 생각했다. 사회적 교환에서 드러나듯이 모든 자본 유형은 권력의 유형이다. 가장 눈에 띄는 교환은 돈과 나머지 세 가지 자본 유형 간의 교환이지만 대부분의 교환은 이보다 확실해 보이지 않는다. 예를 들어 사업상 유용한 연줄이 될 수 있어서가 아니라 우리가 진정으로 그 사람에게 관심이 있기 때문에 그들을 허물없이 생각하는 것이 적절한 행동으로 간주된다. 그리고 어떤 미술 작품을 좋아해서가 아니라 순전히 훌륭한 투자로 생각해서 구입하는 경우나 법학이든 경제학이든 경영학이든 대학에서 어떤 학과를 공부할 때 그 과목에 진심으로 관심이 있어서가 아니라 높은 소득을 보장해 주기 때문에 공부한다면 종종 우아하지 않은 행동으로 간주된다.

어떤 자산의 결핍은 사회적, 경제적 가치에 해당하는 희소가치를 낳기 때문에 부르디외가 '구별 짓기(distinction)'라고 부른 지위가 생기게 된다.[26] 희소성은 모든 자본 유형의 기초가 되며, 실제로 모든 자본 유형은 경제 자본의 감추어진 형태이다. 모든 사회적 교환에는 사회적, 문화적, 에로틱 요소와 함께 경제적 요소의 이전이 수반된다.[27]

따라서 모든 유형의 자본은 정도는 각기 다르지만 서로 전환할 수 있다. 돈은 문화 자본과 사회 자본을 키우고 사들이는 데 투자될 수 있다. 문화적 인공물과 지식은 돈을 버는 과정에서 지속적으로 영향을 미칠 수도 있다. 오페라 공연으로 동업자를 즐겁게 해 주거나 비싼 점심이나 저녁 식사, 혹은 근사한 파티에서 유용한 연줄을 발전시키는 경우가 그러하다. 미용치과와 성형수술, 헬스 회원권이나 개인 트레이너에 돈을 들이면 에로틱 파워를 키우는 데 도움이 될 수 있다. 그러나 핵심은 비참할 정도로 가난한 소녀나 소년도 놀라울 정도로 아름답고 성적으로 매력적이어서 수수한 옷차림과 매너가 전혀 중요하지 않을 수 있는 반면, 정말로 평범한 사람은 아무리 비싼 돈을 들여도 여전히 사람들의 시선을 끌지 못할 수 있다는 점이다. 이는 아름다운 농촌 소녀, 즉 신데렐라와 결혼하는 왕자 이야기가 여러 사회에 널리 퍼져 있는 이유이다. 또한 영국 같은 현대 국가의 백만장자들 중에 남자보다 여자가 더 많은 이유이기도 하다. 남자들은 주로 자신이 하는 일이나 사업을 통해서만 재산을 모을 수 있다. 그러나 여자들은 직업상의 성공뿐 아니라 결혼을 통해서도 부유한 라이프스타일과 사회적 이점을 성취할 수 있다.[28] 돈을 보고 결혼한 아름다운 여성에 비해 돈을 보고 결혼한 잘생긴 남자는 여전히 드물다.

매력 자본은 정치계와 언론계, 혹은 연예계처럼 공적인 생활과 사생활이 밀접하게 뒤엉키는 상황이나 스포츠계나 예술계처럼 신체적으로 강한 사람이 종종 눈에 띄는 상황에서 가치를 높여 왔다. 매력은 반드시 혹은 대체로 성적 매력과 성적 능력에 대한 것은 아니다. 때에 따라서는 사회적 기술이 더 중요하기도 하다.

이 사실은 어느 남미 국가의 영국 대사관에서 개최된 사교 행사를 통해 구체적으로 설명할 수 있다. 대사와 재혼한 부인에 대한 소문이 자자하던 터에 처음으로 그녀가 행사의 여주인 역할을 하게 되었다. 그 영국 대사는 재혼 상대가 일본 여성이라는 사실 때문에 상관에게 날짜를 써 넣지 않은 사직서를 보내야만 했다. 그 사직서는 만약 대사의 아내가 외교적인 문제를 일으킬 경우 곧바로 효력이 발생할 터였다. 사람들은 대사 부인이 얼마나 매력적이기에 한창 잘나가는 외교관이 이 엄청난 모험을 감수하려는 것인지 궁금했다.

사람들의 의문은 완벽히 풀렸다. 대사 부인은 청명할 정도로 아름다웠고 본인에게 잘 어울리는 드레스를 우아하게 입고 모든 손님들과 이야기를 나누며 행사장을 돌았다. 엄청난 매력과 우아함을 발산한 그녀는 모든 사람들이 특별하고 초대받아 영광이라고 느끼게 만들었다. 그녀는 사교술과 훌륭한 스타일을 갖추고 있었고 뛰어나 보였다. 그날 밤 행사가 끝날 무렵, 모두들 대사의 새 부인이 저항하기 힘들 정도로 아름답고 매력적인 인물이며 대사의 성공적인 미래에 훌륭한 사회적 자산이 될 것이라고 생각했다.

　모든 성공한 남성 뒤에는 내조하는 아내가 있다고 한다. 사회학자인 재닛 핀치는『일과의 결혼』에서 이 사실을 조사했다. 그녀는 아내가 남편의 직업상 의무를 분담하는 1인2역의 여성을 검토했다. 그녀가 든 예 중의 하나가 외교관 아내인데, 이들은 남편과 함께 외교상의 사교 행사에 참석하여 손님을 접대하는 일을 자주 해야 한다. 외교관 아내들은 자신의 사회 활동에서 분명 매력 자본을 활용하지만, 핀치는 매력 자본이 배우자의 1인2역에 도움을 주는 핵심 요소라고 생각하지 않았다. 대부분의 1인2역에는 매력 자본이 거의 필요하지 않다. 예를 들어 흔히 배관공이나 전기 기사, 다른 숙련된 장인의 아내들은 서류 작업을 하거나 편지를 처리하고 회계 업무를 맡는다. 이는 사실상 매력 자본을 써야 할 필요가 전혀 없는 일상적인 사무 업무이다. 숙련된 장인은 고객을 접대하는 데 시간을 쓰지 않는다. 매력 자본은 사생활이 부분적으로 공적인 행위가 되고 사업과 관련된 사교 행위가 필요한 직업에서 중요해지고 있다. 매력 자본은 특히 부부 모두에게 중요해지고 있다.

　따라서 매력 자본은 높은 수준의 경제적, 문화적, 사회 자본과 관련될 때 가치가 높아졌다. 동네 배관공이나 전기 기사보다는 공적인 과시와 사회적인 인맥을 우선시하는 왕이나 대통령, 기업 임원에게 매력적이고 옷 잘 입고 아름다운 배우자가 가치가 있다. 따라서 매력 자본은 계층구조에 의해 결정되는 것은 아니지만 부분적으로는 관련되어 있다. 지위가 높은 사람들은 최고의 매력 자본을 갖춘 배우자를 선택할 수 있기 때문에 그들의 자녀는 지위와 재산뿐 아니라 평균 이상의 매력 자본까지 물려받을 가능성이 커진다. 결국 매력 자본의 계층 간 차이는 커질 수 있다.[29] 이 논제는 아름다운 외모와 성적 매력이 세대에 걸쳐 상위 계층으로 서서히 올라간다고 주장한다. 반대로 감정 관리나 다른 사회적 기술은 시간이 지남에 따라 하위 계층으로 서서히 내려간다.[30] 대체로 상위 계층은 최하위 계층보다 매력 자본을 더 많이 갖추고 있다. 부유한 가문은 주기적으로 아름다운 신부와 잘생긴 신랑으로 가문을 채울 수 있다.[31]

매력 자본을 측정할 수 있을까?

때때로 사람들은 보는 사람의 눈에 따라 아름다움에 대한 평가가 달라지기 때문에 매력 자본을 측정할 수 없다고 생각한다. 사람들의 선호도와 취향이 다들 특이한 것은 분명하다. 나는 가무잡잡한 남자를 좋아하지만 당신은 살결이 흰 남자를 좋아할 수 있다. '기운차고' 수다스러운 여성을 좋아하는 남성이 있는가 하면, 차분하고 우아한 여성을 선호하는 남성도 있다. 그렇지만 어떤 특정한 문화 내에서나 심지어는 여러 문화에 걸쳐서 신체적으로, 사회적으로 매력 있는 사람에 대한 생각은 놀라울 정도로 크게 일치한다. 매력 자본은 지능이나 사회 자본, 사회 계층이나 지위, 권력 같은 특징들처럼 눈에 보이지는 않지만 중요한 여러 자산만큼 확실하게 측정할 수 있다.

전 세계적으로 아름다움에 대한 생각이 같은지 평가하려 한 많은 연구는 아름다움의 개념이 보편적이라는 결론을 내렸다. 유일한 예외는 아마존 분지의 원시 우림 문화권일 것이다. 이 고립된 부족들은 외부 세계와 거의 접촉하지 않기 때문에 아름답거나 잘생긴 얼굴에 대한 개념이 유난히 다른 듯하다. 아름다움에 대한 그들의 개념은 일본이나 미국 같은 선진국의 미적 개념과 전혀 닮은 데가 없다.[32] 하지만 다른 사회에서는 의견의 일치가 이루어진다. 아름다운 얼굴이라 하면 전통성과 좌우대칭, 한결같은 피부 톤이 중요한 요소이다. 몸에서는 체질량 지수와 허리 대 엉덩이 비율이 중요한 요인으로 보인다.(부록 '매력 자본 측정법' 참조)

지금까지 매력 자본의 여섯 요소 중 한두 가지를 측정한 연구는 많았지만 매력 자본을 측정한 사람은 아무도 없었다. 사회 심리학자들은 수십 년에 걸쳐 사회적 기술이나 모르는 사람에 대한 반응 같은 것을 측정해 왔다. 아름다운 외모와 성적 매력, 호감도(혹은 매력)는 정확한 측정 척도를 적용하지는 못하더라도 미인 대회에서 평가된다.[33] 학자들은 여러 가지 체형이나 걸음걸이와 몸짓, 얼굴 특징, 피부 결, 헤어스타일, 미소에 대한 반응을 시험하기 위해 컴퓨터 영상 기술을 이용하여 사진을 조작할 수 있다.[34] 일부 연구는 예외적으로 역할극에 매력적인 남녀를 배치하여 이들이 사회적 반응과 결과에 어떤 영향을 미치는지 살펴보기도 한다.

이러한 연구 조사 중 대부분은 비교적 소수의 사람들을 다루며, 신체적, 사회적 매력이 일대일의 상호작용에 얼마만큼의 영향을 미칠 수 있는지 측정한다. 그러나 일반적인 아름다움이 어떤 것인지에 대한 국가 차원의 진정한 그림을 제공해 주는 연구 결과는 거의 없다. 따라서 응답자의 매력에 대해 정보를 수집한 전국적인 면접 조사는 그 수가 많지 않지만 특별히 흥미롭다. 이러한 조사는 표 1, 2에서 국민 전체를 대표하는 데이터와 남자, 여자, 어린아이의 매력 분포도에 대해 믿을

표 1   미국과 캐나다의 외모 분포도(1970년대) (단위 %)

	미국 연구				캐나다 연구	
	1971		1977		1977~1981	
	남성	여성	남성	여성	남성	여성
1. 인상적으로 아름답거나 잘생김	2.9	2.9	1.4	2.1	2.5	2.5
2. 평균 이상(훌륭한 외모)	24.2	28.1	26.5	30.4	32.0	31.7
3. 나이에 비해 평균적인 외모	60.4	51.5	59.7	52.1	57.9	56.8
4. 나이에 비해 평균 이하의 외모 (매력이 없는)	10.8	15.2	11.4	13.7	7.2	8.3
5. 못생긴 외모	1.7	2.3	1.0	1.7	0.4	0.7
총 조사 대상자 수(명)	864	1194	959	539	3804	5464

자료: Hamermesh and Biddle(1994)

표 2   영국의 외모 분포도(1960년대) (단위 %)

	7세		11세	
	남성	여성	남성	여성
매력적인 외모	51	57	45	56
평균	42	36	47	35
매력이 없는 외모	7	7	8	9
총 조사 대상자 수(명)	5605	5798	5605	5798

자료: Harper(2000), 백분율은 반올림했다.

수 있는 정보를 제공한다. 이 조사에서 면접 진행자나 다른 정보원은 응답자를 1점에서 5점까지 등급 매기도록 요청받았다. 더 자세한 내용은 지금까지의 매력 자본 측정 도구를 검토한 부록 '매력 자본 측정법'에서 찾아보면 된다.

북미 조사에서 사용한 등급(표 1)은 영국 조사의 등급(표 2)보다 더 체계적이다. 조사가 서로 많이 다르고 수백 명의 각기 다른 면접 진행자가 평가를 맡았지만, 두 조사에서 얻은 매력 분포도는 놀라울 정도로 비슷하다. 대다수 사람들이 '나이에 비해 평균'인 중간 그룹에 분류되어 있고 4분의 1에서 3분의 1이 평균 이상 그룹에 분류되어 있다. 10분의 1 정도가 평균 이하의 외모로 평가되었다. 남성보다 여성의 편차가 더 크다. 미국에서는 여성이 남성보다 아름답거나 외모가 훌륭하다고 평가받는 경향이 있는데, 아마도 여성이 더 노력하기 때문인 듯하다.

캐나다 조사에서는 동일한 사람들이 매번 다른 면접 진행자에 의해 여러 번 면접을 받았다. 이 조사 또한 일치하는 부분이 많았는데, 10명 중 9명이 매력 면에서 똑같은 평가를 받았다.[35]

영국에서는 학교 선생님에게 학생의 매력을 평가해 달라고 요청했다. 이 경우에도 선생님은 바뀌었지만 7세에 대한 평가와 11세에 대한 평가가 일치하는 부분이 많았다. 표 2를 보면, 여학생이 남학생보다 매력적으로 평가된 양상이 더욱 뚜렷하게 나타난다. 성별 차이는 나이가 증가함에 따라 커지는 듯하다. 11세의 여학생들은 절반 이상이 매력적으로 평가된 데 비해 남학생들은 절반이 안 된다. 이 조사에 대한 응답은 누군가를 정말로 못생겼다고 분류하기 싫어하는 일반적인 습성을 보여 주기도 한다. 표를 보면 매력적이지 않다고 평가받은 학생은 10명 중 1명이 안 된다.

1967년에 유럽에서 처음 이루어진 성 조사는 자기평가 방식으로 사람들의 성적인 등급과 성적 매력을 평가하려고 했다.[36] 하지만 이 주제에 대한 결과는 공표되지 않았다. 아마도 의도했던 대로 결과가 나오지 않은 것 같다. 핀란드의 성 조사는 성적 매력과 성 능력에 대한 자기평가로 좋은 결과를 얻었다. 하지만 남성의 과장과 자기도취증 때문에 그 결과를 제대로 해석하기가 어렵다. 모든 국가의 남성은 모든 연령대에서 자신의 성적 매력을 조직적으로 과대평가한다. 반면 여성은 더욱 현실적이다. 이성과의 만남이나 결혼, 성생활에서 매력 자본이 결정적으로 중요하다는 사실을 고려하면, 앞으로의 성 조사는 이 주제에 더 많은 노력을 기울일 것으로 기대할 수 있다. 성에 대한 조사 중에서 성적 매력의 역할을 다룬 것이 거의 없다는 사실은 놀랍다.

매력 자본은 인적 자본과 비슷하다. 이 자본은 어느 정도 기본적인 수준의 재능과 능력을 필요로 하지만, 최종 자본량이 최초의 재능을 크게 능가할 정도로 훈련하고 발전시키고 배울 수 있다. 그리고 나이가 들면서 좋아질 수도 있다. 매력 자본과 그 구성 요소, 그것이 미치는 영향은 사회구조, 문화, 사회적 상호작용의 여러 무형 요소들과 마찬가지로 연구 대상이 될 수 있다. 이미 그 근거는 성에 대한 조사와 매력의 사회적 영향 및 경제적 가치, 이성과의 만남과 배우자를 찾는 과정에서 나타나는 패턴, 성생활 방식과 임신에 대한 태도 등을 다룬 연구에서 찾을 수 있다. 매력 자본 측정은 크게 발전했고, 부록 '매력 자본 측정법'에서 언급했듯이 앞으로는 방법론적인 발전과 혁신을 위한 실질적인 기회가 생길 것이다.

우선 우리는 지금까지 이루어진 연구에 만족해야 한다. 이제까지의 연구는 모두 매력 자본의 일부분만을 다루었다. 따라서 이후의 내용에서 소개할 얼굴의 아름다움이나 성적 매력, 치장, 스타일의 영향력을 입증한 여러 연구는 대부분의 학자들이 인정하듯이 매력 자본이 지닌 최대한의 영향력을 언제나 과소평가하고 축소해서 이야기한다. 예를 들어 최근의 메타 분석(meta-analysis, 실증 연구 분야에서 통계적인 측정치들을 취합하여 총괄 분석하는 방법 ─ 옮긴이)에 따르면, 외모에 대해 광범위한 측정 기준을 이용한 연구가 매력적인 얼굴에만 제한한 연구보다 매력의 영향력이 크다는 사실을 밝혀 냈다.[37] 아마도 매력 자본이 미칠 수 있는 최대한의 영향력은 2부에서 검토한 연구에서 보고된 수준의 두 배 정도이고 예외적인 경우에는 두 배 이상이 될 것으로 보는 것이 합당할 듯하다.

행동으로서의 매력 자본

태국 북부 치앙마이에 놀러 갔을 때였다. 시원한 아침 공기를 맞으며 일찍 쇼핑을 나섰는데, 젊은 가게 주인이 당혹스러운 모습으로 나를 맞았다. 그는 아주 편안하게 샌들에 청바지를 입고 구겨진 티셔츠를 걸치고 있었다. 하지만 얼굴에 잔뜩 화장을 한 탓에 예쁜 소녀처럼 보였다. 너무 일찍 찾아온 손님 때문에 짧고 단정한 머리 위에 가발을 쓰고 옷을 갈아입은 뒤 여자로 완벽히 변신하는 과정을 방해받았던 것이다. 그래도 그는 나의 이른 출현을 전혀 개의치 않고 기분 좋게 물건을 팔았다. 아마도 그는 그날 나머지 시간을 여자로 보냈을 것이다. 태국에서는 그러한 트랜스젠더용 옷차림이 흔하다. 유명한 태국 킥복싱 선수인 농 툼은 복싱 경기에서 패한 적이 거의 없었지만, 어릴 때부터 여자 옷 입는 것을 좋아했고 가끔은 여자처럼 화장을 잔뜩 하고 시합을 하기도 했다.[38] 결국 그는 1999년에 성전환 수술을 받고 복싱을 그만두었다.

시몬 드 보부아르가 수십 년 전에 지적했듯이 섹슈얼리티는 대체로 행동을 말한다.[39] 사람은 여자나 남자로 살아가는 법을 알고 태어나는 것이 아니라 자신이 살고 있는 사회가 규정한 대로 그 역할을 실행하는 법을 배워야 한다. 남자다움과 여자다움은 숙련을 요하는 행동이다. 그 기술에 뛰어난 사람들은 칭찬을 받고 부러움을 산다. 특히 여성다움과 여성적인 아름다움을 행동으로 옮기면 종종 크게 칭찬을 받는다.

성 정체성이나 아름다움, 성적 매력, 우아한 옷이 지닌 실행의 특징은 여자처럼 옷을 입고 행동하는 것이며 몇몇 문화에서 그 특징은 여성 무용수나 연예인으로 활동하는 성도착자나 트랜스젠더 남성에 의해 가장 극명하게 나타난다.[40] 여성이 연극 무대에 오를 수 없었던 과거에는 중국이나 일본, 영국과 같은 국가에서 남자들이 여자 옷을 입는 것은 물론 여성스러운 행동, 목소리, 태도를 그대로 따라 하는 등 여성 역할을 익혔다. 오늘날에는 태국이나 브라질의 '여장 남자'들이 그러한 공연을 보여 준다. 그들 중 많은 이들은 연예산업에 종사하거나 성매매를 통해 생계를 꾸려 간다.[41] 뉴욕에서는 '전위적 성향'의 여장 남자 대회가 열리는데, 가장 훌륭하게 아름답고 화려한 여성으로 분장한 남자를 가리는 대회이다. 아름다운 외모와 스타일, 자기 표현력을 겨루는 비슷한 대회가 태국과 필리핀에서도 정기적으로 열린다. 남자로 분장한 여성들끼리 겨루는 대회는 없는데(아마도 더 쉬워서일 것이다.), 이는 사회적으로 의미가 있는 사실이다.

아름다움과 성적 매력, 특히 여성적인 아름다움은 창작품, 즉 예술품에 해당하며 훈련을 통해 달성할 수 있다. 여자들은 개인의 표현에 더 힘쓰기 때문에 대부분의 사회에서 남자보다 더 많은 매력 자본을 지니고 있다. 이러한 성별 차이는 고정된 것이 아니며 시간이 지남에 따라 사회적, 경제적 변화로 인해 변할 수 있다. 동성애자들은 동성애 상대가 빈번히 바뀌기 때문에 일반적인 이성애자보다도 자신의 외모에 시간과 노력을 더 많이 기울인다. 동성애 하부문화의 유행(작업복이나 가죽 차림)을 행동으로 옮기는 일은 이성애자가 남성다움과 여성다움을 행동으로 옮기는 일에 해당한다. 사실 사람들 앞에 나설 때 외모와 복장이 중요하지 않은 문화는 생각하기 어렵다. 근대 이전의 사회에서는 남성다움을 행동으로 옮기는 일이 여성다움을 행동으로 옮기는 일처럼 힘들 수 있었고 옷과 치장 방식도 뚜렷이 달랐다. 현대사회에서 여성은 해방됐지만 여전히 겉치레에 열중한다. 이 수수께끼는 아직 풀리지 않았다.

21세기에 들면서 서유럽과 북미의 남성들은 외모에 더 많은 시간과 돈을 들이고 있다. 그들은 매력적인 몸매를 유지하기 위해 운동에 매진하고 유행에 맞는 옷과 세면용 화장품에 많은 돈을 들인다. 그리고 더욱 다양한 헤어스타일을 보여 준다. 모델들은 헤어스타일과 머리색, 옷에 변화를 줘서 부단히 '외모'를 바꾸는데, 많은 배우들도 이러한 변신에 매우 능하다. 이제 남자들은 성형수술과 보톡스 시장의 중요한 고객이며 현재 영국에서 증대하는 시장의 10~20퍼센트 정도를 차지하고 있다. 이탈리아의 전 총리이자 비즈니스 거물인 실비오 베를루스코니는 성형수술 애호가로 유명하고 일흔셋의 나이에도 20년은 더 젊어 보인다. 성공을 통해 점점 더 부자가 되는 여성들은 경제 자본과 매력 자본을 모두 짝짓기 시장에 가져오고 있다. 이제는 남성도 과거처럼 짝짓기 시장에서 자신의 돈 버는 능력에만 전적으로 의존하지 말고 매력 자본을 키워야 한다. 따라서 매력 자본의 실행에서 나타나는 성별 차이는 특정 상황에 따라 줄어들 수도 있고 커질 수도 있다.

점점 더 중요해지는 매력 자본

점점 부유해진다는 것은 사치품이나 여가 활동, 외모와 치장에 더 많은 돈을 쓸 수 있다는 의미이다. 매력 자본을 늘리는 기술적인 보조물이 증가함에 따라 빼어날 정도의 아름다움과 성적 매력에 대한 기준은 꾸준히 높아지고 있다. 이제 매력적인 외모에 대한 기대치는 성관계를 처음 시작하거나 결혼시장에 뛰어드는 젊은 사람들뿐 아니라 모든 연령집단에 적용된다. 높아지는 이혼율과 라이프사이클 전체에 이어지는 연속적인 일부일처제 때문에 초혼 직전만이 아니라 평생에 걸쳐 매력 자본을 키우고 유지하려는 동기가 모든 사람들에게 생긴다. 두 차례 이혼한 50세의 마돈나는 2010년 돌체앤가바나 의류 광고에서 25세의 여러 여성들보다 더 젊고 섹시해 보였다. 남편이 단순히 믿을 만하고 호감 가는 좋은 가장이 아니라 멋지고 매력적으로 보여야 한다는 여성들의 주장에 따라 남성에 대한 기대치도 그 속도가 느리다는 점만 빼면 높아지고 있다.

남자들도 매력적이어야 한다는 새로운 압력을 의식하는 듯하다. 18세에서 55세까지의 미국인 남성 6000명을 상대로 한 1994년의 설문조사는 응답자들에게 자신이 어떻게 보이기를 원하는지 물었는데, 상위 6개의 응답 중에 3개가 외모에 관련되어 있었다. 남자들은 여성에게 매력적이고 섹시하고 잘생겨 보이기를 원했다. 자기주장이 강하고 단

호해 보이고 싶다는 응답은 8위와 9위 아래로 처졌다. 더 이상 돈만으로는 충분하지 않은 것이다.[42]

광고업계는 최신 디자인의 옷과 액세서리뿐 아니라 온갖 종류의 상품 광고에 아름다운 남성과 여성을 끊임없이 등장시킴으로써 이런 열망을 높인다. 이러한 압력으로 인해 아름다움의 기준은 계속 높아지고, 특히 짝짓기 시장에서 매력 자본의 두 요소인 신체적인 매력과 성적 매력의 중요성 또한 커지고 있다.

과거에 신체적인 매력은 대체로 타고나는 것이었기 때문에 상황을 개선하기 위해 할 수 있는 일은 거의 없었다. 그러나 풍요로워진 현대 사회에서는 신체 단련이나 혹독한 노력, 기술적인 보조물을 통해 높은 수준의 매력 자본을 성취할 수 있다. 식이요법과 운동, 선탠방과 태닝 스프레이, 화장품, 향수, 가발, 인조모, 붙임머리, 미용치과, 성형수술, 머리 염색, 이발, 코르셋, 보석, 패션 조언, 다양한 옷과 액세서리 등이 외모를 나아지게 만들어 준다. 신체 개조(body modification, 인간의 신체를 소재로 하여 간단하게는 문신, 피어싱에서부터 절개, 절단, 이물질 삽입 등 과격한 시술에 이르기까지 다양한 형태로 이루어지는 인체 변형 혹은 행위 그 자체를 통칭하는 개념─옮긴이)와 미용 관리의 역사는 오래되었고, 모든 문화는 일반적으로 인정된 아름다움의 기준에 순응하라고 사람들에게 권장한다.[43] 오히려 현대사회는 더 많은 종류의 다양한 스타일을 허용하는데, 여러 문화가 공존하는 거대도시에서는 특히 그러하다. 이와 함께 외모를 매력적으로 가꾸는 데 유용한 기술 또한 빠르게 확산되어 왔다. 현대적인 화장품 회사의 창립자인 헬레나 루빈스타인은 다음과 같이 이야기한 바 있다. "못생긴 여자는 없다. 다만 게으른 여자가 있을 뿐이다." 역설적이지만 예뻐져야 한다는 압박감 때문에 일부 아름다운 여성들은 필요도 없는 성형수술을 시도하다가 자신의 외모를 망칠 수도 있다. 때때로 성형외과 의사들은 현실 개선에 전혀 도움이 안 되는 수술을 요구하는 여성들 때문에 난감해한다.[44]

다행히도 대부분의 사람들은 자기 몸을 정상적이라고 생각한다. 그러나 21세기에 들어서면서 유명인과 영화계 스타, 혹은 최고의 기준을 성취하여 일반인에게 롤 모델이 된 사람들의 모습을 끊임없이 살포하는 대중매체에 의해 목표와 기대치가 점점 더 높아지고 있다. 어떻게 행동해야 하는지, 어떻게 노닥거려야 하는지, 어떻게 친구를 사귀고 관계를 이끌어 가야 하는지 친절히 알려 주는 서적들은 인간관계 기술을 키우는 데 도움을 준다. 배우자나 연인의 마음을 사로잡는 법에 관한 설명서들은 매력 자본의 모든 요소들을 다루고 있다. 이러한 설명서는 데이트 요령과 성적 테크닉에 관한 조언들로 가득 차 있다.[45]

과거의 짝짓기 및 결혼시장은 계급이나 카스트, 종교, 지역, 연령에 기초하여 결혼이 이루어졌기 때문에 규모가 작고 폐쇄된 편이었다. 종종 혼인은 가족의 재산과 사회적 연줄에 근거하여 부모나 친척에 의해 결정되거나 심사를 받았다. 셀프서비스 방식으로 개방되어 있고 세계 전역에서 배우자를 찾을 수 있는 오늘날의 결혼시장에서는 매력이 과거 어느 때보다도 큰 역할을 한다. 훌륭한 가문 출신이라는 조건만으로는 충분하지 않은 것이다.

서양에서 매력이 사람들을 인식하고 판단하고 대우하는 데 미치는 영향력을 검토한 결과를 보면, 그 영향력이 시간이 지남에 따라 증가해 왔음을 거듭 알 수 있다. 아주 일찍이 이루어진 미국의 연구에서 매력은 사람들을 판단하고 대우하는 방식에 아주 미미한 영향력을 끼쳤다. 하지만 가장 최근의 연구를 보면 매력의 영향력은 훨씬 더 커져 있다.[46] 매력적인 아이와 어른은 똑똑하고 유능하고 사교성을 갖추고 있다고 평가될 가능성이 더 높으며 그에 맞게 대우받는다. 그리고 이러한 경향은 1970년대보다 지금 더 강하게 나타난다. 또한 훌륭한 외모는 배우자 선택과 이성과의 만남에서 꾸준히 그 중요성이 증가하고 있다. 남녀 모두 1930년대보다 1970년대에 배우자를 선택할 때 외모를 더 중시했고[47] 1970년대보다 1990년대에 더더욱 중시했다. 50년 동안 성별 차이는 달라지지 않았다. 두 시기 모두 남자들이 외모를 더 중요하다고 꼽았다.[48]

훌륭한 외모와 여성의 출산 능력에 부여되는 중요성과 가치는 문화와 국가별로 다르다. 전반적으로 가난한 후진국에서는 배우자 선택에서도 훌륭한 외모를 크게 중시하지 않으려 한다. 일부 문화권에서는 도덕성이나 가치관, 인격, 지성, 친절함, 사회적 융화력, 훌륭한 예의범절이나 일상생활에서 필요한 요리나 목수 기술처럼 기본적인 능력을 더 중시한다. 생존을 당연하게 받아들일 수 없고 물질주의적인 가치관을 자유주의적 쾌락주의 가치관보다 더 중요시하는 사회에서는 아름다운 외모가 배우자 선택에 '쓸데없는' 것으로 간주된다.[49] 그러나 매력에 부여되는 상대적인 중요성이 이렇게 서로 차이가 나는데도 모든 문화에서 여전히 아름다운 사람이 인생의 중요한 부분에서 크게 성공하리라고 기대하는 듯하다. 한국, 중국, 일본, 미국의 젊은이들은 매력적인 남성과 여성이 더 똑똑하고 사회적 기술이 더 뛰어나고 더 인기 있고 더 좋은 직업을 갖는다고 예상한다.[50]

이제 매력 자본은 경제적, 사회적, 문화 자본만큼 남녀에게 소중한 개인적 자산이 되었다. 여성이 경제적, 사회적, 인적 자본에 접근하기 어려운 사회와 시기에 매력 자본은 여성에게 결정적으로 중요하다. 바로 그것 때문에 여성이 전통적으로 매력 자본을 얻기 위해 더 열심히 노력한 것인지도 모른다. 신체적, 사회적 매력은 풍요로운 현대사회에서 점점 더 중요시되고 있으며 사람들을 인식하고 판단하고 대우하는 방식에 점점 더 큰 영향을 미치고 있다. 이는 일상생활과 배우자 찾기, 구혼 등에서 가장 분명하게 입증되고 있으며 이 내용은 4장과 5장에서 자세히 다룰 것이다. 하지만 노동시장과 다른 여러 상황에서의 사회적 상호작용에서도 이 사실은 명확히 드러나고 있다. 이는 6장과 7장에서 증명될 것이다.

2 욕망의 정치학

남아프리카에서 50대의 한 흑인 남성이 발기부전 때문에 의사를 찾아갔다. 상황을 면밀히 조사해 보니 낮에 여자 친구와 이미 성관계를 한 뒤에 밤마다 갖는 아내와의 잠자리에서 문제가 생겼다는 사실이 드러났다. 그의 아내는 그에게 애인이 여럿 있다고 의심하기 시작했고 그로 인해 집에서 문제가 생기고 있었다.[1]

우디 앨런이 1977년에 만든 영화 「애니 홀」에서는 한 부부가 각자 자신의 심리치료사에게 부부 관계에 대해 이야기하는 모습이 분리 화면을 통해 대조되는 장면이 나온다. 우디 앨런의 심리치료사는 그에게 잠자리를 얼마나 자주 갖느냐고 묻는다. 그는 애처로운 목소리로 대답한다. "거의 안 해요. 아마 일주일에 세 번 정도나 될까요." 한편 애니 홀의 치료사도 그녀에게 부부 관계를 자주 갖느냐고 묻는다. 애니는 짜증난 기색이 역력하게 대답한다. "끊임없이 하죠. 일주일에 세 번 정도요."

성생활에 대한 생각과 규범은 많이 다르다. 많은 아프리카 사람들은 남자가 적어도 하루에 한 번은 아내와 성관계를 갖는 것이 당연하다고 생각한다. 이는 유럽 부부의 평균보다 두 배가 넘는 빈도이다. 1960년대와 1970년대의 성 혁명 덕분에 서양 국가들은 성생활의 대대적인 개화기를 맞이했다. 하지만 서양 자본주의 사회에 사는 사람들의 성 활동은 다른 문화에 비해 여전히 뒤처져 있다. 성 문화의 크나큰 다양성은 최근 연구에 의해 밝혀지는 중이다.

내가 성에 대한 설문조사를 살펴보려 한 최초의 이유는 매력 자본이 사람들의 성생활에 어떠한 영향을 미쳤는지 밝히고 싶었기 때문이다. 나는 잘생긴 남자들이 더 쉽게 애인을 유혹하리라고 추측했다. 그렇다면 성 혁명의 결과로 예쁜 여성에게도 같은 얘기가 적용되지 않을까? 나의 발견의 여정은 1990년에 이루어진 영국의 성 설문조사에서 시작하는데, 이 조사는 당시 총리였던 마거릿 대처가 이 조사에 위생국 자금을 지원하지 않기로 결정하면서 유명해졌다. 이후 나는 수십 개에 달하는 다른 국가의 성 조사 보고서들이 도서관 책꽂이 세 칸에 모두 모여 있는 것을 발견했다. 그 보고서들을 읽고 나니 현대의 성과 섹슈얼리티에 대한 새로운 지식을 얻을 수 있었다.

여러 달이 지난 뒤, 나는 사실상 모든 성 설문조사가 사람들이 얼마나 매력적인지에 대해서는 전혀 정보를 수집하지 않았음을 알게 되었다. 의심할 바 없이 성적 매력은 성 활동과 관련이 있지만 대부분의 조사는 그 매력을 측정하거나 그것이 성생활에 미치는 영향을 입증하려고 시도조차 하지 않았다. 그리고 성적 매력의 많고 적음이 사람들의 성생활에 영향을 미치는지 여부도 평가할 마음이 더더욱 없어 보였다.

그렇지만 성에 대한 조사 보고서들을 샅샅이 훑어보는 일은 의외로 유익했음이 입증되었다. 그 보고서들은 일반적인 연구 조사에서 얼버무리고 넘어가거나 무시하는 새로운 중요한 사회적 진상을 드러냈는데, 그것은 바로 남성에게 체계적이면서 보편적으로 보이는 섹스 결핍이 존재한다는 사실이었다. 다시 말하면 일반적으로 모든 연령대의 남성은 자신이 갖는 성관계보다 훨씬 더 많은 성관계를 원한다는 것이다. 여성은 성 활동이 적을 뿐 아니라 성욕 또한 훨씬 낮게 표현한다. 따라서 남자들은 일생의 대부분을 정도는 다르지만 성적으로 좌절한 상태로 보낸다.

이는 남자와 여자의 성욕이 똑같은 수준이며 여성의 섹슈얼리티를 억압한 것은 이중 잣대와 전통적인 도덕률, 종교뿐이라는 통념과 모순된다. 흥미롭게도 성에 대한 일부 보고서는 오늘날 남성과 여성의 성 활동이 점점 더 비슷해지는 추세를 보인다는 점을 강조한다.[2] 그러한 보고서들은 여성의 성적 관심이 저지당했지만 지금은 해방되었기 때문에 성별 차이가 줄어들면서 결국에는 사라질 것이라고 말하는, 정치적으로는 옳은 관점을 확인해 준다. 그러나 한층 더 객관적이고 진실한 보고서는 모든 변화에도 불구하고 성별 차이가 지속되고 있음을 인정하면서, 놀랍게도 남성과 여성의 성적 관심에 중요한 질적 차이가 지속되고 있다고 결론 내린다.[3] 어떻게 보면 성에 대한 조사 보고서는 성 정치학에 의해 영향받을 수 있는 것처럼 보인다.

남성의 섹스 결핍에 대한 연구 결과는 상당히 중요하기 때문에 이장에서 확실하게 입증해야 한다. 매력 자본의 성별 간 불균형이 거의 혹은 전혀 존재하지 않는 상황에서도 남성의 섹스 결핍은 사생활뿐 아니라 공적인 생활에서도 남녀 관계에 계속해서 영향을 미칠 것이다. 섹스에 대한 여성의 관심은 적고 매력적인 여성에 대한 남성의 수요는 과다하다는 원칙은 여성의 매력 자본의 가치를 크게 높여 준다. 성적 관심의 불균형은 사적인 관계에서 여성에게 중대한 이익을 제공한다. 여성이 그 이익을 인지한다면 말이다. 성 보고서에서 얻은 몇 가지 다른 연구 결과들은 욕망의 정치학에 대한 이 그림을 채워 준다.

성 혁명이 불러온 변화

경구 피임약을 비롯하여 믿을 수 있는 여러 가지 피임법이 1960년대에 등장하면서 여성은 역사상 처음으로 자신의 임신을 직접 조절할 수 있는 능력을 갖게 되었다. 이로 인해 여성이 교육과 직업에 대대적으로 투자할 수 있게 되자 기회균등의 혁명이 일어났다.[4] 언어학이나 문학, 예술사 학과에서 학위를 따던 여성은 법학, 경영학, 의학, 약학, 회계학 같은 직업 관련 교육과정으로 옮겨 갔다. 일단 장벽이 무너지자 고임금 전문직에 종사하는 여성의 비율은 대부분의 국가에서 50퍼센트 수준까지 치솟았다.[5] 노동시장에서 여성에게 부여되는 기회가 많아지면서 여성은 남성과 실질적인 평등을 누리게 되었다.[6] 그에 따라 사생활 또한 어느 정도 달라졌다.

남자들이 프리섹스를 절대로 거부하지 않는다는 말은 근거 없는 말일까 아니면 사실일까? 이를 직접 시험해 보기로 한 심리학자들은 미국 대학생들이 상당히 매력적인 젊은 남성과 여성에게서 데이트 신청을 받거나 그 이상을 제안받았을 때 어떤 반응을 보였는지 조사했다. 절반의 학생들이 모르는 사람과의 데이트에 동의했고 절반은 거절했다. 남학생들은 프리섹스 제안에 훨씬 더 열렬한 반응을 보였다. 3분의 2가 여성의 아파트에 가기로 동의했고, 4분의 3이 만난 날 밤에 여성과의 섹스에 동의했다. 반면 섹스에 동의한 여성은 한 명도 없었고 남자의 아파트를 따라가기로 동의한 여성도 6퍼센트에 불과했다.[7]

섹스에 대한 남성의 관심을 떨어뜨리는 유일한 경우는 돈으로나 결혼으로 그에 대해 대가를 치러야 할 때인 듯하다. 따라서 1960년대의 성 혁명은 남성에게는 진정한 호재였다. 성 혁명은 서양 국가에서 부부 지간과 혼외관계에서 즐기기 위한 성관계가 대대적으로 증가하는 시발점이 되었다. 사실상 원치 않는 임신의 위험이 없어졌기 때문이었다. 성 혁명으로 인해 장기적인 헌신적 관계와 관련 없는 성관계를 대하는 태도가 급속도로 달라졌다. 처음에는 혼전 성관계와 관련된 태도가 달라졌고, 그다음에는 혼외정사에 대한 태도가 점차적으로 달라졌다. 페미니스트들이 여성도 성적인 성취와 모험에 똑같이 관심이 있다고 주장함에 따라 남녀평등에 대한 페미니즘의 요구는 상황 진척에 도움을 주었다. 남자는 성관계가 문란해도 놔 두면서 여성의 문란함을 처벌하던 성에 관한 이중 잣대는 시대에 뒤떨어진 것이라고 지적했다. 남자들은 더 이상 여성을 유혹하거나 여성의 환심을 사야 할 필요가 없었다. '너도 나만큼 원해.'가 새로운 테마가 되었다. 젊은 여성들은 단지 자신이 '보통의' '정상적인' 여자임을 증명하기 위해 섹스를 해야 하는 새로운 압박에 시달리고 있음을 깨달았다.

새로운 성 문화는 성에 대한 모든 것을 다루는 번창하는 문학에 반영되었다. 유럽인들은 고대 인도의 힌두 성전인 『카마수트라』를 재발견하면서 자신들만의 성 입문서를 저술하기 시작했다. 『성의 기쁨』이 1972년에 출간되었고, 『더 많은 성의 기쁨』이 이듬해에 발표되었다. 두 권 모두에 섹스 체위와 세부적인 신체 부위를 보여 주는 삽화가 실려 있었다. 곧이어 여성과 남성을 위한 잡지에는 성생활과 성관계 요령을 다룬 기사들이 실렸다. 《코스모폴리탄》은 독신 여성을 위한 성관계에 대해 새로운 관점을 발전시키는 데 앞장섰다.[8] 여성의 순결은 더 이상 최고 입찰자에게 판매되는 소중한 상품이 아니었다. 남자만큼 성 경험이 많은 여성도 점점 더 사회적으로 용인되었다. 효과적인 피임 덕분에 젊은이들은 결혼 전에도 섹스를 즐길 수 있게 되었고 섹스 경험과 섹스 파트너 숫자에서 나타나는 성별 차이는 줄어드는 듯했다. 섹스와 임신(그리고 결혼)의 분리는 혼외든 결혼 생활 내에서든 아이의 아버지임을 증명해 주는 새로운 DNA테스트에 의해 강화되었다. '활기차고 멋진 60년대'와 새로운 성 윤리는 무대에서 전라로 공연한 뮤지컬 「헤어」나 《플레이보이》, 《펜트하우스》 같은 잡지의 인기 상승처럼 언론과 예술에 반영되었다.

성 문화는 부유한 현대 국가에서 가장 두드러지게 변화했는데, 어쩌면 단순히 서유럽과 북미 지역이 더 나은 정보를 이용할 수 있어서였을지도 모른다. 하지만 대중매체, 영화, 연예의 세계화는 그러한 변화를 세계적으로 광범위하게 퍼뜨렸다. 예를 들어 대만의 타이베이와 중국의 상하이에 있는 나이트클럽들은 서양의 자유주의적인 새로운 성

문화를 보여 주는 클럽과 중국의 전통적인 사회적, 성적 예법에 순응하는 클럽들로 나뉜다.[9]

그러다가 1980년대에 들어서면서 에이즈가 다시 모든 것을 바꾸어 놓았다. 헌신적인 오랜 연인 관계, 배우자에 대한 정절, 순결과 같은 '구시대적' 생각으로 갑자기 회귀하는 상황이 발생했다. 문란한 성생활은 다시 문제가 되었는데, 에이즈에 가장 심한 타격을 입었고 '안전한 성관계'에 대한 필요성이 영원히 요구될 것으로 보이는 동성애 집단에서 가장 극명한 문제로 부상했다.

성에 대해 이야기하자

에이즈는 정부에게 성과 성생활에 관심을 가져야 할 정당한 이유를 제공해 주었다. 성생활 조사는 '의학적', '공중보건' 연구가 되었다. 사회문제와 의학적 문제들은 때때로 중첩되는데, 문란한 성생활의 증대가 이제는 건강을 해치는 위험으로 취급되는 경우가 이러한 예에 해당한다.[10]

1990년대 이래로 꾸준히 이어지는 국가별 성 조사는 세계적으로 이루어져 왔다. 이 책의 부록 '21세기 성 조사 보고서'에서는 그 조사들을 설명하고 가장 도움이 된 보고서를 언급했다. 이 새로운 정보는 성애에 관한 다수의 근거 없는 생각을 없애 버렸다. 드물게 예외는 있지만, 그러한 조사 결과를 요약하려고 시도한 사람은 거의 없었다. 미국의 학자들은 거의 전적으로 미국의 정보에만 의존한다. 유럽, 라틴, 중국, 일본, 기타 동아시아 문화권은 종종 독특한 특징을 보여 준다. 예를 들면 다수의 유럽 국가에서는 불륜과 문란한 성생활이 남녀 모두에게 용인되고 동아시아 문화에서는 성관계에 돈을 지불하는 행위가 문제가 되지 않는다. 이 두 지역에서는 매력 자본을 높이 평가할 여지가 더욱 많다.

최근의 성 조사에서 얻은 가장 중요한 결과 중의 하나는 성에 대한 태도와 성욕에서 나타나는 성별 차이가 가장 최근의 사회적, 경제적 발전에 의해서도 대체로 바뀌지 않았다는 점이다. 성 혁명은 젊은이들의 성생활에 영향을 미쳤지만, 전체적인 그림을 아주 많이 바꾸어 놓은 것은 아니었다. 섹슈얼리티에서의 '평등'에 대한 페미니즘의 신화는 모든 여성이 가족 내에서의 역할과 고용, 소득에서 완벽히 균형 잡힌 '평등'을 선호한다는 주장만큼이나 근거가 없다.[11] 성 혁명이 몰고 온 변화는 부분적이고 고르지 않게 발생했다. 그리고 이것을 환영한 건 모두가 아닌 일부 젊은이들이었다. 1980년대까지 남성보다는 여성이 성에 관한 이중 잣대를 더 많이 받아들였다. 여성의 성생활에 제한을 가해야 한다는 생각을 가장 정력적으로 실행에 옮긴 사람들은 늘 여성이었고 여성은 섹스와 오랜 연애 간의 밀접한 연관성을 단념할 생각이 없는 것으로 보였다. 더욱 놀라운 점은 자위행위가 원칙적으로는 여성에 의해 흔쾌히 받아들여졌지만 여전히 남성의 취미로만 남아 있었다는 사실이다. 따라서 1960년대부터 1990년대까지 태도와 행동 면에서 성별 차이가 줄어들기는 했지만, 언론이나 예술계가 주장하는 것보다 훨씬 더 제한된 수준이었다.[12] 여성의 낮은 욕망은 21세기에도 여전히 변함없다. 최저 관심의 원칙은 여성의 매력 자본의 가치를 높여 준다.

두 번째로 없어져야 할 근거 없는 생각은 맨 처음에는 『킨제이 보고서』가, 나중에는 동성애 집단이 주장한 것으로, 동성애가 전혀 드문 것이 아니라서 사람들이 자유롭게 자신의 성적 관심을 표현하게 된다면 적어도 10명 중 1명은 동성애 성향이 있다고 지적한 것이다. 그러나 모든 조사는 동성애 성향과 활동이 인구의 1퍼센트 정도로 발생함을 보여 주며, 이는 20명 중 1명꼴도 안 되는 비율이다. 이성애는 압도적으로 지배적인 성욕의 형태로 남아 있다. 유일하게 높은 수준의 동성애 활동을 보고한 조사는 '전미 성 건강 및 태도 조사'로, 이 온라인 조사에서는 7퍼센트 정도의 남성과 여성이 스스로를 '이성애가 아닌' 사람으로 말했다. 이 동성애 빈도는 과장되었던 것으로 보이는데, 대부분의 사람들이 동성인 사람을 매력적이거나 성적으로 매력적이라고 생각한다고 인정하기 때문이다. 대다수의 사람들은 동등하지 않은 수준의 욕망이 지배하는 이성애 시장에서 활동하지만, 실제로 매력 자본은 단순히 이성만이 아니라 사회 내의 모든 구성원에게 누군가를 매력적으로 보이게 하며 성적인 만남만이 아니라 모든 사회적 상황에서 영향력을 지닌다.

그런데도 성 규범의 혁명과 효과적인 피임법의 이용으로 엄청난 변화가 일어났다. 즐기기 위한 성관계가 결혼 생활 안팎에서 급격하게 증가했다. 오늘날 대부분 국가에서 사람들은 20세기의 일반적인 경우보다 더욱 적극적으로, 더 오랫동안 성생활을 한다.

스칸디나비아 국가들은 오래전부터 성적으로 '해방된' 것으로 유명했지만 그들 역시 극적인 변화를 경험했다. 핀란드의 경우, 애인이 10명 이상인 여성의 비율이 1971년에는 눈에 보이지 않을 정도로 미미

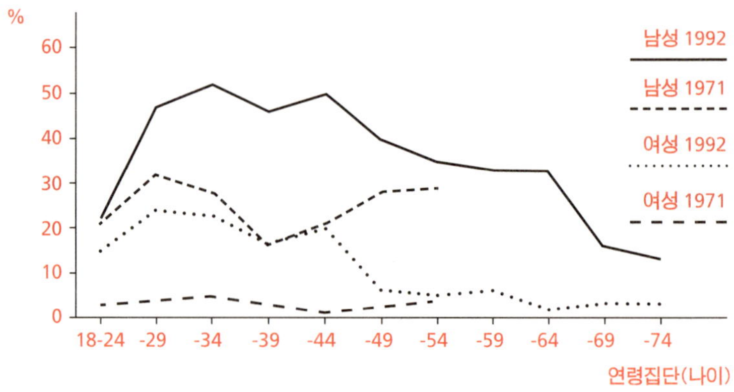

출처: Kontula and Haavio-Mannila(1995)

했다가 급증하여 1992년에는 5명 중 1명꼴이 되었다. 애인이 10명 이 상인 남성의 비율 또한 이 20년 동안 급증하여 50퍼센트 정도가 되었 다.(그래프 1) 이 지표로 판단해 보면, 남성은 여성의 두 배 정도로 성 경 험이 많았고 성별 차이는 전혀 줄어들지 않았다.

모든 조사서는 오늘날 성 관행에서 커다란 차이가 있음을 보여 준 다. 오럴섹스와 항문성교는 전통적으로 매춘부가 제공하는 장기(長技) 였다. 오늘날 오럴섹스는 아마추어 사이에서도 널리 보급되었기 때문 에 그 가격은 전문가들이 제공하는 '최고의 성관계' 가격 아래로 떨어 졌다.[13] 그리하여 이제는 항문성교까지 비전문가의 섹스 레퍼토리에 추가되었다. 비밀스럽고 희귀한 취향과 취미를 가진 사람들은 인터넷 덕분에 서로를 찾을 수 있기 때문에 '섹스 파티'에서 보여 주는 것처럼 특이한 습관도 더욱 쉽게 즐길 수 있다. 이는 남성이 여성에게 언제든지 섹스를 하자고 압박을 넣을 뿐 아니라 더욱 다양한 성 활동에 대해서도 압박을 가하고 있다는 의미이다. 남자들의 요구는 점점 증가하여 많은 여성들이 봉춤이나 스트립쇼 등 전문가의 기준에 맞추어야 한다고 느끼는 지경이 되었다.

매력적인 젊은 여성들은 연령을 불문하고 남자들이 자신을 향해 품는 욕망이 어느 정도인지, 얼마나 격렬한지 너무나도 잘 알고 있다. 그들은 대략 10세에서 25세 사이에 숨이 막힐 정도인 남성의 성적 관심을 알게 된다. 혼잡한 지하철에서 몸을 밀착하고 손으로 더듬는 사람들도 있고 교복을 입고 있는데도 추잡한 말을 걸거나 끊임없이 성적으로 유인하는 사람들도 있다. 이에 대해 10대는 두 가지 반응을 보인다. 괴로움을 느끼지만 보복을 가하거나 불평할 수 없다는 생각에 남자를 증오하는 일련의 생각에 빠지면서 때로는 자신의 외모와 성욕에 대해 양면적인 태도를 보이는 10대들이 있는가 하면,[14] 자신이 매력 있고 훌륭하다는 사실을 깨닫고 자신이 지닌 매력 자본에 자부심을 느끼며 자신의 구애자들과 시시덕거리는 법을 배우는 아이들도 있다. 원치 않는 접촉은 맹렬하게 거부하지만, 우아한 칭찬엔 미소로 보답해 준다. 그들은 매력 자본을 이용하여 친구를 사귀고 협상을 하고 정당한 거래를 계산해 내는 나선형 계단을 오르기 시작한다. 그들은 자부심과 사회적 자신감을 갖추고 자신의 섹슈얼리티에 만족한다.

제이드는 대학에서 법학을 공부하던 중에 자국 내에서 가장 성공을 거둔 유명한 변호사 한 명을 만났다. 그는 그녀에게 자신의 로펌에서 파트타임으로 일할 것을 제안했고 그녀의 직업 훈련에 특별한 관심을 보였다. 나이 차이 때문에 제이드의 부모님은 크게 경악했지만, 그는 결국 그녀의 남자 친구이자 애인이 되었다. 지긋한 나이에 돈 많은 이혼남인 그는 제이드를 데리고 사교 모임이나 직업상의 약속에 나가는 것이 즐거웠다. 그는 그녀가 사교계에서 편안함을 느끼도록 필요한 옷을 사 주었고 그녀를 유명한 의뢰인이나 정치인들에게 소개했다. 제이드는 영리했기 때문에 그는 그녀와의 동행을 즐거워했다. 하지만 그녀 혼자만 놓고 봐도 그녀는 인상적인 동양적 외모를 지닌 젊고 우아한 파트너였다. 그녀 입장에서 보면 짧은 시간 만에 법조계에 대해 많은 것을 배웠고 사교술과 세련된 옷차림새에 대해 풍부한 지식을 얻었다. 그리고 대학을 졸업한 뒤 대서양을 오고가는 직장에 들어가면서 세계를 내 집같이 여기는 라이프스타일과 친숙해질 수 있었다. 상사가 그녀에게 보인 관심은 다른 사람의 눈에는 성희롱으로 보였을지 모르지만, 제이드는 서로에게 도움이 되는 관계로 발전시켜 나갔다. 외모가 훌륭한 젊은 사람들이 비공식적인 멘토나 후원자의 마음을 사로잡을 가능성이 가장 크지만 그러한 기회에 어떻게 반응하느냐에 따라 많은 것이 좌우된다.[15]

서양에서 아무런 거리낌 없이 솔직하게 경제 자본과 매력 자본을 교환하는 일은 여전히 드물다. 『베를린의 여인』이라는 일기는 굶주린 독일 여성들이 2차 세계대전이 끝난 뒤 지친 러시아군이 베를린을 침공했을 때 어떻게 대처했는지 직설적으로 솔직하게 서술하고 있다. 여기서도 여성들은 두 가지 반응을 보였다. 일부 여성은 색정을 품은 군인들을 피해 몸을 숨기고 계속 굶주리는 생활을 지속한 반면, 고위 장교의 보호를 받아들이는 것이 최선이라고 생각한 여성도 있었다. 자신이 몸을 허락한다면 그 장교들은 먹을 것과 비누, 안전 등 여러 가지 혜택을 제공해 줄 터였다. 강간의 정의는 군인이 선물이나 이익으로 여성과의 육체관계를 보상해 주지 못하는 경우를 가리키는 말로 바뀌었다.[16] 그러나 끔찍한 전쟁이 끝난 이 비정상적인 상황에서도 평화와 민간 생활에 대한 기대를 서서히 회복하면서 아름다움과 사회성, 오락과 공손함에 대한 욕구는 분명해졌다. 젊은 군인들은 여전히 '예쁜 여자'를 요구했고 어리고 더 매력적인 여성을 강간 상대로 선택했다. 교감과 애정, 사회적 허용에 대한 남성의 욕구는 섹스에 대한 욕구만큼이나 컸다. 그리고 더 많이 배운 남자들은 여전히 자기표현과 구애라는 당당한 의식의 형태로 일이 치러지는 게 온당하다고 생각했다.[17] 섹스는 즉각적인 자극제였을 뿐, 결코 사건의 전모가 아니었다. 아름다운 외모와 매너는 여전히 중요했다.

만족할 수 없는 남자들

모든 것의 시장가치는 희소성, 수요와 공급에 따른 바람직한 정도에 의해 결정된다. 그리고 이것은 다른 오락거리만큼이나 섹스에도 적용된다.[18] 성 조사서는 성 활동을 비롯하여 모든 종류의 에로틱한 여흥물에 대한 남성의 욕구가 섹스에 대한 여성의 관심을 크게 능가한다는 사실을 입증해 준다. 상식적인 수준에서 볼 때 이 사실은 수백 년 전부터 알려졌다.[19] 이러한 불균형은 자동으로 여성의 매력 자본의 가치를 높이며 여성이 그 점을 깨닫기만 하면 남성과의 사회적 관계에서 이점으로 활용할 수 있다.

페미니스트들은 남녀 간 성적 욕구의 불균형은 사회적으로 꾸며진 것으로 남자들이 강요한 생각이며, 여성의 성생활과 성 활동에 대한 가부장적인 구속을 제거하고 나면 사라질 것이라고 주장했다. 과거의 조건에 관해서는 페미니스트들의 주장이 일부 맞지만,[20] 성적 관심에 대한 성별의 차이가 남녀 간의 사회적, 경제적 평등이 이루어지면 사라지리라는 생각은 잘못된 것으로 드러났다.[21]

상황을 왜곡하는 사회적 구속이 없다면, 서른 정도까지의 젊은이들 사이에서는 성적 관심의 성별 차이가 없을 것으로 보인다. 사회적 구속은 늘 젊은이들에게 가장 강력하게 적용했는데, 젊은이들의 성적 에너지를 합당한 형태의 행동과 결혼으로 돌리기 위해서였다. 여성의 성적 관심은 종종 출산 이후에 급격히 줄어든다. 관심이 육아에 쏠리기 때문이다.[22] 일부 여성은 임신의 위험이 사라지는 폐경기 이후에 성적 관심이 되살아나는 경험을 한다. 하지만 대체로 여성의 성적 관심은 엄마가 되면서 급격히 줄어들고 종종 영원히 사라져 버리기도 한다. 반대로 남성의 성적 관심은 아빠가 되면서 똑같이 줄어드는 경우가 거의 없다. 이는 핀란드의 한 설문조사에 의해 생생하게 설명된다.(그래프 2) 서른 정도까지는 남성과 여성 모두 더 빈번한 성관계를 원할 수 있다. 하지만 그 이후 여성은 관심을 잃으며 절반의 남성들이 우디 앨런이 애니 홀을 만난 듯한 느낌을 받으며 남겨진다.

여러 가지 성 조사서에 따르면 인생을 사는 동안 온갖 종류의 성 활동에 대한 남성의 요구는 여성의 경우보다 상당히 높다.[23] 이는 상업적인 성 서비스를 이용하거나 바람을 피우고 자위행위를 하고 성애물에 대체로 관심을 보이고 왕성하고 다양한 성 활동에 관심을 보인다는 사

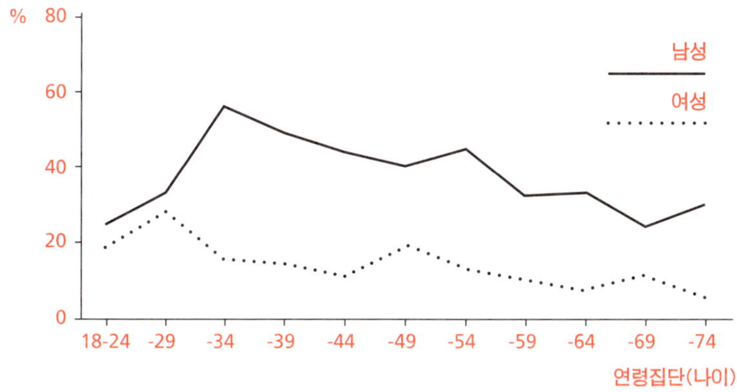

출처: Kontula and Haavio-Mannila(1995)

실에서 저절로 드러난다. 남자들은 각종 성 활동(동성애는 제외하고)을 시도해 보려는 점에서 여성보다 두 배에서 열 배까지 더 많은 열의를 표현하고 더 많이 실험해 왔다. 일생 동안 만난 섹스 파트너의 수도 남성이 두세 배 더 많다. 정기적인 자위행위도 남성, 심지어 기혼 남성까지도 세 배나 더 자주 한다.[24] 남성은 성적인 환상을 품고 각종 음란물을 이용할 가능성이 세 배 더 높다. 전년도에 만난 섹스 파트너가 5명 이상이었다고 말할 수 있는 남성은 여성의 두 배이다.[25] 영국 남성의 경우, 지난 5년 동안 섹스 파트너가 10명이 넘었을 가능성이 다섯 배 더 높다.[26] 모든 문화에서 남성은 여성보다 성적으로 더 문란하며 독신은 여성에게 더 흔히 나타난다. 이는 성 해방이 오래전에 이루어진 스칸디나비아 국가에도 해당한다.

여성은 성적 욕구를 느끼지 않는다고 정기적으로 보고한다. 호주를

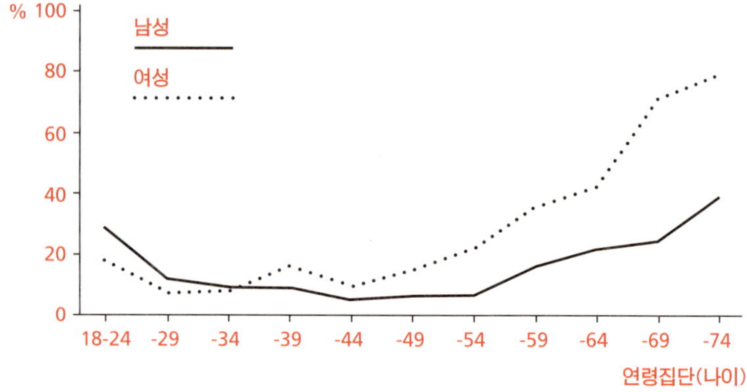

출처: Kontula and Haavio-Mannila(1995)

예로 들면 모든 연령대에서 절반이 넘는 여성들이 욕구를 느끼지 않는다고 말했다.[27] 미국에서 이루어진 몇몇 연구 결과를 보더라도 젊은 여성의 4분의 1 정도와 나이 든 여성의 3분의 1 정도가 성욕이 낮음을 알수 있다. 핀란드에서 이루어진 모든 연구 결과를 포괄적으로 살펴보면, 점점 격차가 크게 벌어지고 있는 성욕의 차이가 남녀의 가장 근본적인 차이였다고 결론 내릴 수 있다. 성에 대한 남성의 관심은 여성보다 커지고 있었다. 핀란드 여성의 절반 정도가 성욕이 낮다고 응답하며, 핀란드 남성은 평균적으로 자신의 파트너보다 두 배 정도 자주 성관계를 갖기를 선호한다.[28] 유럽 전체의 연구 결과를 보면, 여성 중에 성욕이 낮은 비율은 16퍼센트에서 50퍼센트에 걸쳐 있어서 3분의 1 정도가 일반적으로 말하는 평균이 되었다. 더욱 중요한 점은 여성의 대다수가 성욕이 약하거나 전혀 없다는 사실을 걱정하지 않는다는 점이다. 이는 여

출처: Kontula and Haavio-Mannila(1994)

성에게는 문제가 되지 않으며 여성의 파트너에게만 문제가 된다.[29]

남성의 성적 무기력은 50~54세부터 증가한다. 하지만 여성의 성적 무기력은 35세부터 증가하고, 더 빠르고 더 높게 증가한다. 이 경향은 미국뿐 아니라 핀란드처럼 성적으로 해방되었다는 스칸디나비아 국가들에서도 관측된다.(그래프 3, 그래프 4)[30] 성관계 없는 부부와 연인 관계는 다른 곳에서의 활동으로 균형을 맞춘다. 기혼 남성은 기혼 여성보다 짧은 '바람'과 오랜 불륜에 빠질 가능성이 훨씬 더 크다.[31] 모든 성 조사서를 들여다보면 미국, 영국, 프랑스, 이탈리아, 스페인, 핀란드, 스웨덴, 일본, 중국에서 남자가 여자보다 적어도 두 배 많게 불륜을 저지른다는 사실을 알 수 있다.[32] 상업적인 성 서비스의 고객은 스칸디나비아 국가들에서도 거의 변함없이 남자이다.[33] 스페인에서는 기혼과 미혼 남성 중 4분의 1이 돈을 주고 성 서비스를 즐기는 데 비해 여성

중에는 1퍼센트에 불과하다.[34] 혼외정사를 위한 웹사이트 사용자들은 10대 1이 넘는 비율로 압도적으로 남성이 많다.[35]

많은 페미니스트들은 남자들이 쓸 수 있는 돈이 더 많아서 이러한 결과가 생긴다고 주장한다. 하지만 여러 성 조사서는 여성은 감정적이거나 낭만적인 애정이 생기면 섹스를 하도록 설득당할 가능성이 더 높은 반면, 남자들은 돈으로 사든 다른 방법을 강구하든 스스로 성적 만족과 다양성을 추구한다는 사실을 입증하면서 페미니스트들의 주장을 반박한다. 스웨덴 남성의 3분의 2는 낭만적인 관계가 아니어도 섹스를 즐긴다. 반대로 여성의 3분의 2에서 5분의 4는 사랑이 섹스의 유일한 근거임을 주장한다.[36] 이탈리아에서도 남성보다는 여성의 경우에 '사랑에 빠진 감정'이 일반적으로 정사의 촉매제가 되는데, 남자들은 대체로 다양함과 신기함, 흥분을 추구한다.[37] 여성은 섹스를 둘러싼 감정 게임에 더 관심이 있지만, 남자들은 섹스 그 자체를 목표로서 추구하고 즐기며 모르는 사람과의 섹스까지 추구한다. 고소득자들 중에서는 남성이 여성보다 두 배나 더 많이 불륜 관계를 맺는다.[38] 개방적인 고학력 집단에 대한 네덜란드의 조사에서는 결혼 생활에서 섹스가 부족할 경우 여자가 아니라 남자가 불륜에 빠진다는 사실이 밝혀졌다.[39]

여성의 성욕이 돈 문제나 문화에 의해 제한받는다는 주장은 자위나 음란물 이용, 성적 환상 등과 같이 자기성애나 솔로 섹스라고 불리는 행동을 연구한 결과에 의해 가장 철저히 뒤집힌다. 미국의 성 조사서는 그래프 5에서 볼 수 있듯이 이러한 활동에 대한 총점을 1점에서 5점까지로 어림잡았다. 남자들은 1점에서 5점까지 상당히 균등하게 분포되어 있지만, 여성은 대다수가 가장 낮은 수준인 1점이나 2점에 집중되

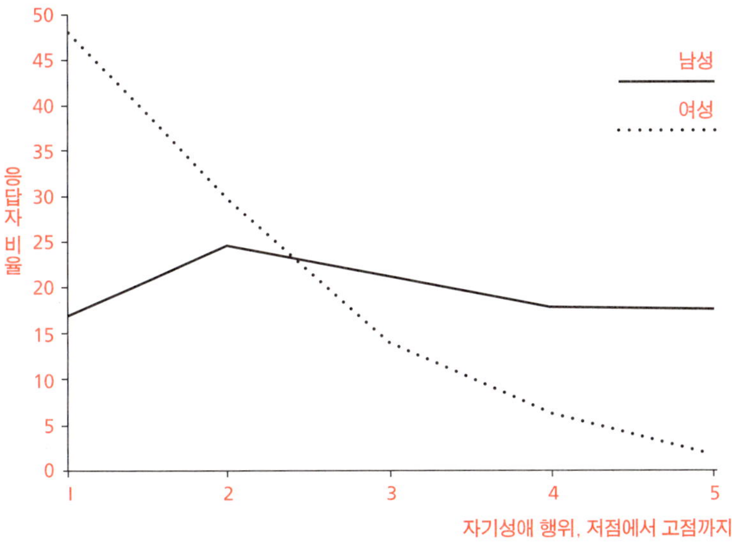

출처: Laumann and others(1994)

어 있다. 솔로 섹스는 사실상 비밀스러운 행동이고 돈이 전혀 들지 않거나 아주 사소한 정도로만 들며 다른 사람이 전혀 필요하지 않다. 많은 아이들이 어린 나이에, 이르면 9세 내지 10세에도 스스로 자위하는 법을 깨우친다.[40] 성적 환상은 섹스 각본과 자율성에 대한 통제력을 제공하며 자유롭게 생겨난다. 사회적 제약이 여성의 성욕을 구속한다는 주장은 남성과는 달리 여성은 자위행위, 더 일반적으로 말하면 자기성애 행위를 거의 하지 않는다는 사실을 설명해 주지 못한다. 1992년의 미국 조사서에서 얻은 이 결과는 스웨덴, 프랑스, 핀란드, 네덜란드에서 얻은 지속적인 연구 결과에 의해 확인되었다.[41] 현대사회에서는 자위를 완벽히 정상적인 행동으로 간주하지만, 남성은 결혼한 뒤에도 여자보다 세 배 내지 네 배는 더 자주 솔로 섹스를 한다. 절반 정도의 여성은 한 번도 솔로 섹스를 하지 않는다. 성욕이 강한 사람들에게 자위는 파트너가 없는 동안 섹스를 대체해 줄 뿐 아니라 파트너가 있을 때는 섹스를 보충해 준다. 전체적으로 성 조사서들은 성욕이 강한 남성들이 자기성애 행위와 상업적인 성 서비스, 파트너가 있을 때의 일상적인 성관계를 상호 배타적인 대체물로서가 아니라 보완적인 행동으로 즐기고 있음을 암시한다.[42]

오직 순수한 쾌락

1973년에 에리카 종은 『날기가 두렵다』라는 소설을 발표하며 일대 센세이션을 일으켰다. 여성이 자신이 꿈꾸는 에로틱한 환상은 물론 감정과 헌신, 사회적 의무에 얽매이지 않고 매력적인 낯선 사람과의 우연한 성관계를 갈망하는 마음을 솔직하게 글로 옮긴 것은 처음인 듯했다. 모르는 사람과의 자발적인 성관계를 의미하는 '짚리스 퍽(zipless fuck)'은 새로운 어휘로 자리 잡았다. 종의 여주인공은 다음과 같이 설명했다. "짚리스 퍽은 존재하는 것 중에 가장 순수하다. 그리고 일각수보다도 진기하다. 나는 결코 그런 섹스를 해 본 적이 없다."[43] 그리고 20년이 지난 지금도 성 조사서는 상당수의 남자들에게는 최고로 인기가 있지만 이렇게 순전히 쾌락주의적인 성관계를 맺는 여성은 지극히 소수임을 보여 주고 있다.

일부 성 조사서는 독특한 '성적 생활 방식'을 파악하려고 시도했지만 남성과 여성 간에 공통의 입장이 존재하지 않음을 알아냈다. 남성과 여성은 성적 관심이나 가치관, 활동에서 양적으로나 질적으로 모두 다르다. 남자들에게 인기 있는 즐기기 위한 섹스에서 나타나는 쾌락주의적인 방탕한 이데올로기를 택하는 여성은 거의 없다.[44] 스웨덴 같은 국가에서도 여성은 대부분 섹스의 전제 조건으로 사랑과 헌신을 계속해서 주장한다. 핀란드와 스웨덴 남성은 여러 사람과 성관계를 동시에 유지하는 것이 이상적이라고 생각할 가능성이 네다섯 배 더 높다. 스웨덴에서는 불륜이 오랜 남녀 관계를 영구적으로 보완해 준다는 생각에 찬성하는 남성이 여성보다 두세 배 더 많고 불륜을 저지를 가능성은 두 배 더 높다.[45] 동성애 집단은 오랜 연인 관계보다는 우연한 섹스를 더 강조하기 때문에 쾌락주의적인 방탕한 생활 방식을 보여 주는 가장 대표적인 본보기를 제시해 주는 듯하다. 그 결과 동성애자들은 파트너를 유혹하기 위해 외모를 훌륭하게 가꾸는 일에 더 큰 노력을 기울인다.[46] 이와 마찬가지로 섹스에 흥미를 잃은 아내는 종종 자신의 매력 자본을 유지하는 데 더 이상 노력을 기울이지 않기 때문에 점점 더 매력과 호감이 떨어진다.

섹스 파트너의 수는 젊은 연령층에서 급격히 증가한다.(표 1) 하지만 남자들은 여전히 여자보다 훨씬 더 많은 파트너가 있다고 응답한다. 모든 연령층에서 영국의 기혼 남성 20명 중 1명은 지난해의 섹스 파트너가 2명이 넘는다고 말한 데 비해, 기혼 여성은 100명 중에 겨우 1, 2명이었다. 지난해의 섹스 파트너가 3명 이상이라고 말한 기혼 남성은 1.2퍼센트였고, 기혼 여성은 0.2퍼센트였다. 이 지표로 보면 성 혁명 이후에도 기회가 생긴다면[47] 모든 연령대의 남자가 여자보다 대여섯

배 더 성적으로 문란하다.[48]

모든 성 조사서에서는 스웨덴 보고서의 표현대로 성적으로 "지나치게 적극적인", 성욕이 매우 높은 사람들로 이루어진 소수집단이 확인되는데, 이들은 10퍼센트를 크게 밑돈다.[49] 영국의 조사서에 따르면 성욕이 상당히 높은 사람들은 16세 이전에 성 경험을 시작해서 모든 연령대에서 성적으로 더 문란하다. 영국에서는 대략 남자 20명 중 1명, 여성 50명 중 1명이 평생 동안 성적으로 적극적인 생활 방식을 보인다.[50] 이 집단에서도 항상 남성이 여성보다 많으며 여성보다 더 높은 수준의 성적 활동과 더 많은 수의 섹스 파트너를 이야기한다. 대체로 그들은 아주 어려서 성적으로 성숙해지고 이른 나이에 성 경험을 하며 처음부터 여러 사람을 상대하고 대도시에 살고 성 건강 검사에 매우 민감하다. 조사 보고서 작성자들은 '보통의' 남성과 여성의 그림을 왜곡하고 평범한 사람들과는 거의 공통점이 없는 이러한 '통계상의 아웃라이어들'을 싫어하는 것이 분명하다. 성적으로 가장 적극적인 10퍼센트의 남녀는 스웨덴 성 조사서에서 보고한 섹스 파트너 총수의 절반을 차지하고 모든 성 활동의 절반 정도를 차지한다. 그들은 건강상의 위험을 제기하는 사람들로 곧바로 분류된다.[51]

또한 각국의 보고서는 (특히) 섹스 파트너가 수백 명에 이른다고 응답한 남성들의 말을 불신하는 기미를 드러낸다.(그들이 상업적인 성 서비스를 이용하기도 한다고 응답할지라도) 실제로 이런 성 조사서들이 성 활동의 증가 정도를 이해하는 데 적합할 수도 있는데, 많은 젊은 사람들에게 성적인 만남이 더 이상 중요하고 잊지 못할 사건이 아니기 때문이다. 이제 섹스는 더욱 흔해지고 일상적인 일이 되었고 심리적으로 중요한 사건이 아닐 수도 있다. 게다가 학자들 또한 새로운 현실을 이해하기에 너무 늦었다.

"70명은 평균이지"

개인의 성생활 기록은 성 조사서에 등장하는 통계 수치의 무미건조한 익명성에 유용한 보완물이 되어 준다. 그러한 기록 대부분은 남자들이 썼기 때문에,[52] 여성이 쓴 소수의 성 회고록은 더욱더 소중하다. 벨르 드 주르라는 콜걸이 쓴 일기와 저널리스트인 숀 토머스의 성 회고록은 각각 29세의 독신 여성과 39세의 독신 남성이 서술한 개인 경험으로서, 현대 런던의 성적 생활 방식을 이해하는 데 도움을 준다. 벨르 드 주르의 일기를 보면 그녀는 성욕이 대단히 높았고 10대 때부터 성매매를 직업으로 삼을 때까지 매우 적극적으로 성생활을 했음을 알수 있다. 그녀는 조련 및 가벼운 정도의 가학적 행위(BDSM)[53]를 포함하여 남녀를 불문한 상대와 최대한의 성적 활동을 즐기면서 돈을 받았다.[54] 대략 그녀와 같은 콜걸은 1년에 100명에서 200명 정도 예약 손님을 받으며 결혼을 하거나 아주 평범한 일자리로 돌아가기 위해 콜걸을 그만둘 때까지 대략 300~600번의 성적 만남을 갖는 것으로 보인다.[55] 난잡한 섹스 파티를 즐기는 여성들은 하룻밤에 30명 정도를 상대할 수 있고 통틀어 봤을 때 어떤 콜걸이나 남자보다도 많은 파트너를 상대할 수 있다. 프랑스 미술 비평가 카트린 밀레의 성 회고록은 그녀가 젊었을 때 난잡한 섹스 파티에 열심히 나갔다고 설명했기 때문에 논쟁을 불러일으켰다. 그녀는 이러한 자리에서 가진 무수한 성적 만남의 세세한 내용을 막연하게라도 기억하지 못한다는 사실을 깨달았다. 그 남자들은 그녀가 여러 해 뒤에 글을 쓸 때 그녀의 마음속에서 모두 흐릿한 형체가 되어 있었다.[56]

39세라는 나이에 드디어 결혼을 진지하게 생각하게 된 토머스는 일부일처제에 정착하기 전에 자신이 충분히 많은 여자들과 잠자리를 가졌는지 생각해 보기 위해 자신의 경험을 되돌아봤다. 그는 자신이 60명의 여성, 매춘부를 포함하면 70명의 여성과 잤다는 사실을 알아냈다. 그리고 이 정도 숫자는 자신의 동료 집단과 비교했을 때 평균 정도라는 결정을 내렸다. 그는 자신의 날뛰는 성욕과 성적인 좌절감을 강조하면서 자신이 진정으로 편안한 느낌을 받은 유일한 때는 태국에서 성 관광을 할 때였다고 말했다. 살면서 처음으로 그는 마음이 차분해질 정도로 충분히 섹스를 했다.[57]

카사노바의 상세한 회고록에 따르면 그는 평생 동안 130명의 여성과 잠자리를 했을 뿐이었다.[58] 《플레이보이》 설립자인 휴 헤프너는 자서전에서 애인이 2000명에 달했으며, 나이가 든 뒤에는 비아그라의 도움을 받았다고 했다.[59] 한 인기 가수는 자신이 한창 잘나가던 2~3년 동안 1000명의 여성을 유혹했다고 말했다. 젊은 여성들은 인기를 한몸에 받는 스타의 사랑을 얻기 위해 사력을 다했다.[60] 극단적일 정도로 육욕적인 삶에서도 남자들의 성적 활동은 증가했다.

남자들은 자신이 원할 때, 그리고 자신이 원하는 성관계를 하기 위해 종종 대가를 치를 준비가 되어 있다. 이것이 더욱 효율적인 방법이기 때문이다. 다른 대안은 여성을 유혹하는 데 시간과 노력을 투자하는 것으로 여전히 비용이 드는 방법이다. 상업적인 성매매, 그에 관련된 에로틱한 접대, 불륜, 섹스 파트너 수, 자기성애, 충족되지 않은 성욕 중 어느 것에 초점을 두든, 평생에 걸친 섹스와 성적 다양성에 대한 남성의 요구는 여성의 평균적인 관심보다 두 배에서 열 배는 더 크다. 남녀의 극심한 성적 불균형은 자동으로 여성의 매력 자본의 가치를 높이고, 남녀 간의 모든 사회적 관계에 영향을 미치며 사적인 관계에서 여성에게 유리한 입장을 안긴다.

오래된 남녀 관계와 욕망의 불균형

심리학자이자 부부심리 치료사인 베티나 아른트는 결혼 생활에서 섹스의 중요성을 연구하기 위해 호주의 부부 100쌍에게 9개월 동안 매일 섹스 일기를 쓰도록 요청했다. 그녀는 아내들이 성행위를 부부 관계의 협상 도구로 이용한다는 사실을 알았다. 섹스는 배우자 간의 협상에서 돈만큼 중요해 보였다. 아내는 자기 말을 듣지 않은 남편을 벌주기 위해 잠자리를 해 주지 않거나 자신이 원하는 것을 달라고 배우자를 설득하거나 집에서 자신을 도운 남편에게 보상하기 위해 잠자리를 해 주었다. 그 전략은 거의 언제나 남편이 아내보다 성관계를 더 원하기 때문에 성공했다. 일기를 읽고 가장 먼저 느낀 것은 섹스에 흥미를 잃고도 못 견뎌 하지 않거나 적극적으로 남편을 밀쳐 내는 아내들 때문에 영원히 '섹스 기근'을 겪고 있는 남편들의 고통과 좌절감이었다. 남편들의 고충은 다음에 소개된 몇 개의 인용문에 제대로 나타나 있다.

나는 무엇을 해야 할지 전혀 모르겠다. 정말 아내를 사랑하고 아내도 나를 사랑한다고 생각하지만 수도승처럼 살 수는 없다. 섹스를 입에 올리지 않으려고 부단히 노력했지만, 이제는 너무 실망하여 무엇을 할지 모르겠다. 난 한계에 도달했다. 이런 식으로는 계속 살 수 없고 그렇게 살지도 않을 것이다. 평생을 구걸하면서 살기는 싫다.

섹스를 하고 싶어 미칠 지경이다. 그리고 루시가 먼저 시작해 주기를 간절히 바란다. 하지만 내 고집이 점점 고약해지고 아내도 내 요구를 들어줄 생각이 없으니, 우리는 서로에게 더 신랄해지고 마음이 틀어지게 된다. 루시는 마음이 내킬 때만 같이 자거나 아니면 나를 불쌍하게 생각한다.

남편은 나를 껴안을 때마다 엉덩이나 가슴에 손을 댄다. 늘 나를 더듬는다는 느낌이 든다. 그럴 때마다 내게 찰싹 한 대 맞는다. 하지만 가끔은 너무 기분이 나빠지기 때문에 남편을 퇴짜 놓게 된다.[61]

아른트는 욕망의 불균형에 대한 해결책으로 아내가 마음의 긴장을 풀고 섹스에 목마른 남편의 요구를 들어주어야 한다고 제안한다. 여성은 동기를 부여하는 욕구가 약할 때도 일단 일이 벌어지고 나면 섹스를 즐길 수 있음을 그녀는 알고 있다.[62] 정신적으로 확고한 장벽을 세우고 힘겨루기를 하는 것은 무의미해 보인다.

섹스가 없고 섹스에 굶주린 결혼 생활은 여성의 낮은 성욕 때문에 생기는 결과이며, 에로틱한 여흥물과 상업적인 성 서비스, 불륜에 대한 남성의 수요가 영원히 존재하는 원인 중의 하나이다. 금욕적인 결혼 생활은 생각보다 더 많은데, 그 문제를 인정하고 싶어 하는 사람이 거의 없기 때문이다. 성생활에 관한 조사는 굳이 이에 관련된 통계치를 제공하려고 하지 않는 편인데, 왜냐하면 금욕적인 생활과 성적 절제가 에이즈나 다른 성병을 일으키는 문제가 아니기 때문이다. 조사 결과에는 섹스 파트너 수가 언급되지만, 여기에 배우자를 포함했는지 제외했는지 여부는 구체적으로 알려지지 않는다. 어떤 기혼 남녀가 섹스 파트너가 단 한 명이라고 말했을 때 그것은 배우자가 아닌 애인을 가리킬 수도 있다.[63] 따라서 섹스 없는 부부 관계는 금욕 생활을 한다고 말한 피조사자 수를 훨씬 능가하며, 특히 40세나 45세 이후에 놀라울 정도로 많다.(표 3, 표 4)

아직 성 경험이 없는 25세 이하의 젊은이들 사이에서는 당연히 금욕이 흔하다. 1990년에 영국에서 이루어진 조사 결과에 따르면 45~49세의 여성 10명 중 1명이 지난 5년 동안 성관계 없이 지냈고, 5명 중 1명이 1년 넘게 성관계 없이 지냈다. 이 연령집단에서 남성의 비율은 항상 더 낮다. 사회경제적 지위가 낮은 사람일수록 금욕의 빈도는 더 높다. 가난은 연애와 성적인 선택권을 제한하는 것으로 보인다.

성관계의 빈도는 젊은이들 사이에서도 나이가 아니라 사귄 기간에 의해 주로 결정된다. 친숙함은 종종 권태기를 낳는다. 새로움은 성적으로 흥분을 안긴다. 그러나 영국,[64] 프랑스,[65] 독일, 스웨덴[66] 등 모든 곳에서 이루어진 조사를 보면, 어떤 관계가 2년이 지나고 나면 남성보다는 여성의 성적 관심이 더 빠르게 줄어든다는 것을 알 수 있다.

미국에서는 부부 5쌍 중에 약 1쌍이 지난달에 배우자와 섹스를 하지 않았다.[67] 이탈리아의 한 조사서에 따르면 여성은 4분의 1이지만 남성은 10분의 1만이 성적으로 활동하지 않았음(지난 1년 내내 성관계가 없었다.)을 알 수 있었다. 다시 한번 남녀 간에 상당한 차이가 보인다. 아내 10명 가운데 1명은 성적으로 활동하지 않았다고(지난 1년 내내 성관계가 없었다.) 말했는데, 남편의 두 배에 해당하는 수치이다. 이로써 적어도 이탈리아 남편 20명 중 1명은 밖에서 해결책을 찾는다는 사실을 알 수 있다.[68]

스페인에서 이루어진 조사를 보면 부부 10쌍 중 1쌍 정도는 실제로 한 번도 잠자리를 갖지 않거나(이런 사실을 인정한 남자는 한 명도 없었지만, 아내 중의 4퍼센트는 이를 인정했다.) 1년에 불과 몇 번만 잠자리를 갖기 때문에(거의 10분의 1쌍이) 실제로는 금욕 생활을 한다는 사실을 알 수 있다. 늘 그렇듯 금욕 생활은 나이가 더 든 연령집단에 집중되어 있다.[69]

섹스를 전혀 하지 않는 결혼 생활은 성욕이 서로 차이가 나는 부부임을 알려 주는 한 가지 지표로서 예외라기보다는 평균처럼 보인다.[70] 최근에 이루어진 모든 성 조사서는 남성과 여성이 느끼는 성욕의 큰 차이를 드러낸다. 아내보다 남편이 늘 더 원한다는 사회적 통념은 고정관념이나 편견이 아니라 사실로 드러난다.[71] 남녀의 성욕 차이는 조사가 이루어진 모든 국가와 문화에서, 심지어는 프랑스에서도 목격되며, 30세가 넘는 모든 연령집단에서 나타난다. 성적 능력이나 쾌감 면에서는 성별 차이가 없어 보이지만 유독 성욕 면에서는 남자가 훨씬 더 강하다.[72] 또한 성에 대한 남성과 여성의 태도는 계속해서 매우 다르게 나타난다. 일례로 영국의 경우, 절반 정도의 남성은 어쩌다 만난 사람

과의 성관계를 기꺼이 받아들이지만 대부분의 여성은 일시적인 외도
가 잘못된 행동이라고 거부한다.[73] 성행위에 대한 태도에서 나타나는
커다란 차이는 미국과[74] 심지어는 프랑스에서도[75] 보고된다.

섹스는 얼마나 중요한가

혹시나 성생활 조사서 때문에 판단을 그르치는 것일까? 누군가는
삶의 더 큰 그림을 보면 섹스가 중요하지 않으며 대중매체가 그 의미를
과장했다고 주장할 수도 있다. 어쩌면 사람들은 섹스가 적다는 사실에
크게 신경 쓰지 않는 것은 아닐까? 이와는 반대로 학자들은 건강과 행
복, 삶의 질에서 섹스의 중요성을 꾸준히 강조한다. 전 세계적으로 섹스
는 삶의 질에서 정말로 중요한 요인이라고 간주하지만 언제나 여성보
다는 남성이 성 활동을 더 중요한 것으로 구분 짓는다.

21세기 초에 세계보건기구(WHO)는 행복의 주요 지표를 알아내기
위해 전 세계적으로 전면적인 조사를 실시했다. 세계보건기구는 풍족
해지는 생활 탓에 단순한 신체적 생존이 더 이상 건강의 유일한 목적이
될 수 없음을 알게 되었다. 다시 말하면 21세기를 사는 사람들은 삶의
질을 높이는 것까지 기대한다. 따라서 세계보건기구는 전 세계인에게
훌륭한 삶을 살아가기 위해서는 무엇이 가장 중요한지 물어보았다. 조
사는 5개 대륙의 58개국에 걸쳐 이루어졌는데,[76] 프랑스, 네덜란드, 스
페인, 크로아티아, 영국, 미국, 러시아, 인도, 호주, 일본, 태국, 파나마,
짐바브웨 등이 포함되었다.

종합적인 건강과 충분한 활력, 먹고살기에 충분한 돈, 일할 수 있는 능력이 수준 높은 삶에 중요한 25가지 요인으로 손꼽힌 것은 놀랍지 않다. 그리고 모든 국가에서 성생활 역시 25가지 중요한 요인에 포함되었다.[77] 대체로 섹스는 가장 낮은 25위에 위치했지만, 모든 국가에서 훌륭한 삶에 없어서는 안 될 요인으로 밝혀졌다. 그리고 섹스는 여성보다 남성이 더 높게 평가한 유일한 요인이기도 하다.[78] 몸매와 외모 또한 25가지 요인에 포함되어 성생활 바로 위인 24위에 올랐다. 여성은 남성보다 매력적인 외모를 더 중요시하며 삶의 질에서 성생활보다 상당히 높게 평가했다.[79]

경제학자는 모든 사물의 가격은 알지만 그것이 지닌 실제 가치는 전혀 모른다는 얘기가 있다. 일반적으로 그들이 돈의 관점에서 모든 것을 평가하기 때문이다. 데이비드 블랜치플라워와 앤드루 오즈월드라는 두 경제학자는 훌륭한 성생활의 금전적 가치를 계산하는 데 성공했다. 그들은 (좋은 직업과 교육이 미치는 영향력을 제외한 뒤) 훌륭한 성생활이 2004년 물가로 연간 5만 달러의 가치를 추가해 준다고 추정했는데, 지금으로 따지면 5만 달러를 훨씬 능가할 것이다. 그들은 「돈, 섹스, 그리고 행복」이라는 논문에서 삶에서 행복을 느끼게 만드는 요인이 무엇인지 알아내기 위해 2002년까지의 '종합사회조사' 결과를 분석했다. 종합사회조사는 약 1만 6000명의 미국 남녀를 대상으로 한 데이터를 제공해 주었다. 조사에서는 얼마나 자주 성관계를 갖는지도 물었다.[80]

조사 결과, 보통의 미국인은 대체로 한 사람과 한 달에 두세 번 정도 섹스를 하고 있음이 밝혀졌다. 극소수의 남자들이 지난해에 100명이 넘는 상대와 섹스를 했다고 말했지만, 이렇게 말한 여성은 한 사람도 없었다. 40세 이하는 평균 일주일에 한 번 섹스를 했다. 40세 이상의 여성들은 평균 한 달에 한 번이라고 말한 반면, 40세 이상의 남성들은 평균 한 달에 두세 번이라고 말했다. 논문의 저자들은 40세 이상의 집단에서 이렇게 차이가 나는 이유는 남자들이 과장해서 말했을 수도 있고 어린 여성과 섹스를 하거나 매춘부를 찾아갔을 수도 있다고 추측한다. 또 다른 설명으로는 남자들이 조심스럽게 바람을 피우거나 외도를 하고 있을 수도 있다는 것이다. 두 사람의 연구는 한 달에 한 번에서 적어도 일주일에 한 번으로 섹스 횟수가 늘면 매년 은행 잔고가 5만 달러 늘 때의 행복감을 느낀다고 추정했다. 비교를 위해 언급하자면, 지속되는 결혼 생활은 직업의 등급과 교육의 영향력을 제외하고 해마다 10만 달러 가치의 행복을 제공했다. 실제로 부부간 섹스의 빈도가 한 달에 한 번 이하로 줄어들면 섹스 없는 부부로 분류할 수 있다. 40세 이상의 미국인 중 3분의 1이 금욕적인 생활을 하고 있다고 말했지만, 빈도가 아주 낮은 집단을 포함한다면 그 비율은 절반이 넘을 것이다. 미국인들은 너무 열심히 일하는 바람에 잠자리를 가질 시간이 남지 않는 듯하다.

두 학자의 연구는 성행위의 질에 대해 아무 언급도 하지 않았다는 이유로 비판받았다. 하지만 성에 관한 설문조사서조차도 오르가슴에 도달하는 횟수를 이용하지 않고는 성행위의 질을 평가하지 못했다. 오르가슴은 성적 생활 방식이 어떻든 간에 남성에게는 거의 보장되지만 여성에게는 반드시 그렇지는 않기 때문에 아주 유용한 지표는 아니다.[81] 블랜치플라워와 오즈월드는 빈도수만을 근거로 평가했을 때 규칙적인 성관계(일주일에 한 번)가 안정된 결혼이 제공하는 행복의 절반 정도를 제공할 수 있음을 보여 주었다. 실제로 그 정도라면 상당히 많은 행복이 추가되는 것이다. 결국 훌륭한 성생활은 여성보다는 남성에게, 고학력자에게 더 중요했다.

눈을 부릅뜨고 무언가를 찾지 않을 때 되레 가장 확실하게 보이는 경우가 자주 있다. 보스턴 컨설팅 그룹이 2008년에 여성 및 소비주의에 대한 세계조사를 실시하고 있을 때도 그런 일이 생겼는데, 사실 그들은 섹슈얼리티에 대해 조사할 마음은 전혀 없었다. 이 설문조사에는 미국, 스웨덴, 중국, 멕시코, 인도, 사우디아라비아 등 전 세계 21개국의 1만 2000명이 참가했다. 면접에서는 여성의 삶이 지닌 모든 측면과 여성의 우선사항을 다루었다. 소비자 구매행동을 전공한 경영 컨설턴트 두 명이 준비한 설문조사는 상품과 서비스 쇼핑이 여성의 관심사나 삶 전체와 어떻게 조화를 이루는지에 관심을 가졌다. 조사에 따르면 대부분의 여성은 우선순위 면에서 섹스를 상당히 낮게 평가했다. 전 세계적으로 25퍼센트만이 섹스 때문에 정말로 행복하다고 말했는데, 애완동물 때문에 정말로 행복하다고 말한 42퍼센트보다 훨씬 낮은 비율이었다. 예외가 되는 경우들은 성에 대한 설문조사 결과와 일치한다. 프랑스에서는 여성의 3분의 2가 섹스가 행복의 주요한 원인이라고 말했고, 이탈리아 여성들 또한 섹스와 육체관계를 매우 높게 평가했다. 러시아 여성에게는 돈과 함께 섹스가 행복의 근원으로서 가장 중요해 보였다. 멕시코 여성의 5분의 4는 섹스가 행복을 안기는 가장 큰 원천이라고 말했는데, 세계 평균보다 훨씬 높은 비율이다.[82] 문화적 차이는 여전히 크며 청교도적 앵글로색슨계 국가에 거주하는 여성들이 섹스에 가장 관심이 적음을 알 수 있다. 따라서 이 국가들의 남성이 섹스 결핍이 가장 심하다.

섹스는 '상급재'

섹스, 아름다움, 매력 자본은 소득이 많아질수록 더 많이 원하는 것들로, 경제학자들은 이를 '상급재(superior goods)'라고 부른다. 역사를 통틀어 볼 때 군주와 부자들은 보통 사람들보다 성적으로 문란한 삶을 살았다. 러시아의 예카테리나 여제나 이탈리아의 보르지아, 첩이 수백 명에 이른 중국의 황제들은 그저 몇몇 예에 불과하다. 한편 섹스는 인생에서 공짜로 즐길 수 있는 가장 훌륭한 오락 중의 하나로 부자와 가난한 사람 모두 접근할 수 있다. 그렇다면 남성의 섹스 결핍은 나라별로 어떻게 다를까?

남성의 섹스 결핍은 지역별 규범과 문화적 역사의 맥락에서 살펴봐야 하며, 이러한 검토 방식은 경우에 따라 매우 효과적일 수 있다. 피임 혁명이 사우디아라비아나 나이지리아에 미치는 영향과 영국이나 캘리포니아에 미치는 영향은 같지 않을 것이다. 유럽 내에서도 지중해 연안 국가들과 북유럽 국가들에 미치는 영향력은 차이가 있다.[83]

성에 대한 조사서는 지중해의 '다혈질적인' 사람들이 추운 북유럽에 사는 사람들보다 성적으로 더욱 적극적이라는 고정관념을 근거 있는 사실로 확인해 주었다. 스페인에서 이루어진 조사에는 하루에 다섯 번 이상 성관계를 갖는 사람들이 체크할 수 있는 항목을 넣어야 했다.[84] 앞에서도 지적했듯이 아프리카 남성들은 나이를 불문하고 매일 섹스를 하지 못하면 '발기불능'으로 분류된다.[85] 일부 아프리카 사회에서는 부부가 1년에 평균 440회 성관계를 갖는 반면, 이웃 부족은 그보다 훨씬 적은 평균 230회의 성관계를 갖는다.[86] 대부분의 서양 국가에서는 이보다 훨씬 적은, 24회에서 120회이다. 청교도 도덕률과 노동윤리가 매우 효과적인 사회공학 요소로 작동하면서 섹스를 비롯한 여러 가지 쾌락 대신 근면과 금욕, 자본주의적 축재에 모든 시간과 상상력, 에너지를 영원히 재배치하도록 만든 듯하다. 1960년대와 1970년대의 성 혁명은 본질적으로 섹스에 반대하는 앵글로색슨계의 문화 맥락에서 검토해야 한다.

중부 인도 카주라호의 에로틱한 사원들은 다수의 문화가 섹슈얼리티와 매력 자본, 특히 여성의 미모와 매력을 아주 높이 평가한다는 사실을 일깨워 준다. 섹슈얼리티는 전통적으로 종교적인 경험이었다. 이와는 반대로 현대의 발리우드(Bollywood, 인도 영화의 산실인 봄베이와 할리우드의 합성어. 할리우드에 빗대 인도 영화계를 통칭하는 말—옮긴이) 영화들은 에로틱한 춤과 노래로 가득 차 있고 젊은 여배우들이 섹시한 S라인 몸매에 기절할 정도로 아름다운 외모를 보여 주고 있지만, 벌거벗은 남녀나 남녀 간의 정사, 심지어는 정숙한 애무나 키스조차 묘사하는 법이 없다.

인도처럼 인구가 10억 명이 넘고 사용하는 언어가 200개가 넘으며 독특한 문화도 많고 크기도 아주 큰 국가에서는 단일한 성 문화가 존재하지 않는다. 이슬람 왕조가 수백 년 동안 지배하면서 생겨난 북부의 '푸르다(purdah, 이슬람 여성의 베일—옮긴이)' 문화와 여성이 남성의 호위 없이도 공공장소에서 자유롭게 돌아다닐 수 있는 남부 힌두의 '순수-오염 위계' 문화 간에는 뚜렷한 차이가 있다. 따라서 뭄바이나 콜카타, 첸나이 같은 도시의 여성들은 북부의 수도 델리에서보다 더 많은 자유를 누린다. 성적인 관점에서 여성을 묘사한 광고가 등장했을 때 북부 인도는 부정적인 영향을 받았고, 이른바 배웠다는 남자들도 델리에서 대낮에 발생한 성폭행이 이 광고 때문이라고 비난했다.[87]

섹슈얼리티는 체제 전복적이고 무질서하다. 그리고 거칠고 사납고 억제할 수 없는 특징을 지녔다. 성욕은 예측이나 통제가 어렵고 충동적이며 흔히 잘 드러나지 않는다. 매력적인 남성과 여성이 지닌 에로틱 파워는 대개 풍기단속 경찰과 정치적 정당성(political correctness)의 감시망에 걸려들지 않을 정도로 사적인 일이지만, 부당할 뿐 아니라 위험하다고[88] 간주되는 경우도 자주 있다. 조지 오웰은 전체주의 국가를 묘사한 『1984』에서 섹스가 정치적으로 체제 전복적인 행위이며 국가도 통제할 수 없는 사적인 즐거움의 정원이자 반항하는 자율성의 표현이라고 설명했다.[89]

러시아에서는 사회주의 정책에 따라 섹스 상대를 부부 사이로 제한했다. 따라서 불륜의 연애 관계는 개인적인 정치 반란의 일종으로 저항의 행동이자 개인주의와 자율성의 표현이며 사생활과 자기표현의 상징으로 여겨졌다.[90] 남성의 50퍼센트와 여성의 25퍼센트 정도가 현재의 결혼 생활 중에 불륜을 저질렀는데, 이러한 비율은 다른 유럽 국가들보다 높은 수준이다.[91] 1994년에 이루어진 태도 조사를 보면, 모든 러시아인의 절반 정도가 불륜을 잘못된 행동이라고 생각하지 않는다는 사실을 알 수 있다. 미국인 중에 그렇게 생각하는 사람들은 6퍼센트 정도이다. 섹스는 정부 당국이 통제할 수 없고 개인에게서 빼앗아 갈 수 없는 최후의 것이기 때문에 모든 사람들이 그것을 개인 전용 놀이터라고 간주했다. 거짓말은 러시아 문화의 일부였기 때문에 사람들은 이미 불륜을 감추는 기술을 갖추고 있었다. "그들은 우리에게 돈을 지불하는 척하고 우리는 일하는 척한다."라는 말은 인기 있는 농담이었다. 소련이 1991년에 무너졌을 때, 섹스는 중요한 상품이자 오락물로 당당히 등장했다. 현실로부터의 도피 수단이었던 섹스는 젊은 여성의 가장 빠른 신분 상승법 중의 하나로 바뀌었다.[92]

이와는 대조적으로 성 해방으로 명성이 자자한 국가들은 가장 억압적일 수 있다. 1996년의 스웨덴 성 조사에 대한 공식 보고서가 인정하듯이,[93] 스웨덴의 '성 평등' 문화는 유럽에서 가장 제한적인 성문화 중의 하나를 탄생시켰다. 섹슈얼리티는 그것이 토해 내는 정치적 정당성 문제 때문에 두려움의 대상이 되었다. 주로 섹슈얼리티가 지닌 위험에 초점이 맞춰졌고 성폭력, 성 학대, 낙태, 아동 포르노, 매춘이 언론의 논쟁에서 가장 많은 주목을 받았다. 직장과 사회생활에서 사람들은 감히 섹스나 성애에 관한 이야기를 입에 올리지 못한다. 입조심이 규범이 되는 것이다. 그래서 스웨덴 사람들은 시시덕거리지 않는다. 스웨덴에는 라틴 문화에 흔하게 나타나는 일상적인 에로티시즘이 전적으로 결여되어 있다. 스웨덴 사람들도 아주 드물게 파티나 휴일에 긴장을 풀 때에는 종종 엄청난 양의 음주와 함께 성욕이 격렬하게 폭발하기도 한다. 스웨덴 문화에 나타나는 공적인 예의범절과 사적인 현실 간의 이러한 괴리는 지중해 지역에서 라틴아메리카, 카리브 해 지역에 이르는 라틴 문화권[94]의 일상생활에서 공개적으로 성애를 찬양하는 성향과 대조된다.[95]

브라질은 매력 자본을 높이 평가하고 상대적으로 섹슈얼리티의 자유로운 표현을 허용하는 문화의 전형을 보여 준다. 외모와 성적 매력이 중요한 문화에서 브라질 사람들은 성형수술에 대한 투자를 합리적인 행동이라고 여긴다. 성애에 대한 브라질의 이데올로기는 해마다 사회의 모든 계층과 집단이 참여하는 카니발에서 가장 분명하게 나타난다. 브라질에서는 이성애가 여전히 문화적 규범으로 남아 있지만, 다른 어떤 국가보다도 동성애자, 양성애자, 성전환자들이 일반인들에게 인정받기 때문에 카니발 중에 열리는 삼바 퍼레이드에서도 전용 자리가 있다.

이와는 대조적으로 중국의 성 문화는 상당히 보수적이고 체제 순응적이지만 결혼 생활 내에서의 정기적인 성 활동은 건강에 결정적으로 중요한 것이라고 장려한다. 그런데도 장년층에 속하는 사람들은 점차 성 활동을 그만둘 것으로 예상된다. 그리고 성 조사서들은 대체로 이러한 예상을 그대로 반영한다.[96] 매력 자본은 경제적 변화로 인해 새로운 성 시장이 생겨날 때까지 엘리트층을 제외한 다른 계층에서는 상대적으로 중요하지 않았다.

일본의 성 문화는 대단히 화려하며 성적 오락과 구애 의식, 여성의 아름다움과 성적 매력의 표현에서 그 전통이 장구하다. 그러나 결혼 생활 내에서의 성 활동은 세계에서 가장 낮은 국가 중의 하나처럼 보이며, 그로 인해 세계에서 출산율이 가장 낮은 국가로 손꼽힌다.[97] 실제로 사람들은 결혼 생활에서보다 혼외 관계에서 매력 자본과 섹슈얼리티를 자주 즐긴다.

이러한 다양한 성 문화를 통틀어 보면 변치 않는 보편적인 한 가지 특징을 발견할 수 있다. 모든 종류의 에로틱한 여흥과 성적 오락에 대한 남성의 요구는 아주 어린 사람들의 경우를 제외하고 여성의 성적 관심을 능가한다는 것이다. 자신의 이점을 활용하는 법을 익히는 여성이 있는 반면, 그렇지 못한 여성도 있다. 성적으로 가장 발달한 문화(브라질과 같은)에서는 매력 자본과 성 활동을 더욱 완벽하게 칭송하며 건강미, 우아함, 아름다움, 성적 관심을 돈과 교환하는 행위를 더 쉽게 용인한다. 따라서 어떤 국가의 남성의 섹스 결핍 정도는 남성이 여성에게 관대해지는 법을 배웠는지 여부로 요약된다. 다시 말하면 남자들이 자신의 더 큰 성욕을 충족시키기 위해 돈이나 선물, 다른 이익을 얼마나 기꺼이 제공하느냐에 의해 설명된다. 앞으로의 연구에서 입증해야겠지만, 결론은 남성의 섹스 결핍이 앵글로색슨계 청교도 국가에서 가장 크다는 것이다. 이들 국가의 남성 다수가 성욕을 자연스럽게 받아들이는 국가에서 성 관광을 즐기는 이유를 이로써 설명할 수 있다. 청교도 윤리는 자본주의를 장려하는 일보다 더 많은 일을 했다. 청교도 윤리는 서양 세계 많은 사람들의 성생활을 망쳐 놓은 듯하다.

동성애의 경우

역설적이지만 남성에게 매력 자본과 성적 관심이 더 중요하다는 사실을 보여 주는 가장 훌륭한 증거는 동성애 집단에서 얻을 수 있다.[98] 훌륭한 외모는 일부 여성 동성애자에게는 중요하지만, 대부분의 여성 동성애자에게는 중요하지 않다. 그들은 대단히 높은 수준의 매력 자본과 성적 관심으로 유명하지 않다. 반대로 남성 동성애자에게는 훌륭한 외모와 신체적, 성적 매력이 압도적으로 중요하다. 섹스 파트너를 물색하는 장소와 회합 장소로서 목욕탕을 특별히 선호하는 것은 우연이 아니다. 목욕탕에서 남자들은 대부분 수건만 두른다. 모든 연령대에서 신체적인 매력을 강조하는 성향이 있으며 이것을 스타일로 보완한다. 동성애 집단이 '커밍아웃'을 하고 하나의 문화적 소수집단으로서 자리잡음에 따라,[99] 특정 국가에 특유한 스타일족이 수없이 많이 발달했다. 북미에는 다양한 동성애 하부문화가 존재한다.[100] 이성애자들이 보여주는 남성성과 여성성은 동성애 집단 내의 특정한 스타일로 대체된다. 남성 동성애자들은 이성애 남성보다 자기표현과 외모에 더 많은 노력을 기울이기 때문에 남성뿐 아니라 여성에게도 매력 있게 보인다. 이로 인해 사람들은 본인이 그 사실을 아는지 여부와는 관계없이, 외모와 옷 입는 스타일에 시간과 노력을 들이는 남자는 동성애자일 것이라고 추측한다.

19세기 유럽에서 유행한 '세련된 멋쟁이'는 외모나 매너, 스타일에 여자만큼 많은 노력을 기울이는 남성의 몇 안 되는 본보기에 속한다. 이 남자들은 돈도 많고 배운 것도 많았고 매너와 외모, 생활 방식을 통해 자신의 삶을 예술 작품으로 바꾸어 놓았다. 그들은 자신의 옷만큼이나 집을 꾸미는 일에도 까다로웠다. 작가인 오스카 와일드는 뛰어난 위트로 유명했지만 세련된 멋쟁이로도 유명했다.(동성애자로도 유명했다.) 그는 자신의 스타일을 세련되게 만드는 일 뿐 아니라 저녁식사 중에 나눌 위트 있는 대화 준비에도 많은 공을 들였다. 현대의 남성 동성애자들은 대부분 직장이 있기 때문에 세련된 외모에 대한 그들의 투자는 직장의 요구 사항에 들어맞아야 한다. '근육질 남성'은 헬스장에서의 진지한 시간 투자와 관련된다. 남성 동성애자는 부양가족이 있는 기혼 남성보다 처분 가능한 소득이 많기 때문에 비용은 그리 중요한 제한 요인이 아니다.[101] '동성애자의 구매력'에 대한 상업적인 인정은 동성애 하부문화와 그들을 위한 서비스의 발전에 기여했다.

성 활동은 넓게 세 가지 범주로 나눌 수 있다. 보통은 비밀스럽게 이루어지는 솔로 섹스, 일시적인 관계 및 우연한 성관계, 그리고 자녀의 유무와 관계없이 상대적으로 오랜 파트너 관계 및 결혼이 바로 이 세 가지 범주이다.[102] 이성애자 사이에서 결혼은 모든 문화의 성관계에서, 때로는 낭만적인 관계에서도 지배적인 상황이었다. 그러나 현대의 피임이 여성의 우연한 성관계를 조장하기 때문에 21세기의 상황은 달라졌다. 결혼이 30대까지 미뤄지는 경우에는 젊은이들의 짧은 만남이나 구애 단계가 확대되어 10∼20년 동안 일시적인 관계나 친밀한 관계가 이어질 수도 있다.[103] 따라서 이성애자 집단에서도 짧은 연애 관계는 성 경력에서 오랜 (부부) 관계처럼 중요하다. 1년 넘게 한 사람에게 '전념하는' 남성이 거의 없기 때문에 동성애 집단에서는 짧은 연애 관계와 가벼운 만남이 대체로 우세해 왔다. 이성애 남성이 동성애 남성의 문란한 성생활을 부러워하는 것은 최근 여러 해 동안의 불륜 증가 추세를 조장한 한 가지 요인이기도 하다.[104]

이로써 남성 동성애자들이 외모와 성적 매력을 강조하는 이유가 설명된다. 그들은 사귀는 상대를 끊임없이 바꾸고 새로운 상대나 만남을 끊임없이 찾아다니며 끊임없이 살펴보고 판단한다. 술집이나 목욕탕 같이 동성애자들의 만남이 이루어지는 장소는 영원한 성적인 '미인 대회'의 장이 되고 모델 같은 걸음걸이는 삶의 일부분이 된다.[105] 높은 기준을 완수하고 충족시켜야 한다는 압력은 수그러들지 않는다.[106] 스타일이나 외모에서 요구되는 모습을 달성하지 못하는 것은 매우 굴욕적이고 공개적인 사회적 배척을 의미한다. 아무도 말을 걸어 주지 않을 것이고 공손한 칭찬의 말이나 대화를 시작하기 위한 잡담도 무시할 것이다. 그리고 조용히 무시하면서 몸을 돌려 버리거나 눈앞에서 침실 문을 닫아 버리거나 대놓고 당신 같은 남자에게는 관심이 없다고 말할 것이다. 동성애 성 시장은 규모 자체가 작고 폐쇄되어 있기 때문에, 그리고 성적 매력을 돈이나 사회적 지위로[107] 교환할 여지가 거의 없기 때문에 이성애 성 시장보다 높은 기준을 부과한다.[108] 외모가 형편없어지고 몸을 건강하고 깨끗하게 유지하지 못하면 오래 사귄 사람이더라도 그 관계에는 늘 위험이 상존한다. 필요한 수준에 이르지 못할 경우에는 경쟁의 결과 그대로를 맞이할 수도 있다. 젊은 남성들은 이리저리 주시하면서 돌아다니기 때문에 항상 주변에 존재하고 만날 수 있다. 동성애 술집같이 섹스 상대를 물색하는 장소는 이성애자들이 잘 다니는 나이트클럽이나 파티보다 가혹할 정도로 경쟁이 심하다.

그로 인해 성적으로 매력이 없는 동성애 남성은 섹스 상대를 유혹하는 데 거의 성공하지 못하여 침울해지고 술이나 약에 의존하는 경우가 발생할 수도 있다. 그들은 성적으로 협상이나 교환의 여지가 줄어들기 때문에 상대가 HIV 양성인 경우에도 (콘돔을 사용하지 않는) 위험한 성관계를 받아들이고 만다. 그들의 성적 지위가 낮다는 것은 자신이 성적 만남이나 가벼운 만남의 조건을 통제하거나 지시할 수 없는 처지라고 느껴서 자신에게 돌아오는 극소수의 기회를 받아들인다는 의미이다.[109]

대다수의 남성 누드 사진은 남성을 위해 남성이 제작하는데, 종종 동성애 감각이 뚜렷하게 드러나는 사진도 많다.[110] 아마도 로버트 메이플소프의 에로틱한 사진이 가장 유명할 텐데, 논리적으로 따지면 남성의 누드 사진을 좋아하는 층은 주로 여성이어야 하지만 실제로 그들은 거의 관심을 보이지 않는다. 유럽에서 여성을 겨냥하여 발행한 대부분의 에로틱 잡지는 실패했고 남성의 누드 사진을 찍는 사진작가 중에도 여성은 거의 없다.[111] 이성애를 다루든 동성애를 다루든 외설물이나 포르노에 대한 기호는 대개 남성의 관심사이다. 이로 인해 구경꾼은 늘 남성이고 여성은 바라볼 대상으로 제시된다는 페미니스트 학자들의 주장은 무의미해졌다.[112] 실제로 구경꾼은 대개 남자이기 쉽지만, 성애물의 대상은 성적 취향에 따라 남자일 수도 있고 여자일 수도 있다. 남성 누드에 대한 여성의 관심이 적다는 사실(적어도 남자들이 관심을 갖는 수준에 비하면)은 여성의 성적 관심이나 욕구가 낮다는 점과 함께, 고대 그리스를 제외하고는 거의 모든 문화에서 여성 누드가 선정적인 가치 면에서 더 높게 평가받는다는 사실을 증명해 준다.[113]

무장 해제당하는 여성

일찍이 보편적이고 선천적이라고 간주하던 성별 간의 차이(수학 실력이나 전체 IQ에서의 차이 등)는 그것이 사회적으로 조작되었음이 밝혀지자 여학생에게도 동등하게 교육의 기회가 주어지면서 사실상 제거되었다. 그러나 두 가지 성별 간의 차이는 변하지 않고 그대로 남아 있다.[114] 그 두 가지 차이는 시간이나 문화를 막론하고 변하지 않는 듯한데, 남성이 주로 여성보다 공격적이라는 점과 섹스에 대한 태도가 근본적으로 다르다는 점이다. 살인과 성적 문란함은 남성의 장기라 할 수 있다. 여성의 매력 자본이 크지 않더라도 성행위와 온갖 종류의 에로틱한 여흥에 대한 남성의 욕구가 크기 때문에 성 시장에서는 수요와 공급이 심각한 불균형을 이룬다. 그 덕분에 여성은 유리한 입장을 차지할 수 있다.[115]

남자들이 시각적인 자극, 즉 외모와 성적 매력을 더 중요하게 생각한다는 점도 추가 요인이다. 이 사실은 이성애자 집단뿐 아니라 동성애자 집단에서도 증명된다. 남자들은 매력 자본이 많은 매력적인 상대를 선호하기 때문에 가장 매력적인 상대(여성이나 남성)를 차지하기 위한 경쟁은 격렬해진다. 매력 있는 상대는 그다지 많지 않기 때문이다. 따라서 자신의 외모와 적극적인 자기표현에 노력을 기울이는 여성(과 남성)은 사생활에서 더 많은 선택권과 협상력을 지닌다.(일단 투자를 하고 나면 노동시장에서도 추가로 이득을 발견할 것이다.)

여성은 에로틱 파워를 독점하지는 않지만 남자보다 더 많은 매력 자본을 지니고 있다. 이 덕분에 여성은 남성과 협상할 때 상당히 유리한 입장을 차지할 수 있다.[116] 남자들은 여성이 독특한 이점을 이용하지 못하도록 해 왔고 심지어는 매력 자본이 아무런 쓸모도 없다고 설득해 왔기 때문에 많은 여성들이 이 사실을 모르는 것이다.

남성의 섹스 결핍은 모든 여성이 이용할 수 있는 제2의 힘의 원천을 만들어 낸다. 매력 자본이 적은 여성이라도 현재 공짜로 얻는 섹스보다 더 많은 섹스를 얻기 위해 목을 매는 남자들 덕분에 여전히 이익을 누릴 수 있다. 서양 여성들은 다른 지역의 여성들만큼 이 힘의 자원을 충분히 활용하지 못하는 듯하다.

과거의 성 조사에 비해 최근의 조사는 적어도 서양 여성들이 섹스에 관심이 적고 성욕도 낮고 금욕 생활을 더 잘 받아들이고 성 활동도 매우 적게 한다는 사실을 더욱 명확히 드러냈다. 미국의 경험으로 판단해 보면, 남자들과 제약회사들은 여성의 낮은 성욕이 성 기능 장애나 의학적 문제라며 곧바로 대응했다. 여성용 비아그라 연구는 이미 시작되었다. 심리학자들과 카운슬러들 역시 장기간의 개인 치료를 통해 낮은 성욕을 의학적 문제로 취급하는 경향을 지원해 주고 있다. 그러한 행위에 담긴 메시지는 '정상적인' 여성이라면 남성만큼 섹스를 원해야 한다는 것이다. 미국에서는 대인 관계 상담이나 부부 치료, 성 상담이 주요한 산업으로 자리 잡으면서[117] 일종의 사회적-성적 치안 활동이 되었다. 심리치료사들은 자주 이러한 과정에 의문을 제기하는데, 이는 어쩌면 여성의 낮은 성적 관심에 비정상적이거나 특이한 부분이 없다는 의미일 수도 있다. 그것은 그냥 남자들에게 불편한 일인 듯하다. 실제로 카운슬링업계는 일생 동안 요구만 있으면 언제든지 자유롭게 섹스를 즐기고자 하는 남성에게 여성이 순응해야 한다고 새로이 압력을 넣고 있다. 이로 인해 문제는 남성에서 여성으로 옮겨지고 여성은 남성의 섹스 결핍의 희생양이 되고 있다. 여성의 협상 우위가 여성의 의학적 문제, 즉 비이성적이고 비정상적인 질병으로 바뀌고 있는 것이다. 이러한 성 상담사 중 다수가 여성인데도 또다시 남성이 승리를 거둔다.

3 억압받는 매력 자본

뒤에서 입증하겠지만 매력 자본은 섹슈얼리티와는 무관하게 여성과 남성에게 모두 소중하다. 그러나 매력과 섹슈얼리티 사이에는 종종 공생 관계가 성립하여 이성애 관계에 영향을 미친다. 남녀 간의 다툼은 부분적으로 섹스와 매력 자본 때문에, 그리고 그것이 남성과 여성에게 가진 가치의 차이 때문에 발생한다. 현실을 규정하고 남녀 관계에서 게임의 규칙을 정하는 사람을 놓고 빚어지는 많은 갈등의 근저에는 이 사실이 자리 잡고 있다. 남자는 여자에게 무엇을 할 수 있고 없는지, 무엇을 해야 하고 하면 안 되는지 말한다. 그리고 여성은 자기 식으로 저항한다.

모든 사회는 '도덕적' 이데올로기와 법률, 관습을 통해 성적 표현과 매력 자본의 이용을 통제하고 이끌어 가고자 한다. 가부장적인 남자들과 페미니스트들은 매력 자본과 섹슈얼리티를 규제하는 규칙과 규범을 부단히 제시하고, 이의를 제기하고, 논쟁하지만 명확한 해답을 도출하지는 못한다. 섹슈얼리티가 지닌 혼란스러운 특징은 사회적, 정치적 지배력을 뒤집고 어지럽힌다. 매력 자본과 섹슈얼리티에 대한 사고는 다른 어떤 주제보다도 더욱 왜곡되고 비논리적일 때가 있다. 이 분야에 대한 여성과 남성의 이해관계가 정확히 균형을 이루는 경우가 없기 때문이다.

공짜를 원하는 남자의 논리

지금까지 사회과학 연구자들과 이론가, 지식인들 모두가 매력 자본을 보지 못하고 넘어간 이유는 무엇일까? 한마디로 말하면 그들 대부분이 남자이기 때문이다.

경제적, 사회적, 문화적, 인적 자본을 연구해 온 사회과학자나 피에르 부르디외 같은 이론가들의 이러한 실패는 21세기에 접어든 지금도 사회학과 경제학을 남성의 관점이 계속해서 지배하고 있음을 보여 주는 증거이다. 부르디외의 실패는 그가 남녀 관계에서 통제력과 권력을 두고 남녀가 벌이는 경쟁을 연구했기 때문에 주목할 만하다.[1] 매력 자본은 주로 여성이 지니고 있기 때문에 무시받았고 사회과학은 남성의 활동과 가치관, 관심사에 온통 집중하느라고 여성을 간과하거나 무시해 왔다.[2] 사회과학에 존재하는 가부장적인 편견은 사회 전체에 존재하는 남성의 주도권을 확대한 것이다. 남자들은 매력 자본이 어차피 쓸모없다는 생각에서 출발하여, 자신의 주요한 이점을 남자들을 상대로 이용하는 여성을 저지하기 위한 조치를 취해 왔다.[3] 자신의 미모나 성적 매력을 드러내 놓고 이용하는 여성은 지성이나 다른 '의미 있는' 사회적 자질이 부족한, 어리석은 사람이라고 무시당한다.

기독교는 특히 섹스나 섹슈얼리티와 관련된 모든 것을 천하고 불결하다고, 다시 말하면 인간성의 비천한 측면에 속한다고 비난하며 악의적인 모습을 보여 왔다. 이슬람교는 여성의 매력 자본은 전적으로 남편만 이용할 수 있으므로 여성에게 집 밖에서는 온몸을 가리고 다니라고 요구한다. 여성이 지닌 특별한 기술을 이용하지 못하도록 법률도 고안했다. 일례로 영국 여성은 전적으로 여성의 활동이라 할 수 있는 대리모 임신에 대해 충분한 대가를 받지 못한다. 만약 남자들이 아기를 낳을 수 있다면 이 일은 세상에서 가장 몸값이 높은 직종 중의 하나가 되겠지만, 남자들은 여성이 이 유일무이한 능력을 이용하지 못하도록 확실히 못을 박았다.

여성이 매력 자본을 이용하지 못하도록 남자들이 이용하는 가장 강력하고 효과적인 무기는 성매매 종사 여성을 낙인찍는 것인데, 여성에게는 그토록 가혹한 낙인이 매춘 남성에게는 전혀 영향을 미치지 않는다.[4] 유럽에서 이루어진 성 조사를 보면, 상업적인 성 노동을 다른 직업과 똑같은 직업이라고 간주하는 사람은 소수에 불과함을 알 수 있다. 대다수 사람들은 상업적인 성 산업에 종사하는 여성을 깔보는 듯한 시각을 보인다. 그들을 마약 중독자나 희생자, 패배자, 무능력자 등 사회에서 만나고 싶지 않은 사람들로 간주하는 것이다. 이러한 고정관념에 담긴 가부장적 특징은 성매매 남성을 상당히 다르게 바라보는 시각에서 여실히 드러난다. 이 태도는 양면적이고 모순되며 의심스럽다.[5] 극단적인 경우에 상업적인 성매매는 범죄행위로 분류되어 미국의 경우처럼 어쩔 수 없이 지하산업으로 숨게 된다. 그리하여 성매매 여성은 경찰과 사법제도에 의해 괴롭힘을 당한다. 영국처럼 성매매가 합법적인 일부 국가에서도 그 일에 관련된 모든 것을 범죄로 규정하기 때문에 같은 결과가 발생한다. 네덜란드나 독일처럼 성매매를 처벌 대상에서 완전히 제외한 국가는 여전히 드물다.

청교도 국가에서 성매매에 부여하는 오명은 전혀 일반적인 것이 아니다. 서양에서 그 오명은 아주 철저하기 때문에 남성만큼 여성도 매춘과 매춘부를 비난할 가능성이 높다. 때로는 여성이 남성보다 더 적대적인 입장을 취하고 더 거세게 성매매 산업의 근절(혹은 규제)을 요구한다. 이러한 양상은 현재 많은 페미니스트들이 조장하고 있다.[6] 이와는 대조적으로 일부 아프리카 국가는 종종 다른 집안일(식사나 세탁과 같은)과 함께 성 서비스를 파는 여성에게 관대하고 그렇게 하는 아내를 용인한다. 나이지리아 북부에 거주하는 하우사 족 등은 젊어서 방탕한 생활을 하고 이제는 일부일처제와 육아에 정착할 준비가 되어 있기 때문에 매춘부도 훌륭한 아내가 될 것이라고 생각한다.[7] 많은 사회가 성 산업을 장려하지도 비난하지도 않는 태도로 성 산업에 대해 느긋하다. 태국과 스페인이 대표적인 예이다.

북유럽 여성이 남성보다 더 강력하게 상업적인 성 산업에 반대한다면 가부장적인 남성이 매춘을 낙인찍고 범죄로 규정하는 일을 조장한다는 내 주장은 뒤엎어지는 듯하다.[8] 그러나 성모 마리아와 창녀, 착한 소녀와 나쁜 소녀라는 이분법은 수세기 전부터 사리사욕을 채우려는 남자들이 발전시켰고, 가부장적인 이데올로기와 함께 여성의 활동이나 외모를 공공장소에서 통제하려는 남성의 의도에서 주된 역할을 한다. 시간이 지나면서 여성은 자신을 구속하는 남성 이데올로기를 받아들이고 적극적으로 지지하게 되었다.

가부장제는 언제, 왜 생겨났을까? 역사가인 거다 러너는 아주 오래전에 메소포타미아 지역에서 단순한 수렵 채집 사회가 고대 왕국으로 바뀌는 중에 탄생한 가부장제를 설명하기 위해 엥겔스 이래로 줄줄이 제공된 이론을 성공적으로 뒤엎어 버렸다. 그녀는 과거의 모든 이론이 역사적 증거와 모순된다고 주장한다. 그리고 자기 땅과 재산이 다른 누구도 아닌 자신의 생물학적 자녀에게만 상속되기 원하는 남자들에 의해 가부장적인 통제와 권위 체계가 발달되었음을 증명했다. 여자들은 아이를 낳기 때문에 자기 아이가 누구 아이인지 안다. 남자들은 결코 자신이 아버지인지에 대해 여자들만큼 확신하지 못한다. 남성은 여성의 성생활과 출산을 통제하기 위해 '괜찮은 여성'과 '그렇지 않은 여성', '순수한' 여성과 '순수하지 않은' 여성, 한 남자에게 소속된 여성과 그 나머지 여성으로 여성을 구분해야 했다. 결국 성적인 예속과 통제는 여성의 직업과 소득, 심지어는 일할 수 있는 권리나 보호자 없이 집 밖으로 나갈 수 있는 권리까지 통제하는 상황으로 확대되었다. 따라서 여성의 예속은 처음에 성적인 부분에서 시작되었다가 돈과 상속에 대한 걱정에 의해 촉진되었다.[9]

'괜찮은' 여성과 '그렇지 않은' 여성 간의 구분은 종종 옷 입는 스타일이나 외모에 근거한다. 남성의 권위에 순응하지 않거나 복종하지 않는 여성을 화냥년이라고 부르며 평판을 망쳐 놓음으로써 낙인찍는 일은 모두가 서로를 아는 작은 공동체에서 특히 효과적일 수 있다. 서양에서 소문은 오늘날에도 성에 대한 이중 잣대를 들이대는 데 도움을 준다.[10] 그러나 의복의 언어는 평판보다도 보편적이다. 일을 하여 큰돈을 번 고급 매춘부들이 비싼 옷과 보석으로 치장하지 못하도록 법적으로 금지한 시대도 있었는데, 부유한 남자들의 화려하고 옷 잘 입는 아내들과 그들을 구분 짓기 위해서였다.[11] 사치 금지법은 가정주부와 매춘부 사이에 분명한 선을 그었다. 오늘날 여성의 섹슈얼리티와 외모는 아주 짧은 치마를 입거나 가슴을 드러내는 여성이나 애인을 여럿 둔 소녀를 '걸레'로 분류하는 행위에 의해 통제받는다. 가부장제는 처음 생긴 3500년 전부터 여성의 음란함을 통제하는 일뿐 아니라 공적인 공간에서 여성이 매력 자본을 드러내는 행위를 통제하는 일과 관계가 있었다.[12]

기원전 2만 년경부터 기원전 8000년경까지 문명이 처음 시작되던 시기에 신은 존재하지 않았다. 상당히 자유롭게 새로운 생명을 낳는 마법 같은 능력을 지닌 여신만이 존재했다. 최초에 만들어진 토우(土偶)는 이러한 '다산의 여신'이었고 남자가 여성 옆에 없다는 사실이 두드러졌다.[13] 기원전 3000년경까지 남자는 생식에서 전혀 할 일이 없거나 자극물이라는 제한된 역할만을 하는 것으로 보였다. 어머니는 유일한 부모이고 아버지라는 존재는 중요하지 않기 때문에 여성의 섹슈얼리티는 매우 자유로웠다. 역사가인 줄리아 스톤하우스가 지적하듯이, 생식 이론은 기원전 3000년경에 바뀌었다. 갑자기 남자가 '씨앗'을 뿌리는 사람으로 제시되고 여성은 그 씨를 품어 남자의 아이를 낳는다는 논리가 제시됐다. 이 개념은 1850년경까지 유럽에서 지속되었는데, 역사가인 거다 러너가 설명하듯이 그때까지의 기간은 가부장적 가치가 지배하던 시기와 일치한다. 1900년경부터 과학자들은 아기를 낳으려면 남성의 정자와 여성의 난자가 모두 필요하며, 아이들은 양쪽 부모에게서 특징을 물려받는다는 사실을 알게 되었다. 이 무렵에 남성과 여성의 지위가 동등하다는 생각도 나타나 받아들여지기 시작했다. 줄리아 스톤하우스는 (부정확한) 생식 이론이 기원전 3000년경부터 1900년 무렵까지 5000년의 시간 동안 가부장적 가치와 이데올로기에서 중요한 역할을 했다고 설명한다.[14]

남자들은 자신이 아이를 생기게 하는 유일한 씨앗을 심는다고 믿으면서부터 여성의 섹슈얼리티를 통제하기 시작했다. 파푸아뉴기니 해안에서 멀리 떨어진 트로브리앤드 제도처럼 이러한 생각이 결코 등장하지 않은 사회에서는 엄마가 유일한 부모이고 여성은 성적으로 자유롭다.[15] 여자아이는 6세에서 8세 정도에 성생활을 시작하고 남자아이는 10세에서 12세에 시작한다. 그리고 모든 사람들이 결혼할 때까지 성적으로 문란하게 지내는데, 결혼한 뒤에도(특히 해마다 열리는 축제 기간 중에는) 문란한 성생활을 하기도 한다. 소녀에게 숫처녀라고 말하는 것은 모욕에 해당한다. 그 마을에서 가장 아름다운 소녀는 남자 친구와 애인이 가장 많은 소녀이다. 일부일처제가 연속적으로 이루어지는 경우가 일반적이고, 사람들은 살면서 3~4명의 배우자를 둔다.[16] 여성의 섹슈얼리티를 통제하는 가부장적인 문화와는 극적일 정도로 대조된다.

성매매에 수반되는 '도덕적' 불명예는 매력 자본을 돈이나 재산, 지위, 권력 등과 교환하는 다른 모든 상황까지 확대된다. (스트리퍼 같은)

인접 직종의 일 역시 추잡하고 외설적이고 단정치 못하고 저속하고 음란하다고 낙인찍힌다. 돈 많은 남자와 결혼하려는 아름다운 젊은 여성은 '꽃뱀'으로 낙인찍히고 남자를 부정직하고 부도덕하게 이용한다고 비난받는다. 이러한 비난의 근저에는 남자는 여자에게서 자신이 원하는 것, 특히 섹스를 공짜로 얻어야 한다는 논리가 깔려 있다. 남자는 돈을 목적으로 일해도 되지만 여자는 그러면 안 된다.[17] 여자는 사랑을 위해서라면 자발적으로 모든 것을 무상으로 해 줘야 한다.[18] 안타깝게도 많은 페미니스트들이 이 이데올로기에 이의를 제기하여 그것을 뒤집으려고 하지 않고 오히려 지지한다.[19]

어떤 문화가 가부장적일수록 매력 자본을 드러내 보이는 행동은 더욱 더 저지당하고 처벌당한다. 여성이 자신이 가진 이점을 이용하지 못하도록 막는 것이다. 이집트의 벨리 댄서들은 배 부분을 가리라는 명령을 받았고,[20] 영국에서는 사람들 앞에서 아기에게 모유를 수유하는 행동을 퇴폐적이고 음란하다고 비난했다. 영화에서 알몸 노출을 제한하며 누드 사진은 부도덕하다고 분류한다.[21] 성행위 묘사는 검열 대상이 된다. 매력 자본이 현대사회에서 점점 더 큰 역할을 함에 따라 매력 자본을 보여 주는 행위와 여성이 그것을 활용하는 행동에 따라붙는 사회적 오명은 점점 더 심해지는 듯하다. 근본적으로 여성의 매력 자본에 대한 통제는 생각이나 신념을 이용한 이데올로기적인 과정이며 여기에 법률이 보조적인 역할을 한다.[22] 엄마는 딸에게 자기 자신과 다른 여자를 검열하도록 가르치는 데 중요한 역할을 한다. 따라서 매력 자본에 대한 통제에는 남자보다 여자가 나서는 것처럼 보인다. 언론 매체 또한 현대사회에서 중요한 역할을 하지만 어떤 문화에서든 엄마들은

세뇌를 담당하는 주된 인물이다.[23]

6장에서 설명하겠지만, 대부분의 사회에서 성매매를 하게 된 여성은 잠시 발을 담갔다가 그만둔다. 그 일에 전적으로 매달리거나 영원히 하는 경우는 거의 없다. 유럽 사회에서는 '복지'산업이 발달하면서 상업적인 성매매를 향한 '도덕적인' 격분의 이데올로기가 활성화되었고, 그 결과 성매매 산업은 고립되었다. 성매매 종사자들은 낙인이 찍힌 격리된 거주지로 효과적으로 내몰려갔다. 그리고 그 격리된 거주지에서 빠져나가기는 더욱 어려워졌다.[24] 도덕적 관점에서 상업적인 성매매를 억제하는 행동은 유흥 산업 전반에서 매력 자본을 이용하는 일로 점차 확대되었다.

정숙한 마리아와 음탕한 마리아

유럽에서 기독교와 가부장제는 한마음이 되어 섹슈얼리티를 방해하고 성애에 관한 것들을 무시해 왔다.[25] 기독교는 결코 연인들을 다정하게 대하지 않았다. 금욕은 훌륭한 행동으로 칭찬받다가 나중에는 가톨릭 사제나 수사, 수녀에게 강요되었다.[26] 6세기부터 음욕은 7대 죄악 중의 하나로 분류되었다.[27] 음욕은 성욕을 대담하고 열정적이고 기운차고 활기 넘친 것이 아니라 무절제하고 폭력적이고 미개하다고 분류하는 데 사용되어 여전히 경멸하는 의미를 띠고 있다. 섹슈얼리티에 대한 기독교의 비난과 두려움은 아름다운 외모와 매력, 성적 매력으로 남성의 욕망을 자극하는 여성의 명예를 훼손하는 일로 확대되었다. 아우구스티누스는 성행위를 할 수 있는 유일한 이유는 출산이며 음욕이나 쾌락 없이 시작해야 한다고 단정했다.[28] 피임 용구의 사용을 금지했고 프랑스에서는 1532년에 사형죄가 되기도 했다.[29] 부유한 계급의 경우, 부부간의 잠자리는 하나의 의무로서 상속을 위해 아이를 낳는 일로 격하되었다. 즐기기 위한 섹스를 하려면 에로틱한 예술이나 춤, 노래, 음악, 시를 전문으로 하는 창녀나 매춘부를 찾아가야 했다. 이로 인해 그들의 가치와 그들이 받는 요금은 높아졌다.[30]

기독교는 두 사람의 마리아, 즉 예수의 어머니인 동정녀 마리아와 그리스도의 감화로 회개한 아름다운 매춘부 막달라 마리아의 이미지를 이용하여 성모 마리아와 창녀라는 이분법을 강화했다. 쾌락, 아름다움, 관능은 죄악과 범죄, 부정을 저지르게 만든다고 간주되었다. 서양식 사고와 문화의 핵심적인 특징은 몸과 마음(혹은 정신), 아폴론과 디오니소스의 분리이다. 마음은 더 우수하고 통제되고 지적인 것으로 취급하고, 몸은 열등하고 더럽고 무모한 것으로 취급했다. 이러한 구분은 다른 문화에서는 존재하지 않는다.[31]

다른 종교나 문화와 비교해 보면 극명하게 차이가 나타난다. 중부 인도 카주라호에 위치한 찬델라 왕조 시대의 사원은 유럽 관광객에게는 놀랍게 보일 수도 있다. 사원은 에로틱한 젊은 여신의 조각상과 다양한 체위의 성교에 대한 생생한 묘사, 집단 성교 장면으로 뒤덮여 있다. 생생하게 묘사된 일부 체위는 천상의 미인들이 도와줘야 할 정도로 힘든 운동처럼 보인다. 이렇게 의기양양하게 섹스와 섹슈얼리티, 여성의 아름다움을 축하하는 모습은 서양인의 눈에 외설적으로 보이고 종교적인 맥락에서 부적절한 행동처럼 느껴질 수 있다. 이는 전통적으로 기독교 교회가 보여 주는 모습, 즉 슬퍼하는 여인들에게 둘러싸여 채찍질당하고 십자가에 못 박혀 결국 죽음에 이른 남자의 모습과는 극명한 대조를 이룬다. 유럽의 종교와 문화가 고통과 불행을 강조하는 이러한 경향은 비유럽인에게는 놀라울 뿐이다. 청교도주의는 자본주의의 발달에 도움을 주었을지는 몰라도 인간의 흥을 깨는 존재이다.[32]

사회과학자들은 유럽의 문화와 기독교 문화가 보편적이지 않기 때문에 인간의 행동에 대한 지식과 이 국가들의 관점을 다른 국가에는 적용할 수 없을지도 모른다는 사실을 직시해야 한다.[33] 이는 섹슈얼리티와 성적 표현, 매력 자본이 지닌 사회적 중요성에 특히 해당한다.

왜 포르노는 언제나 완벽한가?

일부일처제와 성의 독점성에서 '당연한' 것은 없다. 동물과 조류에서도 일부일처제는 가장 흔한 제도가 아니다. 일부일처제는 모든 남성이 적어도 한 명의 섹스 파트너를 확보할 수 있게 해 주는 정치적 전략이다. 그래야 일부다처제 사회에서 종종 나타나는, 가난하고 못생긴 남자가 전적으로 배제되는 상황이 발생하지 않을 것이다. 일부일처제는 성적 민주주의를 강요한다.[34] 페미니스트들이 지적했듯이 상당히 많은 문화와 가치, 사회적 관습은 남성들이 본인들에게 유리하게 성적으로 여성에게 접근할 수 있는 권리를 확보하는 일과 관련이 있다. 캐롤 페이트먼은 이를 '남성의 성적 권리', 즉 여성에 대한 성적 접근을 통제하는 남성의 권리라고 부른다.[35]

포르노는 대개 남자들을 위해 남자들이 만든다. 그리고 여자가 남자만큼 섹스를 원하고 즐기는 동시에 그들이 적극적일 뿐 아니라 젊고, 섹시하고, 매력적인 공상의 세계를 묘사한다.[36] 포르노는 남녀의 성적 특징이 일치하는 성적 균형을 보여 준다. 그 점은 포르노의 핵심적인 매력 포인트이다. 포르노는 여성이 혐오감을 보이고 거부할 수 있다는 불안감을 제거해 준다. 남자들은 보통 여성에게 거부당하는 경험을 하는데, 그렇게 일단 거부를 당하면 성적으로 흥미를 잃는다.[37] 이는 사회주의 국가에서 남녀 간의 정치적, 경제적 평등이 실현된 이후에도 포르노와 에로틱한 여흥이 보편적인 인기를 얻는 이유를 설명해 준다.[38]

남성의 성적 권리에 대한 이러한 이데올로기 때문에 몇몇 남성은 스트립클럽의 '진실한' 댄서가 남자들을 위해 춤을 춘 요금을 받지 말아야 하고, '진심으로' 남자를 좋아하는 술집 여자들은 손님과 함께 지낸 시간에 대해 요금을 기대하지 말아야 하며, 함께 있어 주거나 성적인 서비스를 제공한 데 대해 팁이나 선물, 화대를 기대하는 여성은 부정직하고 부도덕한 '매춘부'라고 주장한다. 젊은 남자들은 특히 매력 자본과 돈(경제 자본)의 공평한 교환을 인정하지 않으려 한다. 이러한 이데올로기 때문에 남자들은 자신이 원하는 것을 공짜로 얻어야 한다고 생각한다.

여성의 매력 자본에 진정한 가치를 부여하지 않으려는 남자들의 마음은 가장 진보적인 지식인에게서도 드러난다. 사회학자인 앤서니 기든스는 가부장적인 가치를 신봉하지 않지만[39] 그가 제시하는 '순수한' 관계라는 개념은 남자들의 열망과 구별되지 않는다.

기든스는 남자의 세계가 수단적 가치에 기초를 두고 있고, 세상을 대하는 남자들의 태도는 남을 돌보는 여성의 시각과는 반대로 지배와 조종에 기초를 두고 수단을 중시한다고 지적한다.[40] 남자들은 단결 의식에서 확인되고 물질적인 보상에서 암시되듯이 다른 남성과의 관계에서 지위를 원한다. 남성의 자아 정체감은 사적인 관계도 필요하지만 주로 일과 공적인 영역에서 생겨난다.[41] 따라서 기든스는 남녀 간의 차이가 지속된다고 생각한다.

기든스는 현대적인 형태의 친밀감을 다루면서 수단이 되지 않고 양쪽 당사자가 자유롭게 선택하거나 포기하는 '순수한' 관계라는 개념을 주장했다. 실제로 순수한 관계는 남성에게 아무런 의무도 지우지 않는다. 그 관계는 돈이나 결혼, 자녀를 부양하고 키우거나 물이 새는 부엌 수도꼭지를 고쳐야 하는 의무, 희생 등을 대가로 치를 필요가 없는 성관계를 제공한다. 또한 남성에게 친밀감과 애정, 감정적인 지원을 제공한다. 그것은 서로에게 도움은 되지만 책임이나 의무, 희생이 필요 없는 성적인 관계로, 따분해지기 시작하면 곧바로 벗어날 수 있는 관계이다.[42] 이는 아이를 키우는 일에는 전혀 관심이 없고 성욕과 여가 활동 추구에 중심을 두며 다양성을 확보하고 흥분을 유지해주는 우연한 만남에 의해 보완될 수 있는 다수의 동성애 관계에 대한 적절한 설명이다. 하지만 이 관계는 일시적이든 장기적이든 이성애 관계의 대표적인 특징은 아니다. 이성애 관계에는 대부분 돈과 서비스의 교환과 보완하는 역할이 수반되기 때문이다.[43]

기든스는 남자들이 자신에게서 통제력을 빼앗는 평등한 성관계에 분노와 폭력으로 반응한다는 사실과 포르노가 유순하고 복종하는 여성에 대한 남성의 욕구를 채우는 데 도움이 된다는 점을 알고 있었다.

그는 오늘날 남성이 여성을 향해 분노를 표출하는 것은 상당 부분이 공적인 생활과 사생활에서 여성이 자기주장을 강하게 내세우는 반면 남성은 통제력을 상실한 데 대한 반응이라고 말했다.[44]

일부 남성은 더 나아가 모든 남성이 여성을 증오한다고 주장한다. 아내나 애인에게 신체적인 폭력을 사용하는 남성을 전문적으로 상담하는 심리치료사 애덤 주크스는 여성 혐오증이 보편적인 현상이라고 말한다. 그리고 여성에 대한 남성의 근본적인 증오감이, 여성을 지배하고 여성을 대신해서 현실을 규정하고 관계를 위한 게임의 규칙을 정하려는 남성의 욕구를 설명해 준다는 사실과 남녀 간의 싸움이 끊임없이 이어진다는 사실을 지적한다.[45] 이는 기이할 정도로 극단적인 견해처럼 보이지만, 실제로 기든스의 온건한 관점과 일치하고, 여성에 대한 가부장적인 요구 사항에서 광범위하게 나타나는 '이중 사고'를 설명하는 데 도움이 된다.

늘 아름답고 성적으로 흥분을 주는 여성이 이상적이지만, 그녀는 결코 자신의 아름다움과 성적 매력을 너무 잘 알고 있어서는 안 되고, 어떤 식으로든 그것을 이용해서는 안 되며 상대 남성을 희생해서는 안 된다. 그녀는 영리하고 자기 의견이 분명하지만 항상 상대 남성의 의견을 따르고 자신의 의견으로 남자를 지루하게 만들지 않아야 한다. 가부장적인 남성은 자신의 여자가 자신을 무조건적으로 사랑하기를 원하지만 그녀가 똑같은 사랑을 자신에게 요구하거나 무언가를 요구하도록 허락하지 않는다.[46] 이는 '기계적인' 교환이 전혀 이루어지지 않고 남자가 자기 내키는 대로 할 수 있게 하는 기든스의 '순수한' 관계와 매우 흡사하다.

일부 페미니스트들은 남성이 여성의 매력 자본을 평가절하하지 않는다고 주장한다. 반대로 남성은 여성이 언제나 매력적으로 보이도록 열심히 노력해야 한다고 주장한다는 것이다. 남자들은 섹시한 여성이 나오는 광고를 좋아하고 성애물과 포르노를 구입한다. 하지만 여성의 매력 자본을 규칙적으로 '소비'한다고 해서 남자들이 여성의 매력 자본을 높이 평가한다는 사실이 입증되는 것은 아니다. 반대로 남자들은 그러한 소비를 당연하게 받아들이거나 남성의 권리로 취급한다. 영국에서 공사 현장의 노동자가 지나가는 여성에게 '이봐요, 좀 웃어 줘요!'라고 소리칠 때, 그는 모든 여성이 늘 자신에게(혹은 남자 전체에게) 미소를 보여 줄 것으로 기대한다고 말하는 셈이다. 그는 서투른 방식으로 여성에 대한 감상을 표현하고 있을 뿐 아니라 일반 여성의 에로틱한 접대를 요구할 수 있는 남자의 권리를 표현하고 있는 것이다.[47]

반대로 유럽과 남아메리카의 라틴계 남성은 매력적인 여성이 공공장소에서 지나갈 때 미소로 보답받기를 바라면서 위트 넘치고 세련된 칭찬의 말을 건네는 데 대해 자부심을 느낀다. 유럽과 라틴아메리카의 피로포(piropo, 일종의 작업용 멘트 ―옮긴이)라는 전통적인 기술은 남녀평등 정책이 등장하면서 다소 퇴색했지만, 모든 상황에 어울리는 피로포를 올려놓는 새로운 인터넷 사이트에 의해 장려되기도 한다. 전형적인 피로포로는 "미모가 죄라면, 당신은 결코 용서하지 못했을 겁니다."라는 표현이 있다. 그리고 더욱 라틴식의 표현을 소개하면, "하늘이 열렸나? 천사가 왜 여기 있지?"가 있다. 말로 주는 이러한 선물은 모르는 사람에게 던지는 작은 꽃다발 같은 것으로 요구하는 것 없이 여성의 매력 자본을 높이 평가한다. 이러한 표현은 청교도적인 앵글로색슨계 문화나 태도의 특징은 아니며 현대의 성희롱 조항에 의하면 범죄로 취급될 수도 있다. 나라별 전통은 각기 다르지만, 피로포는 여성도 사용할 수 있다. 피로포 웹사이트는 여성만이 아니라 남성에게도 하기 좋은 위트 넘치는 칭찬의 말을 올려 놓았고, 종종 지역 및 나라별 문화에 따라 그러한 말들을 더 세부적으로 분류해 놓기도 한다. 심지어 멕시코식 방식과 아르헨티나식 방식이 따로 있다.

여성의 매력 자본을 낮게 평가하는 경향에 대한 가장 강력한 증거는 7장에 제시했다. 매력 대비 임금 '인상액'이 남성보다 여성이 훨씬 낮다는 사실이다. 갖고 있는 자격증이나 재능이 어떠하든지 간에 신체적으로, 사회적으로 매력이 있고 키가 큰 남성은 직장에서 '외모 프리미엄'을 누린다. 반대로 일하는 여성의 외모 프리미엄은 설혹 있다고 해도 작다. 뚱뚱한 여성은 급료 면에서 불리하다.[48] 여성의 매력은 당연한 것으로 간주하기 때문에 거의 보상받지 못한다. 남자가 직장에서 하는 일은 그것이 무엇이든 인정과 보상을 이끌어 낸다. 여성은 사면초가의 상황에 빠져 있다.[49] 그들은 현대적인 미의 기준을 지키지 못하면 비난받지만, 매력이 넘치고 호감이 가는 외모에 대해서도 거의 보상받지 못한다.

한마디로 남자들은 여성이 남자를 상대로 주요한 장점을 행사하지 못하게 만들고 장점을 이용하여 돈이나 지위를 얻는 데 성공하는 여성에게 굴욕을 주기 위해 '도덕률'을 이용한다. 이러한 가부장적인 전략은 앵글로색슨계의 페미니즘에 의해, 심지어는 시몬 드 보부아르 같은 프랑스의 페미니스트 지식인에 의해서도 확고한 지지를 받아 왔다.[50]

매력 자본의 경제적 가치를 부인하는 가부장적인 '도덕률'이 여성이 제공하는 사적인 서비스나 간병 업무의 경제적 가치를 경시할 때도 비슷하게 작동한다는 사실을 언급할 가치가 있다. 경제학자인 폴라 잉글랜드와 낸시 폴브레는 돈으로 사랑을 살 수 없다는 원칙이 일대일 서비스 업무와 간병 업무에 적은 급료를 지급하는 행위를 정당화하는, 의도치 않은 잘못된 결과를 가져왔다고 지적한다.[51] 주로 여성이 하는 일에는 어떤 식으로든 낮은 가치를 부여한다.

실패한 페미니즘

페미니스트들은 왜 매력 자본의 존재를 확인하고 그것을 평가하지 못했을까? 본질적으로는 페미니즘 이론이 표면상 가부장적인 관점에 이의를 제기하면서도 그것을 강화하고 결국에는 그 관점에서 빠져나오지 못했기 때문이다. 엄격히 말하면 이 문제는 특별히 앵글로색슨계 페미니즘의 실패이다. 그러나 오늘날 영어(와 미국)가 국제적으로 두각을 나타내면서 앵글로색슨계 페미니즘이 유력한 관점이 되었다. 프랑스와 독일의 페미니즘은 직장과 공적 생활에서의 동등한 기회를 주장하는 동시에 여성성과 성적 관심, 엄마로서의 여성의 역할을 존중하는 등 다소 다른 관점을 갖고 있다. 안타깝게도 학교와 대학, 언론의 논쟁에서 성 연구 과정을 주도하는 것은 앵글로색슨계의 급진적인 페미니즘 이론이다.

페미니즘 이론은 종종 잘못된 이분법을 세운다. 다시 말하면 여성을 인적 자본(지력, 교육, 업무 경험, 직업에 대한 헌신도)으로 평가받는 여성과 매력 자본(미모, 세련된 외모, 옷 입는 스타일, 우아함과 매력)으로 평가받는 여성으로 구분 짓는 것이다. 여성에게 두 가지 다 하라고 격려하는 경우는 없다. 케이트 모스 같은 패션모델에게서 입증되듯이 많이 배우지 못한 여성에게는 어쨌든 거의 선택권이 없기 때문에 자신의 매력 자본과 사회 자본에 의지해야 한다.

페미니즘 학계는 실증 연구 부분에서는 혁신적이었지만, 이론상 남성의 헤게모니를 옹호한 점에서는 크게 실패했다. 페미니스트들은 사회 내에서 여성의 지위가 남성과 마찬가지로 경제적, 사회적, 인적 자본에 전적으로 달려 있다고 주장한다. 유럽집행위원회는 페미니즘 이데올로기를 대대적으로 채택하여 남녀평등 정도를 고용률과 직업별 성별 분리, 개인의 소득으로만 측정할 수 있다고 주장한다. 이러한 지표에 나타나는 성별 차이는 자동적으로 성차별의 증거로 취급된다.[52] 따라서 개인 소득이 없는 여성은 백만장자와 결혼한다고 해도 무능한 사람으로 간주된다.

엘리트의 편견

고등교육을 받은 사람들은 자신이 소수 특권층이라는 사실을 자주 잊어버린다. 영국의 10대 중 20퍼센트는 성인으로서 살아가는 데 필요한 읽고 쓰는 능력과 기본적인 계산력을 갖추지 못한 채 학교를 졸업하고, 25퍼센트는 아무런 자격증 없이 혹은 쓸모 있는 자격증 없이 학교를 졸업한다.[53] 따라서 다른 선택을 고려하는 졸업생 수는 더 좋은 학교가 있는 유럽의 다른 국가들보다 많다.[54] 그러나 엘리트층은 아무런 능력 없이 학교를 졸업하는 학생들의 경우에 취업이 항상 보람을 주거나 이익이 되는 것은 아님을 이해하지 못한다. 그들에게는 결혼과 육아, 가정생활에 주력하는 것이 슈퍼마켓 계산대에서 힘들여 일하는 것보다 더 매력적일 수 있다. 능력이 별로 없는 젊은 여성의 경우에는 성공한 축구 선수의 아내나 인기 가수, 패션모델, 조단[55]과 같은 핀업(pin-up, 벽에 핀으로 꽂아 두고 보는 노출이 심한 미녀 사진—옮긴이)걸이 되기 위해 자신의 매력 자본에 투자하는 것이 성공 가능성은 희박해도 위험이 거의 없고 받을 수 있는 것은 크기 때문에 합리적인 전략이다.

여성에게 어떤 종류든 특별한 자질이나 기술이 있다고 주장하는 학자는 그 즉시 '본질주의자'로 낙인찍히면서 내쳐지거나 매장된다. 원칙적으로 본질주의는 남녀 간에 불변의 중요한 생물학적 차이가 존재한다는 구식의 특정한 이론[56]을 가리킨다.[57] 본질주의는 남성은 함께 아이의 부모가 될 최고의 여성을 성적으로 선택하는 데 집중하는 반면 여성은 자신의 자식에 크게 투자한다는 진화심리학의 논지를 언급하는 데 자주 사용된다. 간단히 말하면 남성에게는 성욕, 여성에게는 출산이 남녀 간의 모든 사회적, 경제적 차이의 근본 원인으로 다루어진다. 실제로 '본질주의자'라는 꼬리표는 페미니스트들이 받아들일 수 없다고 생각하는 연구 결과나 생각에 붙여지면서 페미니스트들 사이에서 매도용 용어가 되었다.[58]

많은 페미니스트들은 매력 자본에 대한 나의 이론이 여성에게 노동 시장의 임금 생활자가 되어 존엄성과 자율성을 얻는 대신 결혼을 통해 몸을 팔거나 랩 댄스(lap dance, 누드 댄서가 관객의 무릎에 앉아 추는 선정적인 춤—옮긴이)를 추는 일로 되돌아가라고 유인한다고 주장한다. 그들은 여성이 독립적인 소득을 올리는 대신 남성에게 눈요깃감을 제공하기 위해 교육을 통한 자격증보다 화장품과 섹시한 옷에 투자하게 만들려는 남자들과 내 이론이 공모하고 있다고 생각한다. 아름다운 외모는 남성의 성폭력을 유발하고 저임금에 대한 구실이 될 수 있기 때문에 여성에게 올가미라고 소개된다. 그리고 제로섬 게임식 사고가 여성의 반응을 좌우한다. 아름다움 아니면 두뇌 중에 선택해야 하고 그 모두를 가질 수는 없다. 하지만 실제로 성공한 여성은 종종 두 가지를 모두 갖고 있다. 심지어 그들은 '착한' 경우도 있다.

희생자 만들기

이제 페미니즘은 의견이 다른 탓에 무수히 많은 종파가 서로 경쟁하는 광대한 교회가 되어 버렸다. 그 때문에 나는 불가피하게 논쟁을 잘못 전하고 있다고 비난받을 공산이 크다. 또한 비유럽권 문화의 독특한 페미니즘을 다루기도 전에 앵글로색슨계의 급진적인 페미니즘과 프랑스, 독일, 남유럽 국가의 대륙 페미니즘, 사회주의 이후의 페미니즘 사이에도 근본적인 차이가 있음을 알아야 한다.[59] 많은 급진적인 페미니스트들은 여성이 늘 남성에게 피해를 입는다고 주장하는 희생자 페미니즘을 지지하는 반면, 캐밀 파야 같은 학자들은 페미니즘이 여성에게 자율권뿐 아니라 책임감도 부여하기 때문에 여성이 실패할 때마다 남자 탓만 할 수는 없다고 주장한다.[60] 하지만 포스트페미니즘을 포함하여 사실상 앵글로색슨계 페미니즘의 모든 분파를 아우르는 한 가지 주제가 존재하는데, 이는 바로 성 공포증과 아름다움 및 쾌락에 대한 적대감이다. 청교도적인 앵글로색슨계 페미니즘은 섹슈얼리티를 매우 거북해하고 가차 없이 부정적인 관점에 끼워 맞춘다.[61] 따라서 이 페미니즘은 매력 자본이라는 개념을 본래부터 싫어하고 어떻게 매력 자본이 자의로 사슬을 차고 있는 노예 같은 여성에게 올가미가 아니라 자산이 될 수 있는지 이해하지 못한다.

여성 사회과학자들은 신체적인 매력과 섹슈얼리티가 남성에 맞선 여성의 강력한 자산이라는 생각을 꾸준히 묵살한다. 그러한 생각은 여성이 이미 우세하기 때문에 더 이상 요구해서는 안 된다고 주장함으로써 현 상태를 정당화하려는 남자들이 채택하는 일련의 '지배 신화' 중의 하나로 취급된다.[62] 영국의 페미니스트 실비아 월비는 남성이 여성을 지배한다는 측면에서만 섹슈얼리티를 다루고 여성이 남성을 지배하는 데 섹슈얼리티를 이용하는 사실은 간과한다. 그녀는 지나가는 말로 출산 능력이 여성의 몇 안 되는 세력 기반 중의 하나라고 인정했지만 다른 기반들을 다루지는 못했다.[63] 지금까지 페미니즘 이론은 소득도 많고 지위도 높은 남자들은 젊고 매력적인 아내와 행사 대동용 여성을 주기적으로 선택하는 반면, 직업적으로 성공을 거두고 돈도 잘 버는 여성들은 대개 훌륭한 전업 남편이 될 만한 무일푼의 남성이나 잘생긴 연하 애인을 찾기보다는 경쟁력 있는 강한 이미지의 남성과 결혼하기를 선호하는 이유를 설명하지 못했다.[64] 여기서 마돈나는 시대를 앞서 간 예외적인 인물이다. 하지만 다른 성공한 여성 중에서도 매력적인 젊은 상대를 고르거나 가정에서 역할 전환을 채택한 여성도 있다.

페미니스트들은 결혼과 매춘 간에 실질적인 차이가 없고, 남성에 의한 여성의 예속에 이성애가 중심 역할을 하며, 가부장적인 남성은 캐롤 페이트먼이 '남성의 성적 권리'라고 부른 것을 확고히 수립하려고 애쓴다고 주장한다.[65] 결혼과 매춘은 둘 다 노예 상태와 남성에 대한 예속으로 묘사한다.[66] 월비는 섹슈얼리티가 남성이 여성에게 저지르는 모든 유형의 폭력의 배경이 된다고 묘사한다.[67] 그리하여 매춘은 남성에 의한 최악의 폭력이자 학대가 되기 쉽다고 설명한다. 이 모든 내용은 현대 성 연구 수업의 표준 자료이다.[68]

실제로 온갖 다양한 모습과 색채를 띤 페미니즘은 성 활동과 성적 표현에 대한 여성의 지배권을 내세우려 하지 않고 성과 섹슈얼리티를 거부한다. 페미니스트들은 가부장적인 이데올로기에 너무 세뇌되었기 때문에 섹슈얼리티와 매력 자본이 어떻게 여성의 힘의 원천이 될 수 있는지 이해할 수 없었다.

사회는 아름다움을 강요하는가?

일부 학자들은 가부장적인 입장에서 제시되는 섹스(sex)와 젠더(gender)의 개념에 대해 심각할 정도로 애매한 태도를 보여 준다. 섹스와 젠더는 즐거움과 정체성이 생겨나는 대표적인 원천이라기보다는 '서로 경쟁하는 개념'이나 '착취의 현장'으로 더 자주 제시된다. 95~98퍼센트의 사람들이 이성애를 선호한다는 사실은 거의 인정되지 않으며 대부분의 성 연구 수업은 동성애가 남성이나 여성에게 실제

보다 훨씬 더 흔하게 나타나는 것처럼 이야기한다.[69]

프랑스의 페미니스트이자 동성애자인 모니크 위티그는 남성과 여성이라는 개념을 무시하고 이성애를 맹렬히 비난한다. 그녀는 영화나 잡지, 광고, 사진 등 모든 시각 문화가 협력하여 여성을 억지로 남성과의 관계로 밀어 넣는 압제적인 이성애 이데올로기를 만들어 낸다고 주장한다. 그녀의 주장에 따르면 모든 여성은 노예처럼 예속되어 남성을 위해 성 서비스를 하도록 강요받으며, 여성 동성애자와 수녀만이 그러한 관계를 모면할 수 있다. 그녀는 여성이 모든 생산적인 노동의 75퍼센트를 수행한다고 생각한다.(실제로 시간 분배 연구에 따르면 현대사회의 남성과 여성은 유급의 일자리와 무급의 집안일을 모두 합칠 경우 평균적으로 일하는 총 시간이 같다.[70]) 그녀는 사람의 본성 같은 것은 없으며 대체로 다들 인간의 모든 활동이 전적으로 문화와 사회화 과정에 의해 형성된다는 사실에 동의한다고 주장한다.[71] 젠더와 섹슈얼리티는 생리 현상이나 호르몬, 아이에 대한 엄마의 가르침이나 개인적인 선택에 의해 외따로 형성된 것이 아니라 문화적, 사회적으로 만들어진 것이라고 자주 제시된다.[72] 페미니스트 저자들이 지적 감옥에서 탈출한 과정은 결코 명쾌하지 않다.

영국의 정치과학자 실라 제프리스는 페미니스트들이 여성의 매력 자본을 어떻게 바라보는지에 대해 가장 훌륭한 예를 제공해준다. 그녀는 『아름다움과 여성 혐오』에서 새롭든 오래됐든 예외 없이 아름다움을 위한 모든 행동을 향해 독설에 찬 비난을 퍼부었다. 그 과정에서 그녀는 안드레아 드워킨, 캐서린 매키넌, 미셸 배럿, 캐시 데이비스, 주디스 버틀러, 모니크 위티그, 캐런 캘러헌, 샌드라 바츠키, 나오미 울프 등 자신에게 영감을 불어넣어 준 모든 페미니스트의 논거를 검토하고 종합했다. 동성애자인 그녀는 자신과 자신의 애인이 아름다움을 위한 모든 행동에 저항한다고 의기양양하게 자랑했다.[73] 그들은 좋은 옷과 우아한 매너도 성차별적인 것이라고 간주한 것이 틀림없다.

제프리스는 일부 페미니스트들이 아름다워지기 위한 여성의 행동을 옹호하고 있음을 인정한다. 또한 현대사회의 여성이 과거 어느 시대보다도 마음 내키는 대로 자유롭게 행동할 수 있다는 것도 인정한다. 그러나 그녀는 그러한 모든 옹호론이야말로 여성이 광고와 포르노에 나오는 이미지를 통해 여성스럽게 보여야 하고 남성의 성적 욕구를 충족해야 한다고 남자들에 의해 세뇌당한 '문화적 얼간이'라는 증거라며 단호하게 내친다.

제프리스는 여성이 자신의 의지와는 반대로 아름답고 섹시하게 보이도록 강요당하고 있으며 '여성스러운' 외모나 스타일을 인위적으로 만들어 내는 의식과 활동을 강요당하고 있다고 주장한다. 여성적인 외모와 매너는 반드시 필요한 것이 아니며 남성에게 예속된 노예의 특징이라고도 주장한다. 또한 남녀 간의 차이, 즉 남성성과 여성성은 남성의 지배를 확고하게 만드는 '완강할 정도로 지속되는 근거 없는 믿음'이며, 패션의 주요한 역할은 옷 입는 스타일에서 남녀 간의 차이를 만들어 내는 것이라고 주장한다. 그녀는 또한 패션계가 여성에게 굴욕을 안기는 여성 혐오적인 옷을 만들고 있으며 모든 화장품은 해롭고 유독하다고 주장한다. 성형수술과 제모 등 아름다운 외모를 가꾸기 위한 다른 행동은 너무 고통스럽기 때문에 고문이나 마찬가지이고, 모든 여성이 남자를 기쁘게 해 주기 위해 하이힐을 신고 스스로를 학대하며 피어싱과 문신으로 자기 몸을 훼손한다고 주장한다. 서양 문화가 이 모든 행동을 여성에게 강요하고 있다는 것이 그녀의 주장이다. 여성의 매력 자본은 여성이 남성에게 예속되어 있다는 증거이다. 매력 자본을 키우려는 관심은 인질이 인질범을 이해해서 그들과 공모하는 '스톡홀름 신드롬'으로 여성이 고통받고 있음을 입증한다.

이러한 주장의 절반이라도 사실이라면, 여자들은 지금 미쳐 있거나 아니면 혁명이 일어났을 것이다. 실라 제프리스의 격렬한 비판은 과장되고 극단적인 표현일 수는 있지만, 매력 자본에 관한 페미니스트들의 관점이 어떻게 변해 왔는지를 정확히 반영한다. 남자는 적이다. 어떤 식으로든 남자에게 협력하는 행동은 적과 동침하는 것이나 마찬가지이다. 남자들은 여자를 착취한다. 그러나 그와 동시에 남자와 여자 간에는 진정한 차이가 없다! 페미니스트들은 본질주의를 비아냥거리지만 늘 본질주의를 실천한다.[74]

페미니즘 이론가들도 가끔은 반대의 증거가 존재한다는 사실을 인정하기도 한다. 많은 직업이 인간의 신체를 이용하고 부상과 고통을 수반하지만 자유로이 선택된다. 발레 무용수는 발끝으로 춤을 추기 때문에 계속 발에 고통을 느끼지만 연기를 하면서 미소를 짓는다. 운동선수들은 주기적으로 부상을 당하고 회복과 재활이라는 길고 고통스러운 시간을 견딘다.[75] 외모를 아름답게 꾸미기 위한 활동은 대부분 고통보다는 놀이와 창의력을 수반하며 전혀 해가 되지 않는다.[76] 그러나 이러한 모순되는 증거는 희생자 페미니스트들이 선택하는 사실에만 전적으로 의존하는데도 부분적인 것이라고 내쳐진다.

페미니스트들의 부정적인 태도가 정말로 중요한가? 하지만 화장품과 의류, 심지어는 성형외과와 미용치과의 꾸준한 매출 증가는 점점 더 풍요로워지는 일상의 현실이 페미니즘의 웅변술보다 영향력이 더 크다는 사실을 암시한다.

그러나 그들의 그러한 태도는 중요하다. 해마다 수천 명의 젊은 여성들(그리고 소수의 젊은 남성들)이 여성에게 힘을 실어 주기보다는 위축되게 만들고 자신감을 불어넣기보다는 화가 나게 만드는 성 연구 강의를 듣는다. 그러한 강의에서 명시적으로나 암묵적으로 제공하는 페미니즘의 메시지는 금욕 생활과 여성 동성애를 제외하고는 이성애와 결혼에 대한 현실적인 대안을 전혀 제공하지 못하면서 남성과 사회에 대한 무기력한 분노를 자극한다.[77] 심리학자들은 인간이 위험과 위협에 대해 크게 두 가지로 반응한다고 말한다. 싸우든가 도망가는 것이다. 금욕 생활과 여성 동성애는 남성의 지배를 피해 도망가는 반응을 의미하며 패배주의적인 반응이다.[78] 이성애 여성의 비장의 무기인 매력 자본과 출산은 사실상 짓밟히고 쓰레기 취급을 받으며 쓸모없을 뿐 아니라 불충하고 어리석은 짓이라고 선언된다. 그 결과로 여성은 더욱 더 나약해진다. 희생자 페미니즘은 여성의 무력함을 키운다. 자신이 겪는 모든 어려움이 사회나 문화, 남자들 때문이라고 탓하는 행위는 여성을 수동적인 상태로 살게 하고 자신의 삶과 결과, 변화에 대해 전혀 책임지지 않도록 조장한다. 반격의 선언문은 존재하지 않으며 후퇴의 선언문만이 존재한다.

'외모 지상주의(lookism)'에 대한 비판은 아름다움과 섹슈얼리티, 더 넓게 보면 매력 자본에 대한 청교도적 앵글로색슨계의 적대감을 요약해 준다. 외모 지상주의를 비판하는 사람들은 누군가의 외모를 고려하는 행동을 금지해야 하고 매력 자본의 가치를 정하는 일을 불법으로 간주해야 한다고 주장한다.[79] 이는 가부장적인 이데올로기의 함정에 그대로 빠지는 꼴이다. 최근에 변형된 모습으로 나타난 외모 지상주의에 대한 비판은 비만을 옹호하는 것으로, 사실 비만은 어느 누구에게든 어떠한 이익도 안겨 주지 못한다. 그러한 역기능을 지닌 사회운동을 페미니즘이 지지한다는 사실은 페미니즘이라는 운동이 엄연한 사실이나 이성은 전혀 고려하지 않는, 영구적으로 대립을 일삼는 이데올로기가 되었음을 의미한다. 오늘날 많은 여성이 페미니즘을 현대적인 의미가 없는 사회운동으로 간주하는 것은 전혀 놀랄 일이 아니다.

신성하지 않은 동맹

섹슈얼리티는 모두가 무시하고 싶어 하는 방 안에 든 코끼리이다. 너무 광범위한 문제라 처리하기가 힘든 것이다. 심리치료사나 사회과학자, 저널리스트 모두 섹슈얼리티를 제대로 파악하지 못하는 듯하다.[80] 남성의 섹스 결핍은 권력을 유지하려는 남성의 지속적인 욕구와 여성 혐오, 여성에 대한 남성의 폭력, 여성의 독립성과 자율성에 대한 남성의 적대감을 설명하는 데 도움을 주는 핵심 요인이다. 남성의 섹스 결핍은 또한 여성이 남성의 욕정을 과도하고 비이성적이고 균형을 잃었다고 지적하면서 여성의 비협력적인 태도를 정당화하는 이유를 설명하는 데도 도움이 된다. 성 설문조사 결과를 1990년대부터 이용할 수 있었는데도 남녀 관계를 해석하는 사람들 중에 조사 결과, 특히 남성의 섹스 결핍에 대해 알고 있다고 드러난 사람은 아무도 없다.[81] 섹슈얼리티에 대한 페미니스트들의 근거 없는 믿음은 입증 자료가 부족하고 모순되는 자료가 많은데도 사실로 취급한다. 페미니즘이 정치적으로 옳은 이데올로기가 되었기 때문에 모든 사람들이 남성과 여성의 성욕이 완벽히 같다고 거짓말한다. 따라서 특히 인생에서 즐기기 위한 섹스를 더 강조하는 상황에서는 아내가 섹스에 관심이 없다는 것이 남성에게 더욱 큰 모욕이 되고 더욱 비뚤어진 개인적인 거절이 된다.

페미니스트들은 섹슈얼리티는 물론 젠더까지도 생리 현상에 의해 형성되거나 타고나는 것이 아니라 '사회적으로 만들어진' 것이라고 줄기차게 주장한다. 그들은 여성보다 남성의 성욕이 더 강하다는 점을 부인한다. 그들은 이것이 단지 '문화적 구성물'이며 여성의 성욕은 전통적으로 억제되어 왔다고 주장한다. 그들은 문란한 생활을 선호하는 문화를 자주 지적하지는 않았지만 오랜 동안 금욕 생활을 선호한 문화를 중심으로 전 세계 성 문화가 다양함을 증거로 내세웠다. 물론 이러한 주장은 말도 안 되는 비논리적인 추론이다. 차가운 일본의 초밥이나 생선회, 불같이 맵고 양념 맛이 강한 인도의 카레 같은 음식은 생각조차 할 수 없을 정도로 요리와 음식 스타일에는 완전 채식주의, 채식주의, 생선 중심의 요리, 고기 중심의 요리 등 더 많은 다양성이 존재한다. 음식 스타일과 요리법은 지역별 문화에 의해 '사회적으로 만들어지고' 규정된다. 하지만 그러한 다양성이 자연발생적인 욕구로서 배고픔을 느끼고 생리적으로 식사를 해야 하는 현실을 부인하지는 않는다. 배고픔 역시 동기를 부여하는 주요한 요인이다. 이와 마찬가지로 문화가 성적 표현의 틀을 만들어 내기는 하지만 성욕과 욕정 또한 동기를 부여하는 요인이 된다.[82] 성 설문 조사를 비롯한 여러 연구에서 얻는 모든 증거는 여성보다는 남성의 성욕과 충동이 더 강함을 알려 준다. (여성이 생각하듯이) 남성의 성에 대한 '집착'은 꾸며 낸 일이 아니라 사실이다. 그리고 그러한 집착은 일반적으로 성적으로 기능할 수 없는 나이가 될 때까지 거의 평생 동안 지속된다.

역설적이지만 이를 증명하는 가장 강력한 증거는 대다수 이성애자를 세뇌하고 사회화하는 과정에 상대적으로 둔감한 동성애자들에게서 찾을 수 있다. 여성 동성애자들은 다른 어떤 집단보다도 적은 빈도로 섹스를 즐긴다. 남성 동성애자들은 다른 어떤 집단보다도 자주 섹스를 즐기는 문란한 생활 방식 덕분에 많은 이성애 남성들의 부러움을 산다. 오랜 만남으로 인해 서로에게 성적으로 싫증이 난 동성애 남성들은 우연한 만남이나 상대를 가리지 않는 성관계 등을 통해 적극적인 성생활을 유지한다.[83] 자기만의 독립된 성 문화를 개척하기 위해 지배적인 이성애 문화 밖으로 시선을 돌리는 사람들 중에서도 (분포도는 늘 그렇듯 부분적으로 겹치지만) 여성보다 남성이 성적으로 훨씬 더 적극적이다. 그것은 오래전에 심리학자들이 알아낸 보편적인 사실처럼 보인다.[84]

페미니스트들은 가부장적인 사회 관습을 뒤엎고 가부장제의 근거 없는 믿음을 폭로하는 과제를 성공적으로 이루어 냈다. 그러나 섹슈얼리티에 있어서는 그 두 진영이 다시 결속을 강화하여 자유분방한 관점과 정책을 공격한다.

대표적인 예로 가부장적인 가치를 주창하는 종교 집단과 우익 집단이 급진적인 페미니스트들과 손을 잡고 매춘을 법률로 금하고 폐지하는 운동을 벌이는 경우를 들 수 있다. 대개 그들은 포주, 인신매매, 아동 매춘, 매춘 및 마약 조직과 조직범죄 간의 연계에 대해 도덕적인 공황 상태를 조성하고 십자군을 만들어 그러한 운동을 펼친다. 스웨덴 사람들은 성매매를 영원히 폐지하기 위한 마지막 시도로서 상업적 성 서비스를 이용하는 모든 고객을 형사 처벌하는 1999년의 법률 제정이 이러한 과정에서 이루어졌다는 사실을 문제 삼을 수도 있다. 스웨덴에서는 모든 사회정책을 남녀 간의 평등 달성이라는 목표하에 제시하기 때문에 비판의 여지가 없는 정책이 된다. 가부장제와 페미니즘의 신성하지 못한 동맹은 다른 나라에서도 여지없이 나타난다.

공식적으로 네덜란드는 2000년에, 뉴질랜드는 2003년에 매춘을 합법화했다. 2002년에 독일은 윤락촌을 처벌 대상에서 제외하고 성 노동자들을 차별로부터 보호하기 위해 성 노동자에게까지 법률적 보호를 확대했다. 성매매 산업을 처벌 대상에서 제외하려던 영국과 캐나다의 유사한 계획은 보수주의자들과 연합한 페미니스트들에 의해 저지되었다. 영국에서는 페미니즘을 지지하는 해리엇 하먼 여성평등부 장관과 재키 스미스 내무장관이 2009년 노동당 정부에 입각하여 성매매 산업을 법률적으로 금지하는 일에 참여했다. 그 정책은 일부 페미니스트 집단이 매춘의 완벽한 합법화를 위해 사회운동을 벌였는데도 결국 추진되었다. 호주에서는 성매매 산업을 규제하던 법률을 폐지하려는 움직임이 1990년대에 시작되었지만, 보수주의자와 페미니스트의 연합 세력이 이를 방해했다.[85]

호주의 사례는 흔히 나타나는 논쟁의 유형을 제대로 보여 준다. 보수주의자들과 종교 집단이 지지하는 가부장적인 가치는 성행위를 결혼과 헌신적인 관계로 제한해야 하고 매춘은 추잡하고 불결하고 혐오스러우며 사회 전체를 오염시킨다는 주장에 그대로 반영되어 있다. 여성을 통제하는 데 이용하던 성모 마리아와 음탕한 여자의 전형적인 이분법이 다시 등장한 것이다. 매춘 폐지를 주장하는 페미니스트들은 매춘이 남성의 지배나 여성 및 아동에 대한 학대와 같다고 생각한다. 그리고 모든 성 노동자들이 착취당하고 있다고 주장한다. 그들은 자신들의 주장에 무게를 더하기 위해 어린아이들이 성매매 산업에서 일하는 것은 매우 예외적인 경우라고 말하기보다는 그들이 성 노동을 강요당하고 있다고 주장한다. 보수주의자들과 매춘 폐지를 주장하는 페미니스트 모두 상업적인 성매매 산업이 인신매매범과 포주, 범죄 조직, 마약 조직에 지배당하고 있다는 잘못된 주장을 내세운다. 실제로 호주의 매춘은 이 모든 문제들과 상대적으로 거리가 멀다. 실제 논쟁은 여성이 다른 직업에 종사할 때 벌 수 있는 소득보다 훨씬 더 많은 요금을 받고 에로틱한 여흥물을 판매할 권리를 놓고 벌어졌다.[86] 늘 그렇듯이 남성 매춘은 완벽히 무시되었다.

의도적이든 아니든 남성의 욕구를 불러일으키는 여성의 매력 자본을 남성의 욕구 그 자체와 구분 지을 수는 없다. 일반적으로 남자들은 80세의 주름 많은 할머니가 아무리 활기차고 기운이 넘쳐도 그런 할머니에게 욕정을 품지는 않는다. 그들은 남자와의 성적 유희에 여전히 관심을 갖는 젊고 매력적인 여성에게 욕정을 품는다. 가부장적인 집단(남성과 여성)과 페미니스트들(남성과 여성) 모두 여성이 자신의 매력 자본과 섹슈얼리티를 이용하여 그로부터 최대한의 소득과 이익을 얻어 낼 수 있는 자유에 반대한다. 제기한 의견은 서로 다르지만, 두 집단의 목표는 같다. 남자는 성행위나 에로틱한 여흥에 대해 여성에게 돈을 치러야 할 필요가 없어야 하거나 자신이 원하는 것을 공짜로 얻어야 하거나 (급진적인 페미니스트들과 일부 종교 집단이 선호하는 대로) 섹스 없이 살아가는 법을 배워야 할 것이다. 급진적인 페미니스트들은 근본적으로 남성뿐 아니라 섹스와 에로티시즘도 반대한다. 두 집단 모두 보이지는 않지만 모든 남녀 관계의 기초가 되는 남성의 섹스 결핍에 대해 건설적인 해결책을 갖고 있지 못하다.

남성의 섹스 결핍에 대한 유일한 현실적 해결책은 성 산업을 전면적으로 합법화하여 다른 레저산업처럼 번창하도록 허가하는 것이다. 성적 관심의 불균형은 다른 오락에서와 마찬가지로 수요와 공급의 법칙에 의해 해결될 것이다. 그렇게 되면 전체적으로 남녀 관계에서 여성의 힘은 증가할 것이다.

에로틱한 놀이터

쾌락과 출산은 성 도덕의 기초가 되는 두 개의 닻으로 대개 둘 중의 하나가 우위를 차지한다.[87] 쾌락 원칙이 기초가 되는 문화는 그로 인해 아이가 생기는 결과에 대해 관대하다. 모르는 사람들이라도 둘 사이에 이루어지는 우연한 잠자리는 특별할 것 없는 평범한 것으로 용인될 수 있어서 유혹의 기술과 성 기술을 다소 강조한다.[88] 기독교 문화는 섹슈얼리티와 출산을 하나로 합하는 경향이 있기 때문에 부분적으로 자손이 충분히 보살핌을 받을 수 있도록 도덕은 성관계를 결혼에 국한시킨다.[89] 따라서 과거에는 성관계가 갖는 즐겁고 재미있는 측면을 기독교

윤리가 경시하거나 무시하고 부인한 적도 있었다.[90] 이제 피임 혁명은 임신과 육아에 대한 오래된 걱정을 없애 주었지만, 성 도덕에 대한 사람들의 생각은 새로운 현실에 맞게 달라지지 않았다.

현대의 기술 덕분에 아이의 아빠가 누구인지는 DNA검사로 밝힐 수 있기 때문에 부권을 내세우기 위해 여성의 섹슈얼리티를 통제할 필요성은 사라졌다. 아마도 이러한 상황으로 인해 가부장적인 이데올로기와 관습은 결국 시들해지고 사라질 수도 있다. 올더스 헉슬리는 과학 소설 『멋진 신세계』에서 남성에게든 여성에게든 부모와 자식 관계가 아무런 의미가 없어지면서 모든 사람들이 성적으로 문란하게 살아가는 미래의 세상을 상상했다. 아직까지는 가부장적인 가치관이 현대 문화를 계속 지배하고 있다.

급진적인 페미니즘은 21세기에 적합한 현대적인 성 도덕을 제공하지 못하고 있다. 그들은 남성의 섹슈얼리티보다 여성의 섹슈얼리티를 더 많이 제한해 온 오래된 이중 잣대를 대체하지 못했다. 앵글로색슨계 페미니즘은 쾌락을 죄받을 짓으로 경시하거나 거부하면서 섹슈얼리티를 특별히 문제가 있는 것으로 간주한 청교도적 도덕률에서 벗어나지 못했다. 그들은 섹스와 섹슈얼리티에 관련된 모든 것을 논의할 때마다 남성에 대한 반감을 드러냈다. 페미니스트들은 결혼, 매춘, 이성애, 성적 소수 취향과 성 활동, 낙태, 간통 문제를 시시때때로 공격했다. 앵글로색슨계 페미니즘은 선한 여성과 악한 여성, 일부일처제의 여성과 문란한 여성, 성모 마리아와 음탕한 여성의 이분법을 결코 완벽하게 떨쳐 내지 못했다. 남자들은 여성을 지배하고 가정에 가둬 놓기 위해 수백 년 동안 이러한 이분법적 사고를 이용해 왔다. 젠더와 섹슈얼리티를 다룬 학술서에서 그러한 개념은 쾌락과 정체성의 정상적인 원천이라기보다는 '논쟁거리가 되는 개념'이나 '착취의 현장'으로 제시될 가능성이 높다. 또한 이성애는 문화와 가부장제의 부담으로, 가정은 여성의 감옥으로 제시된다. 여성은 남성의 폭력과 성희롱, 경제적 예속의 희생자로, 매춘은 남성이 무력하고 상처 입기 쉬운 여성을 결정적으로 착취하는 것으로 설명된다.

이와는 반대로 프랑스와 독일의 페미니즘은 섹스와 섹슈얼리티가 여성에 대한 남성의 억압의 기초라는 생각을 자신만만하게 거부하고 모든 형태의 매춘에 대해 느긋하다. 그리고 삶에서 에로티시즘과 환상이 중요하다고 주장하고, 필요한 경우에는 여성이 남성으로부터 스스로를 방어할 수 있는 능력을 완벽하게 갖추고 있다고 생각하며, 남녀의 성적 정체성과 유혹의 기술이 중요하다고도 주장한다.[91] 거의 예외 없이 프랑스와 독일의 페미니스트들은 앵글로색슨계가 제시하는 모든 형태의 희생자 페미니즘을 거부한다.[92] 그들은 또한 남성의 지배에 대해 금욕 생활이나 여성 동성애보다 더욱 건설적인 해결책을 제시한다. 예를 들어 바르바라 지히터만은 남성도 여성에게 더욱 매력적으로 보이기 위해 매력 자본을 키움으로써 남녀 간의 균형을 이루어야 한다고 주장한다.[93] 실제로 이는 직장에서 여성이 새롭게 평등을 획득한 현실에 자극받은 새로운 트렌드로 자리 잡고 있다. 헬스장에서 시간과 노력을 기울여야 하는 근육질의 이상적인 남성상은 최근에 발전된 것이다.[94] 미국 여배우 데미 무어를 보면 알 수 있듯이, 성공한 나이 든 여성들은 매력적인 연하의 애인이나 배우자를 선택하고 있다. 역할이 뒤바뀐 부부 관계 역시 목격되는데, 영국 피어슨 사의 미국인 최고경영자

마조리 스카디노가 대표적인 예이다.

　전반적으로 볼 때, 품격 있는 사랑을 중시하고 결혼 생활 안팎에서의 에로티시즘이나 섹스 관계를 찬양하는 오랜 전통을 지닌 프랑스 성 문화는 현대적인 상황에 가장 잘 적응한 듯하다. 앵글로색슨계 페미니스트들과는 대조적으로 프랑스의 페미니스트들은 아름다움과 섹슈얼리티, 유혹의 기술을 찬양한다. 시몬 드 보부아르는 『제2의 성』에서 여성다움은 육체적 실체 못지않게 실행의 문제이기도 하다고 지적했는데, 그녀는 그 실행을 하찮게 생각하지 않았다. 페미니스트 저술가 뤼스 이리가레이는 미래의 문명과 성숙한 인류를 위해서는 성을 중시하는 문화가 필요하다고 주장했다.[95] 수준 높은 성관계가 정말로 중요하다고 생각한 프랑스 정부는 모든 산모가 아이를 낳고 6주 뒤에 성관계를 다시 할 수 있도록(그리고 몸매도 되찾도록) 골반 운동 수업 비용을 지불해 준다.[96] 프랑스의 성 설문조사를 보면 성관계 중에 오르가슴을 느끼는 횟수와 성 만족도가 가장 높은 것으로 드러났는데, 미국이나 핀란드의 수준보다 훨씬 높다.[97] 결혼 생활 밖에서의 성관계는 의무 사항도 아니고 금지되지도 않았지만, 남성과 여성 모두 유혹의 기술을 높이 평가한다. 불륜의 연애 관계는 모험으로 불리며 서로에게 마음이 가고 상황이 허락한다면 이루어진다. 그리고 삶을 가장 충실하게 사는 것과 관련이 있다. 여성의 성욕을 주제로 하여 사회적 터부를 깬 가장 단호한 책들 중에는 프랑스 여성의 작품이 일부 포함되어 있다. 『O의 이야기』, 『헨리와 준』, 『연인』 등이 대표적인 작품이고 가장 최근에 발표된 『카트린 M의 성생활』도 있다.[98] 이 작품들은 『몰 플랜더즈』나 『허영의 시장』 같은 영국 작가의 소설이나 『교육』과 같은 최근의 회고록처럼 권선징악적인 작품들과 뚜렷한 대조를 이룬다.[99] 프랑스 여성들은 아름다움과 몸치장, 훌륭한 스타일로 유명하다. 그들은 모든 사람들이 자신의 정식 교육뿐 아니라 매력 자본에도 시간과 돈을 들이는 것을 당연하다고 생각한다. 그리고 이러한 투자가 개인적으로나 직업적으로 다양한 면에서 성과를 가져오는 것이 당연하다고 생각한다. 이러한 긍정적인 시각은 청교도적인 앵글로색슨계 문화와 급진적인 페미니스트들의 성에 대한 부정적인 성향과 극명하게 대조된다.

2010년 11월에 《파이낸셜 타임스》는 세계 비즈니스계에서 가장 성공한 여성 50명의 위업을 기리기 위해 런던에서 '최고의 여성' 콘퍼런스를 개최했다. 그리고 콘퍼런스 내용을 《파이낸셜 타임스》 특별 부록에 실었다. 크리스틴 라가르드 프랑스 재무장관은 유럽연합 재무장관 회의 참석차 브뤼셀로 급히 떠나기 전에 기조연설을 했다. 《파이낸셜 타임스》는 라가르드가 영향력, 능력, 권한 면에서 가장 뛰어난 3인의 유럽연합 재무장관 중의 한 명이라고 평가했다. 또한 2010년 6월에 국제통화기금 총재로 새로이 임명된 그녀는 여성으로서는 최초로 총재직을 맡았다. 이렇게 중책을 맡은 상황은 그녀가 세련되고 우아한 스타일을 추구하고 아름답게 머리를 꾸미고 화려한 보석으로 치장하고 날씬하고 매력적이며 호감 가는 모습을 보여 주는 동시에 흠 잡을 데 없는 사교술을 갖추는 데 전혀 지장을 주지 않는다. 실제로 이 모든 것은 그녀가 전문인으로서 자신의 역할을 완벽하게 수행하는 데 도움이 된다. 전직 싱크로나이즈드 스위밍 국가대표였던 그녀는 몸매가 매우 탄탄하다. 그녀는 건강한 몸을 유지하는 것이 충분히 자는 것보다 훨씬 더 중요하다고 말한다. 라가르드는 연설 중에 옷 잘 입는 법과 사람들과 대화하는 법을 가르쳐 준 엄마에게 경의를 표했다.

프랑스인들은 매력 자본이 직업상의 자질과 어떻게 성공적으로 결합할 수 있는지, 학교에서 실패한 사람들에게 매력 자본이 어떻게 가치 있는 대안이 될 수 있는지에 대해 모든 여성에게 귀감이 된다.[100]

4 매력 자본은 어떻게 마법을 일으킬까?

매력 자본은 어떻게 마법을 일으킬까? 매력 자본을 갖춘 사람들은 어떤 사회 과정을 거쳐 다른 사람들보다 성공할 수 있었을까? 대부분의 시사평론가와 사회과학자들은 지금도 불법 차별이 존재한다고 생각하고 차별이 완전히 제거되지는 않을 것이라고 걱정한다. 사람들은 매력적인 사람들이 얻는 이익이 부당하고 불공평하다고 생각한다. 하지만 만약 그렇다면 왜 사람들은 아름다움이나 매력을 그냥 무시하지 못하는 걸까?

두 사람을 직접 보면 믿지 못하겠지만, 이사벨과 파멜라는 자매이다.[1] 불과 두 살 터울인 자매는 나이가 비슷해서 대학에서 각자의 길을 갈 때까지 같은 친구를 사귀고 호화롭게 주말을 보내고 값비싼 동아리 활동을 즐겼다. 두 사람 모두 공학과 자연과학 학과에서 석사학위를 받았는데, 이사벨은 아주 빠르게 대학을 마친 반면 파멜라는 학위를 딸 때까지 여러 해가 걸렸다. 이사벨은 직업에서도 성공을 거두어 자기 사업체를 운영하고 있다. 그녀는 돈도 잘 벌고 여러 나라 말을 할 줄 알고 우아하고 큰 집도 있다. 또한 사업상 출장도 잦고 이국적인 곳으로 여행도 많이 다닐뿐더러 훌륭한 식당에서 외식도 하고 남자 친구도 끊이지 않는다. 파멜라는 그런 경력을 쌓지 못하고 계속 직장을 옮겨 다녔는데, 주로 전문직의 보조직을 담당하거나 단기 프로젝트에서 일했다. 가계 경제를 책임지는 사람은 그녀의 남편으로, 남편은 자신의 학문 분야에서 스타 같은 사람이다. 이러한 속사정은 그 사람들을 잘 알아야만 알 수 있다. 40대의 이 자매를 처음 만나면 그들이 성격이나 스타일 면에서 아주 다르다는 점에 놀란다. 한 사람은 자신감 넘치고 대담하고 사람들과 잘 어울리고 사교적인데 다른 사람은 사회적으로나 정서적으로 불안해하고 서투르고 금방 화를 내고 일이 자기 마음대로 되지 않으면 정신없이 울어 버리기 십상이다.

자매가 서로 달라진 원인을 쉽게 설명하자면, 각자의 지적 능력과 기회 때문이라고 말할 수 있다. 이사벨은 늘 영리했고 훌륭한 학생이었다. 종종 반에서 1등도 하고 학교를 다니는 내내 수월하게 시험에 통과하여 학교 과정을 빨리 끝마쳤다. 그리고 성공 기회가 많은 도시 생활을 선택하여 빠르고 쉽게 일자리를 잡고 폭넓은 경험을 얻은 덕에 자기 회사를 차리기 전까지 관리직으로 승진해 나갔다. 반대로 파멜라는 늘 학교 공부를 버거워했다. 진급을 하지 못해서 여러 해 동안 수업을 다시 들어야 했고 자기보다 어린 아이들 사이에서 낙담하며 지내야 했다. 그녀는 공부를 잘하는 언니와 자신을 비교하며 놀라워하는 선생님들의 지적에 화를 냈고 가까이 지내는 친구도 적었다. 대학 가기도 힘들다고 생각했던 그녀는 여러 차례 시험을 치른 후에야 대학에 합격할 수 있었다. 가능하면 두 딸들에게 똑같은 기회를 줘야 한다고 생각했던 부모님이 대학을 마칠 때까지 계속 지원을 해 준 덕에 그녀는 석사 학위를 딸 수 있었다. 하지만 남편, 아이들과 함께 취업 기회가 극히 적은 교외에 살았기 때문에 거의 기회를 잡을 수 없었다.

다른 관점에서 상황을 보면, 극적으로 다른 이 결과는 두 자매의 매력 자본 차이로 설명할 수도 있다. 금발 곱슬머리에 푸른 눈, 살결이 백옥같이 하얀 이사벨은 어렸을 때 무척 예뻤다. 반대로 파멜라는 곱슬거리지 않는 진한 밤색 머리에 눈은 짙은 색인데, 광대뼈가 튀어나와서 사진만은 잘 받았다. 예쁘다기보다는 인상적으로 보였는데, 나이가 들면서 이러한 점이 더 뚜렷해졌다. 둘이 같이 외출하면 언제나 이사벨에게 시선이 집중되었다. 성격이 활달한 그녀는 그 사실을 빠르게 알아차렸다. 자매의 부모는 두 아이를 똑같이 사랑한다고 주장하면서 정말로 똑같이 대우했지만, 아빠가 이사벨을 좋아한다는 사실은 분명해 보였다. 자매가 10대가 되었을 때, 둘의 외모와 성격, 스타일은 완전히 달라져 있었다. 이사벨은 헤어스타일과 외모를 가꾸는 데 공을 들였고 자그

마한 몸매가 돋보이도록 완벽하게 옷을 골라 입었다. 그녀는 날씬한 몸매를 유지하기 위해 늘 조심했다. 사람들 앞에서 당당했고 친구도 많았다. 그리고 세상에서 자신이 차지할 위치를 확신했고 목표를 달성하는 방법을 알았으며, 아무리 괴로워도 실망감과 불행감을 털어 낼 수 있는 내적인 자신감과 힘이 있었다. 그녀는 자신을 지나치게 사랑하는 아버지를 포함하여 모든 사람들과 즐겁게 지냈고 때로는 원하는 것을 얻기 위해 어리광도 부렸다. 반대로 파멜라는 서투르고 덩치가 크고 때로는 뚱뚱한 모습으로 자랐다. 그녀가 무척 좋아했던 발레 수업도 거친 몸동작을 다듬어 주지 못했다. 그녀는 사회 안에서 자주 마찰을 일으켰고 실패나 좌절을 겪을 때마다 불안감과 억울함이 드러났다. 파멜라는 종종 위안을 얻기 위해 과식했고 무용과 운동을 해도 주기적으로 뚱뚱해졌다. 큰 덩치와 어두운 혈색을 감춰 줄 옷을 찾기가 어려웠던 걸까. 그녀는 종종 다른 사람이 벗어 놓은 옷을 입은 것처럼 추해 보였고 어떤 종류든 도움이 될 만한 의견에 화를 내곤 했다. 남자든 여자든 그녀가 맺는 관계는 언제나 격앙되고 불운과 다툼으로 가득 차 있는 듯했다. 그녀는 결코 행복해 보이지 않았다.

성인으로서 아주 다른 삶을 살아가는 이유를 설명할 때, 대개는 학력과 근무 경험, 즉 인적 자본 요소에 집중한다. 그러나 이 두 소녀는 같은 가정환경에서 성장했고 같은 학교를 다녔고 둘 다 석사 학위를 땄다. 이 부분에서 두 사람은 거의 다른 점이 없다. 사회과학자들은 외모, 지능, 성격의 정확한 기여도를 구분하기 위해 많은 노력을 기울인다. 성격은 20가지가 넘는 특성에 따라 세분되기도 한다. 그러나 이 두 사람의 라이프 히스토리에서 알 수 있듯이, 이러한 이야기의 가닥들은 어렸을 때부터 손댈 수 없을 정도로 뒤엉켜 있다. 그래서 가닥을 분리해 내는 일은 과학적으로는 의미가 있지만, 현실에서는 의미가 없을 수도 있다. 이사벨은 예쁘고 똑똑하고 자신만만했다. 학교 생활과 직장 생활을 거치며 지적인 능력을 증명하기까지는 여러 해가 걸렸지만 어렸을 적의 뛰어난 미모가 그 사이에 그녀의 발랄한 성격과 외모, 사교 스타일을 형성했다. 파멜라는 평범한 외모였고 이사벨처럼 열심히 노력했다면 눈에 띌 정도의 미인이 됐을 수도 있었다. 그러나 그녀는 일찍이 그러한 노력을 포기했다. 대학 때까지 계속해서 어려움과 실패를 겪었고 이는 확실히 그녀의 성격과 외모에 영향을 주었다. 하지만 그 모든 실망은 여러 해 뒤에 찾아왔다. 그녀가 처음부터 언니보다 관심을 끌지 못했고 어린 시절부터 사회적인 관심을 받지 못했다는 점은 학교를 다니기 전에 이미 그녀에게 영향을 미쳤다.

매력 자본에는 신체적, 사회적 매력의 6가지 요소, 즉 아름다운 외모, 성적 매력, 활력, 사교술, 성적 능력, 자기표현 기술이 결합되어 있다. 많은 연구자들이 6가지 요소들의 독립적인 효과를 평가하기 위해 가닥을 서로 분리해 내려 애쓰고 있지만, 대체로 이 요소들은 현실에서 떼려야 뗄 수 없을 정도로 연결되어 있다. 외모는 가장 쉽게 눈에 띈다. 성적 매력은 성인의 사생활에서만 중요해지고 아마도 직장 동료들과의 관계에서 자신감을 높여 줄 것이다. 나머지 요소들은 당신이 태어난 바로 그날부터 당신의 모습과 주변 사람이 당신을 이해하는 방식을 구체화한다.

동화 속 신데렐라는 번쩍이는 마법 지팡이를 휘둘러 신데렐라를 변신시키는 마술사 할머니를 만난다. 의지할 데 없는 하녀는 우아하게 옷을 입고 머리를 매만진 매력 넘치는 공주가 된다. 그녀를 무도회까지 데려다 줄 마차와 말까지 준비되어 있다. 이상하게 초대장이 없는데도 무도회에 들어갈 수 있다. 신데렐라는 어떻게 행동해야 하는지, 어떻게 춤을 춰야 하는지, 왕자님을 어떻게 사로잡을지 정확히 알고 있다. 현실 세계가 그토록 단순하다면 얼마나 좋을까!

매력 자본은 현실에서 어떻게 그 마법을 작동시킬까? 그 마법은 얼마나 일찍 시작될까? 설마 불리한 점이 있을까? 하룻밤 만에 변신할 수는 있는 걸까? 반드시 금발에 발 크기가 아담하고 춤추는 법을 알아야 할까?

사회심리학자들은 매력적인 사람들의 삶을 수십 년에 걸쳐 연구해 왔다. 어떤 이유로 그들이 달라지는지, 그 결과가 얼마나 오래가는지 알아내기 위해서였다. 나쁜 소식은 아름답게 태어난 사람이 확실히 유리하다는 점이다. 좋은 소식은 시간과 노력을 투자할 각오가 되어 있다면 결국 모든 사람들이 비슷한 결과를 얻을 수 있다는 점이다.

프랑스 사람들은 '벨르 레이드', 즉 못생겼지만 훌륭한 자기 표현력과 세련된 스타일로 매력적으로 보이는 사람이라는 개념을 통해 이 사실을 늘 인정해 왔다. 매력 자본은 다면적이므로, 어떤 요인에서 더 뛰어난 모습을 보여 줄 가능성은 언제나 있다. 만약 얼굴이 예쁘거나 잘생기지 않았다면, 몸을 훌륭하게 가꾸거나 춤을 배우거나 사교술을 익히면 된다. 이와 비슷하게 지성도 다면적이기 때문에 학교에서 공부하는 것이 즐겁지 않아서 열등생으로 분류되던 사람도 음악이나 축구, 외환 거래 같은 분야에서 스타가 될 수도 있다. 백만장자들은 박사 학위를 따느라 시간을 낭비하는 경우가 거의 없다. 리처드 브랜슨은 난독증을 겪어 16세에 학교를 그만두었다. 하지만 그는 버진이라는 기업제국을 탄생시켰다. 그의 형제자매들은 다들 대학을 졸업하고 좋은 직업을 얻었지만, 리처드 브랜슨 경은 세계적으로 유명한 사업가가 되었다. 비슷하게 마크 주커버그는 페이스북을 설립하기 위해 하버드 대학교를 중퇴했다. 그는 페이스북 덕분에 20대의 나이에 백만장자가 되었다.

성공에 이르는 방법으로 인적 자원과 학력을 중시하는 요즘 세태는 신통찮은 근시안을 만들어 낸다. 다른 방법과 재능은 열외로 취급받는다. 학자들이 고학력의 이점을 옹호하는 것과 같은 방식으로 사회 자본과 매력 자본의 이점을, 다시 말해 인생의 대학을 칭찬하는 사람은 거의 없다. 부모의 도움 없이 교육에 의존하지 않고 크게 성공한 사람들의 예는 나중에 제시할 것이다. 여기서 핵심은 부모의 도움을 받지 않아도 된다는 점이다. 서점에는 사회적 예법과 훌륭한 매너뿐 아니라 아름다운 외모를 꾸미는 방법과 옷 입는 스타일, 색상 코디에 이르기까지 모든 것을 다룬 안내서가 넘쳐난다. 20대일 때 나는 대형 화장품 회사에서 무료 화장법 수업을 듣고 내가 원하는 모든 전문 지식을 빠르게 얻었다. 뜻이 있는 곳에는 늘 길이 있기 마련이다.

못생겼지만 매력적인 사람은 원하는 목표에 도달하기까지 조금 더 시간이 걸릴 수 있지만 순조롭게 출발하여 편안하게 나아간 사람들과 똑같은 목적지에 도달할 수 있다. 어릴 때의 이점은 적극적인 노력으로 뒷받침하지 않으면 빠르게 사라질 수 있다. 매력 자본은 여러 가지 면에서 인적 자본이나 사회 자본과 비슷하다. 좋은 머리로 인맥이 넓은 가정에서 태어나면 크게 유리하겠지만, 학교에서 열심히 공부하고 친구를 사귀려 노력한다면 어릴 때 갖지 못한 이점을 장기적으로 보충할 수 있다.

외모가 뛰어난 아기는 따뜻한 대접을 받는다

매력의 이점은 어린 시절부터 발휘된다. 자식 사랑에 눈이 먼 부모 눈에는 자기 자식이 모두 예뻐 보인다. 그러나 세상의 나머지 사람들은 다소 차별을 둔다. 전문적으로 아기를 돌보는 사람들도 아기가 얼마나 매력이 있는가에 따라 생후 6개월 된 아기들을 다르게 인식한다. 하지만 매력 없는 어린 여자아이들은 매력적인 여자아이들보다 머리가 좋고 더 발달할 것이라고 기대되었다.[2]

외모가 뛰어난 아기와 어린아이들은 가족과 친척뿐 아니라 길거리에서 만나는 모르는 사람들을 비롯한 대다수의 사람들에게 따뜻한 대접을 받는다. 사람들은 그 아이들을 환영하고 지나칠 정도로 사랑해 주고 말을 걸어 주고 어루만져 주고 미소를 보여 준다. 그 아이들은 사탕과 선물을 받거나 어려움에 처했을 때 도움을 받을 공산이 더 크며 소란을 벌이거나 서투르게 행동하더라도 용서받을 가능성이 크다. 매력적인 아기와 어린아이들은 사람들이 그들에게 관심을 더 기울이고 참을성 있게 가르쳐 주고 알려 주고, 그들의 요구와 끊임없는 질문에 더

적극적으로 대답하고 시끄럽게 굴거나 장난을 쳐도 더 관대하게 대하기 때문에 순조롭게 삶을 시작한다.[3]

부모 중의 한 명이 외모가 출중하면, 다정한 감정은 빠르게 쌍방의 감정으로 바뀌면서 서로에 대해 자꾸 감탄하고 좋아하는 관계로 발전한다. 어린 아기도 매력 없는 얼굴보다는 아름다운 얼굴의 낯선 이에게 긍정적으로 반응한다. 한참을 응시하다가 곧바로 미소를 보내 준다. 아기들과 어린아이들은 잘생긴 얼굴과 못생긴 얼굴, 뚱뚱한 사람과 날씬한 사람, 유치원의 매력적인 아이와 그렇지 않은 아이를 무의식적으로 구별해 낸다.[4] 날씬하고 매력적인 사람에게 끌리는 성향은 아주 어릴 때부터 나타나기 때문에 다른 사람에게 배우는 것은 아니라는 사실에 다들 동의한다.

어른들과 다른 아이들이 보여 주는 긍정적인 반응은 매력적인 아기와 아이의 성격, 사교성에 지속적인 영향을 끼치며 그들의 지적 발달 속도를 높여 준다. 외모가 뛰어난 아이들은 4명 중 3명이, 그렇지 못한 아이들은 4명 중 1명이 사회에 잘 적응하고 매력이 있고 유능하다고 평가받는다. 잘생긴 아이는 매력 없는 아이보다 더 긍정적인 대접을 받고 더 인기가 있으며 실제로 지능이 더 높다. 지능과 관련된 영향 관계는 자주 논쟁의 대상이 되는데, 아름다운 외모와 두뇌 간의 연관성에서 사실에 입각한 근거가 있을 수 없기 때문이다. 그런데도 모든 연구 결과를 보면 아이들 사이에 이러한 연관성이 발견되는데, 외모와 두뇌 간의 연관성을 반박하려는 연구에서도 아이들에게서는 반대 결과가 나타났다. 뛰어난 외모와 두뇌 사이의 관련성은 낮지만, 어린이의 경우에는 지속적으로 관련성이 발견된다.[5] 이 결론에 이의를 제기하기 위해 11세 아동을 상대로 영국에서 실시한 연구에서도 실제로 관련성이 존재한다는 사실은 인정할 수밖에 없었다. 신체적인 매력과 지능 간에는 아무런 관계가 발견되지 않았지만 두 가지 극단적인 예외가 있었다. 대단히 머리가 좋은 아이들은 몹시 매력적인 경향이 있으며, 대단히 머리가 나쁜 아이들은 몹시 못생긴 경향이 있었다. 지능이 중간 정도인 아이들은 매력적이거나 매력적이지 않을 가능성이 반반으로 나타났다.[6] 이와 비슷하게 키가 큰 사람들은 지적으로 더욱 뛰어난 경향이 있으며 실제로 그렇게 보인다.[7]

심리학자들은 이러한 연구 결과가 매력의 '후광효과'를 입증한다고 설명한다. 즉 아름다운 사람이 다른 면에서도 뛰어나 보인다는 얘기이다. 이는 가끔 '피그말리온 효과' 혹은 자기실현적인 예언으로도 설명되는데, 사람들은 다른 사람들이 기대하는 대로 되고 자신에게 부여된 기대치만큼 성취한다는 내용이다. 이러한 설명에 따르면 아이와 장기적인 관계를 맺는 소수의 사람들(주로 부모와 친척)이 아이의 발달에 큰 영향을 미친다. 맞는 이야기지만, 부모들은 대부분 자신의 모든 자녀에게 똑같이 노력을 기울이기 때문에 아이마다 다른 결과가 나타나는 부분을 설명해 주지 못한다.[8] 이 외에도 어른에서 아이까지 모든 사람들의 일상생활 대부분을 차지하는 지인이나 낯선 사람과의 일시적인 관계나 우연한 교류에 적용할 수 있는 간단한 설명이 하나 더 있다.

상냥한 성격과 사교성을 키우기에 유리한 긍정적인 상호작용도 아이가 어른에게 배우고 지적으로 발달하는 데 도움을 준다. 매력적인 아이에게 관심을 기울이는 어른과 긍정적인 상호작용이 많이 이루어질 경우, 사회적, 지적 발달이 촉진되고 그 결과 순조롭게 인생을 시작할 수 있다. 확실히 훌륭한 외모로 태어나면 더 좋다. 문제는 다른 사람들이 나중에 그 부분을 따라잡는가, 따라잡는다면 얼마나 빨리 따라잡는가이다.

매력적인 아이 앞에 펼쳐진 황금빛 세계

예외도 있겠지만, 자신을 긍정적으로 봐 주는 어른들의 따뜻한 마음과 다정함을 영원히 누리며 자라는 것이 어떤 것인지 쉽게 간과된다. 매력적인 아이들(매력적인 어른은 약간 덜 하지만)은 세상을 '황금빛' 시각으로 바라보고 이를 통해 이익을 얻는다. 그들의 인생 행로는 늘 다른 아이들에 비해 훨씬 편안하고 평탄하다. 황금빛 시각은 따스한 환경과 긍정적인 관계를 경험하면서 형성된다. 이 아이들은 사람들과 쉽게 어울리고 자신이 원하는 것을 쉽게 얻고 원할 때 쉽게 관심을 끈다. 적어도 매력적이지 못한 아이나 평범하게 생긴 아이들이 사회생활을 하는 것보다는 수월하다. 그러한 아이들의 경험과 세계관은 종종 재즈 음악가들이 부르는, 조지 거슈윈과 이라 거슈윈 형제의 미국 자장가 「서머타임」에 훌륭하게 표현되어 있다. 이 노래는 어느 더운 여름날의 느낌과 자식을 위해서라면 무엇이든 해 줄 수 있는 돈 많은 아빠와 아름다운 엄마가 의미하는 편안한 삶과 만족을 표현하고 있다. 그리고 자주 웃음이 나고 모든 것이 내 힘이 닿는 곳에 놓인, 금방이라도 '하늘에 손을 뻗칠 수 있는' 낙관과 풍요의 분위기를 표현하고 있다.

여러 연구 결과에 따르면 태양이 밝게 비치는 따뜻한 여름에 태어난 아이는 춥고 어두운 겨울에 태어난 아이보다 더 밝은 경향이 있다. 첫 인상은 강력한 자국을 남길 수 있다. 매력적인 아이는 자신의 햇빛을 갖고 다니고 황금빛 세상으로부터 이익을 얻는다.

황금빛은 대단히 매력적인 사람들 다수가 자신을 특별히 아름답거나 잘생겼다고 생각하지 않는 이유를 설명해 준다.[9] 그들이 보기에 자신은 다른 모든 사람들과 똑같다.[10] 그들이 경험하는 세상은 못생긴 사람들이 경험하는 세상보다 더 따뜻하고 친절하고 도움이 되고 환대해 주고 인자하고 살기에 편안한 곳이다. 행운과 복이 어디에든 있다고 생각하는 사람들의 긍정적인 성격과 겹치는 부분이 있다.[11]

호감형의 잘생긴 남성과 아름다운 여성을 만들어 내는 사회 과정은 젊은 시절에 집중되지만, 20년이 넘는 황금빛의 경험이 축적된 결과는 성인으로 살아가는 내내 성격과 사교 스타일에 영향을 미친다.

절대적인 관점에서 보면 매력은 나이가 들면서 서서히 줄어든다. 원숙해지고 자기표현 능력이 좋아지는 사람도 있지만, 대부분의 사람들은 젊을 때 신체적으로 최고점에 달한다. 인생 주기 전체에서 신체적인 매력을 추적한 극소수의 연구들은 나이가 들어도 상대적인 매력 순위는 크게 달라지지 않는다고 주장한다. 연구 조사에서 채택된 매력의 기준은 항상 그 사람이 속한 연령집단과 관련이 있는데, 사람들에게 외모를 평가해 달라고 요청할 때 이용할 수 있는 유일한 현실적 방법이기 때문이다. 젊을 때 자신이 속한 연령집단에 비해 매력적인 남성과 여성은 나이가 들어도 비교적 매력적인 상태를 유지하는 경향이 있다. 매력적인 21세는 대개 매력적인 41세와 81세로 바뀐다. 여성이 약 30세가 될 때까지 몇 년 동안 더 많이 쇠퇴하는 것처럼 보이는 점 외에는 나이가 남성보다 여성에게 영향을 미친다는 증거는 없다.[12] 따라서 매력의 이득은 대체로 평생 동안 지속된다.

아름다운 외모의 후광효과

매력 자본에는 신체적 매력과 사회적 매력이 포함되어 있다. 사회심리학자들은 이 두 매력을 서로 분리된 특징으로 연구하는 경향이 있지만 실제로는 강하게 연결되어 있다. 매력적인 남성과 여성은 사회적 기술이 더 높고, 다른 사람들, 특히 이성과 긍정적으로 상호작용할 수 있다. 이는 가장 확실하고 널리 알려진 연구 결과들 중 하나이다.[13]

아름다운 외모의 후광효과는 법정에서도 나타난다. 심리학자들의 연구에 따르면 아름다운 사람들은 매력적이지 않은 사람들보다 정직하고 멋지고 유능하다고 인식된다. 말쑥하게 차려입은 매력적인 피고인은 다른 모든 것이 똑같을 경우 법정에서 유죄판결을 받을 가능성이 더 낮다. 변호사들이 법정에 서는 피고인이나 증인에게 말끔하게 옷을 입고 단정하고 예의 바른 모습을 보여 주라고 조언한다는 사실은 잘 알려져 있다. 매력적으로 생긴 변호사 또한 그렇지 않은 변호사보다 설득을 잘하고 말재주가 좋다고 여겨진다. 잘생긴 피고인은 체포될 가능성이 적으며, 혹시 체포될 경우에 언론에 보도될 가능성이 적다. 혹시 사건이 법정까지 가더라도 유죄판결을 받거나 심한 처벌을 받을 가능성이 적다.[14]

뛰어난 외모는 외모가 범죄의 일부분으로 악용되는 경우, 예를 들면 누군가를 함정에 빠뜨리거나 속이는 경우에만 처벌을 받는 것 같다. 강간 재판에서 아름다운 소녀가 피해자이고 못생긴 남자가 강간범이라면 유죄판결이 나올 가능성이 더 높다. 강간범이 그 소녀에게 욕정을 품은 게 분명한 반면, 그 소녀가 남자의 시선을 자초했다고는 생각하지 않을 것이기 때문이다.[15]

연구자들은 자동차 타이어가 펑크나거나 다른 도움이 필요한 여성을 길가에 세워 두는 실험을 해 왔다. 여성의 외모와 옷 입은 스타일이 낯선 사람들이 곤경에 빠진 여성을 돕는 데 어떤 영향을 미치는지 알아보기 위해 외모와 옷 입는 스타일을 달리 했다. 곤경에 빠진 매력적인 아가씨의 경우 도움을 받을 가능성이 25퍼센트 정도 더 높았다.[16] 이 정도의 비율은 아마도 일반적으로 매력적인 사람이 도움을 받는 비율에 대한 적정 측정치일 것이다.

남녀 역할에 대해 전통적인 생각을 가진 사람들이 무엇보다 뛰어난 외모를 중요하게 생각하고 남성과 여성에게 다른 반응을 보일 가능성이 높지만,[17] 모든 사람들이 의식적으로나 무의식적으로 외모에 영향을 받는다. 매력적인 남성과 여성은 설득력이 더 높다. 이 확실한 연구 결과는 모든 종류의 생산품 광고에, 심지어는 공장에서 사용되는 공산품 광고에도 매력적인 사람들을 이용하는 현상의 근거가 된다. 사람들은 매력적이지 못하거나 평범하게 생긴 사람보다는 매력적인 남자나 여자에게 물건을 구매할 가능성이 더 높다. 역설적이지만 사람들은 설득의 의도가 명백할 때 설득될 가능성이 더 높다.[18] 이는 6장에서 검토할 광고에 등장하는 매력 자본과 7장에서 제시할 외모 프리미엄의 근거가 된다.

매력적인 사람은 그렇지 않은 사람보다 어릴 때부터 더 독립적이고 자기 운명을 개척하고 자신의 삶을 더 강하게 지배하는 사람으로 여겨진다.[19] 그들은 인생의 모든 분야에서 더 크게 성공하리라고 기대된다. 어떤 사람들은 이러한 이유 때문에 매력적인 사람들에게 끌리는데, 매력적인 사람의 운과 기회 중 일부가 자신에게 옮겨질 수도 있다고 기대한다. 이러는 데에는 그럴 만한 이유가 있다. 일례로 매력적인 여자 친구가 있는 남자는 더 긍정적인 평가를 받는다. 매력적인 친구를 두면 나의 위신도 올라가는 이점이 있다.[20] 그런가 하면 다른 사람의 좋은 운에 질투를 느끼며 부정적으로 반응하는 사람들도 있다. 특히 여성은 매력 자본이 많은 다른 여성에게 이런 식으로 반응할 수 있다.[21]

사람들은 자신의 선택이 이익이 되는지 아닌지와는 상관없이 매력 넘치는 낯선 사람을 상대하기를 좋아한다.[22] 아름다운 외모는 그 자체로 귀중하고 즐거운 상품으로, 사람들은 할 수 있다면 그것을 갖거나 가까이하는 쪽을 선택한다.[23] 따라서 사람들은 미적으로 즐거움을 주는 상대와 어울리는(혹은 어떤 활동에 참여하는) 쪽을 선택할 가능성이 높다. 또한 사람들은 외모가 뛰어난 모르는 사람에게 적극적으로 협력할 가능성이 더 높다. 자기 자신의 매력에 대한 평가 또한 어떤 반응을 보일지에 영향을 미친다. 자기 자신이 매력적이라고 생각하는 사람들은 다른 매력적인 사람과 협력할 가능성이 특히 높다. 매력적인 남성은 가장 관대하고, 매력적인 여성은 가장 너그럽지 않다. 이러한 연구 결과는 매력적인 남성과 여성은 만나는 모든 사람들에게서 눈에 보이지 않게 조그만 이익을 계속 얻는다는 사실을 증명해 주며, 이 결과가 일상생활에서 모르는 사람과의 상호작용과 관련되어 있기 때문에 특별

히 흥미롭다. 일생 동안 그 영향이 축적되면서 상당한 이익이 된다.[24]

매력(혹은 못생기지 않다는 점)은 누군가의 자긍심과 자신감을 높여 줌으로써 인생에 긍정적인 변화를 일으킬 수 있다. 적어도 한 명의 심리치료사는 매력적이지 못한 사람들이 외모가 나아지도록 성형수술을 하는 것이 사교성과 인기를 높이기 위해 여러 해에 걸쳐 상담과 치료를 반복하는 것보다 효과적일 수 있다고 주장했다.[25] 미국에서 수감자를 상대로 창의적인 실험을 실시했는데, 마약중독자는 아니지만 인상이 험악한 재소자들은 석방되자마자 얼굴을 손보기 위해 성형수술을 받았다. 심리적인 적응력과 취업 성공률을 높이고 상습적인 재수감을 줄이려는 목적에서였다. 1년 뒤, 성형수술을 받은 집단의 재수감 비율은 아무런 치료도 받지 않은 볼꼴 사나운 재소자 집단에 비해 36퍼센트가 낮았다. 성형수술 대신 직업 상담과 지원을 받은 전 재소자들의 재수감 비율은 아무런 치료도 받지 않은 집단보다 33퍼센트가 높았다. 사실상 성형수술은 사회적, 직업적 개입에 비해 재수감 비율을 69퍼센트나 낮추어 놓았다.[26]

외모가 뛰어난 사람들은 자신의 사회적 지위에 대한 불안감이나 외로움, 이성의 관심 여부 때문에 괴로움을 겪을 가능성이 낮다. 그들은 사람들 앞에서 편안해하고 더 수월하게 사람들과 어울린다. 그들은 더 어린 나이에 첫 성 경험을 하고 성 경험도 더 많이 한다. 미국에서는 성적으로 관대한 태도와 섹스 파트너 수에서, 매력적인 사람과 매력적이지 못한 사람 사이에 차이가 없지만 유럽에서는 차이가 있다. 유럽에는 문화적, 종교적 다양성이 더 많이 존재하기 때문이다. 또한 매력적인 성인은 지능이나 자기 삶을 통제하고 있다는 느낌, 자기 몰입 면에서 평범한 사람과 전혀 다르지 않다. 잘생긴 남성은 더 사교적이지만, 아름다운 여성은 그렇지 않다. 아마도 여성은 지나치게 사교적인 낯선 사람에게 친절하지 말라는 얘기를 듣기 때문인 듯하다.[27]

지금까지의 기록으로 보면 매력 자본의 요소 중에 아름다운 외모로만 상당한 이익이 축적됨을 알 수 있다. 하지만 그 이익은 더 나아가 외모가 뛰어난 사람들에 대해 자주 이루어지는 추정을 포함한다.

널리 알려진 고정관념을 살펴보면, 매력적인 사람에게는 다양한 긍정적인 특징들, 대표적으로 사회적 기술과 매력, 성적 매력, 사교성, 단호함, 리더십, 훌륭한 정신 건강 및 행복과 같은 특징들이 부여된다. 아마도 모든 특징 중에 가장 중요한 점은 외모가 뛰어난 사람들이 매력적이지 못한 사람들보다 지능이 더 높다고 추정되는 점일 것이다.[28]

매력적인 사람들이 갖추고 있다고 여겨지는 긍정적인 특징들과 황금빛 사회 경험을 통해 평생 얻는 이익을 합치면, 잘생기고 예쁜 사람들은 우리가 그들에게 부여한 특징으로 생기는 '후광효과'를 누릴 뿐 아니라 스타일이나 매너 면에서도 더 '훌륭한' 부류의 사람이 되는 것이 분명하다. 아름다움은 그 영향력 면에서 실질적인 이익을 주고, 이러한 결과는 보편적인 현상처럼 보인다. 외모가 뛰어난 사람들은 유능하다고 추정되기 때문에 사회적으로나 지적으로 유능한 사람으로 대우받는다. 콤플렉스나 불안감이 거의 없기 때문에 일반적으로 자신감이 높고 사회적으로 함께 있기에 편한 사람들이다. 그들은 우울증을 겪을 가능성이 낮고 더 명랑하고 친구도 더 많다. 세상이 미소를 보내니까 그들도 미소를 보내 주는 것이다.[29]

물론 예외도 있다. 외모가 훌륭한 사람이 우쭐대고, 교만하고, 함께 있기 어려운 사람이 되는 경우도 있다. 하지만 반대의 경우도 발생한다. 외모가 뛰어난 남성과 여성이 특이할 정도로 겸손하고 동정심도 많고 느긋하고 도움이 되는 친구인 경우도 있다. 사람들이 아름다운 직장 동료를 부러워하는 이유 중의 하나는 그들이 모든 사람들에게 친절하여 나무랄 데가 없기 때문이다.

평생에 걸친 신체적 매력을 추적하는 데 가까스로 성공한 연구 조사에 따르면, 신체적 매력과 사회적 매력은 공생 관계에 있다. 젊을 때 매력적인 사람들은 우수한 사회적 기술을 키워 나간다. 반대의 경우도 있다. 젊을 때 사교적이고 많이 생글거리던 여성이 훌륭한 사회적 기술을 갖추는 것만큼 외모에도 신경을 써서 매력적인 노부인으로 바뀌기도 한다.[30] 매력적인 외모가 평생 지속된다면 외모와 사회적 스타일 간의 이러한 공생관계는 더욱 밀접해진다.

사람들은 자신의 지능과 교육, 친구 관계, 부모가 물려줄 수 있는 재력 외에 신체적 매력과 사회적 매력도 주요한 개인 자산으로 삼고 살아간다는 얘기이다. 아름다운 외모와 매력은 상품으로 평가되며 어떤 사회에서든 공급이 부족하다. 비범할 정도로 아름다운 외모는 사치품이며 당사자만이 아니라 친밀한 관계를 통해 친구와 가족, 동료에게도 지위(큰 키와 마찬가지로)를 부여한다.[31]

매력 자본의 독특한 특징은 그 자본의 여러 요소가 성적 매력과 관련되어 있지 않더라도 어릴 때부터 생판 모르는 사람 눈에도 보인다는 점이다. 반대로 어떤 사람의 재산과 교육, 인맥에 대한 정보를 얻으려면 더 가까운 사이가 되어야 한다. 매력 자본을 구성하는 요소 대부분은 사람들로 가득 찬 방이나 큰 강당같이 멀리 떨어진 곳에서도 평가할 수 있다. 사회적으로 이동이 많은 집단이나 이민자에게 매력 자본이 특히 중요한 이유는 매력 자본이 이렇게 휴대하기 쉽고 공개적인 장소에서 눈에 띄기 쉽다는 점이다.

아름다운 사람은 지능도 더 높을까?

아름다움과 지능은 성인이 됐을 때도 어릴 때처럼 서로 연관되어 있을까? 아름다움이 약간의 지능과 높은 감성지능을 의미하는 사회적 기술에 연관되어 있기 때문에 그럴 수도 있어 보인다. 만약 연관성이 존재하여 매력적인 남성과 여성이 똑똑하기까지 하다면, 그들은 양쪽의 장점을 모두 누려 굉장한 이득을 얻는다. 반면 사회적 통념은 아름다운 여성(과 때로는 잘생긴 남성도)을 바보 같다고 묘사한다. 영화 속의 마릴린 먼로가 잘 보여 주듯 '멍청한 금발'에 대한 고정관념은 서양에서 거의 보편적인 생각이다. 그렇다면 두 고정관념 중에 어떤 것이 현실에 근거를 둔 것일까?

사실상 모든 연구 결과를 보면, 매력적인 사람들이 그렇지 않은 사람들보다 유능하고 지능이 높다고 인식된다. 이 고정관념은 과거에 여성보다 남성에 대한 인식에서 더 강했지만 21세기에 들어서면서 성별 차이는 사라진 듯하다.[32] 그리고 모르는 사람을 대할 때나 지능과 유능함에 대한 정보가 없을 때 그 고정관념은 가장 강력한 힘을 발휘한다.[33] 평가자가 남성인지 여성인지에는 아무 차이가 없다. 전체적으로 매력적인 성인의 75퍼센트를 유능하다고 여기는 데 비해 매력적이지 못한

성인은 25퍼센트만 유능하다고 여긴다.[34]

이런 인식에 따라 사람들은 자신도 모르게 매력적인 성인을 차별해서 대우한다. 매력적인 성인은 관심과 칭찬을 더 많이 받고 호의적인 대접을 받으며 더 많은 협력과 도움을 받는다.[35] 그렇지만 매력적인 성인은 매력적이지 않은 사람들보다 사회적 상호작용 기술은 훨씬 뛰어난 반면 지능은 약간만 더 높은 것으로 밝혀졌다.[36] 이 점에서는 남성과 여성의 차이가 없는 듯하다.

어린 시절 매력이 지능을 높이던 현상은 성인이 되면 시들해진다. 다른 사람들이 따라잡기 때문이다. 어른이 되면 어릴 때의 매력은 더 이상 중요하지 않을 수도 있다. 매력적인 성인은 이미 사회적으로 유능해졌고 자신 있고 편안하고 느긋하게 사람들을 상대하고 자긍심이 높고 정신 건강도 훌륭한 상태가 되었다. 이성을 상대할 때 더 인기가 있다는 점을 제외하더라도 그들은 여전히 상당한 장점을 이용하여 긍정적인 성격과 사교술을 키울 수 있다. 그 외에도 사람들은 매력적인 사람이 더 재능이 높고 유능하다고 추정하여 그에 맞게 대우한다. 20세기에 지속된 '멍청한 금발'이라는 편견은 시대에 뒤떨어진 생각이 되었으며, 외모가 뛰어난 남성과 여성 모두 사람들의 긍정적인 기대로부터 이득을 얻는다.

여기서 얻을 수 있을 한 가지 교훈은 매력적인 여성이 취업 면접이나 중요한 만남(7장에서 증명하듯이 여성이 관리직에 지원하는 것이 아니라면)에서 일부러 평범하게 보이도록 꾸미는 행동은 무의미하고 비생산적이기까지 하다는 것이다. 여성이 너무 예쁘면 진지하게 받아들여지지 못한다는 편견은 사라진 듯한데, 하버드 대학교에서 심리학을 공부하고 일본어 등 4개 국어를 유창하게 말하는 아름다운 영화배우 나탈리 포트먼 같은 훌륭한 본보기 덕분이 틀림없다. 그러한 여성들이 명백한 기술과 경험, 자격을 갖추고 있다면, 매력은 결점이 아니라 추가 자산이자 이점이다. 외모가 훌륭하면 지적 능력 또한 높다고 자주 인식되기 때문에 여성은 아름다운 외모와 두뇌 가운데 하나를 선택할 필요가 없다.

감정을 읽는 능력

아름답지 않다면 성격과 매력, 훌륭한 매너가 더욱 중요해진다. 외모가 뛰어난 사람들이 더 나은 사회적 기술을 지녔다고 여겨지고 실제로 그러한 기술을 키우는 것처럼, 매력적인 성격의 소유자들은 신체적인 매력을 높이는 일에 노력을 기울여 점차 신체적으로 매력적인 사람이 되어 간다.[37] 실제로 이렇게 하기는 어렵지 않다. 자신의 역량을 최대한 발휘하는 법에 대한 조언서들은 옷 입는 법, 머리 만지는 법, 체중을 줄이고 단단한 몸매를 가꾸는 법뿐 아니라 행동하고 친구를 사귀고 데이트와 연애에서 성공하는 법과 사람들이 자신을 좋아하게 만드는 법에 대한 의견까지 제공한다.

사회적 기술과 감성지능은 사생활뿐 아니라 직업 및 경력상의 성공에서도 중요하다. 그러나 사회적 규칙은 끊임없이 달라지고, 현대의 다문화 사회에는 상당히 다양한 관습과 의례가 있다. 휴대전화나 보이스메일, 이메일, 아이팟, 트위터, 페이스북, 기타 소셜 네트워크 사이트,

성 차별 법안, 다문화의 다양성과 다국어를 사용하는 도시에 발생하는
모든 새로운 상황 같은 변화를 고려하여 사회적 행동 규칙이 때때로 업
데이트된다. 훌륭한 매너와 공적인 행동 법칙을 다룬 책들이 더 높은
사회 부류로 올라가는 사람들을 도와주는 동시에 사회계층의 차이를
강화한다고 생각하는 사람들이 있다. 그러한 책들은 디너파티나 사교
적인 모임의 관례와 초대장에 회답하는 요령을 설명해 준다. 반면 매너
에 대한 책이 모르는 사람이나 동료, 친구 사이에 지켜야 하는 예의와
정중한 행동의 기본 규칙을 명확히 밝혀 주고[38] 갈등을 피하는 데 도움
을 준다고 생각하는 사람들도 있다. 분명한 것은 훌륭한 매너와 임기응
변 재치를 지닌 사람들이 섣부르고 무뚝뚝하고 사회적으로 불안정한
사람들보다 매력적이라는 사실이다.

10대일 때, 심지어는 성인이 돼서도 파멜라는 논쟁이 벌어지거나
의견이 다를 때 소리를 지르고 울면서 히스테리성 분노를 발작적으로
표출했다. 반대로 이사벨은 항상 맹렬하지만 차분한 어조로 분노를 표
현했다. 부모는 종종 파멜라를 진정시키고 분쟁을 해결하기 위해 개입
해야만 했다. 사회과학자들은 두 가지 관점, 즉 감정노동과 예의 문화
를 들어 그러한 상황을 둘러싼 사회적 기술을 설명한다.

가장 인기 있는 관점에 따르면 사회적 갈등, 감정 충돌, 고통 처리
와 감정 관리(혹은 관리의 부족)는 '감정노동'의 대표적인 예이다. 그리
고 이러한 노동은 가족과 친구 사이에서 주로 이루어진다.[39] 사회학자
앨리 혹실드는 '감정작업(사생활에서)' 또는 '감정노동(직장)'이라는 개
념을 들어 다른 사람의 감정과 행동에 영향을 주기 위해 자신의 감정과
행동을 관리하는 과정을 설명했다. 그녀는 대표적인 서비스직인 델타

항공사 여성 승무원의 사회적 상호작용 기술을 연구해 자신의 논리를 전개했다.[40] 혹실드의 주장에 따르면, 여성 승무원들은 승객을 상냥하고 예의 바르게 대하는 일이 마음을 불편하게 만드는 힘든 일이라고 생각한다. 또한 혹실드는 남성보다는 여성이 직장 생활에서 감정노동을 해야 할 가능성이 더 높다고 주장했다. 사회적 상호작용 기술이 서비스 직종뿐 아니라 모든 고위 관리직과 전문직에서도 중요하다는 점을 고려하면, 이 주장은 미덥지 않다. 하지만 사회적 기술이 연예 및 서비스업 종사자에게 더 중요하고 여성이 가족 내에서 감정작업을 더 많이 담당한다는 결론은 옳을 것이다. 가족 내에서 감정적인 굴곡을 처리하는 사람은 대부분 엄마이고, 여성은 대체로 사적인 관계에 대해 더 많이 생각하고 감정적으로 노력한다. 그러나 이러한 일 때문에 마음이 불편해진다거나 힘들다고 불평하는 여성은 거의 없다.[41]

널리 알려지지 않은 독일 사회과학자 노르베르트 엘리아스는 더욱 확고한 근거 위에서 훌륭한 매너와 감정 관리를 다룬 관점을 전개했다. 그는 프랑스, 영국, 독일, 네덜란드를 오가며 연구를 했는데,[42] 사회적 기술이 중요 요소로 포함된 내 매력 자본이론은 바로 그의 생각에 영향을 받았다.[43] 엘리아스는 유럽의 매너 안내서들을 광범위하게 분석해 논리를 전개하면서, 수백 년에 걸쳐 규범(예를 들면 침 뱉기나 신체적 폭력에 대한 규범)이 변해 온 과정을 비롯하여 군주를 둘러싼 왕실에서 생겨난 규범이 점차 사회의 다른 부문으로 내려왔다는 사실을 설명했다. 이는 가장 세련된 매너와 예의 규범은 상위 계층의 것이고, 사회계급이 높아질수록 어떤 상점과 식당이 최고인지 알아 두어야 할 뿐 아니라 매너와 사교 예법에 대한 안내서를 읽어야 하는 이유를 설명해 준다.

엘리아스의 설명에 따르면 모든 문명화되는 사회는 사람들이 자기 통제나 감정 관리, 다른 사람들에 대한 예의 규범과 기술을 자기 것으로 만든다는 특징을 보인다. 이러한 규범과 기술은 결국 습관이나 본능처럼 보일 정도로 제2의 천성이 된다. 모르는 사람과의 상호작용이나 식사 및 성행위 같은 사적인 활동, 약속 시간이나 계약을 잘 지키는 것 같은 공적이고 상업적인 활동 등 인간의 모든 활동에 이 기술이 적용된다. 모든 사회적 습관과 규범은 일단 상위 계층에서 발달한 뒤 점차 다른 사회계층으로 퍼져 간다. 엘리아스는 여성이 부분적으로 싸움보다는 협상으로 아이들을 사회화함으로써 평화로운 행동 규범을 퍼뜨리는 데 중요한 역할을 한다고 믿었다. 그는 모든 감정이 자신이 살고 있는 사회에 의해 학습되고 조직된다고 생각했는데, 최근의 연구 결과가 이를 뒷받침한다. 일례로 서양은 사랑과 죄에 집착하지만 이는 보편적인 성향이 아니다. 래스터패리언(Rastafarian, 에티오피아의 옛 황제 하일레 셀라시에를 숭상하는 자메이카 종교 신자―옮긴이)들에게는 압박이 중요한 감정이고, 동남아시아 발리 족에게는 렉(lek)이, 힌두사람들에게는 랏자(lajja, 존경할 수 있는 자기통제력 정도로 해석된다.)가 중요한 감정이다.[44]

문명화 과정에 대한 엘리아스의 이론은 사업과 직장의 사회적 상호작용만이 아니라 성적이고 낭만적인 사적 관계에도 적용된다. 그의 이론은 개인 간의 사회적 기술이 점점 더 중요해지고 섬세해짐에 따라 가장 선진화된 사회에서 매력의 힘이 점차 중요해지는 이유를 설명하는 데 도움을 준다. 또한 섹슈얼리티가 제2의 천성이 될 정도로 제대로 배운 기능이 되고 섹슈얼리티에 감정 관리가 포함되는 이유 또한 설명한다.

엘리아스의 생각은 암스테르담의 카스 우터스 같은 유럽 학자들이 이어받아 21세기에도 계속 발전하고 있다. 우터스는 현대 경제에서 사회적 통합이 늘고 있는 데다가(클럽에서, 비행기에서, 다국적 기업의 동료 사이에서) 신기술(대표적으로 이메일과 휴대전화)이 발달해 예절의 격식이 없어지면서 현대의 예절이 과거보다 훨씬 더 복잡하고 정교해진다고 설명한다. 과거에는 획일적이고 엄격한 행동 규칙과 사회계층이 존재했다. 하지만 현대사회에서는 서로 다른 소통 방식을 융통성 있고 즐겁게 처리하기 위해 더 능숙한 사회적 기술이 필요하다.[45] 그러한 기술을 획득하고 감정을 읽을 줄 아는 사람은 큰 장점을 가진 것이다.[46]

노르베르트 엘리아스에 따르면, 비명을 지르는 아이나 10대 자녀를 상대하는 엄마는 힘을 소모하고 마음이 불편해지는 감정노동을 하고 있는 것이 아니라 다른 사람의 감정을 처리하고 자기 자신의 감정을 관리하는 방법과 예의 규범을 가르치고 있다. 가장 문명화된 문화에서 모든 사람들은 '타고난' 본능의 일부로 이렇게 행동하는 법을 배운다. 자신의 감정과 타인의 감정을 모두 관리하고 통제하는 일은 노동자 계층보다 상위 계층에서 더 발달되어 있다. 따라서 문화 자본이 적은 사람들('기품'이나 교육, '문화'적 소양이 적은 사람들)에게는 이 작업이 힘들게 느껴지기도 한다. 이 점에서 앨리 혹실드의 논지는 노르베르트 엘리아스의 문명화 과정 이론과 양립할 수 있다.

태국(과 대부분의 동아시아 사회)을 비롯한 일부 문화에서는 세련된 예의범절과 정중한 사회적 기술이 아름다운 얼굴과 성적 매력보다 훨씬 더 중요하고 직장뿐 아니라 결혼시장에서도 더 높은 가치를 지닌다.

다문화 사회에서는 더 큰 기술과 지식이 요구되기 때문에 사회적 기술이나 정중함, 매력 등이 더 중요해질 것이다. 예를 들어 회의나 데이트, 저녁식사나 파티에 늦게 도착하는 행동이 언제는 '품위 있고' 언제는 무례한 것일까? 데이트나 친구와의 놀이 비용을 누가 부담할지 어떻게 알 수 있을까? 선물은 언제 주는 것이 적절한가? 동료와의 사적인 관계와 일에 대한 규칙은 무엇인가? 사생활과 일, 공적 생활이 서로 뒤섞임에 따라 자신의 매력 자본을 최대한 활용하려는 사람에게는 사회적 기술이 훨씬 더 중요해진다. 모든 사람이 사회적 기술이 얼마나 중요한지 알고 있지만 아직까지 사회과학자들은 사회적 기술의 사회, 경제적 가치를 측정하지 못했다.[47]

카리스마와 리더십

2010년 영국 총선은 카리스마 넘치는 젊은 정치가 닉 클레그 자유민주당 당수에 의해 많은 변화를 겪었다. 사상 최초로 선거 기간 중에 세 번이나 주요 세 정당 당수들 간의 90분 토론이 텔레비전으로 방송되었다. 정당 정책에 집중하던 전통적인 방식에 당수들의 외모와 성격, 스타일에 초점을 맞추는 새로운 경향이 보태졌다. 모든 여론조사에 따르면 클레그가 첫 번째 토론에서 큰 차이로 승리를 거두었고, 일부 여론조사에서는 그의 지지율이 70퍼센트까지 치솟았다. 자유민주당의 지지율이 급격히 높아진 것이다. 하지만 최종 결과를 보면 자유민주당은 국가 전체 투표수의 24퍼센트를 차지하는 데 그친 반면, 노동당은

30퍼센트, 보수당은 37퍼센트를 차지했다. 자유민주당의 급격한 지지율 상승이 다수의 의원석으로 반영되지는 않았지만, 그들은 정치 판세를 바꾸어 놓았다.[48] 60여 년 만에 처음으로 보수당과 자유민주당의 연정이 형성되었기 때문이다.

닉 클레그는 지금까지의 당수들 중에서 가장 어리고 매력적인 인물이었는데, 텔레비전 토론에서 특히 잘 드러났다. 큰 키에 호리호리하고 기품이 있으며 당당하고 지적이고 잘생긴 데다가 옷까지 잘 입고 정책 문제에 통달했을 뿐 아니라 느긋해 보이는 매력까지 지닌 클레그는 카리스마 있는 인물로 빠르게 인식되었다. 그는 미국의 이익을 뒷받침한 영국의 이라크 침공에 반대표를 던진 주요 정당은 자기 당밖에 없다고 유권자들을 일깨움으로써 자유민주당의 차별성을 강조했다. 모든 정치 해설가들은 '클레그 열풍'과 그것이 정치 판세에 미치는 영향을 분석했다. 하지만 그가 대중의 높은 존경을 받은 데는 자유민주당의 정책 못지않게 그의 대단한 매력 자본도 한몫했다는 사실은 거의 받아들여지지 않았다.

카리스마 넘치는 리더십은 히틀러나 레닌, 간디 같은 종교 및 정치적 인물의 소유물로 간주되어 왔다. 카리스마의 원래 개념은 특히 갈등이나 위기를 해결할 때처럼 추종자들의 마음을 사로잡고 정치적 변화를 불러일으키는 리더의 비전이나 메시지와 관련이 깊었다. 오늘날 그 개념은 더욱 광범위하고 느슨하게 확장되어 긍정적인 성격이나 스타일, 사회적 기술을 갖춘 사람들은 물론, 상당한 매력으로 추종자나 팬, 모방자, 유권자의 지지를 얻어 내는 사람들의 특성까지도 가리킨다. 심지어는 비즈니스 리더나 최고경영자도 카리스마 있는 인물로 예상되는데, 대표적인 예로 버진 기업의 총수인 리처드 브랜슨 경[49]을 들 수 있다.

여기서 중요한 점은 카리스마가 매력 자본의 다섯 가지 요소 중의 세 가지 요소인 성격, 사회적 기술, 활력에 의존한다는 점이다. 아름다운 외모와 성적 매력은 장점이지만, 결정적으로 중요한 요소는 아니다. 히틀러와 레닌 모두 잘생기지 않았다.

스포츠 선수들의 매력 자본

키가 180센티미터가 넘는 아널드 슈워제네거는 보디빌딩을 시작한 14세 때부터 늘 중요한 인물이었다. 20세에 그는 최연소로 미스터 유니버스가 되었고, 23세에는 미스터 올림피아 경기에서도 우승하면서 모두 일곱 번이나 타이틀을 차지했다. 운동선수로서의 위용과 명성은 다른 활동을 위한 교두보가 되었고 그는 모든 활동에 참여했다. 오스트리아 태생인 그는 미국으로 건너온 이후 수많은 보디빌딩 수상 경력을 가능케 한 뛰어난 체격과 건강미, 활력, 생기, 역동성, 단호함을 보여 주는 전사 역할을 맡으며 할리우드 최고의 영화배우로 손꼽혔다. 그는 영화에서 번 돈을 사업에 투자하여 대단한 재력가가 되었다. 정치 가문의 여성과 결혼한 그는 캘리포니아 주지사직에 출마하여 이민자로서는 두 번째로 주지사직에 선출되었다. 그는 7년(2003~2010) 동안 주지사직을 역임했다. 그에 앞서 영화배우인 로널드 레이건이 대통령 당선에 성공했기 때문에 그가 오스트리아 태생이라는 점만이 미국 대통령직

출마를 가로막은 요인이었다는 이야기가 나돌았다.

슈워제네거는 항상 여성들의 마음을 사로잡았다. 그의 첫 상대 배우는 그가 카리스마 넘치고 모험을 즐기는 사람이며 탄탄한 몸매의 소유자라고 설명했다. 이민자였던 그가 아메리칸 드림을 몸소 보여 주면서 자수성가한 대표적인 인물이라는 점은 그가 지닌 매력의 일부이다. 첫 출연 영화에서는 오스트리아 억양이 너무 강해서 더빙이 필요했다. 그는 이렇게 말한 적이 있다. "실패는 선택할 수 있는 것이 아니다." 그의 성공은 보디빌딩과 건강미, 활기찬 모습에 기초를 두고 있다. 21세의 젊은 나이에 미국에 건너갔을 때, 그는 영어를 거의 하지 못했고 돈도 없고 아는 사람도 별로 없었다. 그의 매력 자본은 그 특별한 성공과 명성의 발판을 제공해 주었다.

스포츠 선수들은 종종 높은 매력 자본을 갖추고 있다. 그들의 신체적인 아름다움과 완벽한 몸, 건강미와 활력은 실제로 또는 텔레비전을 통해 많은 관중이 관람하는 스포츠의 인기에 기여한다. 앨런 거트만은 역사적으로 스포츠에서 에로틱한 매력이 지닌 중요성을 훌륭하게 설명해 낸다.[50] 고대 그리스인들은 스포츠 자체의 성공 못지않게 스포츠 선수의 완벽한 체격을 소중히 여겼다. 로마 시대에 검투사들이 대단한 스타로 여겨지자 로마 사회의 귀부인들은 자신의 명성이 위태로워질 수 있는데도 검투사와 비밀스러운 만남을 도모하기도 했다. 파블로 피카소의 그림이나 어니스트 헤밍웨이의 소설 『태양은 다시 떠오른다』에서 묘사되었듯이, 스페인 투우사들은 여성뿐 아니라 남성에게도 늘 에로틱한 매력을 발산했다. 피겨 스케이팅과 볼룸 댄스는 음악과 화려한 의상을 덧붙여서 건강미와 정열적인 활동성, 완벽한 몸매를 인기 있는 오락으로 바꾸어 놓는다. 스포츠 경기는 훌륭한 결과뿐 아니라 매력 자본 또한 보여 준다.

여성은 뚱뚱해질 권리가 있다?

무도회에서 신데렐라의 경쟁자는 못생긴 두 언니이다. 영국의 크리스마스 팬터마임에서는 대개 남자들이 못생긴 언니 역할을 맡는다. 그 배우들은 스타일이나 태도 면에서 여성다운 모습이나 우아함을 전혀 보여 주지 않는다. 대신 촌스러우면서도 야한 옷을 입고 기괴한 헤어스타일을 한다. 대체로 그들은 재미있는 인물로 분장하여 턱수염과 뱃살을 보여 주기도 한다. 공연에는 주로 키가 크고 마른 언니와 뚱뚱한 언니가 나온다. 공연을 보는 어린이들은 종종 집단적으로 못생긴 자매에게 야유를 보낸다. 실생활에서 뚱뚱하고 못생긴 사람들을 사회적으로 배척하는 행위는 차별이라고 분류할 수 있다.

풍요로운 사회에서 과체중이거나 비만인 사람의 비율이 꾸준히 증가한다는 사실은 보통 체중을 유지하는 사람들의 매력 자본이 증가한다는 의미이기도 하다. 그들의 희소가치가 높아지기 때문이다. 영국에서는 1986년부터 2000년까지 15년이 넘는 기간 동안 남성과 여성의 체중이 평균 5킬로그램 이상 늘었다. 2008년 영국 남성의 25퍼센트가 비만이었는데, 1986년에는 7퍼센트에 불과했다. 2010년 영국 성인의 절반 이상이 과체중이거나 비만이었는데, 다른 유럽 국가들보다 많았다.[51] 특히 미국에서는 비만이 전염병이 되어 성인뿐 아니라 어린이에게도 영향을 주었다. 1977년 과체중인 성인은 20퍼센트가 채 안 되었고 비만인 사람은 거의 없었다.(남성의 1퍼센트, 여성의 3퍼센트)[52] 그때부터 30여 년이 지난 뒤, 인구의 절반 정도가 비만이거나 과체중 상태가 되었는데, 특히 고소득 남성과 저소득 여성이 비만이 되었다.[53]

풍요로워진 생활 덕분에 점점 더 많은 사람들이 과식을 한다. 앉아서 근무하는 사무직에 종사하면 옛날처럼 자연스럽게 운동을 하지 못하기 때문에 일부러 체육관에서나 스포츠 레저 활동을 통해 운동을 해야 한다는 의미이다. 체질량지수가 도입돼 이제는 과체중이나 비만 여부를 쉽게 알 수 있다. 더 이상 비만은 주관적인 판단이 아니라 공식적인 통계와 보건 의료 영역에서 중요한 문제가 되었다.

너무 뚱뚱하거나 너무 마른 것은 건강에 좋지 않지만, 지금까지 가장 흔하게 나타나는 문제는 비만이다. 심각하게 체중이 많이 나가거나 비만이면 당뇨병이나 심장 질환, 뇌졸중이 발생할 가능성이 높아진다. 비만은 암과 관절염, 폐질환의 발병 가능성 또한 높여 왔다. 이미 일부 보험회사들은 비만으로 인한 추가 의료 비용 때문에 비만자들에게는 높은 의료보험 할증료를 물린다. 그러나 유럽의 복지국가에서는 그 비용이 모든 납세자의 책임이다.

과체중이거나 비만이면 장점이나 이득은 하나도 없고 불리한 점만 있을 뿐이다.[54] 그렇지만 일부 페미니스트들은 뚱뚱한 사람들을 변호하고 비만자들에 대한 어떠한 사회적 배척이나 추방도 불법 차별에 해당한다고 주장하는 이데올로기 운동을 시작했다. 심지어 그들은 여성이 뚱뚱해질 권리가 있다고 주장한다.[55] 비만 연구는 새로운 연구 분야로 자리매김 했고, 학술지나 전국적인 콘퍼런스는 그 대의를 추진하고 있다.[56] 미국의 일부 변호사들은 페미니스트들의 운동에 동참하여 비만자들에 대한 차별을 금전적으로 보상받기 위해 소송을 추진하고 있다.[57] 예를 들어 그들은 뚱뚱한 사람은 덩치를 감안하여 좌석을 두 개 예약해야 한다는(그렇지 않으면 비행기에서 내리도록 하는) 항공사의 요구에 반대하면서 좌석이 더 커야 한다고 주장한다. 그들은 기업에서 직원을 채용할 때 비만자를 차별하는 고용주들에게도 반대한다. 체중이 많이 나간다고 일하는 능력이 떨어지지 않는다는 것이다. 그들은 과체중이 건강상의 문제를 일으키고 사무실이나 공장에서 사고를 유발할 수 있는 추가 위험 요인이며 때로는 고용주에게 추가 비용(적어도 더 크고 튼튼한 의자 때문에)을 안긴다는 사실을 부인한다.[58]

비만은 일부 심리치료사들의 주장과는 반대로 페미니스트적인 문제가 아니다.[59] 그것은 남녀 똑같이 건강상의 문제이다.[60] 그러한 역기능적인 운동을 페미니스트들이 지지한다는 사실은 페미니즘 운동이 그 목표를 잊은 채 논리와 사실, 이성은 전혀 고려하지 않는, 영원히 부정적인 이데올로기가 되었음을 의미한다.

비만은 적어도 건강상의 이유로 볼 때 무익하고 변호할 여지가 없다. 흡연이 다른 사람들에게 영향을 미치는 상황에서 흡연자들을 추방하는 것처럼, 비만이 다른 사람들의 활동과 행복에 영향을 미치는 상황이라면 비만을 너그럽게 봐 줄 이유는 없다. 아주 뚱뚱한 사람 옆에 앉아 장시간 비행기나 기차를 타 본 사람은 그것이 쉽게 잊을 수 없는 불쾌한 경험임을 안다. 비만자에 대한 차별은 종종 모든 사람의 인권에 의해 정당화될 수 있다. 여기서 중요한 사실은 키가 큰지 작은지, 혹은 특정 인종인지 아닌지와는 달리 비만자의 경우 뚱뚱해진 책임은 거의 언제나 본인에게 있다는 점이다. 사실 키는 사람들이 어찌할 수 없는 부분이고 특정 인종 집단에 속하는 경우도 자신의 출생을 바꿀 수는 없다. 주위에 불편을 안기고 자기 마음대로 바꿀 수 있는 조건에 '차별' 운운하는 것은 이상해 보인다.[61]

그러나 이 책에서 중요한 문제는 비만이 매력 자본에 미치는 영향이다. 비만자는 거의 언제나 매력이 없는 사람으로 간주되고 대개 동료나 친구, 연인으로서 피하려 한다는 점에서 그들은 사생활과 공적인 생활 양쪽에서 차별을 받는다. 못생긴 뚱뚱한 언니는 옷도 형편없이 입고 매력도 없지만 어쨌든 뚱뚱하다는 사실만으로도 왕자님의 주목을 받기 위한 경쟁에서 제외된다. 적어도 서양에서는 그렇다.[62] 아마 그 언니는 돈도 잘 벌지 못할 것이다.

'차별'의 개념은 차별하는 행위나 결과가 있는 상황에 너무 쉽게 적용된다. 특정 집단을 부당하게 편애하거나 의도적인 편견으로 대하는 것이 아닌데도 차별이라는 결과가 나타나는 까닭을 간단히 설명할 수 있는 경우도 많다. 또한 비만자의 경우처럼 차별하는 이유를 확고한 증거를 대며 설명할 수 있는 경우도 있다.

미소는 힘이 세다

1962년, 마릴린 먼로는 세상을 떠나기 직전에 기자인 리처드 메리먼과 인터뷰를 했다. 인터뷰에서 그녀는 열한 살이 되면서부터 주변 세상이 갑자기 변했다고 이야기했다. 그전까지는 세상의 문이 닫혀 있다고 느꼈다. 그녀는 세상 안으로 들어가지 못하고 있었다. 하지만 아름다운 아가씨가 되자 갑자기 모든 것이 문을 열었고 세상은 친절한 곳이 되었다. 매일 학교까지 4킬로미터씩 걸어간 뒤 다시 집으로 돌아올 때 세상은 그녀에게 미소 짓기 시작했고 그녀 역시 미소로 화답했다. 그로 인해 그녀가 사람들, 특히 남자들을 이해하는 방식이 달라졌고 스타덤에 오르는 길이 시작되었다.[63]

미소는 거의 모든 사람들을 매력 있는 사람으로 만들지만, 특히 여성에게 효과가 좋다.[64] 페미니즘의 정치학은 여자들이 직장과 사생활 모두에서 과거만큼 미소를 자주 사용하지 않는다고 말한다. 이제 미소는 정치적인 행동이 된 것이다. 앨리 혹실드가 항공업계의 미소 짓기를 정치와 경제로 분류하면서 많은 여성이 미소 짓기를 '감정노동', 즉 돈을 받지 않으면 하지 않고 어쩌면 돈을 받아도 하지 않을 수 있는 행동으로 간주한다. 서비스업에 종사하는 많은 직원들처럼 항공사 승무원들도 고객을 상대할 때 미소를 짓고 되도록 언제든지 공손하고 매력 있게 보여야 한다. 그러나 미국 여성들은 종종 그렇게 하지 않으려고 한다. 한 남성 고객이 여성 승무원에게 자신을 대할 때 왜 미소 짓지 않는지 묻자, 그녀는 이렇게 대답했다. "손님 먼저 미소를 보이세요." 그가 미소를 짓자, 그녀는 "이제 그 자세로 15시간을 버티세요."라고 말하며 가 버렸다.[65] 그 '해방된' 여성 승무원은 고용주가 하라는 대로 하지 않을뿐더러 무례하기까지 했다. 반대로 일본 사람들은 미소가 여성뿐 아니라 남성에게도 공적인 생활만이 아니라 사생활에서도 사회적 응결과 조화, 예의의 중요한 요소라는 것을 알고 있다.[66]

남자들은 미소를 이용하는 법을 안다. 이탈리아 총리를 지낸 언론

166

계 거물 실비오 베를루스코니만큼 오래 미소 짓는 법을 아는 사람은 없다고들 한다.[67] 돈 많고 유력자인 그는 걱정할 일이 없을 것 같지만, 그는 항상 이것저것 신경을 쓴다. 그는 공개석상에 나설 때나 정치 유세 중에도 몇 시간이고 미소를 보이려고 애쓴다. 정치인이 되려는 사람들은 미소를 짓고 쉽게 다가갈 수 있는 호감형으로 보여야 하고 실제로도 유권자들을 허물없이 대하려는 적극적인 마음가짐이 정치인이 갖추어야 할 중요한 덕목이라는 사실을 일찍이 알게 된다.

다른 직종에 종사하는 남성도 미소를 이용하여 더 수월하게 일한다. 병원 상담사나 변호사, 컨설턴트, 고위 간부, 인사 담당 부장 같은 사람들은 부하든 상사든 동료든 친구든, 자신이 이야기를 나누는 상대가 누구든 그 사람에게 미소 지어야 큰 갈등 없이 좋은 성과가 난다는 사실을 알고 있다. 종종 여자들은 너무 자주 미소를 보이면 유약하고 쉬운 사람으로 보일까 봐 걱정한다. 하지만 그러한 인상은 여성의 태도나 발언, 결정 같은 다른 면모에 의해 결정된다.

"당신 먼저 미소를 보여라."는 적대적이고 전투적이고 전혀 적절치 못한 힘 겨루기가 될 수 있다. 아름다운 사람들은 어릴 때부터 자신에게 미소를 보이는 사람들에게 익숙해졌기 때문에 쉽게 미소 짓는 법을 익히며 사람들은 그에 따라 미소로 답해 준다. 모든 사람들은 먼저 미소를 보이는 사람이 됨으로써 매력 자본을 끌어올릴 수 있으며 세상은 미소로 답해 준다. 미소는 다른 사람을 환영하고 받아들인다는 가장 보편적인 표시이다. 이 간단한 사회적 기술은 정치적, 사회적, 성적 관계나 사업에서 쉽게 간과되지만 결정적으로 중요한 역할을 한다.

미소 훈련은 고객이 먼저 직원에게 미소를 보내서는 안 된다고 생각하는 서비스 산업에서 널리 이용된다. 하지만 고도로 문명화된 일본 같은 나라에서는 모든 사람들이 특히 연장자에게 공손하게 미소 짓는 법을 배운다. 그리고 아시아 전역에 그와 동일한 훌륭한 예절이 있다. 돈 한 푼 들지 않는 미소지만 항상 효과적이다.

매력 자본이 중요하다는 생각에 반대하는 사람들은 그 자본이 순전히 유전되는 것이기 때문에 가치를 지닐 수 없고 지녀서도 안 된다고 불평한다. 그러나 지능은 대체로 타고나는 것으로 인정되지만 곧바로 가치를 부여하고 보상받는다. 미소와 훌륭한 예의범절, 사회적 기술은 물려받는 것이 아니라 누구든 발전시킬 수 있다. 실제로 매력 자본의 모든 요소들은 지능처럼 키울 수 있다. 우리는 교육을 받고 지적인 능력을 키우기 위해 개인의 비용이나 공공비용을 들여 인생의 10년이나 15년 혹은 그 이상을 투자하는 것이 현명하다고 생각한다. 매력 자본을 키우는 데 시간과 노력을 들이는 일 또한 그만큼 타당하다.

이사벨은 운이 좋아 예쁘게 태어났고 그 점이 어릴 때 그녀가 밝은 성격과 쾌활한 자신감을 형성하는 데 도움을 주었다. 그러나 살결이 흰 아이들이 흔히 그렇듯 그녀의 외모는 빠르게 시들해졌다. 어른이 되어서도 그녀가 뛰어난 외모를 유지한 것은 외모와 스타일에 시간과 노력을 투자했기 때문이다. 금발을 그대로 유지하기 위해 회갈색으로 변한 머리카락을 정기적으로 부분 염색했다. 그녀는 아주 날씬한 몸매를 유지했는데, 체격이 자그마해서 약간만 살이 쪄도 금세 눈에 띄기 때문이다. 그녀는 자신의 작은 몸매에 맞는 옷을 선택했다. 그녀가 입고 싶었던 여러 가지 스타일이 배제되어도 어쩔 수 없었다. 성인이 된 그녀의 매력 자본은 타고난 훌륭한 외모가 아니라 고된 노력과 꾸준한 관리

덕분에 생겼다. 그녀는 집에서나 일할 때 자기표현에 관심을 나타냈다. 반대로 파멜라는 노력하지 않았다. 아니 충분히 열심히 노력하지 않았다. 그녀는 눈에 띄는 외모 때문에 키 작은 언니보다 더 쉽게 돋보이거나 매력적일 수 있었다. 하지만 그녀는 결코 노력하지 않았고 미소 짓는 법도 잊어버렸다. 결국 세상은 그녀에게 미소로 답해 주지 않았다.

5 결혼시장에 등장한 매력 자본

남녀 관계는 겉으로 보이는 모습과 항상 같지는 않다. 라니아와 모하메드는 런던을 거주지로 선택한 현대적인 팔레스타인 부부지만 엄격히 구분된 역할대로 행동하고 있다. 대학을 졸업한 남편 모하메드는 돈을 번다. 그는 근무시간이 긴 전문직에 종사하고 자주 출장을 가야 한다. 하지만 재정에 대한 자신의 감독권에 간섭을 받으면 불쾌해한다. 그의 아내 라니아는 고등학교밖에 나오지 않았고 결혼하자마자 직장을 그만두었다. 결혼 전에 하던 일이 재미있었지만 직장 생활을 다시 할 계획은 전혀 없다. 라니아는 완벽한 아내이자 엄마, 우아한 안주인 역할에 전념하고 있다. 그녀는 남편에게 완전히 의지하지만 부부 관계에서 대부분의 권한을 가진 사람은 그녀인 듯하다. 새 자동차를 원하면 그녀는 곧바로 차 한 대를 뽑을 수 있다. 그리고 청소부를 불러

집안일을 모두 맡긴다. 그녀의 옷장은 대단히 크고 늘 새 옷으로 채워진다. 그녀는 아이들의 옷과 장난감을 위해서는 아낌없이 돈을 쓴다. 그래서 전기 요금을 내지 못하는 한이 있더라도 아이들의 청은 뭐든지 들어준다.

이와는 대조적으로 폴과 샬롯은 서양의 현대적인 평등주의의 전형을 보여 주는 부부이다. 두 사람 모두 고등교육을 받았고 성공적인 경력을 쌓고 있다. 남편이 직업적으로 크게 성공했고 부부가 풍요로운 생활을 즐기고 있지만, 샬롯은 계속 직장을 다니고 있다. 육아도 집안일도 부부가 모두 공동으로 분담한다. 생기발랄한 성격 덕분에 그녀는 훌륭한 안주인으로 살아간다. 하지만 명목상으로는 평등하다고 해도 샬롯은 늘 남편 그늘에서 살아가고 남편 때문에 주눅 들고 겁먹은 듯했다. 성격이 강한 폴은 친구를 선택하는 문제까지 모든 결정을 본인이 내렸다. 그리고 사람들이 보는 앞에서도 아내인 샬롯을 마음대로 짓밟았다.

이러한 대조적인 두 부부의 사례는 여성해방과 개별 소득이 부부 간의 지배 관계에 미치는 영향에 대한 모든 이의 예상을 빗겨 가는 것처럼 보인다. 일하지 않고 제대로 배우지 못한 아내가 가끔 열심히 일하고 많이 배운 직장 여성보다 부부 관계에서 더 유력할 수 있다.

여성의 지위 상승

서양의 저널리스트와 일부 학자들은 '전통적인' 전업주부나 취업을 허락받기 위한 여성의 투쟁, 여성 고용 증가에 대해 자주 이야기하지만 그들의 이야기는 오해를 일으키기에 충분하다. 반대로 전업주부의 시중을 받는 남편이 생계를 책임진다는 생각은 매우 새롭고 현대적인 개념으로 생활이 풍요로워진 결과이다. 전 세계를 통틀어 여성(그리고 일부 아동)은 들판에서 일하고 가족 사업에서도 오랜 시간 일한다. 그들은 남자들만큼 일을 하는데, 집안일과 육아를 감안한다면 남자들보다 더 많이 일하는 경우도 많다. 영국에서 1851년 당시의 여성 고용률은 1951년만큼 높았다.[1] 파트타임 일자리가 노동 통계치를 왜곡하지만, 유럽 전체에서 남성의 유급 노동시간은 평균적으로 여성보다 50퍼센트가 더 많다.[2]

'한가한' 전업주부가 되는 것은 대부분의 현대 여성에게 유토피아 같은 꿈이다. 20세기 내내 결혼은 여성에게 최고의 직업으로 제시되었다. 여성의 노동에 낮은 임금이 지급되는 점을 고려하면, 중산층에게 결혼은 종종 유일하게 훌륭한 선택이었다. 부유한 집안은 많은 지참금이나 상속재산을 제시하여 딸이 훌륭한 짝을 만날 가능성을 높일 수 있었지만, 젊은 여성들은 대부분 제인 오스틴 소설에서 잘 드러나듯이 신중한 방식으로 자신의 매력 자본을 이용하여 결혼시장에서 스스로를 광고했다. 명문가는 자기 딸이 누군가의 시선을 사로잡았으면 하는 마음에 딸자식이 결혼 적령기에 도달하는 순간, 곧바로 무도회나 파티 같은 사교 행사를 열어 딸을 가장 돋보이게 하는 드레스를 입혀 보여 주었다. 미국에서는 아들만큼 딸도 가르치는 것이 일반적이었는데, 고등학교와 대학교가 배우자를 찾는 중요한 장소로 자리 잡았으며 지금도 그리 달라진 것은 없다.[3] 유럽에서는 딸을 가르칠 가능성은 적었다. 사람들은 대체로 가장 바람직한 남편은 돈과 지위, 장래성이 있는 남자라는 사실에 동의했다. 훌륭한 외모와 쾌활한 성격은 보너스였다.

1960년대의 피임 혁명에 덧붙여 1970년대에 일어난 기회균등 혁명은 모든 것을 바꾸어 놓았다. 유럽과 북미 전역의 대학들은 젊은 여성에게 문호를 개방해야 했고 얼마 지나지 않아 여성이 직업 관련 학과에 물밀듯이 몰려든 이후에는 학위가 필요한 일자리와 전문직에도 여성이 넘쳐나기 시작했다. 이제 의사와 약사, 변호사, 중간 관리자의 절반이 여성이며, 출판, 패션, 미용 같은 특정 분야에서 여성은 우위를 차지하고 있다.[4]

결혼도 셀프 서비스

여성은 과거 어느 때보다도 자유롭게 남편을 선택할 수 있다. 실제로 이제 부모와 친척은 자녀의 선택을 이끌어 주는 미미한 역할만 하고 당사자가 알아서 데이트하고 짝을 찾고 결혼을 하는 시장이 형성되어 있다. 이제 여성은 남성만큼 배우고 때로는 남성보다 더 많이 배우며 스스로 밥벌이를 할 수 있고 대개 결혼 전과 후에도 일을 계속한다. 이러한 변화는 21세기의 데이트와 연애, 결혼에 어떠한 영향을 미쳤을까? 많은 사람들은 여성의 생계가 매력 자본에 의해 좌우될 수 있었던 때보다 오늘날 매력 자본이 훨씬 덜 중요할 것이라고 추측한다.

그리고 실제로도 그렇게 보인다. 전 세계에서 이루어진 여러 연구 결과를 살펴보면, 애인이 어떤 사람이기를 원하냐는 질문에 여성은 재력 있는 높은 지위의 남성을 선호하는 반면 남성은 매력적인 여성을 원한다고 대답했다.[5] 북미 대학생들은 지위나 매력 면에서 자신과 비슷한 수준의 파트너를 선호한다. 그들은 전통적인 교환이 아니라 평등과 유사성을 추구하는 것이다.[6] 동일한 패턴이 이미 직장 생활을 하고 있는 독일의 젊은 미혼 남녀에서도 발견된다.[7]

그러나 거의 변화가 없다고 주장하는 연구 결과도 있다. 신문에 개인 광고를 내는 남자들은 매력적인 여성을 찾는다고 자주 이야기한다. 그렇게 말하는 남성이 3분의 1인 데 비해 여성은 7명 중의 1명으로 남성의 절반도 안 된다. 바람직한 배우자상을 물어보는 설문조사에서도 남성이 훌륭한 외모에 더 관심이 많다는 사실이 밝혀졌다. 대부분의 조사 결과에 따르면 여성보다 남성이 젊음과 뛰어난 외모를 훨씬 더 강조하는 반면, 여성은 부와 지위가 있는 남성을 원한다.[8] 한편 이 모든 연구 결과는 실제 생활이나 파티 등에서 사람들이 직접 얼굴을 마주하고 만날 때 발생하는 상황과는 다소 차이가 있다.

온라인 데이트와 스피드 데이트에 대한 연구 결과를 보면, 실제 상대를 마주했을 때 일어나는 일은 남성과 여성이 선호한다고 언급했던 특징들과는 아무런 관계가 없음을 알 수 있다. 스피드 데이트는 배우자 선택 과정에서 이루어지는 최초의 '선별' 단계를 간략하게 축소한 것으로, 하룻밤에 장래의 배우자감을 20명 정도 만나 이야기할 수 있기 때문에 인기가 점점 높아지고 있다. 각 커플은 3분에서 10분 정도 이야기하다가 다음 번 상대를 만나기 위해 자리를 옮긴다. 매번의 '미니 데이트'가 끝나면 참가자들은 상대를 다시 만나고 싶은지 여부를 카드에 표시한다. 다시 만나는 일에 둘 다 관심을 보이는 커플에게만 연락을 할 수 있도록 서로의 세부사항을 제공한다.

참가자들은 스피드 데이트에서 옷차림이나 매너, 대화 스타일을 통해 자신의 최고의 모습을 보여 준다. 행사 구조상 주최 측은 참가자들의 전체적인 신체적, 사회적 매력을 평가하기가 수월하다.

실제로 여성의 성공에는 외모가 특히 중요하다. (주최 측이 독립적으로 평가한) 가장 매력 있는 여성이 남자들에게서 가장 많은 데이트 신청을 받는다. 흥미롭게도 여성이 스스로 평가한 매력의 정도는 여성 참가자가 남성 참가자를 사로잡는 데 얼마나 성공할지를 가르쳐 주는 지표로서는 믿을 만하지 않다. 여성은 자신에게 매력 자본이 많으면 바람직한 남성, 즉 돈 많고 지위가 높으면서 가족의 가치를 표현하고 남 앞에 내놓을 만한 남성을 '매수'할 수 있음을 알고 있다. 여성은 남성보다 까다로운 편으로, 남성은 언젠가는 운이 좋을 것이라는 희망 속에 많은 여성에게 구혼을 한다. 가장 매력이 없는 남성은 다른 남자들보다 두 배나 더 많이 여성에게 구혼하지만, 외모를 보충하는 다른 장점을 제공하지 않으면 여성에게 선택받지 못한다. 남녀 모두 스스로를 매력적이라고 생각할수록 더 까다로워진다. 매력 자본이 가장 높은 남성과 여성은 차후의 데이트 상대를 선택하기를 거절한다.[9]

스피드 데이트 행사와 인터넷 데이트는 파티나 공공장소에서 우연히 발생하는 선택 과정을 고도로 압축해 놓은 형태이다. 그러한 데이트 방식들은 실생활의 잠재의식 속에서 작동하거나 사람들이 인터뷰 중에 숨기고자 하는 선택 기준을 여실히 드러낸다. 결국 남자들이 뭐라고 말하든 여성의 전체적인 매력이 무엇보다도 가장 중요함을 알 수 있다. 여성은 남자를 종합적으로 평가한다. 매력적이지 않은 사람이 진전을 이루려면 남을 즐겁게 해 주려는 노력이나 의지, 재산 같은 상당한 이점으로 보완하거나 파트너의 매력 정도를 낮게 잡아야 한다. 현대사회에서 과체중이거나 비만인 여성을 용인하지 않는 현상이 만연해 있는 사실에서 알 수 있듯이, 여성에 대한 기준은 가장 높다. 역설적으로 날씬한 몸매는 많은 사람들이 비만인 나라(미국과 같은)에서는 더욱더 높게 평가받는다.[10]

이러한 사회적, 경제적 단서에 대한 여성의 반응은 순수한 성적 매력에 대한 판단을 뒤엎을 수 있다. 장래의 배우자감으로 남성의 성적 매력에만 집중해 달라고 해도 여성은 옷 입는 스타일이나 다른 단서를 통해 파악한 남자의 사회적, 경제적 지위나 학력 및 소득을 고려할 것이다. 반대로 여성의 성적 매력에 대한 남성의 판단은 여성의 몸과 얼굴, 성적 매력에만 집중된다. 그들은 성적 매력과는 관계 없는 소득이나 지위에 관한 세부 사항은 무시할 수 있으며, 대개 그렇게 한다. 이는 남자들이 여성의 매력을 평가할 때 높은 일관성을 보여 주는 주된 이유이다. 여성의 평가는 점점 더 많은 배경 정보를 얻음에 따라 달라질 수 있다.[11] 성적 매력에 대한 여성과 남성의 평가는 그다지 같지 않다. 성적 매력에 대한 남성의 판단은 매력 자본에 집중되기 때문에 변하지 않는다. 여성은 대개 매력, 인적, 경제적, 사회 자본을 종합하여 남성을 판단한다. 그래서 루퍼트 머독 같은 남자도 매력적으로 보일 수 있다.

이를 보면 여성은 아름다움과 성적 매력에 순응할 수밖에 없는 처지를 불평하는 반면, 남자들은 돈과 다른 자산에 의지하여 균형을 잡을 수 있기 때문에 다양한 외모와 스타일에도 여성에게 매력적으로 보일 수 있다는 점을 알고 있는 이유가 설명된다.

스피드 데이트의 결과는 여성의 매력 자본과 남성 경제력의 맞교환이 21세기에도 계속됨을 확인해 준다. 예전 연구 결과들을 보면 20세기에 흔히 이러한 교환이 이루어졌음을 알 수 있다. 경쟁이 심한 미국의 남녀공학 고등학교와 대학교 문화로 인해 고등학교와 대학교는 교육기관일 뿐 아니라 공공연한 결혼시장이기까지 하다. 여학생들은 인기와 사회적 성공이 학업 능력이나 학문적인 성공보다는 신체적인 매력이나 훌륭한 몸단장, 남학생 사이에서의 인기와 종종 관련되어 있음을 깨닫는다.[12] 고등학교 때 매력적이었던 여학생은 결혼할 가능성이 더 높고 보다 젊을 때 결혼할 가능성 또한 더 높다. 그리고 15년 이후에 가계소득이 더 높을 가능성도 크다.[13] 소녀와 여성들은 성공에 이르는 과정에서 두뇌와 아름다움이 똑같이 유효한 자산임을 알고 있다. 여성이 매력 자본의 이점을 거부한다는 증거는 없다. 사회적인 포부가 큰 여성은 멋진 차림새를 적극적으로 이용하여 자신의 신체적인 자산 가치를 최대화한다. 오늘날에도 여성은 남성의 재산이나 권력을 매력과 자주 교환하고 결혼을 통해 사회적으로 신분상승을 한다.[14]

미국의 심리학자 데이비드 버스가 1980년대 말에 실시한 국가별 비교 조사는 신체적 매력과 경제력의 교환이 변함없이 계속되고 있다는, 가장 널리 인용되는 증거를 제공했다. 이 연구 조사에는 5개 대륙의 37개 국가와 문화권이 포함되었는데, 각국의 도시민과 부유층, 고학력자를 위주로 이루어졌다. 조사 결과에 따르면, 오늘날에도 학력이 가장 높은 현대 여성은 경제력이 강한 남자 배우자를 선호하는 반면 남성은 신체적인 매력을 주로 추구한다는 사실이 입증되었다.[15] 연봉이 높은 고학력 여성도 부유하고 성공한 배우자를 원하며 소득이 적은 남성에게 '낮춰' 결혼하는 일은 (남성과는 달리) 고려하지 않으려 한다.[16] 실제로 그런 결혼을 하면 다른 경우보다 더 많은 문제에 직면할 수 있다.[17] 심지어 오늘날에도 대부분의 여성은 자신의 목표가 변함없이 소득이 더 많은 남자와 결혼하는 것이었다고 인정하며, 대부분 자신의 목표를 달성한다.[18]

전문직과 관리직에 종사하는 남성들 중에 가장 신분이 상승한 남성들은 대개 아내가 직장에 다니지 않는 전업주부이다.[19] 달리 말하면 모든 집안일과 가사를 돌보는 아내를 둔 남편이 아내의 직장 생활이 편해지도록 양보해야 하는 맞벌이 남자들보다 신분이 상승하고 소득이 더 많을 가능성이 높다는 얘기이다. 자기 직업이 없는 아내는 매력 자본을 이용하여 남편의 직장 생활을 자유롭게 돕는다. 물론 그런 아내들은 (외교관이나 정치인, 고위 경영자의 아내를 통해 알 수 있듯이) 자신의 매력 자본을 충분히 키울 수 있는 시간적인 여유가 있을 뿐 아니라 남편이 육아나 요리, 청소를 분담할 필요 없이 자신의 일과 경력에 전적으로 집중할 수 있게 하는 효율적인 분업의 이점 또한 키울 수 있다.[20]

따라서 여자들은 노동시장 대신 결혼시장을 통해, 혹은 노동시장과 결혼시장을 통해 사회적인 신분 상승을 이루는 데 매력 자본을 이용할 수 있다. 스웨덴 출신의 아름다운 모델 엘린 노르데그렌이 단적인 예이다. 그녀는 모델 일로도 많은 돈을 벌었지만, 세계적인 골프 스타 타이거 우즈와 결혼해 더 많은 부와 명성, 사회적 지위를 달성했다. 몸값이 5억 달러로 추정되던 타이거 우즈는 운동선수로는 최초로 대회 상금과 후원 계약으로 총 10억 달러를 벌어들였다고 한다. 엘린 노르데그렌은 2010년 타이거 우즈의 외도가 밝혀지면서 결혼 생활이 끝날 때 1억 달러의 위자료를 받은 것으로 보도되었다. 실제로 축구 선수나 다른 스포츠 스타와 결혼하는 여성은 극소수지만, 많은 여성들이 그러한 결혼을 열망한다.

영국의 백만장자 중에는 남자보다 여자가 더 많다. 자신의 노력으로 부자가 된 여성이 있는 반면, 결혼을 잘한 덕에 부유한 미망인이나 이혼녀가 된 여성도 있다. 결혼시장은 기회균등 혁명으로 여성에게 노동시장이 개방된 이후에도 오래도록 사회적 상승의 방법으로 여전히 남아 있다. 두 가지 방법 모두 현대사회에서 여성이 사회적 지위와 부를 얻는 데 똑같이 중요할 수 있다는 증거는 많다.[21] 따라서 21세기에 들어선 지금, 여성의 매력 자본의 가치는 인생에서 좋은 것을 손에 넣는 수단으로서 여성의 인적 자본이 지닌 가치와 거의 같다고 말할 수 있다. 이러한 결과를 보면 10대와 젊은 여성들이 교육이나 성격, 지능보다 훌륭한 외모를 통해 인생에서 좋은 것을 얻을 수 있다고 믿는 이유와 그들이 외모를 가꾸기 위해 성형수술까지 고려하는 이유 또한 이해가 된다.[22]

온라인 데이트 사이트는 애인을 구하는 사람들에게 투명한 만남의 장소를 제공하고 누군가를 만나는 현대적인 방법이 되어 가고 있다. 페이스북은 부분적으로는 소셜 네트워킹 서비스와 구혼 및 데이트 사이트를 결합했기 때문에 인기를 얻었다. 프로필에는 사진을 올리고 애인이 있는지 여부와 자신이 어떤 점을 원하는지 적었다. 이는 풍문에 의존하는 것보다 효율적이었다. 모든 연구 결과가 확인한 가장 확실한 통념 중의 하나는 뚱뚱하거나 비만인 사람들은 그 사람이 지닌 다른 장점과 상관없이 매력적이지 않다고 여겨진다는 사실이다. 취향이 다르다는 점을 고려하면 설문조사에 실린 매력 평가에 의심을 품는 사람들이 있을 수도 있는 데 반해, 체질량지수를 이용하여 키까지 고려하면 몸의 치수와 체중에 대해서는 불확실한 것이 거의 없다. 일부 데이트 사이트에서는 뚱뚱하고 매력 없는 사람은 모두 제외한다고 명확히 밝힌다. 훌륭한 외모와 정상적인 체중의 교환가치는 명백하다. 미국에서는 비만인 백인 여성이 결혼할 가능성이 더 낮고 결혼을 하더라도 돈을 잘 벌지 못하는 남편을 만난다. 따라서 그러한 여성들은 체중이 정상인 여성들보다 소득이 낮다.[23] (이는 흑인 여성에게는 해당되지 않는다. 흑인 사회에서는 덩치 큰 몸이 문화적으로 용인되기 때문이다.)

미국과 비슷하게 영국에서도 뚱뚱한 여성들은 결혼할 가능성이 더 낮고 결혼을 해도 소득이 낮은 남자와 할 가능성이 크다. 따라서 그들 역시 낮은 소득으로 살아간다.[24] 또한 비만인 사람들은 모든 노동자의 평균보다 14퍼센트 정도 적은 소득을 올린다. 그 불이익은 전문 직종에서 훨씬 더 커질 수 있다. 남성은 39퍼센트가 적고 여성은 19퍼센트가 적다.(표 4 참조) 매력적이지 않은 남성과 뚱뚱한 여성이 급료에서 가장 큰 불이익을 안는다.[25] 따라서 뚱뚱한 여성은 결혼시장뿐 아니라 노동시장에서도 제대로 대우받지 못한다. 반대로 큰 키와 매력은 남성의 경우에 특히 결혼 기회를 높여 준다.[26]

매력 자본은 특히 섹슈얼리티와 관련하여 연인 관계에 있는 남녀 간의 협상에 영향을 미친다.[27] 이 주장은 대다수를 차지하는 이성애 커플을 중심으로 제시되지만, 커플 중 한 명이 성적으로 더 매력적이거나 훨씬 어린 동성애 커플에도 똑같이 적용된다. 나중에 동성애 커플의 독특한 특징을 살펴볼 텐데, 이들에게는 성적 매력이 훨씬 더 중요하다.

일부 심리학자들은 섹슈얼리티에 대한 협상과 흥정이 결혼 전에만, 다시 말하면 거래가 체결되기 전에만 발생한다고 주장한다.[28] 그러나 성적 접촉은 결혼 생활 내내 여전히 협상(과 때로는 격렬한 의견 충돌)의 중심 주제가 된다. 여성의 성욕이 줄어들기 때문에 시간이 지남에 따라 협상은 오히려 더 극단적인 방향으로 이루어진다. '성 경제학'[29]은 연애 중인 커플뿐 아니라 결혼한 커플에도 적용되지만 동성애 커플에게는 적용되지 않는 듯한데, 이 내용은 조금 뒤에 다룰 것이다.

어떻게 보면 사회과학자들이 그토록 오랫동안 남녀 관계에서 성적 요인을 무시해 왔다는 사실이 놀랍다. 어쩌면 성적 요인이 학자들 본인의 인생에서는 중요하지 않기 때문일 수도 있다. 현재의 연구는 커플 내의 평등과 권력 관계를 평가하기 위해 파트너 간의 경제 자본을 비교하는 작업에 집중되어 있다. 유럽의 아내들은 여전히 보조적인 소득자로서(스칸디나비아 반도에서도) 평균적으로 가계소득의 3분의 1을 책임지고 있다. 따라서 남편들은 대략 아내보다 두 배 정도 더 벌고 때로는 소득 전체를 책임진다.[30] 특히 페미니스트들은 그 수치를 가정에서의 남성 지배와 '성 불평등'을 보여 주는 것으로 종종 해석한다. 이러한 주장을 입증하는 증거는 거의 없다.[31] 반대로 남녀 관계에 대한 연구와 부부 상담사들이 쓴 책들은 돈이 아니라 성적 접촉이 대개 아내의 주요한 협상 자산이라고 지적한다. 아내는 배우자를 설득하여 협력을 얻어내기 위해 섹스를 제공하거나 허락하지 않는다.[32] 이러한 전략은 남편들이 거의 언제나 아내보다 섹스를 더 많이 원하고 상업적인 성 산업이 지탄의 대상이 되기 때문에 효과적이다. 성적 관심의 이러한 불균형은 결혼 치료사나 상담사, 잡지의 상담란에 올라오는 가장 흔한 문제들 중의 하나이다.[33] 따라서 학자들이 커플 내의 권력 관계와 협상을 연구하면서 이 문제를 그토록 오랫동안 즐겁게 무시해 왔다는 사실에 고개가 갸우뚱해진다.[34]

태국이나 중국, 필리핀 등지의 신부와 미국 남성 간의 서신 국제결혼을 통해 부부 간의 권력이 어디서 생기는지 조사한 적이 있었다. 대체로 남자들은 남편이 혼자 돈을 벌고 아내는 전업주부로 생활하는 완벽한 분업을 선호했기 때문에 동아시아 지역의 신부를 원했다. 그들은 모두 미국 여성이 너무 '페미니스트적'이어서 이러한 분업을 받아들이지 못할 것이라고 믿었다. 페미니스트들은 이러한 국제결혼을 아내를 착취하는 노예제라고 설명한다. 반대로 자기 가족과 멀리 떨어져 외국에서 살아야 하는 불이익을 당하는, 이 일하지 않는 아내들은 자기 취향에 맞는 남편을 고르는 자유를 누렸다고 생각하고 협상 권한에서 남편과 아주 동등하게 행동한다. 남자들은 이 사실을 후회하듯 이야기한다.[35] 대체로 이렇게 국경과 문화를 초월하여 이루어진 결혼에는 모험을 즐길 뿐 아니라 매력적이기까지 한(그리고 종종 고등교육까지 받은) 여성이 등장하는데, 이들은 자신을 존중하고 배려하는 마음으로 대하

면서 자신을 지지해 줄 부유한 배우자를 찾고 있다.[36]

매력적인 아내는 더 나은 결혼 생활을 보장한다. 비슷한 것끼리 비교하기 위해 교육과 소득을 배제했을 때 아내가 남편보다 더 매력적인 커플이 서로를 더 도와주고 더 적극적으로 서로를 대한다. 실제로 부부 관계는 남편이 아내보다 매력적일 때 더 형편없어 보인다.[37] 남편이 아내보다 키가 커야 하는 관습은 배우자보다 매력적이어야 하는 아내들에 의해 확장된 듯하다.

불륜이 드러내는 매력 자본의 교환가치

자기 회사를 운영하는 사만다의 남편은 오랜 시간을 일하고 유럽 전역에 출장을 다니느라 몇 주씩 집을 비우는 일이 잦았다. 그녀는 멀리 출장을 간 남편이 밤에 호텔 술집에서 만난 콜걸이나 다른 여자들과 즐기지는 않는지 의심했다. 그러나 이 문제를 심각하게 생각하지는 않았는데, 이미 몇 해 전부터 남편과의 관계에서 섹스는 중요하지 않았기 때문이다. 그러나 이웃 남자 때문에 그녀 자신이 바람을 피울 수도 있겠다는 생각이 들었다. 이웃에 사는 마크의 아내는 뇌졸중으로 갑자기 세상을 떠났다. 혼자 지내는 데 익숙하지 않았던 그는 친구가 필요했다. 그래서 사만다의 남편이 출장을 갈 때 두 사람이 점심이나 저녁을 같이 먹는 것은 꽤나 자연스럽게 보였다. 그러던 어느 날, 마크가 그녀를 팔로 감싸더니 원한다면 조금 더 관계를 진전시키면 어떻겠냐고 물었다. 사만다는 마크가 조금도 매력적이라고 생각하지 않았고 그를 그저 좋은 (그리고 외로운) 친구로만 생각했다.

그 사건 이후 그녀는 곰곰이 생각했다. 애인을 사귈 수도 있겠지만 애인은 젊고 탄탄한 몸매에 매력적이고 생기 있고 쾌활하고 섹시해야 한다고 생각했다. 필요하다면 그녀가 사 줄 수도 있기 때문에 옷은 그 다지 중요하지 않았다. 하지만 그녀는 아무리 다정하다고 해도 나이 많고 지쳐 있고 몸매도 별로인 마크 같은 남자와 불장난을 하는 데는 관심이 없었다. 모험이라면 그보다는 훨씬 즐거워야 했다. 결국 그녀는 기혼자 간의 교제를 전문으로 하는 데이트 사이트를 찾아냈고 완전히 새로운 세상을 발견했다. 그들 중에는 상당히 젊은 사람들도 있었다. 그러던 중에 연하의 애인을 만날 수 있는 사이트도 알게 되었고 그 사이트는 훨씬 더 흥미로웠다. 그녀는 자신이 기혼인 데다가 경제적으로도 매우 안정된 덕분에 더 많이 모험을 즐길 수 있고 아무 생각 없이 애인을 선택할 수 있음을 깨달았다. 그녀는 상당히 에로틱한 무일푼의 외국 학생을 택했고 이 젊은 남자 친구에게 많은 돈을 썼다. 그렇지 않았다면 그녀는 나이 든 애인을 선택하여 스스로 망가질 뻔했다.

불륜은 정상적인 데이트나 결혼시장보다 분명하게 매력 자본의 가치를 드러내기 때문에 특별히 흥미롭다.[38] 수요와 공급의 법칙과 남성의 섹스 결핍을 고려하면 불륜의 수혜자는 주로 매력적인 여성들이다. 하지만 매력적인 젊은 남성 또한 정정당당하게 게임을 할 수 있다.

온라인 데이트 사이트를 통해 불륜을 저지르려는 기혼 남녀에 대한 한 연구 조사는 특히 여성의 '에로틱 파워'가 불륜의 성패에 결정적인 요인이라고 결론 내렸다.[39] 이 사이트의 회원에는 남자가 여자보다 적어도 10배는 더 많기 때문에 여성은 만날 상대를 고를 때 아주 유리하다. 그러나 많은 여성 회원들이 매력적이지 않았는데, 뚱뚱하고 촌스러운 여성이 자신을 《펜트하우스》잡지에 나올 법한 미인으로 소개한 데 대한 불만이 가장 많이 제기되었다. 따라서 진짜로 매력적인 여성은 공급이 크게 부족한 편이라 그들에게는 만날 상대에 대한 규칙을 정할 수 있는 권한을 부여했다.

남자들은 이렇게 일상적인 데이트 규칙이 역전되어 여성에 대한 남성의 지배력을 빼앗기고 누구를, 언제, 어디서 만날지에 대한 최종 선택권을 잃은 상황에 분개했다. 남자들은 자신들이 늘 여성을 이용한다는 사실은 무시하고 여성이 남자를 "이용해 먹고 착취한다."라고 불평했다.[40] 반대로 그 여성들은 자신이 인기가 있고 주도권을 잡았으며 자신의 매력 자본을 이용하여 원하는 것을 얻을 수 있다는 사실을 깨닫고 엄청난 자신감과 행복을 느꼈다.[41]

온라인 데이트 사이트들은 독신용 술집이나 클럽에서의 우연한 만남보다는 투명한 만남의 장소를 제공한다. 기혼 데이트 사이트는 매력 자본의 교환가치를 가장 명확하게 드러내는데, 일시적인 불륜 관계에서는 여성마저도 오랜 남녀 관계에서 데이트를 규정하는 눈에 보이지 않는 요인들(종교나 인종집단, 학력, 사회적 지위, 연령 등)을 제쳐 놓을 수 있기 때문이다.

불륜은 세계 어디서나 일어난다. 불륜은 일부일처제뿐 아니라 일부다처제, 일처다부제인 사회에서도 발생한다. 불륜의 빈도는 사회가 번창하면서 증가한다. 저항하기 힘들 정도로 매력적인 팜므 파탈 이야기는 신구를 막론한 전 세계 거의 모든 문화에 존재하며 부적절하거나 문제 있는 결혼뿐 아니라 불륜을 설명하는 데도 이용된다.[42]

일부 문화와 직업에서 불륜은 예외적인 일이 아니다. 물론 부정과 금단이 불러일으키는 흥분을 상실할 정도로 지극히 일상적인 일도 결코 아니다. 불륜의 행동과 게임의 규칙에는 관례가 있다.[43] 이러한 관례는 항상 경제 자본과 매력 자본의 교환을 나타낸다. 성행위에 대한 답례로 일종의 선물을 주는 행위 또한 흔히 볼 수 있다. 프랑스에서 불륜은 '작은 모험'으로 알려져 있고 하나의 예술 행위이다. 프랑스 남자는 될 수 있는 대로 불륜을 우아하고 아름다운 연애로 미화하기 위해 시간과 돈, 노력을 들이고 싶어 한다. 매력적인 식당에서 식사를 함께 하거나 선물을 주고 주말에 로맨틱한 곳으로 둘만의 여행을 떠나고 싶어 한다. 불륜은 연애의 낭만을 다시 불러일으켜야 한다. 프랑스 여성은 아름답게 치장하고 나타나 매력적인 유혹녀 역할을 해 줌으로써 똑같이 반응한다. 여기서 신중함은 절대 규칙이다. 어느 쪽도 불륜을 실토해서는 안 되고 만약 발각될 경우에는 모든 것을 부인해야 한다. 그리고 어쨌든 완벽한 비밀을 보장하기 위해 조치를 취해야 한다.[44] 실제로 불륜을 의심하는 배우자는 그 사실을 무시할 것이다. 불륜은 대개 금방 끝나기 때문에 공연한 소란을 일으키면 우아하게 보이지 않을 것이다.

늘 그렇듯이 여성은 에로틱한 매력 때문에 선택되고 남자들은 자신의 매력 자본을 충분한 자금으로 보충하여 잘 대접해야 한다. 뛰어나게 건강한 몸매로 지중해 클럽 같은 휴양 리조트에서 근무하는 젊은 남자들만은 예외이다. 이들은 모든 호텔 손님을 정기적으로 만나는 테니스, 스쿠버다이빙 강사나 직원들이다. 휴가 중의 흥미진진한 일탈을 꿈꾸는 여성 손님들이 그런 젊은 남자들을 만만한 상대로, 심지어는 서비스의 일부분으로 여긴다는 이야기는 여기저기서 들려온다. 어리고 매력

1992년 1월까지 45세 이하의 동거 남녀 중에 섹스 파트너가 2명 이상인 남녀의 비율

	커플로 함께 산 기간		
	0-2년	5-10년	15년 이상
초혼			
파트너가 2명 이상인 남성			
지난해	8	7	7
지난 5년 이내		21	21
파트너가 2명 이상인 여성			
지난해	2	2	5
지난 5년 이내		14	17
재혼			
파트너가 2명 이상인 남성			
지난해	10	7	6
지난 5년 이내		25	19
파트너가 2명 이상인 여성			
지난해	3	4	2
지난 5년 이내		12	13

자료: Bajos and others(1998)

적이고 팔팔한 남자를 여성이 유혹하는 경우가 가끔 있다.[45]

불륜을 삶의 사치품 가운데 하나로 간주하는 문화에서도 남녀의 성욕 차이가 다른 문화에서만큼 두드러지는 점은 주목할 만하다. 아내는 7명 중에 1명이 바람을 피우는 데 비해 남편은 25퍼센트가 바람을 피운다. 프랑스 남성은 프랑스 여성보다 두 배에서 네 배까지 더 불륜을 저지른다.[46] 다른 지역의 연구 결과와 비슷하게 불륜은 대개 결혼을 하거나 동거를 시작한 지 4~5년 뒤에 시작되고[47] 초혼이든 재혼이든 차이는 없다.(표 3)

　　기혼자들 간의 인터넷 데이트에 대한 연구 결과를 보면, 여성이 자신의 매력 자본을 완벽히 파악하고 그것을 이용하려 애쓰는 경우는 극히 드물다는 사실을 알 수 있다. 그러한 연구 결과들은 자신의 이점을 이용하는 여성에게 남자들이 자주 화를 내고 그러한 행동이 부당하다거나 부도덕하다고 지적함으로써 여성의 평판을 떨어뜨리려고 한다는 사실도 보여 준다.[48] 실제로 남자들은 사적인 관계에 대한 지배력을 제한하는 상황을 받아들이려 하지 않는다. 이러한 상황이 명백해지는 경우에는 특히 그러하다. 흥미롭게도 데이트와 연애 게임에서 여성의 이점을 완벽하게 인정하는 학자들도 여성이 남성의 성 의존을 '미끼로 삼을' 수 있다는 생각에 불안감을 표시한다.[49] 남성이 재산이나 지위에 기반을 둔 이점을 이용하는 것은 인정해도, 매력 자본의 이점을 이용하는 여성을 막기 위해서는 규칙까지 만들었다.

매력 자본은 성생활에 어떤 영향을 미칠까?

　　매력 자본은 사람들의 성생활에 어떻게 영향을 미칠까? 연구 조사를 보면, 사람들은 매력과 섹슈얼리티를 연관 짓기 때문에 외모가 뛰어난 여성과 남성은 다정하고 성적으로 적극적이며 대담하고 실험적인 사람으로 여겨진다.[50] 매력적인 사람들은 실제로 더욱 활발하고 나은 성생활을 하는 것처럼 보이는데, 여성과 남성의 차이가 딱 한 가지 있다. 남자들은 자신이 유혹한 무수한 연애 상대자를 떠벌리는 반면 여성은 자신의 상대에 대해 신중하게 침묵한다. 이는 성에 대한 이중 잣대가 여전히 존재한다는 의미이다. 21세기에도 젊은 여성은 젊은 남성보다 섹스 파트너가 더 적다고 이야기한다.

중요한 요인은 기회인 듯하다. 아름다운 젊은 남성과 여성은 더 많은 제안을 받고 더 일찍 초대받기 시작하고 성 경험의 기회가 더 많고 압력 또한 크다. 그 결과 외모가 뛰어난 남성과 여성은 일반적으로 더 일찍 첫 성 경험을 한다. 이는 성 혁명 이전에도 그랬다. 1960년대에 매력적인 대학생 중 절반 이상이 성 경험을 한 상태였던 데 비해 평범하고 보통 외모인 여성은 3분의 1만이 성 경험이 있었다.[51] 그때 이후로 첫 성 경험의 평균 연령이 떨어졌기 때문에 이러한 차이는 커졌다.[52] 성 활동은 점점 양극화되어 가고 있다.

따라서 아름다운 여성(그리고 정도는 덜하지만 남성 역시)은 매력적이지 않은 여성보다 성 경험이 많고 더 다양한 활동을 시도했으며 섹스와 성적 표현에 더욱 대범한 태도를 보인다. 또한 남성은 많은 수의 섹스 파트너를 인정하는 데 비해 여성은 그렇지 않다. 평균적으로 아름답고 잘생긴 사람들은 매력적이지 않은 성인보다 두 배 정도 데이트 경험이 많다.[53] 이러한 경향은 제3자가 매력을 평가하든 본인이 평가하든 관계없이 나타나기 때문에 매우 확실하고 믿을 수 있다.

성도덕 또한 외모에 영향을 받는다. 두 사람의 외모가 모두 뛰어난 경우보다 커플 중의 한 사람이 평범하게 생겼거나 못생겼을 경우에 질투가 더 심하게 나타나는 경향이 있다. 여하튼 아름다운 애인은 파트너가 다른 데로 관심을 돌리는 이유를 설명하는 데 도움이 된다.[54]

불륜을 못마땅해하는 미국 같은 나라에서는 부부 관계가 어떤 면에서 '불공평'하다는 느낌이 불륜을 정당화할 수도 있다. 결혼이 공정하다고 믿거나 자신이 결혼이라는 계약으로부터 배우자보다 더 많은 이득을 얻는다고 믿는 미국인들은 불륜을 거의 저지르지 않는다. 불륜은 결혼 초기에 시작되고 자신이 형편없는 떨이를 샀다고 생각하거나 어떤 면에서는 속았다고 생각하는 배우자에게서 많이 발생한다.[55] 일부 남편들은 아내가 외모와 옷맵시를 유지하지 못했다는 점을 들먹이며 불륜을 정당화한다. 아내의 매력 자본이 급격히 떨어졌다는 사실을 자신이 더 매력적인 여성과 시간을 보낸 행동을 설명하는 데 이용한다.[56] 섹스리스 부부가 늘어나는 점도 부당한 거래에 대한 불만의 또 다른 원인이다. 프랑스나 스페인처럼 불륜을 용인하는 나라에서는 기회와 생활 방식의 가치가 어떠한 불만보다도 중요해 보인다.

게이샤와 동성애자의 매력 자본

매력 자본의 가치와 표현은 성문화와 환경마다 다르다.[57] 어떤 문화는 섹슈얼리티와 불장난 같은 연애, 성적 매력 과시를 억누르는데, 스웨덴이 대표적인 예이다. 한편 성적 매력과 시시덕거리는 행동, 섹슈얼리티를 공개적으로 표시하도록 적극적으로 조장하는 문화도 있다. 교묘한 칭찬은 스페인과 라틴 국가 국민들의 소일거리이다. 이탈리아와 브라질에서는 미인 대회가 인기 있는데, 아름다운 몸매와 신체의 건강미에 관심을 집중한다. 여러 문화와 인종이 함께 사는 대도시에서는 밀접하게 공존하는 다양한 성문화를 동시에 표현할 수 있다. 런던이 그러한 예인데, 런던의 중고등학교 학생들이 집에서 부모와 쓰는 언어는

70개가 넘는다.[58] 사회적인 다양성이 큰 환경에서는 다른 모든 것과 마찬가지로 섹슈얼리티와 여성의 매력 자본에 대한 문화적 가치가 충돌하는 일이 늘 발생한다.

동성애 여성과 동성애 남성은 섹슈얼리티에 대한 대중 토론과 성적 표현을 다룬 사회과학의 연구 보고서에 지나칠 정도로 많이 등장한다.[59] 이해할 수 있는 일이다. 사람들이 이러한 이슈와 그들의 차이가 미치는 영향을 이해하는 데 특별히 관심을 보이기 때문이다. 하지만 결과적으로 95퍼센트에 달하는 대다수 평범한 이성애 남녀의 의견은 종종 묻히고 만다. 더욱 중요하게는 사회적, 성적 행동을 설명하기 위해 제공하는 이론들이 비전형적인 사람들을 지나칠 정도로 강조함에 따라 왜곡될 수도 있다.

북미 학자들은 동성애 성문화에서 섹슈얼리티와 성적 매력이 결정적으로 중요하다는 점을 고려하여 섹슈얼리티와 성적 매력만을 전적으로 언급하기 위해 매력 자본과 성적 자본을 번갈아 사용했다.[60] 이성애자인 대다수에 초점을 두기 위해 나는 매력 자본을 더욱 폭넓게 정의하여 사회적 매력과 사회적 기술을 포함시켰다. 매력 자본은 성 시장만이 아니라 노동시장을 포함한 모든 사회적 관계와 상황에서 가치를 지닌다. 매력 자본은 성적 매력과 섹슈얼리티보다 훨씬 더 많은 것을 포함한다.

동성애자가 아니더라도 종종 여성은 놀라울 정도로 아름답거나 옷을 잘 입거나 매력적인 다른 여성을 감탄하며 바라본다. 동성애자가 아니더라도 남성 역시 검게 그을리고 깎아 놓은 듯한 몸매나 잘생긴 얼굴, 품위 있는 사교 매너를 지닌 다른 남성을 감탄하며 바라본다. 아름다음과 마찬가지로 매력 자본은 지위의 상징이다. 그것은 어떤 사회에서든 공급이 부족한 소중한 상품이기 때문에 사치품이라 할 수 있다.[61] 사람들은 타고나기를 아름다운 사람에게 끌리는 성향이 있다. 그리고 이러한 성향은 성욕이나 에로틱한 욕구가 없더라도 아주 아름다운 사람들과의 사회적 상호관계에 영향을 미친다. '성적 자본'이라는 협의의 용어는 동성애자의 성적 만남과 욕구에 대한 연구에 적용하고, 내가 정의한 '매력 자본'이라는 개념은 이 제4의 개인 자산이 대부분의 경제적, 사회적 상호작용 상태와 권력 구조를 바꾸어 놓는 방식에 대한 폭넓은 연구에 적용하는 것이 합당해 보인다.

실제로 성적 자본은 매력 자본의 두 번째 요소인 성적 매력을 말한다. 매력 자본은 성적 매력으로만 국한되지 않으며 경제적, 문화적, 사회 자본으로 전환될 수 있는 가능성이 훨씬 더 크다.[62] 사회성과 사회적 기술은 매력 자본과 이성애 문화의 중심이다. 이 사항은 파트너를 찾기 위해 돌아다니는 동성애자의 행동과 게이샤의 역할에서 나타나는 대조적인 차이로 설명할 수 있다. 주위에 아무도 없는 한밤중에 런던의 공원에서 섹스 파트너를 물색하고 다니는 행동은 결국 전적으로 말이 없는 짝 찾기이다. 말을 하는 것은 결국 거절한다는 의미이다. 의사소통은 세 가지 주요한 메시지, 즉 '관심 있다.', '미안하지만 싫다.', '나를 따라오라.'를 위한 수화와 몸동작으로 국한된다. 구애를 위한 행동이나 유혹하는 과정, 시시덕거리는 행동은 전혀 보이지 않는다. 사회성은 전혀 필요 없다. 어둠 속에서 서로를 거의 볼 수 없다는 점이 이 만남의 주요한 매력 중의 하나이다. 나이가 많고 못생기고 건강치 못한 사람들도 이러한 상황에서는 운이 좋을 수 있다. 여기서 옷맵시나 외모는 동성애자들이 평소에 애인을 물색하는 곳에서만큼 크게 중요하지 않다. 동성애자들의 이러한 어슬렁거림은 극단적인 예지만, 조명이 훨씬 괜찮은 동성애 목욕탕에서의 만남도 비슷한 특징을 띤다. 외모와 매력적인 몸매가 무엇보다도 강조되기 때문에 사회성은 무시되고 아예 있지도 않다. 동성애 목욕탕에서 남자들은 수건만 걸치기 때문에 사회 계층이나 경제적 지위를 표시해 주는 것은 거의 없다.[63]

이성애자들의 평범한 만남의 장소에는 이렇게 성에만 집중하는 짝 찾기 같은 것은 없다. 사창가조차도 이토록 노골적인 방식으로 기능하지는 않는다. 매춘부들은 약간의 사회적 기술과 쾌활함, 매력과 우아함을 고객에게 보여 주고 옷을 잘 입고 약간의 감정노동을 해야 한다. 일반 사람들은 출입 제한도 없고 문지기도 없고 오직 욕정만이 유일한 언어인 곳에서 생판 모르는 사람과 아무런 감정 교류 없이 즉석에서 맹목적으로 섹스 파트너를 만나는 일은 좀처럼 하지 않는다.[64] 앞서 언급한 성적 만남을 설명하는 이론들은 돈과 사회적 지위가 정기적으로 매력 자본과 교환되는 이성애 집단의 욕구와 만남, 연애, 애인관계를 완벽히 설명하는 데는 전적으로 부적절할 것이다.

반대로 게이샤는 섹스를 제외한 모든 것에 관계한다. 단골손님이나 고객들은 식당에서 열리는 파티를 위해 다방면에 걸친 예능인이자 접대부, 파티 걸, 장식용 여성으로 게이샤를 고용한다. 게이샤는 춤을 추고 음악을 연주하고 노래를 부르고 대화를 나눈다. 그리고 손님들을 상대로 시시덕거리며 여성의 갈망의 대상이 되고 있다는 느낌을 준다. 게이샤는 대개 자신의 환심을 사려고 애를 써 온 손님들 중에 특별히 독점적인 서비스를 원하고 그 특권을 누리는 데 두둑하게 돈을 치르는 단골손님하고만 정을 통한다. 게이샤의 기술은 예술적이고 사교적이다. 게이샤는 입는 옷과 외모 덕분에 아주 아름답고 우아한 예술 작품이 된다. 그 자체로 호화스러운 결과물이 되는 것이다. 만약 성관계가 가능하다면, 전통적으로 2~4시간에 걸쳐 여흥이 이루어지는 자리에서 정교한 구애 의식을 펼친 뒤에 성사된다. 게이샤와 단골손님은 그런 일이 있기 전에 대개 서로를 알고 지낸다. 보통 게이샤는 에로틱한 여흥과 접대, 야릇함과 욕망을 파는 것이지 순수하게 섹스만을 팔지 않는다. 많은 이성애 남성들에게 이런 것들은 물리적인 성관계만큼이나 중요할 수 있으며 바로 그것 때문에 현대에도 게이샤 같은 존재가 여전히 많다.[65]

실제로 게이샤나 창녀 또는 현대적인 의미의 창녀 등은 성관계의 요소가 있든 없든 매력 자본을 완비된 패키지 형태로 판매한다. 반대로 동성애 하위문화는 성적 매력과 성 활동에 거의 전적으로 초점을 맞추는 경향이 있다. 이는 아주 중요한 차이이기 때문에 이성애 문화와 동성애 문화는 같은 주제하의 사소한 차이가 아니라 완전히 분리된 존재로 다루어야 하는데, 섹슈얼리티에 대한 연구에서 이 점을 자주 간과하는 경향이 있다.

물론 일상생활에서는 동성애자와 이성애자 간에 뚜렷한 차이가 없다. 직장에서 만난 동료의 성적 관심사에 대해 아는 경우는 거의 없다. 개인적인 문제이기 때문이다. 공적 영역에서의 행동규칙은 사생활의 규범에서 상당히 동떨어져 있다.

매력 자본은 언제 어디서나 장점이자 자산으로 간주되어 왔다. 사회가 풍요로워질수록 더 많은 사람들이 자신의 외모에 투자하거나 유능하면서 미적으로도 즐거움을 주는 배우자를 선택해서 매력 자본을 갖출 수 있다.

매력 자본에 대한 이론은 데이트와 짝짓기, 결혼시장에 적용할 수 있다. 사회학자들은 가장 쉽게 측정할 수 있는 교육이나 출신 계급, 연령, 신장, 종교 같은 요인에서 부부가 얼마나 잘 어울리는지 측정하는 데 노력을 기울여 왔다. 그러나 짝짓기와 결혼에 대한 연구 결과를 보면, 남성이 여성의 훌륭한 외모나 성적 매력을 자신의 경제력과 교환한다는 사실을 알 수 있다. 심리학자들은[66] 이 교환을 인정하지만 사회학자들은 체계적으로 묵살한다.

어쨌든 사회과학만이 매력 자본에 어떠한 역할이라도 부여한다. 선호이론은 여성의 지위 획득에 결혼시장이 노동시장만큼 여전히 중요하다고 주장한다.[67] 이 이론에 따르면 현대의 결혼에서 여성의 신체적인 매력과 학력이 똑같이 유의미하며 매력 자본은 성공적인 결혼을 추구하는 여성이 제공하는 네 가지 독립된 역할 또는 기능 중의 하나로 간주된다. 여성은 출산, 육아, 가사, 집안일, 소비, 여가 활동, 사회적 관계를 전문적으로 관리하며 그 자체로 사치 소비재의 역할까지 맡는다. '트로피 아내(혹은 애인)'는 아름다운 외모의 능숙한 성적 파트너이고 장식용의 매력적인 동반자이자 그 자체로 사회적인 신분의 상징이다.[68] 사회가 풍요로워질수록 더 많은 사람들에게 그런 동반자를 둘 여유가 생긴다.

에로틱 파워의 중요성은 현대의 셀프 서비스식 짝짓기 시장에서 크게 증가했다. 부모나 가족이 합당한 배우자를 선택하던 시대에는 경제, 사회 자본에 비해 매력 자본의 가치를 무시할 수 있었다. 고야가 1792년에 그린 「결혼식」에서 알 수 있듯이, 당시 부모들은 못생겼거나 나이가 많은 남자라도 돈이 많거나 유력자이면 아름답고 젊은 딸을 팔수도 있었다. 스피드 데이트나 온라인 데이트, 술집이나 클럽에서 이성에게 접근하는 방식을 조사한 연구 결과에 따르면, 현대의 셀프 서비스식 짝짓기 시장에서 외모와 스타일, 성적 매력은 압도적으로 중요하다. 여성뿐 아니라 남성도 적어도 처음에는 외모만으로 자주 평가되지만, 여성에 대한 기준은 언제나 더 높고 비용을 대거나 선물을 주는 남자들은 언제나 여성의 마음을 끈다. 유명한 축구 선수나 팝 스타들은 카리스마 넘치는 성격이나 학력 때문이 아니라 자신을 과시하기 위해 아낌없이 돈을 쓴다고 알려져 있기 때문에 나이트클럽에서 많은 젊은 여성들의 마음을 사로잡는다.

매력 자본은 결혼 이전뿐 아니라 결혼 이후에도 여전히 중요하다. 부부 중에 아내가 더 매력적인 부부는 남편이 더 매력적인 경우보다 행복하다. 섹시하고 성적으로 능력 있는 아내는 성 설문조사서에 의해 드러난 섹스에 굶주린 금욕적인 결혼 생활보다 더 행복한 결혼 생활을 한다. 처음에 언급했던 대조적인 두 부부로 돌아가 보면 매력 자본은 자격증이나 직업적인 성공, 돈을 우선시하여 다른 재능은 모두 무시하는 지경에 도달한 자본주의 경제에서 특히 쉽게 무시되는 요인처럼 보인다. 라니아는 자신의 못생긴 남편보다 열두 살이 어리고 훨씬 더 매력적이다. 그는 그런 아내를 굉장한 미인이자 탐나는 여성이라고 간주하는 것이 분명하다. 실제로 그녀의 외모는 평균을 약간 웃도는 정도이지만 그녀는 자신이 가진 것을 극대화하기 위해 시간과 노력을 투자한다. 그녀는 여러 차례 출산했지만 날씬한 몸매를 유지하고 있고 짙은 갈색 머리칼을 매력적인 금발로 염색한다. 그리고 머리를 길러 여러 가지 스타일로 변형을 준다. 따라서 그녀는 당연히 남편을 매료시키고 성적으로 계속 만족시킬 것이라고 추측할 수 있다.

반대로 폴과 샬롯은 외모를 포함한 모든 면에서 아주 동등하게 어울리는 부부이다. 일반적으로 남편은 아내보다 키가 클 뿐 아니라 나이도 세 살이 많다. 폴은 샬롯보다 일곱 살이 많아서 두 사람이 처음 만났을 때 직업적인 성과 면에서 큰 이점을 누렸다. 불가피하게 그는 언제나 그녀보다 더 많이 벌어 왔고 앞으로도 계속 그럴 것이다. 따라서 그녀는 항상 '남편 뒤를 쫓는' 종속적인 경력을 유지해 왔다. 일반적으로 남편이 아내보다 나이가 더 많은 경향을 고려해 보면 처음에는 동등한 것처럼 보이는 부부 관계가 대부분 한쪽이 기우는 관계로 판명된다. 샬롯이 그다지 미인이 아니고 남편보다 눈에 띄게 외모가 뛰어나지 않기 때문에 그녀는 폴이 지닌 경력상의 이점을 상쇄할 만한 숨겨진 자산을 갖추고 있지 못하다. 실제로 그녀는 라니아보다 더 종속적인 아내이며 부부 관계에서 더 많은 권력을 갖지 못한다.

매력 자본은 결혼뿐 아니라 노동시장에서도 학력에 버금가는 가치를 지닐 수 있다. 안타깝게도 급진적인 페미니즘은 사생활에서 나타나는 힘의 균형에서 매력 자본이 결정적으로 중요하다는 사실을 깨닫지 못했다. 대부분의 사람들에게 매력 자본은 노동과 공적인 생활에서 얻는 어떠한 이득보다 더 중요하다.

6 돈이 없으면 연애도 없다

남성의 섹스 결핍은 환상, 꿈, 열망뿐 아니라 남녀 간의 모든 관계와 상호작용에도 영향을 미친다. 모든 사회에서, 겉으로는 금지하는 척하는 나라에서도 상업적인 성 산업이 항상 있어 왔다는 사실은 그리 놀랍지 않다. 어떤 식으로든 매춘을 금지하거나 범죄화하는 조치는 1920년대에 술의 판매와 소비를 근절하려 했던 미국의 금주법만큼이나 효과적이지 않았다. 이윤에 눈이 먼 범죄 기업의 배만 불려 줬을 뿐이다. 상업적인 성 산업은 그것이 섹슈얼리티를 포함한 매력 자본의 최대 가치를 여실히 드러내기 때문에 특히 흥미롭다.

일부 경제학자들이 인정하듯이 해결이 쉽지 않은 문제는 똑똑하고 매력적인 여성이 매춘부가 되는 이유가 아니라, 상대적으로 짧은 근무 시간에 비해 높은 소득을 올릴 수 있는데도 이 직업을 선택하는 여성이 많아지지 않는 이유이다.[1] 사회과학자들은 자주 이 문제에 부딪치지만 흔히 슬그머니 빠져 버린다. 매춘에 따라다니는 사회적인 낙인이 너무 강하기 때문에 학자들도 어떤 모습을 띠고 있든지 일단 성 경제학이라는 학문을 설명하는 데 강한 관심을 지녔다는 오명이 남을까 봐 두려워한다.[2] 그러나 (여성과 남성의) 매력 자본을 사고파는 곳은 좁은 의미의 상업적인 성 산업만이 아니다. 연예산업 전체가 어떤 식으로든 매력 자본을 이용하고 선전한다. 아마도 광고업에서 매력 자본을 이용하는 것이 이 다양한 상업적 사업에서 가장 '모양새가 나은' 부분일 것이다.

광고는 매력 자본을 어떻게 파는가

미국의 아름다운 여배우 브룩 실즈는 1978년 루이 말의 영화 「프리티 베이비」에서 뉴올리언스 사창가에서 살다가 결국에는 엄마처럼 매춘부가 되는 소녀 역을 맡으며 유명해졌다. 1980년 8월, 열다섯이던 그녀는 텔레비전 연속극 주인공으로, 캘빈 클라인 청바지 광고 모델로 다시 한 번 유명해졌다. 청바지 외에는 아무것도 걸치지 않은 그녀는 "나와 캘빈 클라인 청바지 사이에는 아무것도 없어요."라고 한껏 들뜬 목소리로 말했다. 그녀의 광고 캠페인은 역사상 가장 유명한 청바지 광고가 되었다. 덕분에 캘빈 클라인은 미국 패션계에서 가장 유명한 브랜드로 급부상했고 다른 브랜드의 수많은 모방 대상이 되었다.

당시 광고비는 엄청나게 비쌌다. 브룩 실즈는 그 광고를 찍고 50만 달러를 받았다. 광고 작가는 둔 아버스가 맡고 사진 촬영은 당시 최고의 사진작가로 손꼽히던 리처드 애버던이 맡았다. 광고 방송 시간을 확보하는 데 500만 달러 이상이 들어갔다. 캘빈 클라인은 바지 한 벌에 50달러로 높은 가격인데도 이미 상당한 매출을 올리고 있었다. 그런데 광고이후 매출이 폭증하여 한 달 새에 200만 장이 팔려 나갔다. 1991년에 캘빈 클라인의 지면 광고는 미국 소비자가 뽑은 가장 잊을 수 없는 광고로 선정되었다. 캘빈 클라인의 광고 중에는 더 성공한 것도 있고 아닌 것도 있었지만, 광고 속의 매력 자본이 지닌 효과는 의심할 여지가없다. 다른 디자이너 브랜드 청바지 회사들 역시 매우 에로틱한 광고캠페인에 투자하면서 경쟁이 뜨거워졌지만 1995년 캘빈 클라인의 청바지 순 매출은 4억 6200만 달러에 달했다.[3]

광고업과 마케팅 업종이 거듭 일깨워 주는 것처럼 성은 잘 팔린다.내 식대로 표현하자면 여성의 에로틱 파워는 잘 팔린다. 매력 자본에의존하는 광고 중 90퍼센트 정도가 남성이 아니라 아름답고 매혹적인여성의 이미지를 사용한다. 1960년대의 성혁명을 기점으로 세면 화장품이나 향수, 남성용 의류 광고가 점진적으로 증가했다. 그와 함께 에로틱한 광고에서 날씬하거나 스포츠 선수 같은 몸매를 지닌 잘생긴 남성이 새롭게 주목받았다. 그렇지만 약간 약해졌을 뿐 여성에 대한 집중은 여전하다. 1960년대에 페미니스트 운동이 활발해지면서 해방된 여성들은 성에 대해 더욱 적극적으로 행동해도 괜찮다고 느꼈고, 남자들에게 섹시하고 매력적이 되도록 노력하라고 거리낌 없이 요구했다. 여성이 남성 속옷의 3분의 2를 구매하는 것이 분명하기 때문에 팬티를입은 매력적인 남성이 나오는 포스터는 주로 여성을 겨냥한 것이다.[4]

2009년 6월 12일, 런던의 셀프리지스 백화점 앞은 취재진들이 모여

들며 일대 아수라장이 되었다. 아르마니 속옷 외에는 아무것도 걸치지 않은 축구 스타 데이비드 베컴의 6층 높이의 거대한 포스터가 백화점 지붕에서부터 천천히 펼쳐지면서 옥스퍼드 가의 백화점 건물 전면을 뒤덮었다. 더 나은 자리에서 포스터를 보려는 팬들의 다툼이 벌어졌는가 하면 일부 어린 소녀들이 너무 흥분한 나머지 기절했다는 보도도 있었다. 셀프리지스 백화점은 데이비드 베컴 광고 이후 매출이 150퍼센트나 늘었다고 즐겁게 발표했다.

섹시한 유명인들도 잘 팔린다. 브룩 실즈와 데이비드 베컴 광고는 카메라 앞에서 포즈를 취하는 것 외에는 아무것도 하지 않는 전문 모델 대신 자신이 선택한 분야에서 이미 성공한 사람들로서 매력 자본이 풍부한 아름다운 여성과 잘생긴 남성을 이용하는 마케팅이 새로운 트렌드임을 입증해 주고 있다. 베컴의 매력에는 그가 화려한 패션 디자이너이자 패션 아이콘으로도 자리잡은 아내 빅토리아와 함께 잘생기고 활기 넘치는 네 아이를 둔 행복하고 가정적인 남자라는 사실도 포함되어 있다. 또한 그는 축구 선수로서 이름을 떨치고 재산을 일군, 개천에서 용 난 자수성가형 인물의 이야기를 몸소 보여 준다. 셀프리지스에서 정체를 드러낸 아르마니 속옷 광고는 베컴의 평범하고도 건강해 보이는 옆집 남자 같은 외모와는 대조적으로 동성애 남성의 마음을 사로잡는 핀업 사진을 제공한다는 추가적인 이점도 있었다. 베컴의 매력이 그 정도인데도 2010년 1월에는 포르투갈의 축구 스타 크리스티아누 호날두가 데이비드 베컴을 대신해 아르마니의 청바지, 속옷 광고에 등장했다. 베컴만큼 잘생긴 호날두는 베컴보다 어렸다. 스포츠계에서처럼 광고계에서도 경쟁은 심해질 수 있다.

여성과 섹슈얼리티의 에로틱한 이미지는 소비자 광고에서, 심지어 남자들만 사용하는 공산품에서도 적어도 1850년부터 사용되어 왔다. 서양에서는 1970년대 중반 이후 이러한 이미지 사용이 늘었다. 많은 사람들이 새로운 형태로 등장하는 대중적인 상업적 성애물을 즐긴다. 광고가 란제리, 콘돔, 섹스 토이뿐 아니라 자동차, 술, 커피, 향수, 옷, 청바지, 담배, 자동차 타이어까지 모든 종류의 상품을 파는 데 도움을 주기 때문에 사람들은 그러한 성애물을 즐겨야 한다. 도덕적, 가족적인 가치관과 페미니즘적인 이유를 언급하며 그러한 광고를 반대하는 여성들도 있다.[5] 20세기 말에 접어들어 새로운 스타일의 에로틱한 광고가 사방을 점령하면서 결국 학자들은 그 광고의 의미와 사회적인 영향을 분석했다.[6]

서양의 모든 광고 중 20퍼센트는 매력 자본에 의존한다고 추정된다.[7] 장기간의 더딘 쇠퇴 과정을 거쳐 소멸할 위험에 처한 전통 브랜드들은 섹시한 이미지가 때로는 자신들의 운명을 극적으로 회복해 줄 수있음을 깨달았다. 실제로 유럽의 구찌, 버버리, 디오르 같은 브랜드에 이러한 일이 발생했다. 미국의 애버크롬비앤피치는 1892년에 상류층과 노년층을 위한 스포츠 상품과 의류 판매자로 사업을 시작하여 성공을 거두었다. 1960년대 말에 이 회사는 한물 간 기업으로 전락하여 결국 1977년에 파산 신청을 했다. 1993년의 연매출은 8500만 달러로 해마다 600만 달러씩 손해를 보고 있었다. 하지만 10년도 채 안 되어 새로운 최고경영자와 마케팅 전략이 이 쓰러져 가는 기업을 젊은 사람들과 대학생에게 '라이프스타일' 의류를 판매하는 패션 지향적인 브랜드로 변신시켜 놓았다. 이러한 180도 변신에는 회사 광고에 에로틱한 이미지를 광범위하게 이용했던 것이 주효했다. 대표적으로 계간지 《A&F》를 들 수 있는데, 완전히 벗거나 반만 벗은 아름다운 젊은이들이 즐겁게 뛰놀고 유쾌한 시간을 보내는 사진들로 가득 차 있는 이 카탈로그 잡지는 18세 이상에게만 판매되었다. 이들의 전략은 성공을 거두었다. 2001년 애버크롬비앤피치는 6800만 달러의 순익을 거두고 13억 5000만 달러의 매출을 올렸다. 1988년에 고작 4700만 달러에 매각된 이후 시장가치는 25억 달러까지 올라갔다.[8]

이 사례는 광고에 등장하는 에로틱한 매력에 가장 적극적으로 반응하는 부류가 젊은 소비자들임을 명확하게 증명한다. 물론 광고 속의 섹슈얼리티에 대해 여성보다 남자들이 더 호의적이다.[9] 미국에서 실시된 한 마케팅 조사에 따르면, 18세에서 24세의 사람들 중 절반이 광고에 섹시한 이미지가 등장하는 옷을 구매할 가능성이 더 높다고 말했다.[10] 30세 이하의 연령집단을 겨냥하여 광고주들이 성적 매력에 집중하는 추세는 성에 관한 설문조사 결과와 정확히 들어맞는다.

가장 최근에는 광고가 여성의 매력 자본뿐 아니라 남성의 매력 자본까지도 이용하기 시작했다. 이러한 추세는 2009년 같은 목적으로 제작된 베르사체의 남녀용 '라이트 블루' 향수 광고에서 잘 드러난다. 섹시한 광고 스타일은 에로틱한 예술 및 사진 스타일과 거의 다르지 않다. 이는 특히 향수 광고에서 여실히 드러나는데, 향수는 옷이나 가방과는 달리 사진으로 보여 줄 수 없기 때문에 광고에서는 그저 분위기나 느낌을 만들어 낼 수밖에 없다.

　　오드리 헵번이 영화 「티파니에서 아침을」에서 맡은 홀리 고라이틀리는 마릴린 먼로가 영화에서 맡은 여러 역할만큼 문화적인 아이콘이 되었다. 몸에 꼭 맞는 우아한 검은색 드레스에 진주 목걸이를 하고 긴 담배 파이프를 든 그녀의 모습은 우아한 1950년대 패션을 다시 유행시켰다. 영화의 원작인 트루먼 커포티의 중편소설은 영화로 만들어지면서 스토리가 달라졌다. 19세의 파티 걸 홀리는 자신과 사귀는 남성에게 돈을 받았다. 잠자리를 제공할 때는 돈을 더 많이 받았다. 이미 애인이 11명(당시에는 상당히 많은 숫자이다.)이나 있었지만 그녀는 결혼 상대로 돈 많은 남자를 대놓고 찾고 있었다. 그녀의 성격은 커포티의 엄마와 커포티가 1950년대에 뉴욕에서 알고 지내던 야심 찬 젊은 여성들을 토대로 만들어졌다. 실제로 그 여성들 중 몇몇은 재력가와 결혼하는 데 성공했다.[11] 홀리는 한 마디로 사랑스럽다. 그녀는 외향적이고 쾌활하고 현대적이고 남자들과 잘 어울리고 예쁘고 섹시하다. 하지만 가난한 남자를 무시할 정도로 세상 물정에 밝다. 커포티는 마릴린 먼로가 그 역할에 제격이라고 생각했다. 그는 섹스에는 관심이 없어 보이는 순수하고 기품 있는 공주 이미지의 오드리 헵번이 영 안 어울린다고 생각했다. 하지만 1958년에 발표된 소설이 1961년에 할리우드의 영화로 만들어질 무렵에는 세상이 완전히 변했기 때문에 홀리는 그저 사교계의 명사가 되고 싶어 하는 경박한 여성처럼 보인다. 그녀가 화장실에 갈 때마다 팁으로 '잔돈' 50달러를 데이트 상대에게 요구한 사실은 영화에서 쉽게 무시되었다. 그녀는 그저 자기 하고 싶은 대로 하는 세련되고 해방된 현대 여성으로 간주되기까지 했다. 그리고 영화에서 헵번이 입은 의상은 이러한 이미지를 강화한다. 할리우드는 홀리의 '부도덕한' 행동을 없애 버리는 과정에서 홀리 위층에 사는 (커포티 본인과 같은) 남성 동성애자 내레이터를 생활고에 찌들어 생계를 위해 몸을 파는 이성애 작가로 바꾸었다. 그는 섹스를 위해 정기적으로 자신을 방문하는 기혼 여성에게서 금전적인 도움을 받는다. 하지만 늘 그렇듯이 이러한 사실은 똑같이 행동하는 여성보다 훨씬 덜 충격적인 일로 간주된다. 영화는 홀리가 결혼하려던 돈 많고 나이 많은 브라질 외교관 애인에게서 버림받는다는 설정으로 전통적인 가치관을 강조하며 끝을 맺는다. 그녀는 결국 무일푼의 작가 친구와 부끄럽지 않은 결혼에 골인한다. 원래의 소설은 결말이 다소 애매모호하다.[12]

그렇다고 해도 「티파니에서 아침을」은 현대의 성 산업을 다루면서 문제의 여성을 무능한 패배자라기보다 거침없고 생기 넘치고 자립심 강한 목표 지향적인 사람으로 표현한 몇 안 되는 영화로 손꼽힌다.

에로틱한 연예산업

연예산업 전체, 특히 서양의 연예산업은 매력 자본을 판다. 연예산업은 흥분과 극단적인 감정, 음모, 소문, 지식, 수수께끼, 공상, 사진, 음악, 즐거움과 행복도 팔지만, 이 모든 것들은 맨 위에 있는 다량의 매력 자본에 의해 자주 더해지거나 그러한 매력 자본과 함께 판매된다. 영화 속 남자 주인공이 아주 잘생기지 않았다면, 그의 연기를 꾸며 주기 위해 아름다운 여배우를 투입해야 한다. 혹여 남자 주인공이 무척이나 잘생겼다고 해도 달라질 것은 없다. 영화계의 스타와 인기 가수, 스포츠 스타들은 에로틱 파워가 높을 경우에 더 크게 성공하고 더 인기를 끌고 더 많은 팬을 확보하고 더 많은 스폰서와 광고 계약을 얻어 낸다. 일부 인기 가수들은 자신의 매력 자본을 파는 데 지나치게 집중하는데, 그러다 보니 그들의 재능 또한 뛰어나다는 사실을 쉽게 간과한다. 비욘세가 바로 여기에 해당한다. 비슷하게 조지 클루니도 너무 잘생겼기 때문에 실제로 그가 최고의 배우이자 영화 제작자인데도 영화 평론가들은 자주 그를 그저 잘생긴 얼굴로만 폄하한다.

거대한 세계 연예산업 안에는 섹스 서비스를 포함하여 완전한 의미의 매력 자본을 판매하는 소규모의 상업적인 성 산업(이 또한 점차 세계화되어 간다.)이 존재한다. 미국이나 스웨덴처럼 성매매가 불법화된 나라에서는 위험 요인이 더 커서 섹스 서비스의 국내 가격이 더 높아질 수 있기 때문에 대부분의 거래는 이웃 나라에서 이루어진다. 예를 들어 매춘부를 찾는 대다수의 스웨덴 남성들은 해외로 출장이나 여행을 갔을 때 성매매를 한다. 스웨덴 사람들이 외국에 여행을 가서 자주 지나칠 정도로 술을 마시는 것과 비슷하다.[13] 스페인이나 브라질처럼 성매매를 인정하는 나라에서는 성매매 시설물을 찾기가 훨씬 수월하고 남성뿐 아니라 여성도 남모르게 이 일을 하다 그만두기가 쉽다. 고정된 장애물이 없고 사회적인 낙인이 그리 심하지 않기 때문이다.[14]

상업적인 성 산업에는 다양한 서비스와 상품이 포함된다. 에로틱한 환상은 물리적인 성관계보다 오히려 일반적으로 포함되는 요소이다. 거래되는 성 서비스도 기본적인 서비스와 최고 서비스 간에 근본적인 차이가 있다. 길거리 매춘부들은 가장 눈에 띄는 매춘 부류이자 매춘이 지닌 대중적 이미지의 원천이다. 성매매의 보이지 않는 분야는 훨씬 더 큰 부분을 구성하며 방식이나 가격 면에서 달라도 한참 다르다. 유럽에서 길거리 매춘부는 성 산업의 10퍼센트 정도를 차지하는 것으로 추정된다. 눈에는 가장 띄는데도 성 산업 전체를 대표한다고 할 수 없을 정도로 미미한 규모이다. 다양한 조직에 속한 대부분의 사람들은 실내에서 일한다.

최고급 콜걸과 맨 밑바닥의 길거리 매춘부들 사이의 극명한 차이는 성 서비스 판매를 원칙적으로 불법으로 간주하는 로스앤젤레스 주의 성 산업에서 잘 나타난다.[15] 길거리 매춘부들은 대부분 흑인이고 고등학교도 마치지 못했다. 그리고 대개 20대의 기혼 여성들이다. 절반의 여성이 마약중독자이고 나머지 절반은 알코올에 의지한다. 고객 대부분은 전에 한 번도 만난 적 없는 모르는 사람이다. 단골손님 몇몇이 매주 찾아온다. 성매매는 호텔이나 여관방뿐 아니라 자동차나 한적한 길모퉁이에서도 자주 이루어진다. 그리고 대부분이 오럴 섹스나 수음에 15분도 할애하지 않는 등 아주 짧고 간단하게 끝난다. 대화는 거래의 주요한 특징이 아니며 키스나 애무 또한 그러하다. 길거리 매춘부들은 군더더기 없는 성관계만을 제공하지만 그러한 여성들도 젊은 여성으로서의 신체적 매력과 성적 매력을 지니고 있다.

이와는 아주 대조적으로 콜걸(나는 파티 걸이라고 부르기를 선호하는데)은 가장 넓은 의미의 매력 자본을 팔고 있다. 섹스는 패키지 상품 중의 한 요소에 불과하기 때문에 일반 여성과의 데이트와 구분하기 힘들 정도이다. 미국의 콜걸은 거의 100퍼센트가 백인이다. 주로 20대 미혼 여성이고 최종 학력은 대졸이다. 실제로 그들 중에 마약중독자는 한 명도 없지만 고객과 술을 마실 수는 있다. 고객의 대다수는 고객의 집이나 콜걸의 집에서 1년 넘게 정기적으로 만나는 단골고객들이다. 대부분의 데이트는 1시간 약속이지만, 콜걸들은 비밀스러운 행사 이전에 점심이나 저녁을 먹거나 술을 마시며 데이트에 더 많은 시간을 들이고 밤을 새는 경우도 있다. 모든 면에서 이러한 만남은 대화나 포옹, 키스, 애무를 하고 마사지나 다양한 성행위에 시간을 들이는 정상적인 데이트라 할 수 있다. 콜걸은 매력적이고 옷도 산뜻하게 입기 때문에 다른 젊은 여성과 구별하기가 힘들다. 그들은 흔히 손님들에게 선물을 받는데 길거리 매춘부들이 받는 담배나 음식이 아니라 보석이나 향수같이 값나가는 것들이다.[16]

길거리 매춘부들은 효율적인 방식으로 특정한 성 서비스를 판매하는 반면, 콜걸들은 더욱 세련된 관계, 즉 '여자 친구라는 경험'을 제공한다. 그리고 그들의 지능과 인적 자본만이 아니라 매력 자본의 모든 요소 또한 이용한다. 로스앤젤레스의 콜걸은 길거리 매춘부보다 열 배나 요금이 비싼데, 런던을 비롯한 다른 도시의 가격 차이도 비슷하다.[17] 길거리 매춘부는 예고 없이 찾아오는 손님에게 서비스를 제공하는 반면, 콜걸은 대개 예약제를 운영한다.

어떻게 보면 남자들은 자신을 있는 그대로 좋아해 주고 받아 주는 완벽한 파트너, 모든 면에서 굉장히 매력적일 뿐 아니라 자신과 똑같은 것을 원하고 유순하고 협력하는 여성에 대한 환상을 사는 것이다. 폰섹스는 파트너끼리 절대로 만나지 않기 때문에 그 환상을 더욱 완벽하게 전해 준다.[18] 폰섹스는 전화와 인터넷으로 가능해진 새로운 공상적인 관계의 한 가지 예에 불과하다. 얼마 전까지만 해도 우리는 너무 잘 알거나 피상적으로만 아는 타인과 일대일 상호작용을 하는 물리적인 존재로서 시간과 공간에만 존재했다. 오늘날에는 어느 누구든 가명이나 가짜 이메일 주소, 혹은 휴대전화 번호를 이용하여 새로운 인격을 만들 수 있다. 그리하여 거리를 둔 공상적인 관계가 성립한다. 능숙한 폰섹스 상담원은 고객이 어떤 가공의 시나리오를 상상하든 그에 맞는 목소리와 내용을 표현할 수 있다. 고객 또한 이러한 상호작용을 위해 상상의 인물을 만들어 낼 수 있는지는 분명하지 않다. 폰섹스 고객들은 잘생기고 많이 배우고 돈 많고 성공하고 유력한 사람인 척한다. 그와 똑같이 상담원들도 젊고 날씬하고 아름답고 고객이 이상적이라고 생각하는 색깔의 긴 머리를 하고 있고 그에 어울리는 옷과 란제리를 입고 있는 것처럼 꾸민다.

폰섹스 이용자들은 대부분 일회성 고객이지만 어떤 회사의 단골고객이 되어 자신이 대화하고 싶은 특정 여성과의 통화를 요청하는 사람도 있다. 시간이 지나면서 두 사람의 관계는 무르익어 가는데, 부분적으로는 상담원이 최종 청구서 액수를 올리기 위해 할 수 있는 한 오래도록 전화를 붙들고 말하게 하기 때문이다. 손님들은 상대 여성에게 선물을 보낸다.(회사를 통해.) 어떤 남자는 (약혼녀에게 버림받은 뒤) 약혼반지를 보내기도 했다. 때때로 전화를 건 손님과 상담원이 실제로 만나기도 한다. 이러한 만남은 십중팔구 실패로 끝난다. 손님은 상상 속의 애인이 외모에 대해 거짓말을 했다는 사실을 깨닫고 섬뜩함을 느끼고, 전화 상담원은 손님이 자신의 사회적, 경제적 지위에 대해 거짓말만 늘어놨다는 사실을 알고 크게 화를 낸다.[19]

폰섹스 고객은 거의 대부분 남성이기 때문에 상담원은 대부분 여성이다.(동성애자들을 위한 서비스는 나라마다 다르다.) 목소리와 말하는 태도가 좋으면 채용된다. 나이와 외모는 전혀 중요하지 않다. 상담원은 목소리만으로 전화 건 남성을 위해 '해피엔딩'을 연출하거나 성적인 암시와 시시덕거림, 약속으로 가득 찬 조촐한 만남을 만들어 낸다. 일부 남성은 그 관계가 실제 만남으로 이어질 수도 있다는 생각에 큰 매력을 느낀다. 상담원들은 거의 무제한의 성적 환상을 제공한다.[20] 그 과정에서 그들은 다양한 성행위에 대해 더 많이 알게 되고 편안해한다. 그러나 폰섹스에서 성행위는 분명 핵심이 아니다. 성매매에 대한 다수의 연구에서 간과하는 부분은 전화를 건 남성이 현실에서 어떤 상황에 처해 있든 자기 자신을 매력적이고 바람직한 사람으로 생각하게 된다는 사실이다. 남자들은 폰섹스를 통해 환상 속에서 에로틱 파워를 살 수 있을 뿐 아니라 높아진 에로틱 파워를 경험한다.

도쿄의 호스티스 클럽 또한 아름다운 젊은 여성이 제공하는 자신이 꽤 괜찮은 남자 같다는 느낌을 사는 곳이다. 남자들은 대개 무리 지어 이러한 클럽을 찾아가는데, 남자들을 즐겁게 하고 술을 따라 주는 호스티스들이 동석한다. 이 서비스에서는 성적, 감정적 연애 유희가 중심이 된다. 섹스는 중요하지 않지만 유혹의 일부분이 될 수는 있다. 두 유흥이 상당히 달라 보이기는 하지만, 이 점에서 호스티스 클럽은 누드 댄싱을 제공하는 미국의 스트립 클럽과 비슷하다.[21]

일본의 호스티스 클럽 손님들은 때때로 호스티스나 직장의 젊은 여자 동료와 불륜 관계를 맺으며 어떤 경우든 그 특권을 누린 데 대해 상당한 돈을 지불할 것으로 예상된다. 그러나 일본의 샐러리맨 중에는 스트레스가 심한 장시간 근무 때문에 사실상 발기불능인 남성 비율이 높아서 성관계를 하지 않는 부부가 많다.[22] 또한 일부 직장 남성들은 모두 남자로 구성된 팀에서 일하기 때문에 구애나 유혹에 능하지 않다. 호스티스 클럽의 매력적이고 아름다운 젊은 아가씨들과 시시덕거리는 일은 미국과 영국 남성들이 스트립 클럽에서 돈을 내고 누드 댄싱을 즐기는 경우와 마찬가지로 그 자체가 즐거운 에로틱한 여흥이 된다. 남자는 어떠한 성행위도 할 필요가 없고 제대로 하지 못하는 상황을 겪을 필요도 없다. 그래도 그는 성적 매력이 넘치는 아름다운 젊은 아가씨들의 사탕발림과 관심을 받으며 누구에게도 평가받는 일 없이 언제나 여자들에게 인정받고 여자들의 갈망의 대상이 된다고 느낄 수 있다. 일에 찌들어 지친 나이 든 남성에게는 이것이 섹스 그 자체만큼 기운을 돋워 주면서도 크게 힘은 들지 않는 일일 수 있다. 그들은 섹스를 항상 생각하지만, 애인으로 삼기 어려운 젊은 미인과의 섹스를 상상하는 것이 현실보다 나을 수 있다고 말한다.[23]

섹스가 메뉴에 등장하지 않는다고 해도 익살스러운 연극이나 스트립 클럽, 다른 에로틱한 여흥은 그 매력이 분명하다. 아가씨들은 젊고 눈에 띌 정도로 아름답고 날씬하고 몸매가 섹시하다. 그들의 몸매는 발랄한 댄서가 될 수 있을 정도로 탄탄하고 옷과 의상은 화려하며 돈이 남아도는 후한 고객에게는 특히 늘 미소로 서비스한다. 무대 위의 댄서들이 끝없이 바뀌고 적은 돈으로도 테이블에 댄서를 데려올 수 있는 대부분의 댄싱 클럽에서 남자 손님들은 큰돈을 들이지 않고도 활기찬 미인들을 눈요기할 수 있다. 만약 금전적으로 여유가 있어서 다른 남자들에게 과시하고 싶다면, 돈을 치르고 많은 아가씨들을 동석시켜 어울리

게 할 수도 있다. 밀실을 예약한다면 더욱 은밀하고 특별해질 것이다.[24]

중동에서는 벨리 댄서들이 에로틱한 댄스를 제공한다. 하지만 여기서는 누드 댄스에 따라다니는 낙인이 존재하지 않는다. 아마도 '노 터치' 규칙을 무조건 지켜야 하고 그것이 단순한 법적 요구 사항이라기보다 문화의 일부가 되어 있기 때문일 것이다. 전문적인 벨리 댄서들은 나이트클럽과 호텔 식당에서 가장 흔히 볼 수 있지만 결혼식 같은 가족 축하 행사에서도 춤을 춘다.[25] 모든 소녀들과 젊은 여성들이 벨리 댄스를 미리 배워서 가족 축하 행사에서 춤을 춘다. 여성의 매력 자본은 남성만을 위해 어두운 모퉁이에 숨겨지는 것이 아니라 높이 평가되고 축하받는다.

섹스 그 자체가 없더라도 세상의 이성애 남성들은 매력 자본이 많은 여성들과 함께 자리하기 위해 상당한 액수의 돈을 쓸 준비가 되어 있다. 에로틱한 여흥에 대한 여성의 수요는 너무 제한된 나머지 거의 눈에 보이지 않는다. 일례로 여성에게도 동일한 서비스를 제공하는 호스트바가 일본에 생겼지만 크게 인기를 끌지는 못했다.[26] 이러한 경향은 전 세계 어디나 비슷한 듯하다.

슬쩍 몸을 담갔다 빼기

수많은 사람들이 성 산업에 슬쩍 몸을 담갔다 다시 나가기 때문에 성 노동자에 대한 고정된 관념은 없다. 일반적으로 이직률이 높고, 학력과 상관없이 국내외적으로 새로운 집단이 끊임없이 유입된다. 2010년,

영국의 랩댄서(lap dance, 스트립 댄스의 일종—옮긴이) 중 4분의 1은 대졸자이고 3분의 1은 자신의 학비를 조달하고 있는 것으로 나타났다.[27] 미국에서도 콜걸은 대부분 대학 졸업자이다.

여성이 쓴 성에 관한 회고록은 드물다. 파티 걸이나 스트립 댄서, 콜걸, 매춘부가 쓴 글은 더더욱 드물다. 가장 유용한 정보를 주는 기록 중의 하나는 돌로리스 프렌치의 『워킹』으로 27세라는 늦은 나이에 그 일을 시작해서 즐기다가 전문적인 성 서비스의 모든 분야를 조사해서 쓴 책이다. 그녀는 암스테르담의 홍등가와 푸에르토리코의 사창가 등지에서 길거리 매춘부로 일하기도 했다.[28] 프렌치는 상대적으로 오랫 동안 성매매 산업에 종사한 특이한 경우이다. 대다수 여성은 겨우 몇 달이나 몇 년 동안만 그 일을 하다가 그만두고 다른 생활을 한다. 일반적으로 최대한 3년 정도 일하고 나면 싫증을 느끼기 시작한다. 한동안은 풀타임으로 일하기도 하지만, 많은 여성들이 정상적인 사무직이나 가게 일을 보충해 줄 파트타임으로 일한다. 이는 유럽에서 오래도록 지속되고 있는 경향으로, 최근에 성매매로 상당한 돈을 버는 대학생이나 일부 국가의 중고등학교 여학생이 이 유형에 해당한다.

상업적인 성 산업은 경계는 모호하지만 항상 계층화되는 모습을 보여 주었다. 프랑스 고급 창부의 황금시대는 1852년부터 1870년까지로 창부가 재력가의 사치품에 불과했던 화려한 사치와 번영의 시기였다.[29] 많은 처녀와 여성들이 라 파비아, 아폴로니 사바티에, 마리 뒤플레시 같은 여성의 부와 지위를 열망했다. 마리 뒤플레시는 알렉상드르 뒤마의 소설 『춘희』와 베르디의 오페라 「라 트라비아타」의 주인공이 되어 불후의 명성을 얻었다. 그랑드 코코테(grandes cocottes)로도 알려진, 가장 유명하고 성공한 창부들은 매력적이었고 그들 중 일부는 상당히 미모가 뛰어났다. 그들 모두 침실에서 출중했다. 하지만 섹스는 결코 주요 행사가 아니었다. 창부들은 퐁파두르 부인 같은 프랑스 왕의 애첩처럼 자신의 매력 자본을 완벽한 패키지로서 팔았다. 그들은 아름다운 외모에 비싼 옷을 입고, 멋있게 살고, 오페라 극장에서나 마차를 타고 가면서 자신의 매력을 만천하에 과시했다. 화가와 작가들이 단골로 드나드는 살롱이 있을 정도로 사교성과 지능을 갖춘 여성들이었다. 고급 창부와 정부는 경제학자들이 '기펜재'라고 부르는 상품의 대표적인 예로, 창부나 정부를 둔다는 것이 자신의 부와 성공을 증명하기 때문에 가격이 높을수록 수요가 증가하는 재화이다.

재봉 일을 하거나 모자를 만들어 파는 여성, 꽃을 파는 여성 등은 성매매나 남성과의 교제를 통해 남성의 절반 정도인 빈약한 급료를 보충했다. 그리제트나 로레트로 알려진 이러한 아가씨들은 기회가 허락하는 대로 파트타임으로 혹은 이따금씩 성매매를 하다가 결혼했다. 프랑스와 비슷하게 런던에서도 수백 명의 젊은 여성들이 반드시 직업을 매춘부로 바꾼 것은 아니지만 돈을 받고 몸을 팔았다.[30]

성 산업에 종사하는 여성은 능력도 모자라고 달리 선택할 일이 없다는 오해가 널리 퍼져 있다. 이는 전혀 사실이 아니다. 학생과 고학력자 등 아주 다양한 여성들이 인생의 특정한 단계에, 우연한 기회를 통하거나 일시적으로 이 일에 종사한다. 벨르 드 주르라는 이름으로만 알려진 런던 콜걸의 일기는 처음 인터넷 블로그에 등장한 뒤에 두 권의 베스트셀러가 되었다. 이 두 권의 책에는 직업인으로서, 개인으로서 겪은 성적 모험과 2~3년 동안 콜걸로 성공적인 시간을 보낸 뒤 콜걸을 서서히 그만두게 된 과정을 자세히 설명하고 있다. 콜걸 일을 그만 둔 지 5년이 지난 뒤인 2009년 11월, 벨르 드 주르는 일련의 신문 인터 뷰를 통해 자신이 발달학성 신경독성학과 암 역학 전문의로 브리스톨의 대학병원 연구팀에서 일하고 있는 브룩 매그난티 박사임을 스스로 밝혔다. 박사과정을 마치는 동안 콜걸로 일한 그녀는 자신이 좋아하고 잘하는 일을 일주일에 불과 몇 시간만 해도 다른 의사 친구들보다 더 많이 벌 수 있다는 사실을 알게 되었다. 파트타임으로 일한 덕분에 그 녀는 남는 시간에 학위논문을 완성하고 의사로서 새로이 출발할 수 있 었다.

캐서린 프랭크 박사는 에로틱한 춤과 그것을 즐기는 고객을 논문 주제로 삼아 박사과정을 밟으면서 6년 동안 스트립 클럽에서 누드 댄 서로 일했다. 크게 대조적인 형태의 여러 클럽에서 일한 그녀는 누드 댄스 장면에 대해 기자나 페미니스트 운동가들보다 더 통찰력 있고 공 감 가는 설명을 제공할 수 있었다.[31]

에이미 플라워스 박사는 박사학위를 마치는 동안 캘리포니아에서 폰섹스 상담원으로 4개월 동안 일했다. 다른 많은 학생들처럼 그녀 역 시 변동 가능한 업무 일정이 자신의 학생 생활에 탄복할 정도로 잘 맞 는다는 사실을 깨달았다. 그녀는 시간이 더디게 가는 밤 시간에 전화 상담을 하면서 대학 공부를 할 수 있었다. 신경을 바짝 쓰면서 돈벌이 가 되는 파트타임 일을 한 그녀는 인터넷과 전화가 일대일 만남을 대체 함에 따라 21세기에 확산되고 있는 제3의 관계의 대표적인 예로 폰섹 스를 설명하는 이론을 발전시킬 수 있었다.[32]

도쿄의 술집에서 이루어지는 서비스가 아마도 기펜재의 전형적인 예일 것이다. 술집과 술집 호스티스는 비쌀수록 인기가 더 높다. 기업들은 직원들을 특별히 대접해 주기 위해 그들을 술집으로 데려간다. 1980년대에 한 회사는 술집 스타일과 위치에 따라 손님 1명당 시간당 80달러에서 500달러까지 무조건 지불해 주었다. 술집은 공식 훈련을 받은 게이샤들이 종종 운영하는데, 최고의 인기를 누리는 게이샤가 분위기를 잡는다. 또한 술집은 손님과 함께 앉아 손님에게 담뱃불을 붙여 주고 술을 따라 주고 가벼운 농담과 추파를 던지는 대화를 나누며 남자 손님들이 직장에서의 긴 하루 뒤에 피로를 풀 수 있도록 도와주는 수십 명의 호스티스를 고용한다. 일부 호스티스는 그 일을 전문적으로 오랜 기간 한다. 수백 명의 젊은 여성들이 짧은 기간 술집에서 일한다. 이러한 여성 중에는 세계 일주를 하거나 동아시아 지역을 여행하던 중에 일시적으로 도쿄에 머무는 '이국적인' 외국 여성도 있다. 그들은 다음 목적지로 가는 데 드는 현금을 벌고 싶어 한다. 술집 호스티스들은 늘 아름답고 대개 23세 이하이다. 종종 대학까지 졸업한 경우도 있고 매너나 스타일이 세련되고 옷도 잘 입는다. 최고의 술집은 가장 아름다운 아가씨들을 고용하여 그들과 동석하는 데 최고의 가격을 물린다. 때로는 아가씨들이 남자들과 시사 문제를 토론할 수 있을 정도로 견문이 넓어야 한다. 호스티스는 성적인 즐거움을 제공하고 남성의 자아를 어루만져 주며 일본의 엄격한 직장 생활로부터 완벽한 휴식을 제공한다.[33]

브라질처럼 상업적인 성매매가 불법이 아닌 나라에서는 성 시장이 더욱 유동적이어서 선물 교환을 근거로 한 관계와 명백한 성 서비스의 매매 간의 경계선이 모호하다. 벨류 크 아주다(velho que ajuda, 도와주는 나이 든 남자)라는 브라질 전통에 따라 나이 든 남성은 매춘으로 낙인찍히는 일 없이 어린 여성과 '돈 많은 아빠' 같은 관계를 유지할 수 있다. 브라질 문화는 여성의 섹슈얼리티를 높이 평가하고 남자가 어떤 식으로든 성관계에 대가를 지불하리라고 기대한다. 노동자 계급 출신의 여성뿐 아니라 중산층 대졸 여성도 암묵적으로든 노골적으로든 돈을 받고 섹스를 허용하는 관계를 맺었다가 다시 그 관계를 접어 버리기를 반복한다. 이러한 관계는 특히 외국 남성과 맺는 일이 흔한데, 단순히 브라질 기준으로 봤을 때 그들이 돈이 많을 가능성이 비교적 크기 때문이다. 브라질에 관광 온 외국 남성은 성을 중요시하는 브라질 문화의 유동성을 매력적이라고 생각하는 동시에 세세한 부분에 대해서는 이해할 수 없다고 생각한다.[34]

남아프리카 도시와 농촌 지역의 젊은 여성들 사이에서는 즉석 매춘이 흔하다. 월급이 매월 말에 지급되면, 그들은 쓸 돈을 받고 남자에게 몸을 판다. 많은 남성이 임신 중이거나 모유 수유 중인 아내와 잠자리를 하는 것이 온당치 않다고 생각하기 때문에 그런 시기에는 다른 곳에서 섹스 상대를 찾는다.[35]

이러한 모든 성매매 방식 덕분에 여성은 성 산업에서 파트타임으로 일하거나 이따금 일할 수 있고 그 일을 다른 장기적인 목표와 결합하면서 들락날락할 수 있다. 이로 인해 성매매는 재능이 있는 젊은 여성뿐 아니라 무일푼의 학생들에게도 매력적인 대안이 된다. 이 여성들 중에 대학생이나 대학원생이 다수 포함되어 있다는 사실은 아름다움과 두뇌가 종종 결합되어 함께 작동한다는 강력한 증거이다.

충분히 매력적인 여성(혹은 남성)이 자신의 매력 자본을 한동안 이용하여 상당한 돈을 벌 수 있는 것처럼 아름다운 여성이나 잘생긴 남성을 좋아하는 남성도 성 서비스를 포함한 에로틱한 여흥에 돈을 쓸 수 있다.

매춘에 따라다니는 오명은 종종 그 고객에게도 확대된다. 예를 들어 폴이라는 남자는 자신이 돈을 내고 섹스를 하는 짓은 꿈도 꾸지 않는다고, 자신은 그런 짓을 절대로 하지 않는다고 주장한다. 그런데도 그는 사업차 들르는 동아시아 지역의 여러 도시나 홍콩에서 아름다운 파티 걸과 즐거운 밤을 보냈다. 화대는 그를 초대한 사업 거래처에서 지불했고 그는 그 부분에 대해 완전히 마음을 놓았다. 스웨덴 사람들은 부부가 아닌 남녀의 섹스가 이루어지는 시장을 '정상적인 성 시장'이라 부르는데, 1960년대의 성혁명 덕분에 남성이 이 '정상적인 성 시장'에서 일반 여성과 원하는 만큼 섹스를 할 수 있게 되면서 성매매 고객에 대한 오명은 더 심해진 듯했다.[36] 사실 우연히 만나 성관계를 할 기회가 너무 없어서 상업적인 성매매만이 유일한 방법인 집단이 있다. 사지가 없는 불구자나 다른 면에서 신체적으로 매력이 없는 남자들이 대표적인 예이다.[37] 그리고 그저 다양성을 원하는 사람들이 다수 있다.

스웨덴의 사회복지학과 교수 스벤 악셀 만손은 성매매 고객을 처벌하는 법률 제정을 위해 20년이 넘도록 사회운동을 벌였다. 그는 자신의 주장이 정당함을 입증하기 위해 성매매 고객 모두를 패배자인 동시에 여성에게 폭력적인 반(反)페미니스트, 성 무능력자, 오만한 악당, 여성을 짐승같이 대하고 착취하는 사기꾼이자 가부장적인 사람으로 설명했다. 한마디로 정상적인 성 시장에서는 여성을 만나지 못할 정도로 훌륭하지 않은 남자라는 얘기이다.[38] 이러한 주장을 위해 만손은 스웨덴을 비롯한 여러 국가의 성 설문조사 결과를 페미니스트적 관점에서 독창적으로 재해석했다. 예를 들어 만손은 스웨덴의 성매매에 대한 피할 수 없는 진실을 다르게 해석했다. 앞에서 언급했듯이 상업적인 성 서비스를 이용하는 스웨덴 남성의 80퍼센트 이상이 사업상 출장을 가거나 휴가차 외국에 갔을 때 성매매를 이용한다. 성매매는 스웨덴 내에서 상업적인 성 산업과 성매매 고객에 따라다니는 불명예 때문에 이웃 국가나 저 멀리 태국 같은 국가에까지 가서 이루어졌다. 만손은 이 부분도 착한 스웨덴 남성이 외국 문화에 의해 타락하여 퇴폐적인 관습과 부도덕한 태도를 배운다고 설명한다.[39]

북유럽과 달리 많은 나라에서는 성매매를 합법적인 활동으로 인정하고 비난하지 않는다. 그런데도 실비오 베를루스코니 이탈리아 전 총리는 2009년에 자기 집에서 열린 파티에 콜걸과 파티 걸을 불렀다는 사실을 부인했다. 베를루스코니가 부른 콜걸 중의 한 명인 아름다운 금발의 파트리치아 다다리오는 그의 저택에서 열린 파티에 자신이 참석했다는 사실을 언론에 밝혔다. 그녀는 다른 여성들과 함께 우아한 모습으로 사업가, 정치인들과 파티를 즐겼고 원하는 경우에는 잠자리까지 제공했다. 파티에 그녀들을 고용하여 베를루스코니나 그의 정부와 좋은 관계를 유지하려던 사업가들이 요금을 지불했다. 언론이 스캔들을 집중 추적한 결과 이탈리아의 사업가나 정치인들을 위한 정예의 사교 행사에는 일반적으로 파티 걸들을 초대한다는 사실이 분명해졌다.

중국 고유의 자본주의로 옮겨 가고 있는 중국에서는 온갖 종류의 사회적 변화가 발생했는데, 그중에는 전적으로 예기치 못한 변화도 있었다. 아내들은 하루 종일 직장에서 일하는 대신 파트타임으로 일하기 시작했고 일부는 완전히 일을 그만두고 남편에게만 지나치게 의지하게 되었다. 번창하는 새로운 경제에서는 남편과 협력하거나 혼자서 재산을 일군 여성 사업가뿐 아니라 젊고 아름다운 '트로피' 아내도 다시 등장했다. 사회주의 체제에서는 완전히 금지되었던 매춘이 정부나 첩, 콜걸, 출장이 잦은 사업가를 위한 '후처' 등과 함께 다시 등장했다. 정기적으로 중국 본토에 출장을 다니는 홍콩의 사업가들은 집처럼 편안하게 머물 수 있게 해 주는 후처를 두는 것이 편리하다고 생각한다. 홍콩과 중국 본토 간의 소득과 물가 격차가 크기 때문에 후처는 쉽게 감당할 수 있는 사치품이다.[40]

관료제 내에서는 새로운 부패 형태가 등장했다. 예를 들어 정부 관료의 허가와 서류가 필요한 사업가들이 신청서를 빨리 검토해주고 긍정적인 답변을 얻기 위해 사업의 성패가 달린 중요한 결정을 내려 주는 관료들에게 파티 걸이나 다른 사치품을 제공하던 과거의 관습도 되살아났다.[41]

섹시하고 아름다운 파티 걸들은 늘 최고의 비즈니스계나 정계, 상류사회에서 빼놓을 수 없는 존재다. 그들의 매력 자본은 참석한 남성과 잠자리를 하는지 여부와는 관계없이 어떤 모임에든 빛과 우아함을 더한다. 이들 집단은 그 여성들이 아름다운 외모와 우아한 매너, 매력, 세련된 옷과 보석으로 어떤 사교 행사에든 '가치'와 화려함을 더해 준다고 제대로 인식하고 있다. 홀리 고라이틀리가 21세기에도 살고 있는 것이다.

　돈으로 성적 해방감만 사는 남자들은 거의 없다. 성 접촉은 대개 패키지 상품의 일부분으로, 여기에는 뛰어난 성행위뿐 아니라 성적으로 매력적인 몸매와 아름다운 외모, 사회적 기술, 젊음이 넘치는 생기발랄함, 매력적인 옷매무새와 세련된 스타일도 포함되어 있다. 심지어 오럴섹스도 그들의 장기일 수 있다. 외모, 스타일, 건강미는 남성의 욕구를 자극하는 데 엄청나게 중요하다. 여성의 욕구는 여러 곳으로 분산되고 사회적이고 감정적이다. 연하 애인이나 남성 매춘부, 남성 스트리퍼나 남성 누드, 남성의 에로틱한 댄스 공연이나 포르노 시장이 작거나 거의 존재하지 않는 이유를 이로써 설명할 수 있다.[42]

연애라는 경험을 구매하는 사람들

　성 산업은 오직 에로틱한 여흥에 대한 남성의 요구 때문에 존재한다. 그러나 성매매 고객에 대한 연구는 성 서비스를 파는 여성에 대한 연구보다 훨씬 더 찾기 힘들다. 많은 고객이 부유하고 사회적 지위도 높다. 그래서 자신의 사생활과 익명성을 보호하는 일을 여성보다 훨씬 더 걱정한다. 늘 그렇듯이 연구 보고서들은 고객 자체에 대한 내용만큼 저자의 편견과 고정관념 또한 많이 담는 경향이 있다. 상업적인 성 산업에 대한 다수의 연구는 암묵적으로 저자가 도덕적 순수함과 전통을 존중한다고 강조하면서 성 산업을 사회의 비정상적인 요소를 보여주는 예로 취급하는 수준을 벗어나지 못한다.[43] (미국처럼) 매춘이 불법인 국가나 (영국처럼) 어느 정도 합법화된 국가에서 이루어진 연구나 (스벤 악셀 만손이 쓴 스웨덴 보고서같이) 성매매를 불법화하려는 사회운동가들의 연구는 공평하고 객관적인 분석 대신 자기 옹호적인 연구 결과[44]를 제공할 가능성이 특히 높다. 그러나 이제는 분명한 그림을 그려줄 연구 결과가 충분하다.[45] 성매매를 이용하는 남자들은 이상 성격자가 아니라 평범하고 정상적인 사람들이다.

남성의 섹스 결핍은 성 서비스와 온갖 종류의 에로틱한 여흥에 대한 수요가 발생하는 이유 중에 단연코 가장 중요하다. 충족되지 못하는 욕구는 여러 가지 형태를 띤다. 현재 배우자가 없는(미혼이나 이혼남, 혹은 홀아비) 남성에게는 매춘부를 찾아가는 것이 섹스 없는 생활에 대한 간단한 해결책이며 데이트에 돈과 시간을 들였는데도 상대 여성이 섹스에 관심이 있을지 확실하지 않은 상황에서 여자 친구의 환심을 사서 유혹하는 방법을 대신할 수 있는 효율적인 방법일 수 있다.[46] 한 달에 한 번, 즉 1년에 12번 정도도 섹스를 하지 않는, 섹스에 굶주린 결혼 생활을 하는 남편도 똑같이 중요하다.[47] 이 두 집단 모두 상업적인 성 서비스를 정기적으로 이용하는 손님이 될 수 있다. 세 번째 집단은 임신이나 질병, 배우자가 집을 떠나 있는 경우 등 여러 다른 이유 때문에 일시적으로나 영구적으로 부인과의 섹스보다 더 많이 섹스를 하고 싶거나 해야 하는 남편들로 이루어진다. 이 마지막 집단은 단골손님이라기보다는 잠깐 지나가는 성격이 더 강하다. 이 모든 집단은 대체로 전통적인 섹스를 기대한다.

전문적인 성 서비스에 대한 수요가 발생하는 두 번째 원인은 배우자가 제공하지 않는 특별한 장기 때문이다. 이러한 장기는 오럴섹스같이 아주 평범한 것부터 감정적인 전주나 구애 의식 없이 이루어지는 '거칠고 격렬한 섹스'나 항문성교, BDSM, 소수의 취향에 맞는 특별한 기술, 개인적인 환상이나 맹목적인 숭배(예쁜 발 같은)에 빠지는 성향까지 다양하다. 적어도 모든 고객의 절반과 다시 찾는 고객의 절반 이상이 이 이유를 언급한다.[48] 나는 이국적인 외국 여성의 자극을 포함하여 단지 성생활에서 다양성을 원하는 남성(그리고 여성)을 이 집단에 포함할 것이다. 서양에서는 흑인 여성과 동양 여성, 인도 아대륙 여성이 이국적인 외국 여성에 포함된다. 동아시아에서는 물론 이러한 성향이 반대로 작용하기 때문에 일본과 인도에서 가장 '이국적인' 여성은 유럽의 백인 여성이 될 것이다. 다양한 애인은 성적 접촉에 새로움과 다양성을 불어넣고 욕망을 자극한다. 미국에서 이루어진 연구 조사에서 모든 참여 남성 중 절반이 이 이유를 지목했다.[49] 이탈리아인들의 성생활 조사 보고서에 따르면 다양성에 대한 요구가 불륜의 주요한 요인이다.[50] 불륜을 저지르고 매춘부를 만나고 스트립 클럽에 자주 다니는 행동은 서로 대체할 수 있는 것으로 보인다.

전문적인 성 서비스에 대한 수요가 발생하는 세 번째 원인은 이기적인 섹스 혹은 당장에 해치우는 섹스를 선호하고 그러한 섹스에 돈을 지불할 용의가 있기 때문이다. 이러한 섹스에서는 설득이나 협상이 필요 없고, 같은 것으로 보상하지 않아도 자신이 원하는 것을 얻는다. 남성은 자신이 원하는 방식으로 자신이 원하는 시각에 상대에게 빚지는 느낌 없이 요구하면 곧바로 섹스를 하고 돈을 지불한다. 그는 그러한 섹스가 제공하는 나만의 것을 좋아한다. 어떤 남성은 이렇게 표현했다. "그녀에게 여기로 오라고 돈을 주는 것이 아니라 떠나라고 돈을 주는 겁니다.” 매력적이고 섹시한 아내를 둔 일본인 남성은 적극적인 성생활을 환영했을 테지만, 바로 이러한 이유 때문에 동료들과의 술자리를 파한 뒤에 ‘소프랜드(여성이 서비스하는 특수 독탕—옮긴이)’를 계속해서 찾아간다.[51] 내 생각에는 생활이 점점 더 풍족해지면서 이러한 수요를 자극하는 것 같다. 페미니즘도 하나의 요인으로 간주할 수 있는데, 페미니즘의 영향을 받은 여성들은 섹스에 대한 남성의 접근 방식이 덜 이기적이어야 한다고 주장했다. 또 다른 요인으로는 장시간의 근무와 잦은 출장을 수반하는 고압적인 직장 생활을 들 수 있다. 콜걸(혹은 남자 매춘부)을 이용하는 행동은 “일이나 회사와 결혼했다.”라고 말하는 독신 남성들이 선택할 수 있는 생활 방식이었다.[52] 미국에서 이루어진 연구 조사에 따르면, 남성 고객 중 3분의 1이 전통적인 관계를 맺을 시간이 없거나 전통적인 관계가 주는 책임을 원치 않는다고 말했다. 남성 고객 중 5분의 1 역시 전통적인 관계보다 매춘부를 만나는 것이 낫고, 절반이 섹스 중에 자신이 지배하는 것이 좋다고 말했다.[53] 관계를 발전시킬 필요가 없으면서도 섹스를 즐길 수 있다는 것은 많은 남성에게 사치스러운 일이다. 일부 남성에게는 우연한 성관계와 가벼운 만남, 매춘부를 만나는 일을 서로 대체할 수 있다.

　매춘부를 찾는 남성들은 그렇지 않은 남성들만큼 정상적이고 평범하다.[54] 하지만 대체로 그들은 성적 충동이 더 강하다. 모든 성 조사 보고서에서는 예외일 정도로 활발한 성생활을 하는 극소수의 남성(그리고 여성)들이 보이는데, 일반적으로 이들은 사귀는 여성이 있어도 전문적인 성 서비스를 이용한다. 전문적인 성 노동자들이 받는 가장 흔한 요청 중의 하나가 ‘여자 친구를 사귀는 경험’이라는 사실은 이 두 만남

간에 거의 차이가 없음을 가리킨다. 많은 남성이 여성을 허물없이 만나 술을 마시거나 식사를 하면서 대화를 나누고 상대 여성을 진정한 인간으로서 느낀 뒤에 정을 통하는 단계로 발전하는 것을 좋아한다.[55]

매춘에 대한 수요를 설명하고자 했던 대부분의 연구는 절대적으로 중요한 한 가지 요인을 무시했다. 모든 전문적인 성 노동자들이 신체적으로 매력적이고, 대부분 훌륭한 사회적 기술 또한 갖추고 있으며 섹스를 즐기는 연령대에 속할 정도로 젊다는 사실이다.(표 2 참조) 이와는 대조적으로 다수 고객의 매력 자본은 낮으며 본인들 또한 그 사실을 알고 있다. 미국에서 이루어진 조사에서 절반의 남성이 여성을 상대할 때 특히 사교성이 크게 떨어진다고 인정했다. 25퍼센트는 자신이 신체적으로 매력이 없다고 인정했는데, 이는 적어도 3분의 1 이상의 남성이 객관적으로도 매력이 없는 사람으로 간주된다는 의미일 것이다.[56] 비슷한 요인과 동기로 스트립 클럽 서비스에 대한 수요가 증가한다. 이 서비스는 매춘부를 찾지 않는다고 말하는 남성들이 이용하는 경향이 있다.[57] 실제로 남자들은 술집 같은 전통적인 장소에서 여성을 유혹하려고 할 때 전혀 성공 가능성이 없을 정도로 (자신의 매력 자본에 비해) 매력 자본이 많은 여성에게 접근하는 비용을 지불한다.

(성 서비스를 포함한) 에로틱한 여흥에 대한 광고는 점점 더 인터넷으로 옮겨 가고 있다. 인터넷 사이트와 휴대전화는 일대일 협상을 대체한다. 일부 사이트는 고객이 개별 매춘부나 콜걸과의 데이트에 대해 '의견'을 게시하거나 특정한 섹스 관광지에서의 경험을 기록하도록 허용한다. 이러한 의견들을 살펴보면, 남자들이 매력 자본을 완벽한 패키지로 구매하고 있고 가끔 여성의 성적 매력과 아름다운 외모에 특별히

초점을 맞춘다는 점을 알 수 있다.[58]

특히 여자 친구를 사귀는 경험을 선택할 때 남자들은 매력 자본 전체를 구입한다. 그들은 훌륭한 몸매를 바라보고 쳐다보기 위해, 아름다운 얼굴을 보기 위해, 자신보다 스무 살, 심할 때는 서른 살 어린 여성이 미소로 반겨 주는 상황을 경험하기 위해 돈을 치른다.[59] 그들이 올리는 의견들을 보면 성적 능력을 대수롭지 않게 여기는 경향이 나타나고 여성의 성격과 매너, 지능, 모든 고객을 소중하게 대하는 능력을 언급하는 데 많은 시간을 할애한다. 남자들은 즐거움을 위해 돈을 지불함으로써 자신의 이상적인 '환상 속의 여인'을 만나고 젊고 적극적인 미인과의 공상 속 데이트를 현실로 바꿀 수 있다.

대행사나 인터넷 사이트들은 사진과 실제 사실들을 제공하여 남성이 특정 타입의 여성을 선택할 수 있게 해 이 과정을 돕는다. 이 과정에서 제공하는 사실들은 모델 대행 사이트에서 전문 모델에 대해 제공하는 정보만큼 상세하다. 누드모델 사진 또한 크게 다르지 않다.

남자들이 성 접촉에서 '무언가 색다른 것'이나 '내가 원하는 것'을 얻고 상황을 '장악'하고 싶다는 얘기를 할 때는 대체로 신체적인 지배나 복종, 신비로운 행동에 대한 욕구보다는 외모나 체형, 섹슈얼리티에 자신이 선호하는 것을 얻을 수 있는 자유를 가리킨다.[60] 남성의 성적 자부심은 부러지기 쉬운 꽃이다. 잠자리에서 제대로 일을 치르지 못하는 남자들은 대개 여자를 탓한다. 그래서 일부 남성이 자신의 나이나 외모를 거짓으로 설명하거나 제대로 일을 치를 수 있게 남자를 자극하지 못한 직업 여성에 대해 불평하기 위해 인터넷 사이트를 이용하는 일은 불가피하다. 대부분의 남성은 자신이 성적으로 무척 뛰어나기 때문에 여성을 오르가슴에 이르게 하고 자신의 남자다움과 매력 자본을 증명할 수 있다는 환상을 믿는 쪽을 선택한다.[61]

인터넷 사이트에 올린 의견으로 판단해 보면, 대부분의 남자들은 직업 여성과의 섹스 경험에 전적으로 만족해하며 절반 정도가 다시 성매매를 이용한다.[62] 가끔 남자들은 매춘부나 파티 걸과 사랑에 빠져 결혼을 하기도 한다. 많은 남성이 정기적으로 만나는 여성과 실제로 친구가 되기도 한다. 공상과 현실은 가끔 하나가 된다.

마약, 알코올중독, 인신매매

콘퍼런스 참석차 암스테르담에 갔을 때였다. 나는 관광을 하기 위해 콘퍼런스가 끝난 뒤에도 그곳에 며칠 더 머물렀다. 11월 말이었는데도 날씨가 무척 추웠다. 북해에서 불어오는 북풍 때문에 다들 두꺼운 겨울 외투를 걸치고 있었다. 홍등가 지역을 지나던 나는 몸을 거의 다 드러내다시피 한 옷을 입고 있으면서도 붉은 등 아래서 편안히 앉아 있는 여성들 중에 유독 눈에 띄는 한 여성을 보았다.

그녀는 아담한 몸집에 모든 부분이 완벽해 보이는 대단한 미인이었다. 열아홉이나 스물 정도로 보이는 태국 여성 같았는데, 길고 빛나는 검은 머리에 눈이 매우 컸다. 그녀는 귀여운 하얀색 레이스로 된 바스크(겨드랑이 아래 부분부터 엉덩이까지 가리는 여성용 속옷의 일종—옮긴이)를 입고 큰 진열장 안에 꼼짝도 하지 않고 앉아 있었다. 마치 사진작가를 위해 포즈를 취하고 있는 모델처럼 보였다. 기절할 만큼 예쁘게 생긴 그녀는 살아 있다는 점만 빼면 잡지 속 속옷 광고에 나오는 여자들과 똑같아 보였다. 나는 그녀에게 마음이 쓰였다. 내가 남자라면 곧바로 그녀의 빚을 갚아 준 뒤에 그녀가 원한다면 고향으로 데려다주고 싶을 것이라고 생각했다. 다음 날 그 지역을 지나갈 때 그녀는 진열장 안에 없었고 다시는 그녀를 보지 못했다.

암스테르담에 태국 소녀가 있다니, 나는 그녀가 어떻게 여기까지 왔는지, 누가 그 비싼 항공료를 지불하고 그녀를 멋지게 꾸며 놓았는지 궁금해졌다. 하지만 '이국적인' 외국 소녀가 당연히 인신매매 조직의 희생자일 것이라는 생각은 라우라 마리아 아구스틴이 철저히 뒤집어 놓았다. 그녀는 자신의 책에서 세계를 돌아다니며 세상 구경을 하다가 혹여 돈 많은 남자와 결혼해서 자신의 사회적, 경제적 지위를 영원히 상승시키려고 계획하는 불법적, 합법적 이민자들에게는 성매매가 중요한 돈벌이라는 사실을 설명해 주었다. 아구스틴의 근거 있는 시각은 인신매매와 마약, 포주의 착취가 상업적인 성매매(와 넓은 범위의 에로틱한 유흥산업까지) 특유의 특징이라고 주장하여 성매매를 없애고 불법화해야 한다고 결론 내리는 급진적인 페미니스트들과 사회운동가들의 주된 메시지와는 극명한 대조를 이룬다. 아구스틴은 성매매 불법화가 유용한 효과를 내지 못한다고 지적한다.

상업적인 성매매와 마약 간의 연관성은 대부분의 사람들이 생각하는 것보다 약하다. 마약중독은 대체로 길거리 매춘부들에게 한정되며 매춘이 두려워 마약에 중독되는 것이 아니다. 마약중독자들은 마약 구입을 위해 빠르게 돈을 벌어야 하는데, 그들은 보통 직장에서 괜찮은 직원이 되지 못한다. 여성은 매춘이 가장 짧은 시간에 가장 많은 벌이를 제공하기 때문에 최고의 방법이라는 사실을 재빨리 깨닫는다. 슈퍼마켓에서 선반을 채워 봤자 마약 살 돈을 벌지는 못할 것이다. 그리고 마약중독자라는 사실이 알려지면 대부분의 사무직이나 전문직에서 채용할 가능성도 없고, 혹시 채용하더라도 해고할 가능성이 높다. 영국과 미국에서 이루어진 연구 결과들은 길거리 매춘부들 중에 매춘 일을 하기 전에 이미 마약을 복용하고 있었거나 알코올중독자였던 여성이 많았고 이것이 성매매 일을 하게 된 주요한 이유였다는 사실을 꾸준히 보여 준다.[63]

콜걸을 포함하여 실내에서 일하는 성 노동자는 마약을 복용하는 일이 지극히 드물고 알코올중독 여부는 알 수 없다.[64] 가장 영리한 성 노동자들은 열심히 돈을 모아 경제적인 목적에 도달하면 곧바로 일을 그만둔다.

인신매매는 가장 최근까지 성 산업에 대한 도덕적인 공황과 강력한 숙청 운동의 구실이 되어 왔다.[65] 인신매매를 언급하며 성 노동에 대한 새로운 법적 구속을 정당화하려고 노력한 영국 정부의 보고서는 하나의 예에 불과하다. 이 보고서는 크게 어림짐작하면 4000명의 여성이 성매매를 위해 영국으로 인신매매되었다고 추정했는데, 이 정도의 수치는 매춘에 관련되었다고 추정되는 8만 명의 5퍼센트에 해당할 뿐이다.[66] 인신매매에 대한 과장된 추정치를 고려하면 실제 비율은 아마도 2~3퍼센트에 가까울 것이다. 영국 정부는 소수가 법을 어기고 있다는 이유로 산업 전체를 법적으로 금하려고 했다. 인신매매는 납치, 불법 감금, 갈취에 관한 법률과 이민 규칙에 덧붙여 인신매매를 범죄화한 유엔의정서가 촉구한 신규 법률에 따라 이미 처리되고 있다. 따라서 경찰이 법률을 집행할 의사만 있다면, 기존의 법률만으로도 충분히 그 문제를 처리할 수 있다. 상업적인 성매매를 공격하는 법률은 일부 식당 주방이 비위생적이고 불법 이민자를 고용한다는 이유로 전국의 모든 식당과 카페를 폐쇄하는 조치에 해당한다.

매춘을 다룬 페미니스트들의 문서에는 여성이 포주나 관리자 같은 남자, 혹은 인신매매범에 의해 착취당하고 있다는 사실이 기본적인 주제로 등장한다. 포주 경제학에 대해 신선할 정도로 경쾌한 분석을 제시한 '괴짜경제학' 팀은 아주 다른 이야기를 전한다. 성 노동자들은 포주를 이용할 때 더 많은 돈을 벌고 더 짧은 시간 동안 더 안전하게 일한다는 것이다. 미국의 길거리 매춘부들 또한 포주를 이용하여 체포를 피한다. 이러한 이점을 누리는 대신 경찰에게 공짜 성 서비스를 요금으로 지불하지만 말이다. 이는 괜찮은 물물교환의 예이다. 미국의 포주들은 자신이 끌어들이는 모든 사업에서 25퍼센트의 수수료를 취한다. 하지만 길거리 매춘부들은 혼자 일할 때보다 포주를 자신의 대리인으로 삼고 일할 때 돈을 더 많이 번다. 남자 포주는 여자들이 쉽게 접근하지 못하는 장소에서 남자들에게 직접 서비스를 광고할 수도 있고 돈을 많이 쓰는 더 나은 고객층을 끌어들일 수 있다. 이는 서로에게 이익이 되는 거래이다.[67] 비슷하게 콜걸도 수수료율이 높은데도 사무실 관리자의 서비스를 소중하게 생각한다. 그들의 서비스가 안전성을 높여 주고 위험을 줄이고 요금을 올려 주고 직업생활과 사생활 간의 건전한 간격을 유지하는 데 도움을 주기 때문이다.[68] 새로운 방법으로 등장한 인터넷 광고는 여성이 직접 맺은 모든 계약에 책임을 져야 하기 때문에 위험할 수도 있다. 대리인은 대개 수수료를 받는다.

모든 사람이 에로틱한 여흥을 제공하는 데 적합한 것은 아니다. 따라서 매력 자본을 갖추고 에로틱한 일에 적합한 사람들은 상당한 보상과 이익을 받는다.

에로틱한 여흥을 제공하는 사람들이 소득이 많은 것은 가장 눈에 띄고 중요한 이점이다. 하지만 학계의 연구에서는 이 사실을 종종 무시한다. 전문직, 기술직, 관리직(기자와 학자를 포함하여)에서 상당한 봉급을 받는 사람들은 자격증이 거의 없거나 전혀 없어서 비숙련직이나 저임의 일자리 외에는 선택할 수 없는 사람들이 느끼는 금전적인 매력을 간과하기 쉽다.[69] 새로 옮겨 간 나라에서 친구나 지인이 거의 없거나 전혀 없는 이민자는 항공 요금 때문에 받은 대출금이나 다른 비용을 될 수 있는 대로 빨리 갚고자 할 때 저임의 고된 가사노동과 에로틱한 여흥이나 섹스를 파는 고임의 일자리 중에서 흔히 후자를 선택한다. 라우라 아구스틴은 남미 출신의 여성 이민자들이 스페인의 주요 고속도로에 늘어선 술집이나 호텔에서 잠깐만 일해도 대출금을 순식간에 갚을 수 있다는 사실을 지적한다.[70]

이민 노동자는 다들 가난하고 교육을 받지 못했다고 생각하는 경향이 있다. 물론 일부는 그러하다. 하지만 모두들 외국에서 더 나은 삶을 살아보려는 동기를 품고 있다. 고학력의 이민자가 다수이고 그들은 단지 유럽과 북미의 소득과 생활수준이 너무 높기 때문에 상대적으로 가난한 것이다.

학계의 사회과학자들은 매춘의 주요한 동기가 경제적 문제라는 사실을 '발견한'다는 점에서 놀라울 정도로 순진하다.[71] 이 정도의 이해력은 공장이나 가게, 사무실에서 매일 힘들게 일하는 사람들의 주요한 동기가 돈 때문이라고 설명하는 수준과 비슷하다. 돈을 받고 하는 일은 당연히 일을 하고 받는 보수 때문에 하는 것이다. 그것은 자선 행위나 기부를 위한 일이 아니다. 금융 서비스 산업에 종사하는 사람들(대부분이 남자들인데)은 가능한 한 짧은 시간 안에 많은 돈을 벌기 위해 그 산업에 몸담는다. 그들은 외환 거래를 진정으로 사랑해서, 인수와 합병 컨설팅이 지적으로 자극적이어서, 혹은 보험과 파생상품을 판매하는 일이 세상을 더 나아지게 만들 것이어서, 기업의 대출금을 조정하는 일이 창의적인 과정이라서 금융 서비스 산업에 종사하는 것이 아니다. 그들은 돈을 벌고 많은 수수료를 챙기고 수익을 내기 위해 그 산업에 종사한다. 이 남자들은 조금 더 탐욕스러울지도 모르고 때로는 부도덕한 모습을 보여 주기도 한다는 점을 제외하면 상업적인 성 산업과, 더 넓게 보면 유흥 산업에 종사하여 돈을 버는 사람들과 전혀 다르지 않다. 많은 학자들이 성 노동자의 성격, 집안 배경 같은 특징이나 고객과의 관계에 초점을 맞추고 그 활동의 주요한 목적이 상당한 소득이라는 점은 언급하지 않는다.[72] 탐욕이라는 것은 좋을 수도 있고 나쁠 수도 있지만, 자본주의 사회에서 이루어지는 거의 모든 활동의 특징이다. 전문적인 성 노동자들이 다른 점은 그들이 대개 밥벌이를 하는 동시에 고객을 행복하게 만들고 외모 또한 훌륭하다는 점이다.

성 노동자의 소득은 여성이 학력에 따라 할 수 있는 다른 일자리의 소득 수준보다 두 배에서 마흔 배 더 많다. 태국 마사지실에서 일하는 아가씨들은 가정부보다 열 배는 더 많이 번다.[73] 2008~2009년에 뉴욕과 샌프란시스코의 스트립 클럽 댄서들은 하룻밤에 500달러까지, 경우에 따라서는 그 이상을 벌 수 있었다.[74] 미국의 길거리 매춘부들은 일반적인 일을 하는 여성보다 네 배는 더 많이 번다.[75] 아무런 자격증이 없는 아가씨라도 매력적이고 젊다면 기술이 전혀 필요치 않은 일을 할 때보다 천 배는 더 많이 벌 수도 있다. 일한 대로 돈을 받는 일이나 자영업의 경우처럼 소득은 개인의 재능에 따라, 자신에게 어울리는 곳에 있는가에 따라 달라진다. '태도가 제대로인' 여성, 즉 손님과 쾌활하게 시시덕거리는 여성은 예쁘지만 쌀쌀맞은 테이블 댄서보다 하룻밤에 두 배 이상 벌 수 있다. 미국의 스트립 댄서들은 하루 일하고 벌 수 있는 액수보다 두 배, 세 배, 아니 네 배까지도 더 벌 수 있다.[76] 마지못해 일하는 모습이나 시무룩하게 고객을 대하는 태도는 대개 드러나기 마련이고 실제로 자기 일에 맞지 않는 여성들이 있다.[77]

부분적으로 소득은 여성이 시장을 판단할 수 있는가에 따라 좌우되며 수요와 관심도에 따라 달라진다. 인기 있는 콜걸은 고객이 감소하는 상황을 겪지 않으면서도 시간당 요금을 300달러에서 500달러로 꾸준히 올릴 수 있다.[78] 적정 요금은 지방 도시보다 대도시에서 훨씬 더 높은 경향이 있다. 매춘이 불법인 국가에서는 희소성과 높은 위험도 때문에 매춘이 합법화된 국가보다 성매매 요금이 높을 수 있다.[79] 그러나 1960년대의 성혁명으로 남자들이 결혼 생활 밖에서 자유롭게 성관계를 가질 수 있게 되면서 수요와 소득은 급격히 감소했다.[80] 유럽의 성매매 요금은 유럽연합이 확대돼 더 낮은 요금을 제시하는 동유럽 여성들이 유입되면서 수십 년 동안 변동이 없는 상태이다.[81]

오늘날의 성매매 요금은 평범한 일자리보다 상당히 높지만, 특히 젊은 여성은 과거에 훨씬 더 높았다. 1750년의 런던에 대한 연구를 보면, 당시의 소득 불평등이 훨씬 심했기 때문에 현대의 기준으로 볼 때 성매매 요금이 천문학적으로 높아 보인다. 아름다운 젊은 여성의 처녀성은 런던 노동자의 1년 임금인 50파운드의 세 배에서 여덟 배, 여자 하인의 1년 임금인 4파운드의 백 배에 해당하는 150파운드에서 400파운드의 가격에 팔릴 수 있었다. 아가씨의 첫 경험 이후에는 요금이 훨씬 낮아졌지만, 매력적인 젊은 여성은 그래도 한 번 잠자리를 제공해서 당시 런던의 하녀가 받던 1년 임금의 절반인 2파운드 넘게 벌 수 있었다.[82] 매춘 산업은 런던 경제에 크게 기여했다. 이렇게 높은 요금은 19세기까지 줄곧 계속되어 매춘부는 다른 노동계층 여성이 일주일에 벌 수 있는 돈을 하루에 벌 수 있었다.[83]

성 산업은 오늘날에도 수익성이 높다. 미국 네바다 주의 사창가는 주인과 일하는 아가씨 모두에게 높은 수익을 안겨 준다.[84] 폰섹스 일을 하는 여성은 다른 일을 할 때보다 두세 배는 더 벌 수 있을 정도로 수익성이 좋기 때문에 그 일을 선택한다. 또한 그들은 겉으로 드러나지 않기 때문에 좋은 옷이나 화장품, 머리 손질에 돈을 쓸 필요가 없다.[85] 런던의 콜걸들은 2002년에 시간당 300파운드 이상을 벌었다.[86]

자카르타의 파티 걸과 술집 아가씨들은 빈민 지역에 살면서도 드문드문 잠자리를 제공하는 것만으로 사무직 아가씨보다 네 배는 더 많이 번다. 그들은 가정부에게 모든 집안일과 세탁을 맡기고 우아하게 살면서 가족에게 돈을 보내기까지 한다.[87] 젊은 미혼 여성뿐 아니라 결혼한 중산층 여성까지 가담하는 등 자카르타의 성매매가 다른 일부 도시보다 엉성한 체계를 보이지만 근원이 되는 정신은 어디에서든 똑같다.

'돈이 없으면 사랑도 없다.' 술이나 몇 잔 사 주고 운 좋게 여자랑 잘해 보려던 남자 관광객은 상대 여성이 재산과 씀씀이의 관점에서 자신을 평가한 뒤 단칼에 거절하는 모습에 당황할 수도 있다.[88]

일본의 호스티스 요금과 도쿄 술집의 술값은 터무니없을 정도로 비싸서 자기 돈으로 여흥을 즐길 수 있는 남성은 거의 없다. 대부분 술집에서의 집단 회식은 경영진이 준비하고 회사가 비용을 대 준다. 호스티스의 급료는 남부럽지 않은 생활을 보장하고, 최고의 술집에서 일하는 아름답고 우아한 차림의 아가씨들은 급료가 매우 많다. 술집 호스티스와 '소프랜드' 아가씨들은 사무직 여성보다 서너 배는 더 번다.[89] 이제 일본에서 매춘은 원칙적으로 불법이지만, 매춘을 대하는 태도는 상당히 너그러워진 편이다. 10대 여학생들은 나이 든 아저씨와 몇 시간만 보내도 400파운드를 벌 수 있고 그 돈으로 최신 유행 옷과 액세서리를 살 수 있다. 매력적인 젊은 여성은 상점 점원 시급의 40배에서 50배를 벌 수 있다.[90]

나이지리아에서는 성매매와 돈 많은(기혼) 남성의 정부나 여자 친구가 되는 것 사이에 정확한 구분선이 없다. 어느 때나 남성은 모든 유흥비를 지불하고 여성에게 선물이나 현금을 넉넉하게 풀어야 한다. 이 경우에도 다들 동의하는 원칙은 '돈 없는 연애는 성립하지 않는다.'이다.[91] 매력적인 젊은 여성과 학생들은 자신의 기회를 최대한 이용한다.

풍부한 금전적 보상 외에 개인적인 이익과 심리적인 이익도 있다. 기본적으로 이러한 이익은 연예산업의 '보이지 않는' 부문에 속한 여성들이 얻기 때문에 길거리 매춘을 강조하는 경우에는 그 이익이 간과된다.[92]

자신의 매력 자본을 이용하면서 살아온 여성은 훌륭한 남자든 역겨운 남자든 남자를 다룰 때 특히 자신감을 얻는다. 여성들의 사회적 기술은 더욱 발달하기 때문에 다양한 상황과 사람들을 다룰 수 있다. 그들은 성적으로 더욱 해방되고 모험을 즐긴다. 폰섹스 상담만 한 여성도 다양한 성행위를 정신적으로 답사했기 때문에 자기 삶의 가능성에 대해 더욱 관대해지고 너그러워진다. 폰섹스 상담을 하거나 스트립 클럽에서 춤만 춘 여성이든 '혼음'을 즐긴 여성이든 다들 성적으로 덜 복종하게 되고 사회적으로 주도적이고 자신 있게 행동하며 성관계와 남녀 관계에서 지배적인 위치를 점하는 데 익숙해진다.[93]

자신감이 커지고 남성과 동등하다는 의식을 품고 복종보다는 독립에 초점을 맞추는 이 모든 행동은 가장 가부장적인 문화에서도 연이어 생겨난다. 20세기 중반에 게이샤로 살았던 사요 마수다의 회고록을 보면, 그녀가 지적으로 독립되어 있었고 돈 많은 남자 손님들을 조종할 수 있었다는 사실을 알 수 있다. 이는 지주 가족의 유모로 비참할 정도로 가난하고 굴욕적으로 성장했던 그녀의 어린 시절을 고려해 보면 더더욱 주목할 만하다. 빅토리아 시대의 매춘에 대한 연구는 놀랍게도 여성의 독립적인 성격에 주목한다. 빅토리아 시대에 복종적이던 대부분의 영국 여성과는 대조적으로, 파트타임으로나 주기적으로 몸을 팔던 여성들은 순종을 모르고 독립적이고 도전적이었으며 심지어 공격적이기까지 했다. 그들은 무엇보다도 자유를 가장 중요하게 생각했고 남자들과 협상하는 방법을 알고 있었다.[94] 개척 시대의 미국 서부 지방의 기운 넘치고 독립적인 성 노동자들의 태도는 줄리 크리스티가 출연한 「맥케이브와 밀러 부인」이나 클라우디아 카르디날레가 출연한 「원스 어폰 어 타임 인 더 웨스트」 같은 다수의 영화에서 제대로 묘사되었다.[95]

여기서는 네 가지 과정이 작동하는 듯하다. 먼저 상업적 성 산업과 에로틱한 여흥에는 늘 자기 선택적인 요소가 작동한다. 자신에게 관련 재능이 전혀 없음을 깨달은 여성은 매우 빠르게 물러난다. 두 번째로 딸에게 유순하고 복종하고 '공손해야' 한다고 가르치는 엄마(나 아빠)의 압제적인 영향력과 사회화 과정을 겪지 않고 2~3년 정도 상업적인 성 산업에 머물 수 있을 만큼 성공한 여성의 수는 비대칭적으로 증가해 왔다. 세 번째로 평등(혹은 우월함)을 근거로 남성을 대하는 행동은 여성의 성격에 항구적인 영향을 미친다. 네 번째로 여자가 보통 할 수 있는 일보다 성 서비스를 팔아 훨씬 더 많은 돈을 벌 수 있다는 사실을 깨달은 여성은 고소득 직업에 종사하는 남자들이 종종 보여 주는 의연한 자신감을 갖는다.[96]

자신의 매력 자본을 적극적으로 이용해 온 여성은 하나의 인격체로서 자신의 가치와 자신의 섹슈얼리티의 가치, 더 넓게 보면 자신의 매력 자본의 가치에 대해 더욱 강화된 의식을 형성한다. 그들은 남자들이 본인에게 유리하게 관계를 지배하도록 놔 두지 않으며 여성과의 협상이나 관계에서 최종 결정권과 발언권이 당연히 자신에게 있다고 생각하는 남성을 존중하지 않는다. 이러한 결과는 콜걸이나 랩댄서, 스트립 댄서, 호스티스, 폰섹스 상담원으로서의 경험이나 지극히 드물지만 집단 섹스파티에 (돈을 받지 않고) 참여하거나 혼음을 해 본 경험, 다시 말하면 아무리 일시적이라도 에로틱한 여흥에 관여해 본 여성의 경험에서 생겨나는 것이다.[97]

성매매 산업에 종사하든 사무실이나 가게, 공장에서 평범한 일을 하든 다들 살면서 불쾌한 사람을 만나고 불쾌한 경험을 한다. 완벽한 사람은 아무도 없고 가끔 일이 잘못되기도 한다. 어떤 사람들은 무례하고 오만하고 폭력적이기까지 하다. 하지만 여성은 자신이 대부분의 어려움을 처리할 수 있고, 최악의 남성은 애처롭고 야비하며, 여성이 남자가 원하는 무언가를 항상 갖고 있다는 사실을 깨달음으로써 자신감과 자존심을 얻는다. 이러한 심리적인 변화는 영원히 지속되는 경향이 있고 이렇게 현실을 파악한 여성은 '건방진 태도'를 취한다.

역설적이게도 현대의 많은 성 연구 강좌는 남성의 열등함이 이데올로기적으로 정당함을 증명하거나 남성이 여성을 착취하고 학대하는 데 분노를 표시함으로써 젊은 여성들의 '건방진' 태도를 증가시키려고 노력한다. 태도와 가치관의 변화는 흔히 일시적이어서 잘생긴 남자 친구가 새로 생기면 사라지고 만다. 물론 그 남자 친구는 이기적이고 지나치게 많이 요구하고 권력을 휘두르거나 무심할 뿐이다. 또한 그러한 변화는 페미니즘의 근거 없는 믿음과 모순되는 증거를 우연히 알고 나면 무너지고 만다. 일례로 학생들은 스웨덴을 비롯한 스칸디나비아 국가들이 이제껏 광고되었던 것처럼 현대 여성의 이상향이 아님을 알고 종종 충격을 받는다. 실제로 스웨덴 남녀의 급료 차이는 유럽 평균 수준이고 직업의 성차별은 OECD 국가들 중에 가장 심하며, 채용과 해고 정책을 이용하여 여성의 직장 내 승진을 막는 보이지 않는 장벽은 미국보다 더 높고 두껍다.[98]

많은 남자들이 자신감 넘치는 여성을 좋아하지 않는다. 남자들은 여성이 성 연구 강좌에서 이해한 도전적인 태도에 대해 자주 불평한다. 그들이 자신의 매력 자본이 어떤 가치를 지니는지 아는 여성을 경계하는 것은 당연하다. 사리사욕에 빠진 남자가 직업적인 성 노동자에게 오명을 씌우고 자신의 매력 자본을 이용하는 여성을 경시하는 경향을 보이는 데는 중요한 이유가 있는 것이다.

연예산업과 상업적인 성 산업, 광고업 모두 여성(과 남성)의 매력 자본의 가치가 어느 정도까지 높을 수 있는지 보여 줄 뿐이다. 엘 맥퍼슨, 지젤 번천 같은 최고의 사진 모델들은 젊은 나이에 백만장자가 되었다. 또한 그들은 전체로서의 매력 자본이 최고로 가치가 있다는 사실을 입증했다. 길거리 매춘부의 서비스 요금이 술집 호스티스나 스트립댄서, 동반 여성, 파티 걸, 콜걸과 지내는 시간당 요금보다 일반적으로 훨씬 낮다는 사실이 입증하듯이, 좁은 의미의 기본적인 성 서비스 가격은 크게 낮을 수 있다. 전통적으로 여성의 매력 자본을 높이 평가하고 섹스에 대해 청교도 특유의 심적 장애를 비교적 느끼지 않는 일본에서는 매력적인 젊은 여성이라면 남성과 합석하여 상대를 편안하게 상대해 주는 것만으로도 상당히 많은 돈을 벌 수 있다.

일부 학자들이 인정하듯이 왜 더 많은 여성들이 특히 성적 충동이 가장 강하고 남자에게 가장 매력 있게 보이는 35세 이전에 에로틱한 여흥을 팔지 않는지 궁금할 뿐이다.[99] 그 대답은 이미 3장에서 제시했다. 가부장적인 남자들이 여성을 성모 마리아와 창녀로 이분하여 여성이 잠시라도 상업적인 성 활동을 하지 못하게 하고 성매매 자체를 욕되게 만들기 때문이다.

능력 위주의 자본주의적 가치관 아래서는 개인적인 이익을 위해 자신의 인적 자본을 이용하는 사람을 존경한다. 나는 매력 자본이 지닌 가치를 최대한 이용하는 사람들이 왜 똑같이 존경받지 못하는지 그 이유를 알 수 없다.

7 직장 생활을 좌우하는 매력 자본

연예와 접대 산업에서, 더 일반적으로 이야기하면 서비스 부문에서 신체적, 사회적 매력이 어떻게 주목받는 자산이 될 수 있는지는 쉽게 이해할 수 있다. 매력 자본은 관리직이나 전문직과는 상관이 없어 보일 수도 있다. 고위층에 있는 사람들은 전문 기술과 지식, 경험 등 전문 분야에서 증명할 수 있는 능력 때문에 채용된다. 그러나 상위 계층의 직업군에서도 외모와 사회적 매너는 영향을 미칠 수 있다. 이와 비슷하게 모든 노동자들에게 '외모 프리미엄'이 적용된다. 안타깝게도 여기에는 성차별이 매우 뚜렷이 나타난다. 여성이 남성보다 일반적으로 외모가 더 낫고 매력적이라고 평가되는데도 여성의 임금 인상폭은 남성보다 낮다. 서양의 고용과 채용, 승진 결정에 대한 다수의 연구들은 늘 남성의 매력보다 여성의 매력에 대해 모순되는 모습이 많이 나타나고, 매력에 대한 금전적인 보상이 여성보다 남성에게 훨씬 더 많이 제공됨을 알려 준다. 숨겨진 성차별이 존재하는 새로운 분야인 것이다.

매력 자본의 경제적 수익은 큰 키의 뚜렷한 수익과 비교할 수 있다. (특히 남성의 경우) 직장에서 키가 커서 얻는 이익은 문제시되지 않지만, 외모 프리미엄은 적어도 앵글로색슨계 국가에서, 특히 여성 중에는 부당하거나 차별적이라고 이의를 제기하는 경우가 흔하다. 이러한 모순된 태도는 더 심한 성차별을 드러낸다. 어쩌면 매력 자본이 중요한가 아닌가에 모순된 태도를 보이지 않는 국가에서는 외모 프리미엄이 더 클 것이다.

연예산업에서 매력 자본의 수익은 아름다운 외모와 몸매, 혹은 섹슈얼리티같이 주로 신체적인 요소에서 비롯된다. 평범한 노동시장에서는 매력 자본의 사회적인 측면, 즉 자기표현 기술과 옷 입는 기술, 사교술과 설득력, 타당성과 사회적 활력이 가장 귀중하다. 성적 매력을 공공연히 드러내 보이는 행동은 특히 여성으로서는 부적절한 행동으로 보일 수 있다.

아름다운 여성이 채용에 불리한 이유

매력 자본의 수익에서 나타나는 성차별은 관리직이나 전문직에서 가장 심하다. 신중하게 통제된 연구실 실험에 따르면, 관리직 지원자 중에서 우수하고 매력적인 여성 지원자는 우수하고 매력적인 남성 지원자만큼 적합하다는 평가를 받지 못한다.(선택된 예는 판매 관리직이었는데, 이 자리는 여성과 남성 모두 접근 가능하다.) 그러나 매력적이지 않은 우수한 여성 지원자는 그 자리에 적합하다고 평가받는다. 심리학자들은 매력적인 여성 후보에 대한 차별이 남성성과 여성성에 대한 고정관념 때문이라고 설명한다. 매력적인 남성과 매력적이지 않은 여성은 다른 사람들보다 더 남자답고 의욕적이고 이지적이고 결단력이 있어서 관리직에 필요한 특성을 갖춘 것처럼 보인다. 이러한 논리 뒤에는 매력적이고 여자다운 여성은 성공한 남성과 결혼하면서 쉽게 곁길로 빠지기 때문에 자기 일에 집중하지 못한다는 가정이 숨어 있다. 노련한 채용 면접관조차 매력적인 남성과 여성 모두 호감 가고 고용할 만하다고 평가하고도 조심스럽게 남자 지원자를 선택한다.[1] 실제로 매력은 성격이나 가치관, 인생의 목표와 관련이 있다고 간주되고, 특히 관리직 같은 고위직 여성에게는 올가미가 될 수도 있다.

일부 자격증은 고정관념을 무효로 만들 수 있다. MBA를 취득한 사람들은 충분히 의욕적이고 직업에 헌신하는 사람으로 여겨져 관리직에 진출하기가 어렵지 않을 수 있다. 미국 동부 대학 출신의 MBA 졸업생이 어떤 직업적인 성공을 거두었는지 알아본 적이 있었는데, 각 졸업생의 매력을 독립적으로 평가하기 위해 MBA 과정을 시작할 때 찍은 사진을 이용했다고 한다. 이 연구 결과에 따르면 매력은 남성의 초임을 높여 주었고 관리직의 연봉 증가 속도를 높여 주었다.(적어도 매력 때문에 남자들이 실격하지는 않았다!) 하지만 매력적인 여성은 직장 생활을 한참 한 뒤에야 연봉이 인상되었다. 5단계로 매긴 매력의 각 단계에서(표 1) 연봉은 약 2500달러씩 증가했지만(1983년 물가로, 오늘날보다 두 배가 넘는다.), 외모 프리미엄은 일반적으로 여성보다 남성이 더

높았다.[2]

미국 유수의 법대 졸업생에 대한 비슷한 연구에서도 일자리와 고액 연봉의 관점에서 볼 때 매력이 직업적인 성공 가능성을 크게 높여 준다는 사실이 밝혀졌다.[3] 이 법대 졸업생들은 졸업 연도가 20년이나 차이가 나도 능력이나 법대 경력 면에서는 놀라울 정도로 같은 집단이었다. 그러나 한 가지 예외가 있었다. 졸업 동기들 간에 정도의 차이는 있었지만, 여성 변호사들이 독립적인 심사원들에 의해 남성 변호사들보다 아주 월등히 외모가 훌륭하다고 평가받았다.[4] 이 변호사들에게서 매력과 능력 간의 연관성은 찾을 수 없었다. 그렇다 해도 평균 이상으로 외모가 훌륭한 변호사들은 다른 모든 요인이 같으면 외모가 평균 이하인 변호사들보다 1년에 10~12퍼센트를 더 번다.[5] 여기에서도 외모 프리미엄은 초임보다 일단 직업을 갖고 자기 능력을 입증한 뒤에 임금이 상승할 때 더 크게 작용한다. 훌륭한 외모는 남성의 초임을 올리지만, 여성의 초임은 올리지 않는다는 점도 주목할 만하다. 우리는 이 경우에서도 지적이고 학력이 높을 뿐 아니라 매력적인 여성에게 고용주들이 모순된 태도를 보인다는 사실을 알 수 있다.

법대와 MBA 졸업생에 대한 장기적인 연구에서 어떤 인과관계가 있는지에 대해서는 의심할 바가 없다. 사진은 졸업하기 훨씬 전인 법대와 MBA 과정을 시작할 때 찍었다. 졸업생들은 자기 학교 졸업생의 취업 결과를 모니터하는 각 대학의 설문조사에서 이후의 소득을 보고했으며 그 덕분에 1년에서 15년 뒤의 소득에 대한 정보를 수집할 수 있었다. 성공한 사람들은 '아름다운 외모'를 살 수 있지만, 이 요인이 장기적인 연구 결과를 무효로 만들지는 않는다. 또한 학과 과정을 시작할 때 부모의 재산이 학생의 매력을 높여 주었다는 징조는 없었다.[6] 따라서 이 연구들은 매력 자본 자체가 노동시장에서 소득을 높인 원인임을 결정적으로 증명한다.

고용주의 차별은 고위 직종을 지원하는 아름다운 여성에 대한 차별을 제외하고는 외모 프리미엄에서 아무런 역할도 하지 않는다. 매력적인 사람들을 더욱 긍정적으로 만들고 사회적으로 유능하며 영리하고 능숙하게 상호작용할 수 있는 모든 사회적 과정뿐 아니라 고연봉 직업에 대한 자발적인 선호가 노동시장에서 가장 기본이 되는 요인인 듯하다. 더욱 매력적인 변호사들은 평균 연봉이 더 높은 민간 부문과 대형 로펌으로 자연스럽게 몰려갔다. 매력적인 자영 변호사들이 기업에 취직한 매력적인 변호사보다 훨씬 더 많이 벌었기 때문에 고용주의 차별은 확실히 하나의 요인이라 할 수 없다. 의뢰인들은 잘생긴 변호사를 선호하며, 다른 연구에서도 매력적인 변호사가 법정에서 더 나은 결과를 얻기 때문에 의뢰인을 더 많이 받고 업무를 다시 맡을 수 있다는 사실을 입증했다.

매력의 가장 큰 이익은 민간 부문에서 연봉 인상으로 나타나는데, 의뢰인들이 인식하는 대로 성공률과 서비스의 질, 산출량과 확실히 관계가 있다. 졸업한 지 15년 된 매력적인 변호사는 민간 부문에서 1년에 1만 200달러를 벌지만, 다른 요인을 제외하면 공공 부문에 취직한 경우보다 3200달러가 많을 뿐이다.(1983년 물가이기 때문에 오늘날에는 두 배 이상일 것이다.) 가장 매력적인 변호사들은 매력 자본 수익이 가장 높은, 소송 변호사로 일한다. 매력적인 남자 변호사는 로펌 파트너로 일찍이 승진할 가능성이 20퍼센트 더 높지만, 여성 변호사가 파트너로 조기 승진할 가능성은 매력 때문에 낮아지는 것처럼 보인다.[7] 매력이 관리직 진출에 방해가 되는 경우와 마찬가지다.

다른 분야와 마찬가지로 지식경제에서도 뛰어난 외모와 그와 관련된 사회적 기술은 구체적인 이익을 가져오며 그 이익은 소득으로 가장 쉽게 측정할 수 있다. 아마도 자기실현적인 예언 때문에 신체적인 매력이 관리직과 전문직의 생산성을 높이는 것 같지만, 대부분은 매력적이고 호감 가는 사람들이 함께 일하기 쉽고 더 설득력이 있기 때문이다. 매력 자본의 사회적 기술 요소는 자기표현 기술 및 세련된 스타일과 함께 핵심적인 요인이다.

노동시장의 외모 프리미엄

특정 직업에 대한 사례연구 결과는 전체 노동자, 즉 평범한 사람들에게는 적용하지 못할 수도 있다. 이 경우에는 정말로 국가별 연구 결과가 필요하지만 실제로 이러한 연구는 드물게 이루어진다.

지금껏 세 개의 데이터세트만이 응답자의 직업과 소득에 대한 정보뿐 아니라 응답자의 외모에 대한 면접자의 평가를 포함하고 있는데, 두 건은 미국에서, 한 건은 캐나다에서 수집되었다. 절반이 넘는 남성과 여성의 외모가 평균으로, 4분의 1에서 3분의 1이 평균 이상으로, 10분의 1 정도가 평균 이하로 평가되었다.(표 1 참조) 이 세 연구 결과는 지금까지 유일하게 외모와 소득에 관한 정보를 보고한 일반 인구조사이기 때문에 아주 자세히 검토했다. 항상 그렇듯이 연구 결과를 분석하고 나면 남녀 간에, 그리고 평가 방법에 따라 외모 프리미엄의 크기가 다르다는 점을 알 수 있다.[8] 그 크기의 절댓값은 다른 요인의 차이보다 항상 크지만, 다수의 연구가 다른 요인을 통제하는 방식에서 서로 다르다.

못생긴 사람들은 평범하게 생긴 사람들보다 적게 벌고, 평범하게 생긴 사람들은 잘생긴 사람들보다 적게 번다.[9] 외모 프리미엄과 못생긴 외모로 인한 불이익을 합치면, 전체적인 영향은 상당히 크다. 북미에서는 매력적인 남성이 평균적으로 매력적이지 않은 남성보다 14~27퍼센트를 더 번다. 매력적인 여성은 매력적이지 않은 여성보다 12~20퍼센트를 더 번다. 매력적인 외모와 사회적 매너를 꾸준히 유지하는 사람들은 외모나 스타일이 시간이 지나면서 변하는 사람들보다 경제적으로 더 크게 성공한다.

예외적일 정도로 뛰어난 외모의 소득 프리미엄은 적어도 북미 지역에서는 심각하게 못생긴 외모 때문에 겪는 불이익보다 적은 경향이 있다. 이러한 양상은 이탈리아나 브라질처럼 사람들이 별 부담없이 에로틱 파워를 높게 평가하는 문화에서는 달라질 수도 있다. 또한 매력 자본이 미치는 영향은 아마도 이 세 건의 조사가 시행된 1980년 무렵보다 오늘날이 훨씬 더 클 것이다.

세 건의 조사 모두에서 매력 프리미엄과 못생긴 외모로 인한 불이익은 18세에서 30세의 가장 젊은 연령집단에서 극심하게 나타났는데, 이는 매력 자본이 업무 경험과 자질이 크게 축적되지 않은(인적 자본이 적다.) 젊은 사람들에게 특히 중요하다는 의미이다. 대신 매력 자본의 가치는 아름다움의 기준이 높아지면서 세대와 시간이 지남에 따라 높아진다.

외모 프리미엄과 못생긴 외모로 인한 불이익은 지능의 차이나 사회 계층, 자신감, 면접자의 편견으로 설명되지 않는다.[10] 또한 매력의 영향은 키나 몸무게에 그 원인을 돌릴 수 없으며, 키와 몸무게 모두 소득에 독립적으로 영향을 미친다.[11]

북미 지역의 연구 결과는 최근에 나이가 33세인 사람들의 외모와 키, 체질량지수, 소득에 관한 정보를 수집한 영국의 연구에 의해 확인되었다.[12] 북미 지역의 연구 결과와 마찬가지로, 매력은 여성의 소득보다는 남성의 소득에 더 강한 영향을 미치고 못생긴 외모로 인한 급료상의 불이익은 뛰어난 외모 때문에 받는 보상보다 더 크다.

우선 외모는 일자리를 잡을 가능성에 영향을 미친다. 키가 크고 작은 사람들 사이의 차이와 마찬가지로 매력적인 사람들과 그렇지 않은 사람들의 취직률은 10퍼센트포인트 차이 난다. 놀랍게도 비만은 일자리를 잡을 가능성에 영향을 미치지 않지만 소득은 떨어뜨린다. 매력적이지 않은 사람들로 이루어진 집단과 매력적인 사람들로 이루어진 집단의 소득을 비교해 보면, 매력적인 사람들의 소득이 훨씬 많다. 남성은 20퍼센트, 여성은 13퍼센트 더 많다. 특히 남성은 전문직과 서비스직 소득의 상승폭이 여전히 상당하다.(표 4) 키가 큰 사람들의 소득 역시 키가 작은 사람들에 비해 상당히 높았다. 남성은 23퍼센트, 여성은 26퍼센트 더 높다. 그러나 비만인 사람들의 소득은 보통인 사람들보다 13~16퍼센트가 적다.[13]

미국뿐 아니라 영국에서도 외모 프리미엄은 부분적으로 자발적 선택 때문에 발생한다. 외모가 훌륭한 사람들은 매력이 장점이 되는 판매

	외모 변화로 얻은 시간당 소득의 평균 증가율	
	남성	여성
전체 노동자		
매력적인 외모 vs. 매력적이지 않은 외모	+20	+13
큰 키 vs. 작은 키	+23	+26
비만 vs. 보통	−13	−16
전문직		
매력적인 외모 vs. 매력적이지 않은 외모	+14	+3
큰 키 vs. 작은 키	+17	+12
비만 vs. 보통	−14	−9
서비스직		
매력적인 외모 vs. 매력적이지 않은 외모	+21	−5
큰 키 vs. 작은 키	+34	−3
비만 vs. 보통	−3	−2

자료: Harper(2000)

직이나 소비자와 접촉하는 직업에 자연스럽게 모여들며 급료의 상승폭은 9퍼센트 정도이다. 매력적인 여성은 채용될 가능성이 더 높고, 뚱뚱하고 키가 작은 남성과 여성은 전문직과 사무직에 채용될 가능성이 낮다. 전체적으로 연구 결과를 보면 외모의 영향은 학력의 이점과 비슷하거나 때로는 훨씬 더 높을 수 있다.[14]

가장 최근의 연구는 사회심리학자들에 의해 이루어졌다. 이 연구는 지능과 매력, 교육과 매력 간의 상대적인 중요성에 대해 뚜렷한 결론을 제공했다. 하버드 대학교의 건강과 삶의 질 연구(Harvard Study of Health and Life Quality) 팀은 국가 차원의 연구 일부로 정면과 측면 인물 사진을 수집했다. 이 연구에는 2년에 걸친 세 차례 면담과 함께 보스턴 지역의 성인 직업에 대한 특별 연구를 포함했다. 이 덕분에 연구

표 5 소득에 대한 매력의 상대적인 영향력(1997년 미국)

	직접적인 영향	간접적인 영향	총 영향
일반 지능	.41	.11	.52
핵심 자기평가	.23	-	.23
학력	.18	-	.18
신체적 매력	.13	.08	.21

자료: Judge and others(2009)

원들은 성격과 인지 능력을 종합 테스트하여 지능과 자신감에 대해 더욱 상세한 정보를 수집할 수 있었다.[15] 매력 자본이 매력적인 얼굴에 의해서만 평가된다는 사실은 사람들이 생각하는 것보다 근거가 약하다는 결론이 나왔는데, 이 부분은 나중에 설명할 것이다.

전체적으로 뛰어난 외모와 지능, 자격증, 성격과 자신감, 이 모든 것이 여성과 남성 모두의 소득을 결정한다.(표 5) 매력적일수록 소득이 높고 자신감도 더 많고 학력도 높지만, 사람의 자신감과 교육, 소득을 높이는 데는 지능이 훨씬 더 유력하다.[16] 지능을 고려한 이후에도 뛰어난 외모는 부분적으로 학력과 성격, 자신감을 높여 줌으로써 소득을 증가시킨다. 매력이 소득에 미치는 전체적인 영향은 졸업장이나 자신감이 미치는 영향과 거의 같지만, 지능 혼자서 미치는 영향력보다는 훨씬 적다.[17] 매력적인 사람들은 다른 사람과 사회적으로 더 쉽게 상호작용하고 설득을 잘하기 때문에 사생활과 공적 생활에서 더 크게 성공한다.

대표성을 띠는 사람들을 광범위하게 견본으로 선발해 실시한 대규모 연구들은 매력의 전체적인 영향을 드러내고 전체 노동시장에서 나타나는 외모 프리미엄의 크기를 측정한다. 그러나 신중하게 통제된 연구실 실험이 기초적인 인과 구조를 가려내는 데 더 적합하다.

2002~2003년에 두 명의 학자들은 일련의 독창적인 실험을 고안하여 아르헨티나 대학생들을 상대로 매력이 직장의 대인 관계에 어떤 영향을 미치는지 알아냈다.[18]

 '고용주'와 '직원' 그룹으로 무작위로 나뉜 학생들은 신체적인 매력에 영향을 받지 않는 진정한 기술이 필요한 미로 찾기 임무를 준비하고 실행하는 일을 맡았다.[19] 직원 그룹은 자신들의 실적을 정확히 예측하면 돈을 받고 고용주들은 직원의 실적을 정확히 예측하면 돈을 받았다. 직원과 고용주 간에 이루어진 시각적 상호작용과 구술을 통한 상호작용의 정도는 각기 달랐다. 고용주들은 항상 각 직원의 자격증과 업무 경험이 적힌 이력서를 보았다. 또한 일부 고용주들은 직원의 여권용 사진을 보거나 전화로 직원과 이야기를 나누거나 직접 얼굴을 보면서 면담을 했다. 이 실험실 연구는 미국과 영국에서 이루어진 국가 차원의 연구 결과와 비슷하게 15퍼센트 정도의 소득 상승이라는 상당한 외모 프리미엄을 보여 주었다.

 매력은 능력과 성공, 소득에 대한 양측의 추정치를 높여 주었다. 외모 프리미엄은 고용주가 직원을 직접 만났을 때 약간 더 높았고(+17퍼센트) 사진만 보거나 전화로 이야기만 했을 때는 약간 낮았다.(+13퍼센트) 외모 프리미엄의 약 5분의 1은 다른 사람들보다 자신 있어 하는 매력적인 사람들 때문에 발생했다. 자신감 요소를 제외해도 여전히 10퍼센트 정도의 '순수한' 외모 프리미엄이 남았다.

 이 실험에서 가장 주목할 만한 결과는 고용주가 사진은 결코 보지 않고 전화로만 직원과 면담한 경우에도 여전히 매력으로 인한 상승폭이 컸다는 점이다. 매력적인 사람들도 부자와 마찬가지로 일반인들과 다르다는 점이 분명해졌다. 그들은 자신감과 더불어 보이지 않는데도 고용주들에게 깊은 인상을 주는 사회적 기술과 커뮤니케이션 기술을 몸에 익히고 있었다.[20] 이 실험 연구는 직장 내 대인 관계에서 발휘하는 우수한 상호작용 기술과 매력이 외모 프리미엄의 일부분 또는 전체를 차지한다는 점을 보여 준다. 이는 매력이 사회적 기술과 대인 관계 기술에 반영되어 성격과 인격의 고정된 부분이 되는 과정에 대한 연구 증거와 전적으로 일치하며, 우리는 이미 4장에서 이 내용을 검토했다.

학자들이 연구를 통해 (인물 사진에서처럼) 얼굴의 매력이 미치는 영향을 평가할 때도 실제로는 매력적인 사람의 긍정적인 성격이나 사교술, 매너가 미치는 광범위한 영향까지 드러난다. 그러한 요소들이 서로 밀접하게 연결되어 있기 때문이다. 이 모든 연구 결과를 종합해 보면 매력 자본은 평균적으로 약 15~20퍼센트의 임금 상승을 안겨 주는 것으로 보이는데, 남성은 더 많고 여성은 더 적다. 개별 사례와 특정 직업에 따라, 특히 민간 부문에서 소득 상승이 상당히 높을 수 있다. 풍부한 매력 자본은 취업률과 승진률 또한 높여 준다. 사교술과 자기표현 기술의 영향을 아름다운 얼굴과 구분해서 평가하려는 연구도 있다.

사교술과 감정노동

사교술은 직장에서 점점 더 중요한 일면이 되고 있다. 현대 경제에서 농업과 제조업 대신 서비스 산업이 더 중요해지면서 사물보다는 사람들과 친밀하게 지내야 하는 일자리가 점점 늘고 있다. 사교술은 하루가 시작하고 끝날 때 막간을 이용하여 동료와 잘 지내는 일이 아니라 일상 업무의 중요한 부분이 되고 있다. 컴퓨터 화면 앞에서 하루의 대부분을 보내는 사람들도 직간접적으로 다른 사람들과 자주 의사소통을 한다. 사무직에서 호감 가는 동료, 말하기 편한 상대, 매력 있고 친절하고 쾌활하고 협력적인 사람이 되는 능력은 커다란 자산이다. 이 기술들은 관리자나 감독자, 고객과 협상을 처리하는 사람들에게 특히 중요하다. 그러한 재능은 사생활에서 누군가를 매력적인 사람으로 만들어 주는 사회적 기술로 점차 바뀌며, 편안하고 위협적이지 않은 방식으로 사람들과 잘 지내는 능력까지 포함한다.

만나는 사람들에게 미소를 보이는 것도 그러한 행동의 단적인 예이다. 자연스럽고 친절하게 고객에게 미소 짓는 행동은 서비스 매뉴얼에서 가장 중요한 지시 사항 중의 하나이며 서비스와 상품 광고에서 가장 흔하게 나타나는 특징이다. 또한 환영과 허락을 의미하는 보편적인 언어이다. 전문 무용수에게 불변의 미소는 모든 공연의 공통 요소이다. 텔레비전 뉴스 캐스터는 기사에 맞게 미소를 적절히 섞어 가며 시사 뉴스와 그 외의 기사를 보도한다. 21세기에 들어서도 이탈리아 총리직을 유지했던 실비오 베를루스코니 이야기를 하자면, "모든 공개석상에서 그 사람만큼 계속 미소 짓는 법을 아는 사람은 없다."라고 한다.[21] 민주 정권의 정치인 대부분은 미소가 대중 행사나 선거 유세 중에, 그리고 언론에 노출되는 동안에 자신이 해야 할 결정적인 역할임을 알고 있다. 훌륭한 미소는 큰 도움이 된다.

언뜻 보면 앨리 혹실드의 감정노동 이론은 미소를 비롯한 여러 사회적 기술이 직장 생활에서 그토록 중요한 이유가 무엇인지, 여성이

이 노동에 대해 보상받지 못하는 이유가 무엇인지 설명해 주는 것 같다. 특히 미국에서 인기가 있는[22] 그녀의 이론은 미소와 관련 기술을 감정노동이자 고된 노동이라고 설명한다. 그녀는 미국 노동자 중 3분의 1이 감정노동을 하고 있는데, 여성 노동자는 모두 그 일을 한다고 주장한다. 그리고 여성이 주로 하는 감정노동은 소외감을 안기는 노동인데도 고용주는 여성의 사회적 기술을 착취하면서 그에 대해 적절히 보상해 주지 않는다고 주장한다.[23] 따라서 그녀의 논제는 일반적으로 여성 노동이 평가절하된다는 주장과 매력 자본이 제대로 가치를 인정받지 못한다는 나의 논제로 연결된다.[24]

그러나 그 논제의 근거는 엉성하다. 대부분이 여성인 델타 항공사 승무원에 대한 사례연구가 미국의 전체 노동자로 일반화되었다. 승무원 연구는 수금 대행업을 하는 남성들에 대한 두 번째 사례연구로 약간 확대되었다. 승객을 기꺼이 맞이하는 승무원의 활달함과는 반대로, 수금 대행업을 하려면 돈을 갚지 못하는 고객에게 거칠고 위협적으로 행동해야 한다. 그러나 이 두 번째 집단에 대한 논의는 그녀의 책에서 불과 10페이지에 국한되었다.[25] 더욱 중요한 점은 혹실드의 승무원 연구가 주로 훈련 매뉴얼과 승무원에 대한 교실 훈련에 의존했고 간간이 여성들과의 인터뷰로 보충되었다는 사실이다.

일부 항공사 승무원들의 조심성 없는 무관심 때문에 고생해 본 사람이라면 승무원들을 설득하여 비행 내내 상냥함을 유지하게 만들기가 너무 어려워서 훈련 매뉴얼이 친절한 모습과 훌륭한 예의범절을 강조하는 것임을 알 것이다. 혹실드는 훈련 매뉴얼이 근무 중의 서비스 방식으로 해석되고 있다는 사실과 여성이 남성보다 감정노동을 더 많이 한다는 사실, 감정노동 개념이 모든 직업에 두루 유용하다는 사실 모두를 결코 증명하지 못했다. 그런데도 그 이론은 미국에서 곧바로 선풍적인 인기를 끌었다.

매력 자본의 사회적 기술 요소는 앨리 혹실드의 논제보다는 문명화 과정에 대한 노르베르트 엘리아스의 이론에 근거한다. 다시 말하면 매력과 훌륭한 예의범절을 '힘든 노동'으로 보는 미국식 관점보다는 문명과 예의범절에 대한 유럽적 관점에 근거한다. 엘리아스는 선진국 사회에서 자기통제와 감정 관리, 사교에 대한 규범이 상당히 철저히 스며들어 습관이 되면서 자신도 모르는 사이에 거의 언제나 지키는 '제2의 천성'이 된다고 주장한다. 상류층은 자기통제와 예의바름의 규칙을 철저히 익혀서 결국 자신들만의 규칙으로 삼는다. 그리하여 그 규칙들은 그들이 하나의 집단으로서 자신들의 지위를 규정하는 데 도움을 주며, 더 나아가 성격과 스타일의 일부가 되고 사생활뿐 아니라 사업 환경에서도 적용된다.[26] 이 때문에 감정노동은 대체로 소외감을 안기는 노동으로 느껴지지 않는다. 사회적 규칙에 대한 자의식은 예절이나 매력, 훌륭한 매너[27]를 여전히 배우고 있는 낮은 지위의 집단에서 주로 생긴다. 예절, 매력, 매너는 매력 자본에서 없어서는 안 되는 사회적 상호작용 기술에 해당한다.

높은 직급의 관리직과 전문직에 오르려면 최고 수준의 사회적 기술이 필요하다. 그러나 그 직위에 오른 사람들은 이미 사회적 기술이 성격이나 태도에 배어서 제2의 천성이 되었고 당연시되는 품격과 예의범절, 정중함으로 자리 잡고 있기 때문에 그것에 대해 잘 모를 가능성이 있다.[28] 고위 관리직으로 승진한 한 동료는 전문적인 문제보다 직원들의 개인적인 문제와 걱정을 처리하는 데 자기 시간의 절반이 들어간다고 불평했다. 그는 이것이 그의 역할과 그 역할을 수행하는 데 필요한 기술의 핵심이라는 사실을 깨닫지 못했다.

미국 외에서 이루어진 연구는 혹실드의 논제와 완전히 모순되는 동시에 엘리아스의 이론을 강화한다. 더욱 최근에 이루어진, 매우 엄밀하고 규모도 크고 대표성을 띠는 연구들이 특히 그러하다. 1998년에 실시된 유럽 승무원에 대한 연구는 이 일에 채용된 대부분의 사람들이 전혀 스트레스받지 않으며, 대부분의 사회적 만남을 처리할 수 있을 정도로 잘 준비되어 있고, 관리진의 요구를 능숙하게 협상하고, 불쾌한 승객을 처리할 때도 과도한 스트레스 없이 잘 해내며, 유익한 작업 환경을 도모하는 어려운 팀 기술과 업무 관계를 발전시킨다고 결론 내렸다.[29] 또 다른 소규모 연구에서도 유럽의 직원들은 상당히 섬세하게 유쾌한 기술을 발휘하고 창의적으로 상상력을 발휘하면서 업무에 접근할 수 있음이 밝혀졌다.[30]

미국과 일본 디즈니랜드 직원들을 비교했더니 일본 직원들이 미국 직원들보다 훨씬 더 수월하게 서비스 업무를 수행한다는 사실이 드러났다. 따라서 미국 직원들은 고객을 부단히 정중하게 대하도록 엄격한 훈련을 받아야 했다.[31] 일본은 세계에서 가장 예의 바른 문화 중의 하나로, 모든 일본인들은 예의와 훌륭한 태도, 자제력을 배운다. 일본은 거의 모든 사람들이 고등학교를 졸업하는 나라이기 때문에 모두들 학교를 다니는 내내 가치관과 태도, 행동 규범에 대해 똑같은 도덕적 훈련을 받는다. 이러한 훈련에는 사람들 앞에서의 모습과 개인의 감정을 구분하는 미세한 경계선을 이해하는 훈련과 팀워크, 감정의 자제, 소집단 업무에서 생산적인 방식으로 실수를 논의하고 분석하는 습관 등이 포함된다. 일본에서는 어릴 때부터 미소 훈련을 시작하는데, 사람들에게 보이는 미소는 기본적으로 감정을 감추고 정중함을 표시하는 것으로 여겨진다.[32] 다소 비슷한 관습과 행동 규범이 다수의 동아시아 지역 문화에서 발견되며, 이는 그 지역의 승무원들이 보여 주는 한결같이 정중한 태도에서 나타난다. 반대로 북미의 가치관은 개성과 진실성, 자기표현을 강조하기 때문에 사람들 앞에서 하는 행동과 사회적 기술은 변하기 쉽고 예측하기 힘들다. 미국에 대한 연구 결과는 모든 현대사회를 대표한다기보다는 특이한 경우라고 할 수 있다.

마지막으로 관리나 교육, 의학, 판매, 마케팅처럼 남녀가 함께 일하는 직업에서 여성이 매력적으로 보이기 위해 남성보다 더 열심히 노력한다는 확고한 증거는 없다. 널리 퍼져 있는 이 고정관념은 결코 만족스럽게 증명된 적이 없었다.[33] 따라서 아직까지는 어떤 경제에서든 여성이 남성보다 감정노동을 더 많이 한다는 확실한 증거는 없다고 할 수 있다.

사회적 예민성이 부족한 사람, 다시 말해 무례한 사람을 쉽사리 알아볼 수는 있지만, 훌륭한 사회적 기술과 감정 관리 능력을 측정하는 믿을 만하고 엄밀한 방법은 여전히 없다.[34] 소득에 나타나는 외모 프리미엄에 대한 연구에는 눈에 보이지 않는 사회적 기술 요소의 기여도가 포함될 수도 있고 제외될 수도 있다. 사회적, 신체적 매력이 밀접하게 서로 연관되어 있기 때문에 어느 한 쪽을 확신할 수는 없다. 사회적 기술을 과소평가하는 경향이 있는 듯한데, 이는 아마도 그 기술이 눈에 보이지 않을뿐더러 타고나거나 힘들이지 않고 얻을 수 있는 것처럼 보이기 때문인 듯하다.

현대의 예절과 사회적 각본이 형식을 탈피하는 추세는 오늘날에 사회적 기술을 과소평가하기 쉬운 또 다른 이유이다. 즉석에서 연기나 연주를 하려면 각본이나 악보를 그대로 따라갈 때보다 더 많은 기술과 경험이 필요한 것처럼 다문화 집단이나 (고객 및 동료로 구성된) 혼합 집단을 다루거나 사회적으로 다양한 집단의 사람들을 융통성 있게 다루려면 고도의 숙련된 감정 관리 능력과 예절, 사회적 지식이 필요하다. 일부 사람들은 격식을 버린 사회적 각본이 '뭐든 괜찮다는' 것을 의미한다고 잘못 생각한다. 실제로 형식을 탈피한 사회적 각본에는 더욱 융통성 있고 섬세한 사회적 기술과 자제력이 필요하다.[35]

복장 규정이 존재하는 이유

2010년 12월에 스위스 은행인 UBS가 43쪽에 달하는 직원용 복장 규정을 발표하자 그러한 지침이 필요한지, 제시된 조언이 적절한지를 놓고 열띤 논쟁이 벌어졌다. 여자 직원들은 되도록 살색 속옷을 입어서 속옷이 보이지 않도록 하고 셔츠 단추를 두 개 이상 풀지 말라는 얘기를 들었다. 남자 직원들은 살이 보이지 않도록 발목 높이의 양말(만화 캐릭터는 안 된다.)을 신고 검은색이나 남색, 회색 정장을 입어야 했다.

이 지침들은 지나치게 자세해 보일 수 있지만, 세계적인 은행에는 당연히 그러한 지침이 필요하다. 뉴욕과 런던에서는 '당연해' 보이는 복장 규정이 뭄바이나 상하이, 상파울루, 라고스에서는 그렇게까지 당연하지 않을 수도 있다. 적절한 비즈니스 차림새에 대한 무언의 복장 규정을 염두에 두지 않는 사람들이 있는가 하면, 그러한 규정을 당연시하는 사람들도 있다. 내가 여성이 자신의 매력 자본을 이용해야 한다고 말하자 사람들은 그 얘기가 직장에서 가슴골을 보여 줘도 괜찮다는 의미인지 계속해서 물어 왔다. 물론 아니다! 데이트에 적합한 옷차림과 직장 생활에 어울리는 옷차림, 매력적으로 보이는 옷차림과 정신을 산란하게 만드는 옷차림에는 엄청난 차이가 있다. 매력 자본에는 회의실이든 침실이든 행사와 장소에 적합한 옷차림새와 자기표현 기술이 포함된다.

과거에 한 동료가 오후에 있을 승진 면접에 맞게 옷을 차려입고 회사에 온 적이 있었다. 그녀는 진지하고 침착해 보이리라 생각하고 검은색 정장을 입었다. 그런데 그 옷은 레이스가 달린 검은색 파티 정장이라서 천 아래로 맨살이 드러났다. 옷 때문에 그녀는 완전히 아마추어처럼 보였다. 결국 승진하지 못한 그녀는 자신이 탈락한 이유를 알지 못했다. 관리자 3000명을 대상으로 한 설문조사에서 43퍼센트가 옷차림 때문에 승진이나 임금 인상 대상에서 직원을 제외했다는 사실을 인정했고 20퍼센트는 그 이유 때문에 직원을 해고하기까지 했다.[36]

물론 직업과 산업에 따라 차이는 크다. 패션업계나 예술, 언론계에서는 창의성과 개성, 스타일에 대해 눈살을 찌푸리기보다는 그것을 기대한다. 반대로 은행가나 변호사에게는 단색의 획일성을 기대한다. 모든 사회적 상황에서는 문서화되었든 상사의 옷차림에서 나타나든 그 상황에 타당한 복장 규정에 복종하는 것이 중요하다. 이 모든 과정에는 사회적 예민성과 지능, 훌륭한 취향을 갖추어야 하고 다음 단계로 올라가기 위해 옷 입는 법을 아는 것이 필요하다.

일부 학자들은 특정한 직업에는 감정노동과 관련된 '심미적 노동'이 필요하고 이러한 노동은 새로운 발전이라고 주장했다.[37] 이 견해는 실업 상태의 부랑 노동자들이 성장하고 있는 서비스 산업에서, 특히 상류층 호텔에서 일자리를 얻는 데 필요한 스타일과 태도를 갖출 수 있도록 도우려는 글래스고 호텔 경영학과의 프로젝트에서 발전했다. 이 프로젝트는 아무런 기술도 없는 젊은 사람들에게 '잘생기고 제정신처럼 보이는 법'을 가르치는 훈련 과정을 고안했다.[38]

스타일이 중요하다는 생각은 별반 새롭지 않다. 거의 모든 직업과 사회적 지위에는 복장 규정이 있어 왔고 특히 서비스직 종사자들을 위한 복장 규정이 있었다. 종종 개인 가정에 고용된 사람들은 주인의 재산과 스타일을 구체적으로 보여 주기 위해 특별한 제복과 유니폼을 입었다. 유니폼은 모든 고용인이 고용주의 스타일과 복장 규정을 따르고 있음을 확실히 하는 데 자주 사용되고, 일관된 공적 이미지를 제시하는 한편 유니폼 착용자의 역할과 맡은 일뿐 아니라 정확한 지위나 계급까지 나타내 준다. 경직된 유니폼은 현대적인 관습에 따라 암묵적이든 노골적이든 더욱 융통성 있는 복장 규정으로 대체되지만, 복장 규정이 아예 없는 직업은 거의 없다.

법정 변호사는 검은색 옷을 입어야 한다고 강요되는 법은 없지만, 그런 색의 옷을 입을 것으로 기대된다. 영국의 한 법정 변호사는 자신이 싫어하는데도 법정에서 꼭 입어야 하는 검은색의 우울한 옷에 대해 세금을 공제해 달라고 요구했다. 모든 사람들은 직장에서 옷을 입어야 하며 싫어하는 색이나 스타일이라도 직업상 그 옷을 입어야 하는 의무에 대해서는 보상할 수 없다는 이유로 그녀의 요구는 각하되었다. 세금 공제는 평상시에는 결코 입지 않는 필수 안전복과 보호용 작업복에만 이루어진다.

문명이 시작될 때부터 의복은 물론 헤어스타일과 액세서리, 보석, 신발까지 망라하는 복장 규정이나 관례, 복장에 관한 법률이 있어 왔다. 공공장소와 직장에서 자기표현은 결코 되는 대로, 하고 싶은 대로 할 수 없었다. '금요일에는 캐주얼하게 옷을 입어라.' 하는 기업과 금융 기관의 지시도 하나의 복장 규정을 다른 규정으로 대체하는 것에 불과하기 때문에 따르기가 여전히 어렵다.[39]

옷 입는 스타일과 자기표현의 사회적 의미는 특정인들이 높은 계급이나 신분을 나타내는 특정한 직물이나 보석, 색상을 입지 못하게 금지한 사치법과 남성과 여성이 다른 옷을 입어야 한다고 강제하는 법률에 반영되어 왔다.[40] 패션은 어느 정도까지는 오늘날에도 같은 목적에 기여하는데, 특정 패션족이나 라이프스타일 집단을 분류하고 올해의 새로운 트렌드와 이번 계절에 유행할 새로운 색상과 모양으로 자신의 옷장을 바꾸어 놓을 수 있는 돈 많은 사람들이 누구인지 알려 준다. 심리학자들에 따르면 사람들은 만난 지 60초 만에 상대방의 인상을 정한다. 옷이나 머리, 액세서리, 개인의 태도로 본 자기표현 방식은 이 인상에 기여한다. 구직과 면접에 대해 조언하는 컨설턴트들은 좋은 첫인상을 줄 수 있는 기회가 두 번 다시 오지 않는다고 종종 말한다.

한 실험 연구는 금융분석가 같은 전문직 채용 과정에서 치장과 스타일이 미치는 영향을 테스트했다. 평가자들은 지원자의 외모를 중요시하지 않았다고 말했지만, 잘 꾸미고 적절하게 옷을 차려입은 지원자들이 제대로 꾸미지 않은 지원자들보다 채용될 가능성이 더 높았다.[41] 예상할 수 있듯이 능력이 부족하고 치장도 제대로 하지 않은 지원자는 채용될 가능성이 가장 낮았고, 능력도 좋고 치장도 잘한 지원자는 채용될 가능성이 가장 높았다. 평가자들은 외모를 중요하지 않은 요인으로 무시한다고 확신했지만, 능력은 부족하지만 잘 꾸민 지원자가 능력은 좋지만 제대로 꾸미지 않은 지원자보다 채용될 가능성이 높았다.[42] 최종 명단에 든 지원자들은 대체로 능력이 다들 비슷한데, 관리직 면접에서는 매력적이고 잘 치장한 사람이 우위를 차지하며 전문적인 인사 컨설턴트가 면접을 보더라도 선택될 가능성이 더 높다.[43] 이 연구는 대규모로 이루어진 몇 차례의 연구 결과, 즉 직장에서는 매력과 훌륭한 자기표현이 학력만큼이나 중요할 수 있음을 다시 한 번 확인해 준다.[44]

매력적인 외모와 호감 가는 태도는 사업에 도움이 되기 때문에 사람들이 그 점을 고치려고 노력하는 것은 오래전부터 알려진 사실이다. 니콜로 마키아벨리는 이미 1527년에 『군주론』에서 "모든 사람들이 겉으로 보이는 당신의 모습을 보며, 당신의 진짜 모습에 간섭하는 사람은 소수에 불과하다. 그리고 그 소수의 사람들은 국가의 위엄을 갖추고 보호해 주는 다수의 의견에 감히 반대하지 못한다."라고 말했다. 그는 통치자의 중요한 조건이 좋은 옷을 통해 자질이 훌륭해 보이는 것이라는 점을 분명히 밝혔다.[45]

초기의 예수회는 훌륭한 외모를 강조한 마키아벨리의 주장에 주목했지만, 훌륭한 평판 또한 교회의 성공에 중요하다고 생각했다. 예수회가 주창하는 원칙 '태도는 온건하게 행동은 단호히'는 일찍이 1606년에 공식화되었다. 가톨릭 교회를 '구체적으로 표현'하려 한 예수회는 가장 우아한 몇몇 교회를 탄생시켰을 뿐 아니라 모든 목사가 설득력을 갖춘 동시에 외모 또한 훌륭하도록 선별적으로 목사를 채용했다. 호감 가는 외모가 중요했던 것이다.[46]

다시 21세기로 돌아와서 보면, 애버크롬비앤피치 같은 기업들은 영원한 구원이 아니라 옷을 다루지만, 제품 이미지를 구체적으로 보여 주기 위해 훌륭한 외모와 교양 있는 중산층 스타일 및 태도를 기초로 매장 직원을 선발한다. 이 소매 체인점은 매장 직원들이 삼투압 과정에 의해 복장 규정을 서서히 깨닫기를 기다리는 대신 UBS처럼 『룩 북』을 통해 회사의 스타일과 복장 규정을 상세히 설명했기 때문에 자주 입방아에 오르내렸다.[47] 그러나 직장이라면 으레 (암묵적이든 노골적이든) 복장 규정이 있게 마련이고 그 규정이 늘 모든 사람들의 입맛에 맞는 것은 아니다.

현대의 고용법에 따르면 고용주는 복장 규정을 구체적으로 지정할 수 있는 권리가 있다.[48] 환대산업에서는 90퍼센트가 넘는 고용주들이 종업원의 복장 규정을 결정한다.[49] 일부 직업에서는 복장 규정이 노동자의 매력 자본을 향상해 주는데, 연예산업에서 이 현상이 가장 뚜렷하게 나타난다. 유니폼과 문서화된 복장 규정은 사람들이 암묵적인 규칙을 이해하고 실행하는 능력에 의존하지 않는다는 큰 이점을 지닌다. 유니폼은 또한 고용주에게 커다란 통제력을 부여한다. 일부 유니폼은 매력 자본을 없애는 목적을 띠는데, 수사의 의상이나 중고등학교 교복이 여기에 해당한다.[50] 또한 쇼걸이나 호텔의 안내 접수원, 항공사 승무원 등의 유니폼처럼 유니폼을 입는 사람들의 매력 자본을 균일하게 만들려는 경우도 있다. 카지노 딜러의 이브닝드레스나 오스카 영화제처럼 텔레비전으로 방송되는 시상식에서 영화배우들이 입는 '레드 카펫'용 의상에서 증명되듯이, 매력과 지위를 확고히 하고 매력 자본을 향상해 주는 유니폼도 있다.

사회적, 경제적 상황이 바뀜에 따라 복장 규정도 새로이 바뀌어야 한다. 중앙난방이 되는 직장과 가정에서는 과거보다 훨씬 더 가벼운 옷을 입을 수 있다. 직장에서 아주 가벼운 천으로 된 옷에 미니스커트를 입거나 맨 다리로 지내도 되는 때는 언제인가? 다문화 사회에서는 미니스커트를 입고 일하는 여성 옆에 손목에서 발목까지 모든 부위를 옷으로 가릴 뿐 아니라 스카프로 머리까지 덮은 여성이 함께 일하는 기이한 광경도 연출될 수 있다. 어느 경우든 자기표현은 중요하다. 그리고 그것은 (보는 사람이 시각언어를 알든 모르든) 하나의 성명을 발표하고 에로틱한 매력과 지위, 스타일을 보여 주거나 감춘다. 의상과 스타일을 통해 의사를 표현하는 높은 기술은 항상 보상받게 되어 있다.

서양 여성들은 남성보다 더욱 다양한 스타일의 옷을 선택할 수 있다. 따라서 여성의 자기표현 방식과 그것이 전달하는 메시지에 더 높은 관심이 쏠릴 수밖에 없고, 부정적인 의견이나 법률적인 구속을 통해 여성의 옷(과 일반적인 매력 자본의 표현)을 통제하려는 시도가 빈번히 이루어지고 있다. 예를 들어 페루 남성들은 사무실에서의 미니스커트 착용을 법으로 금하려고 했다. 프랑스 의회는 2010년 7월에 공공장소에서 여성이 얼굴을 모두 가리는 부르카를 쓰지 못하게 하는 법안을 가결했고, 비슷한 법률안이 벨기에와 스페인에서도 고려 중이다.[51]

사람이라면 다들 아무리 작은 옷이라도 옷을 입어야 한다. 열대 아마존 정글에 사는 발가벗은 듯한 부족도 실제로는 옷을 입고 있다. 야

노마모 족에게 옷은 허리에 두르는 매듭으로 된 끈으로 강에서 목욕을 할 때는 이 끈을 벗을 수 있다. 허리에 끈을 두르지 않은 모습을 누군가가 보면 완전히 발가벗은 모습을 보여 주었다고 심하게 당황할 것이다. 모든 옷 입는 스타일은 의도했든 아니든 메시지를 전하고 있으며, 복장 규정은 사회생활이든 직장이든 어디에나 있다. 직장을 포함한 모든 사회적 상황에서 의복 규칙을 제대로 지키는 행동은 다른 전문적인 기술과 똑같은 방식으로 보상받는다.(실패한 경우에는 처벌을 받는다.) 자기 표현 기술은 승진을 하고 일자리를 얻거나 유지하는 데 결정적으로 중요할 수 있다. 복장 규정은 융통성과 선택의 폭이 크기 때문에 남성보다 여성에게 더 까다롭게 적용되며 오해하기 쉬운 메시지나 실수의 여지도 더 많다. 뉴욕의 한 여성은 자신이 꼭 맞는 옷을 입어 S라인 몸매를 드러냈다는 이유로 시티은행에서 부당하게 해고됐다고 주장했다. 그녀는 남자 은행원들은 결코 그렇게 꼭 맞는 옷을 입지 않으리라는 사실을 생각하지 못했다.[52] 직장에서 매력 자본을 보여 주려면 일반 사람들이 생각하는 것보다 훨씬 더 세심한 배려가 있어야 하며 제대로 하지 못했을 때 받는 처벌은 가혹할 수 있다.

매력 자본은 민간 부문에서 더 중요하다

신체적, 사회적 매력의 영향에 대한 국가 차원의 대규모 연구는 모두 앵글로색슨계 국가에서 이루어졌다. 경제학자, 사회학자, 심리학자 등 연구 주체가 누구든 그 연구 보고서들의 공통된 특징은 자신들의 연구 결과에 대해 심한 불안감을 표현한다는 점이다. 사회과학자들은 차별과 고정관념, 편견의 영향에 대해 한 사람도 빠짐없이 걱정하면서 다음과 같은 결론을 제시한다. "우리는 아름다움이 부여하는 이점에 불편해하는 만큼 아름다움에 사로잡힌 세상에 살고 있다."[53] 매력 자본에 대한 이러한 관점은 보편적이지 않으며 미국의 사회과학자들은 자신들의 견해가 전 세계에서 반향을 일으키고 있다고 또다시 잘못 생각하고 있다.[54] 이러한 불안감은 한 가지 유익한 효과를 일으키는데, 학자들이 어쩔 수 없이 외모 프리미엄을 설명하는 모든 과정을 살펴본다는 점이다.

매력적인 아이들은 긍정적이고 우호적인 세상에서 성장함에 따라 결국 더욱 호감을 주고 개방적이고 자신감 있는 성인이 되고 모든 상황에서 동료나 친구, 파트너로서 매력적인 사람으로 발전한다. 이에 덧붙여 노동시장에서 외모 프리미엄과 못생긴 외모로 인한 불이익이 발생하는 선택과 분류에는 세 가지 주된 과정이 있다. 먼저 매력적인 사람들은 매력 자본을 높이 평가해 주고 보상해 주는 직업과 산업으로 모여든다. 그들은 자신에게 딱 맞는 곳에 있음을 확인한다. 반대로 매력적이지 않은 사람들은 외모가 중요하지 않은 직업을 선택할 가능성이 높다. 두 번째로 앞에서 변호사와 관련하여 증명했듯이, 매력적인 사람들은 더 많은 고객과 의뢰인의 마음을 사로잡고 손님이 다시 찾아오게 만들어서 더 많은 제품과 서비스를 팔고 더 높은 요금을 받을 수 있기 때문에 더 많이 번다. 그들은 경제학자들이 말하는 생산성 증가 현상을 보여 준다. 그들은 일을 더 잘하고 더 나은 성과를 올리기 때문에 실제로 더 많은 가치를 지닌다. 세 번째로 매력의 이익은 다른 특정한 재능과 마찬가지로 신기술과 언론, 인터넷의 영향으로 현대 경제에서 계속 커지고 있다. 사람들의 외모와 스타일, 사회적 태도는 신문과 잡지, 텔레비전과 인터넷 사이트에 끊임없이 사진이 등장하면서 겉으로 드러나는 페르소나에서 점점 더 중요한 요소가 되어 간다. 이는 연예산업처럼 매력 자본이 언제나 중요했던 직업뿐 아니라 학자[55]처럼 외모가 전혀 관계 없었던 직업에 종사하는 보통 사람은 물론 정치인, 스포츠 선수 등 모든 이에게 적용된다.

공공 부문과 민간 부문은 외모가 중요한 직업의 절대적인 수부터 차이가 난다. 거의 모든 판매, 마케팅 일자리는 민간 부문에 속한다. 두 부문 모두 홍보 전문가를 고용하지만 민간 부문에 홍보 전문가가 더 많다. 국가가 예술 자금을 지원하는 사회주의 국가는 제외하고 가수, 무용수, 음악가, 배우, 텔레비전 캐스터, 곡예사 등 공연 노동자들이 속한 거의 모든 연예산업은 민간 부문에 속한다. 프로 스포츠는 정의상 민간 부문의 활동이다. 정치인들은 아마도 유일하게 공공 부문의 직업군을 구성하는데, 정치인은 대중행사나 텔레비전, 신문에 자주 출연하기 때문에 공연의 요소를 포함하고 있다. 전체적으로 보면 매력적인 외모와 치장, 사회적 기술이 소중한 자산인 민간 부문에 직업이 훨씬 더 많다. 또한 민간 부문은 성과에 대해 더 나은 보상을 제공한다. 따라서 매력 자본이 많은 사람들이 더 많은 돈을 벌 수 있는 민간 부문에 쏠리는 것은 놀랄 일이 아니다.

또한 영리 조직들은 대체로 앞에서 언급했던 것처럼 암묵적이거나 노골적인 복장 규정을 시행하고 깔끔한 외모를 더 중요시한다. 대체로 민간 부문의 종업원과 자영업자들은 공공 부문의 종업원보다 외모를 훌륭히 가꾸는 데 시간과 돈, 노력을 더 많이 기울인다. 예를 들어 호텔 안내 접수원들은 공공도서관 사서보다 태도나 스타일 면에서 매력 자본이 더 풍부하다. 그들은 잘 꾸미고 말끔하게 옷을 입고 똑바로 서서 미소를 보인다. 공무원들은 사기업 판매직이나 서비스업 종사자만큼 외모에 많은 노력을 기울이지 않는다. 고객은 공공 부문 노동자들의 초라한 모습이나 우울한 태도 때문에 가끔 제대로 된 대접을 받지 못했다고 느끼기도 한다.

모든 연구 결과를 보면 공공 부문보다는 민간 부문에 매력적인 사람들(특히 남성)이 집중적으로 고용된 사실을 알 수 있다.[56] 이는 최고의 보상을 제공하는 직업에 대한 자기선택과 '역동적인 분류'의 결과이다.[57] 이 과정에서는 부당하거나 차별적인 요소는 전혀 없으며 고학력자들이 지식경제와 고급 일자리를 선호하는 선택 과정과 결코 다르지 않다.

큰 키의 경제적 이익

매력은 금전적인 보상을 제공하는데, 큰 키 또한 그렇다. 연구 결과를 보면 매력보다는 키가 더 큰 경제적 이익을 제공한다는 사실을 알 수 있다.(표 4) 키가 커서 얻는 경제적 이익에서 공평의 문제가 발생할 수 있을지도 모른다. 그러나 큰 키의 이점은 널리 인정된 반면, 아름다운 외모는 때때로 모호하게 여겨진다. 특히 여성의 아름다움은 불리한 대우를 받는다. 이는 논리적으로 말이 되지 않으며 아름다움에 대한 비이성적 편견을 드러낸다.

최고의 자리에 오른 사람들은 흔히 키가 크다. 특히 남성은 큰 키가 도움이 된다. 키가 작은 남성은 이 불리함을 극복할 수 있어야 한다. 나폴레옹이 그랬고, 히틀러가 그랬다.[58] 실업계의 몇몇 거물들은 키가 작다. 하지만 키가 큰 사람들은 더 순탄하고 수월하게 인생의 길을 찾는다.

모든 문화에서 큰 키는 특히 남성에게 긍정적인 특징으로 간주된다. 키가 큰 사람들은 긍정적으로 인식되고, 특히 키가 큰 남성은 매력적으로 보인다. 지나칠 정도로 키가 큰 사람들만이 반감을 사는데, 그들은 나머지 사람들 위로 너무 솟아 있어서 의사소통에 방해를 받는다. 큰 키는 노동시장에서 장점이다. 키가 큰 사람들은 더 많이 벌고 직장에서 최고의 자리까지 올라갈 가능성이 크다.

애리언 코언은 키가 큰 남성과 여성의 인생이 얼마나 다르고 훌륭한지에 대한 정보를 훌륭하게 요약했다.[59] 그녀는 키가 큰 아이들이 실제보다 나이가 많은 것처럼 취급받기 때문에 더욱 빠르게 사회적인 능력을 키워 간다고 설명한다. 키가 큰 사람들은 주목을 받고 주변 사람들이 리더로 취급하는 경향이 있기 때문에 곧바로 이러한 역할에 빠져든다. 키가 큰 사람들은 오래 살고 더 건강해 보인다. 미국에서는 키가 큰 사람들의 소득이 키가 작은 사람들보다 20퍼센트 더 많다. 키가 큰 남성은 어떤 조직에서든 최고경영자나 최고 관리자가 될 가능성이 더 높다.[60] 미국 대통령은 대부분 키가 컸는데, 특히 상대 대통령 후보보다는 확실히 컸다. 최고의 운동선수들은 다수가 키가 크다.

애리언 코언 본인도 190센티미터(거의 2미터)로 키가 아주 크다. 따라서 그녀는 개인적인 경험을 통해 사람들이 키가 큰 사람들에게 다르게 반응한다는 사실을 알고 있다. 키가 큰 사람들은 곧바로 유명해지고 크고 작은 방법으로 주변 사람들의 행동을 바꾸어 놓는다. 대단히 아름답거나 잘생긴 사람들처럼 키가 큰 사람들도 항상 눈에 띄기 때문에 공개된 장소에서 결코 남의 눈을 피할 수 없으며 만나는 사람들에 의해 기억된다. 그들은 소수(북미 인구 중 15퍼센트에 불과)집단이며, 키가 보통인 사람들을 위해 설계된 세상에 신체적으로 맞지 않는다. 키가 큰 사람들은 실제로 불리한 상황을 경험한다. 자동차나 비행기 좌석은 키 큰 사람들이 다리를 펼 수 있는 충분한 공간을 제공하는 법이 거의 없고, 맞는 옷을 찾기도 힘들다. 세상이 보통 키의 사람들에 맞게 설계되어 있기 때문이다. 키가 큰 여성은 자신에게 맞는 배우자를 만나기가 더 어렵기 때문에 결과적으로 출산율이 낮다. 평균 신장의 여성이 1.7명의 아이를 낳는 데 비해 키가 큰 여성은 0.7명을 낳는다.[61] 한편 그들은 노동시장에서는 상당한 이점을 누린다. 유럽에서는 키가 큰 사람이 키가 작은 사람보다 더 쉽게 채용된다.(남성은 11퍼센트, 여성은 6퍼센트가 더 많이 채용된다.) 그들은 평균적으로 키가 작은 사람들보다 25퍼센트를 더 번다.(표 4) 소득의 다른 결정 요소들을 고려하지 않았을 때, 전문직의 경우 키가 큰 남성과 여성은 키가 작은 사람들보다 각각 17퍼센트와 12퍼센트를 더 번다.[62] 남성에게 큰 키는 미모가 여성에게 미치는 것과 동일한 효과를 낼 수 있다. 즉 부족한 학력을 보충해 줄 수 있다. 대졸자에게는 큰 키가 또 다른 이득을 제공하지는 않는 반면, 고등학교를 마치지 않은 키 큰 남성은 소득 면에서 15퍼센트의 이득을 얻는다.[63]

언뜻 보면 의식했든 의식하지 않았든 이러한 상황을 차별처럼 느낄 수도 있다. 그러나 매력적인 아이를 편애하는 유년기의 사회적 과정은 키가 큰 아이에게도 적용된다. 키가 큰 아이들은 문자 그대로 두드러진다. 그 아이들은 더 많이 눈에 띄고 주목받기 때문에 도움을 받는다. 사람들은 그 아이들이 실제보다 더 나이가 많고 성숙하다고 생각하고 그에 따라 대우해 준다. 사람들은 키가 큰 아이들에게는 더욱 지적인 방식으로 말을 걸고 일찍이 책임감을 부여한다. 그리고 타고난 리더로 생각하여 그 역할을 부여한다. 차별적인 대우와 기대는 대체로 무의식적으로 이루어지고, 모르는 사람을 포함한 모든 사람들로부터 그러한 대우와 기대를 받기 때문에 매력적인 아이들처럼 키 큰 아이들에게도 체계적으로 다른 사회적 환경이 조성된다. 키가 큰 아이들은 20대 초반이 되면 키가 보통이거나 작은 아이들보다 자신감이 커지고 사회적 기술도 뛰어나져서 특별한 성격을 형성한다.

키가 큰 사람들은 성년 초기가 되면 감정적인 안정이나 외향적 성격, 열의, 낙천성, 권위, 타인에 대한 예절과 사교성의 관점에서 볼 때 사회적, 심리적으로 상당히 발달해 있다. 그들은 또한 영양 섭취가 나은 덕분에 지적으로도 더 뛰어나다. 더욱 뛰어난 능력과 사회적 기술은 키 큰 사람들의 임금에도 기여한다.[64] 이 과정은 앞에서 설명한 매력적인 젊은 사람들의 경우와 아주 똑같다.

연구 조사에서 키는 아름다운 외모보다 더 쉽고 정확하게 측정된다. 따라서 큰 키의 경제적인 이익에 대한 연구 결과와 기본이 되는 원인들은 외모의 다른 측면에 관한 연구 결과보다 훨씬 더 명백하다. 사람들의 키는 바꿀 수가 없기 때문에 큰 키는 노력을 통해 발전시키고 달성할 수 있는 아름다운 외모나 옷 입는 스타일, 사회적 기술과는 달리 타고난 특징이라 할 수 있다. 그러나 큰 키의 경제적 이득은 보편적으로 인정되어 차별이라는 이의가 제기된 적은 없다. 정확히 똑같은 이유로 매력 자본의 경제적 이익은 편견과 차별의 결과로 거부되는 대신 정당하고 공평한 것으로 인정되어야 한다.[65]

고대의 신과 현대의 유명인

아름다운 사람들은 유명인이 될 수 있다. 유명인들은 무엇을 하든 돈을 벌고 때로는 아무것도 하지 않아도 돈을 번다.

패리스 힐튼이 현대 유명인의 전형적인 예이다. 그녀는 어떤 업적 때문이 아니라 유명하기 때문에 유명하다.[66] 그녀는 가십 칼럼의 소재와 언론의 실제 뉴스 보도와 경쟁하는 '인포테인먼트(infotainment, 정보와 오락의 합성어로, 정보의 전달에 오락성을 가미한 소프트웨어 또는 미디어를 가리키는 용어―옮긴이)'를 제공한다. 힐튼은 감시하고 논평하는 대중에게 자신의 생활과 대인 관계의 세세한 내용을 모두 노출한다. 캘리포니아 감옥행도 예외는 아니다. 그녀는 대중 앞에 모습을 보일 때마다 조금도 흠 잡을 데 없이 치장하고 새로운 헤어스타일과 다른 옷을 입고 우아하게 나타난다. 그녀는 대단히 아름답고 날씬하고 멋진 모습과 사진이 잘 받는 외모를 유지하기 위해 늘 열심히 노력한다. 그리고 텔레비전 쇼 출연은 물론 전 세계에서 열리는 파티나 사교 행사에 참여하는 대가로 돈을 받아 상당한 소득을 얻고 호화로운 생활을 한다.

모든 사회에는 사회적 관습과 행동 규칙을 논의할 때 소재가 될 내용을 제공하는 '살아 있는 전설'과 유명 인사가 필요하다. 고대 그리스에서는 여러 신들의 행동과 연애가 함축적이고 도덕적 메시지를 담은 수많은 이야기의 토대가 되었다. 인도와 인도네시아에서는 라마야나 (고대 인도의 산스크리트어로 된 서사시 —옮긴이)와 여러 전설이 무용극과 그림자 인형극의 관객에게 계속해서 즐거움을 안겼다. 시대에 따라서는 왕과 왕 일가의 연애와 위업이 올바른 행동과 새로운 사상에 대한 대중 토론의 근거를 제공했다. 20세기에 들면서는 영화배우들이 이 역할을 맡거나 강제로 떠맡았다. 그들은 자신의 생활과 연애사에 대한 대중의 감시와 비평에서 벗어날 수 없기 때문이다. 엘리자베스 테일러와 리처드 버턴의 결혼, 마릴린 먼로의 연애와 죽음은 두 가지 예에 불과하다.

21세기의 유명인들은 사회적 이슈와 도덕에 대한 대중의 토론 재료를 제공하는 공인이 되었다. 또한 그들은 특히 젊은 사람들에게 인생의 가능성과 속박에 대한 환상을 구체적으로 보여 준다. 스칼렛 요한슨, 마돈나, 타이거 우즈, 나오미 캠벨, 케이트 모스, 빌 클린턴 전 대통령을 보면 알 수 있듯이 영화배우, 인기 가수, 스포츠 스타, 때로는 모델이나 정치인 등이 유명인이 될 수 있다. 대부분의 유명인들은 신체적으로 매력적이고 사진이 잘 받고 활동적이고 건강할 뿐 아니라 언론의 인터뷰에 능숙히 대처할 정도로 사회적 기술이 충분한 동시에 에너지가 넘치고 어떤 분야에서의 높은 업적을 통해 자신의 지위에 도달한다. 비슷하게 고대 전설 속의 신들은 거의 언제나 아름답고 잘생겼다. 군주와 국가 원수의 매력 자본은 믿을 만하지 않지만 화려함과 허세, 실제보다 나아 보이는 초상화, 대중에 대한 과시로 보충할 수 있다. 높은 매력 자본은 구체적인 업적 외에 현대 유명인의 정해진 조건인 듯하다. 패리스

힐튼은 유명인의 지위가 오직 높은 매력 자본만을 기초로 유지될 수 있음을 증명한다. 현대 기술은 유명인이 대중 앞에서, 사진 촬영 때,《헬로》나《오케이》같은 대중 언론이나 잡지를 장식하는 파파라치들의 사진 속에서 항상 멋있어 보여야 한다고 요구한다. 어찌 보면 유명인의 역할은 단순히 사람들 눈앞에 나타나 존재하는 것이다.[67] 내 생각에 그들의 역할은 가십거리를 제공하고 올바른 행동에 대한 도덕적 논쟁을 불러일으키는 것이다. 높은 매력 자본은 유명인의 위업과 이야기를 흥미롭게 생각하고 뒤쫓을 정도로 그들을 확실히 주목하고 좋아하게 만든다. 현대 유명인의 삶은 라마야나 이야기에 등장하는 신과 동일한 방식으로 공개적인 구경거리가 된다.

유명인의 지위는 단순히 모델처럼 카메라 앞에서 포즈를 취하는 것만이 아니라 다수의 활동 영역에서 매력 자본을 이용할 수 있게 함으로써 이 자본의 경제적, 사회적 가치와 다른 자본으로의 전환 가능성을 크게 높여 준다. 유명인의 지위와 매력 자본이 가장 흥미롭게 이전되는 경우는 연예계, 스포츠계, 정계에서 일어난다. 조지 클루니는 배우로서 세계적인 명성을 얻고 부유해진 뒤에 커피메이커를 광고하면서 추가로 돈을 벌었다. 유명한 여배우나 인기 가수들은 자신의 매력 자본을 이용하여 향수, 유명 브랜드 의류, 액세서리, 화장품, 헤어 제품 광고에 출연한다.

남미에서는 미스 볼리비아를 지낸 제시카 앤 조단 버턴이 '국경 지대와 대지역권 개발국장'으로 임명되었다. 인도에서도 많은 영화배우들이 공직이나 국회의원 선거에 나선다. 출중한 외모의 임란 칸은 파키스탄 크리켓 팀 주장일 때 얻은 국제적인 스포츠 스타로서의 명성을 정치적 자본과 새로운 커리어로 전환하여 대통령 선거에 나섰다. 이탈리아의 아름다운 마라 카르파냐는 실비오 베를루스코니의 텔레비전 채널에서 벨리나(velina, 쇼걸)로 처음 인지도를 높였지만,[68] 법대를 졸업한 재원으로서 베를루스코니 정부에서 평등부 장관에 임명되었다. 미국의 로널드 레이건은 처음에는 잘생긴 영화배우로 유명해졌지만 미국에서 가장 크고 부유한 주로 손꼽히는 캘리포니아 주지사에 선출된 것을 계기로 정계에 입문한 뒤 미국 대통령에 두 번이나 당선되었다.(1981년부터) 유명인의 지위와 매력 자본이 분야를 거슬러 화려하게 전환된 또 다른 예는 아널드 슈워제네거의 변신이다. 그는 보디빌더로 유명해졌고 그 명성을 할리우드의 성공한 영화배우로 바꾼 뒤에 캘리포니아 주지사에 선출됨으로써 그 지위를 정치 영역으로 옮겨 놓았다. 매력 자본과 유명인으로서의 지위를 이용하여 정계에 입문하는 여성이 그렇게 하는 수많은 남성들보다 더 많이 비판받고 비난받는다는 사실은 주목할 만하다. 이는 매력 자본을 중심으로 작동하는 성차별을 보여주는 또 다른 예이다.

매력 자본은 돈처럼 세계적으로 유용한 자산이 되지는 못할 것이다. 하지만 유명인의 지위는 공적인 삶의 모든 영역에서 매력 자본의 경제적인 이익을 크게 늘려 준다. 다른 어떤 집단보다도 유명인들이 자신의 매력 자본을 키우고 유지하는 데 더 많이 투자하는 것은 이해할 만하다. 매력 자본을 이용하는 일은 그 자체로 하나의 직업이 될 수 있다.

스포츠 스타와 정치인들은 가끔 평범한 사람들은 보지 못하고 넘어가는 세계경제와 현대사회의 잔인한 특징을 알고 있다. 다수의 경쟁에서 승자는 오직 한 사람뿐이고, 돈이든 명성이든 권력이든 그 승자가 모든 상금을 가진다.

경쟁에서 이기려면 아주 조금만 우세하면 된다. 몇 분의 1초 정도만 속도가 빠르면 되고 수백 만 표 중에 불과 몇 표가 많으면 되며 완벽할 정도로 훌륭한 외모를 갖춘 뒤 모든 공개 행사에서 미소 정도만 보여 줘도 된다. 일부 시합에서는 사소한 차이가 큰 격차를 만들 수 있다. 미인 대회의 모든 입상자들은 1등에 오른 사람만큼 매력적이지만 결국 승자는 오직 한 명이고 그 사람이 모든 이익이 따르는 미스 월드 타이틀을 차지한다.

로버트 프랭크와 필립 쿡은 이런 상황을 승자가 독식하는 사회라고 부른다.[69] 그들은 이것이 복권과 유사하다고(실제로 이는 사실이 아니다. 그리고 어쨌든 복권은 그것만의 용도가 있다.) 주장하면서 이러한 사태를 비난하고 소득 불평등의 영향을 설명한다. 그들은 이러한 극단적인 경쟁이 점점 더 중요해지고 있으며 현대 경제에서 불평등이 커져 가는 요인으로 작용한다고 생각한다.

언뜻 보기에는 이것이 평범한 직장에서 일하는 보통 사람들의 삶과는 관계가 없는 것처럼 보인다. 그러나 실제로는 관계가 있다. 우리의 경쟁이 결코 그랑프리 자동차 경주나 미국 대통령 선거, 미스 월드 미인 대회만큼 흥미진진하지는 않을지라도 여전히 개개인에게 아주 중요한 영향을 끼친다.

살면서 사람들은 대학 입학이나 취직, 승진, 계약, 매력적인 직장 이동 등을 위해 수없이 많이 경쟁한다. 승자가 오직 한 명만 있는 경우도 있고, 승자는 여러 명이지만 패자가 훨씬 더 많은 경우도 있다. 일부 상품(직장이나 승진)은 다른 상품들보다 훨씬 더 매력적이다. 각 단계에서 발생하는 근소한 이익이 축적되면 결국에는 막대해진다. 각각의 선택과 성공에서 발생하는 작은 차이는 최종 결과에서 큰 차이를 가져올 수 있다. 오직 한 명만 한 국가의 대통령이 되고 HSBC 같은 세계적인 은행의 최고경영자가 되고 어떤 스포츠 종목의 세계 챔피언이 된다.

대체로 매력 자본은 직장을 구하고 승진이나 임금 인상을 노리는 노동자들에게 약간의 이점을 제공한다. 그러나 성공의 각 단계에서 축적되는 근소한 우위는 노동시장에서 수십 년을 지내고 나면 매우 커질 수 있다. 매력의 장기 이익은 특정한 직장을 얻거나 그 일자리가 의미하는 여러 가지 기회를 보상으로 얻는 단기적인 이익보다 훨씬 더 크다.[70]

거의 인식할 수 없을 정도의 수준 차이가 성공과 실패의 차이를 가져올 수 있다. 높은 매력 자본은 직장이나 일반적인 공적 생활에서 근소한 우위를 제공할 수 있다.

8 매력 자본의 힘

어떤 사람들은 운 좋은 삶을 살아가는 것처럼 보인다. 그들은 매력적인 동시에 성격도 긍정적이다. 그들은 명랑하고 친절하고 느긋하고 자신감 넘치고 호감 가는 친구처럼 보이고 카리스마까지 있어 보인다. 그들 앞에 문은 열려 있다. 사람들은 그들을 도와주고, 그들은 다른 사람들보다 문제가 적어 보인다. 혹여 문제가 있어도 그들의 문제는 더 쉽게 해결된다. 서양 사회의 이성적인 문화에서 운은 사람들이 늘 인정하고 싶어 하는 정도보다도 인생에서 더 큰 역할을 한다.[1] 매력 자본은 모든 사회적 상호작용에서 일정 부분 역할을 하면서도 인정받지 못하는 또 다른 자산이다.

매력 자본에는 신체적 매력과 사회적 매력이 결합되어 있다. 이 둘은 자주 잘 어울리고 서로를 강화한다. 매력 자본은 요람에서 시작된다. 아름다운 아기는 긍정적인 시선과 미소, 도움을 이끌어 낸다. 아이들은 주변 사람들이 자기를 사랑하는지 아닌지 일찍이 직관으로 파악하고 적극적으로 반응한다. 매력적인 아이들은 자식을 차별 없이 애지중지하는 부모는 물론 모든 곳에서 모든 사람들에게 환영받는다. 온 세상이 그들에게 미소를 보내고 그들은 다시 세상에 미소로 화답한다. 그리고 세상에 호의를 요청하고 자신이 원하는 것을 얻어 내기 위해 협상하는 법을 배운다. 이 고결한 순환은 평생 동안 지속되고 사생활과 직장에서, 그리고 공적 영역의 모든 활동에서 평생의 이득을 양산한다.

아름다운 아이들은 더 일찍, 더 빠르게 훌륭한 사회적 기술을 키운다. 그들은 다른 아이들보다 지적이고 영리하고 착하다고까지 여겨지는데, 실제로도 그러한 경우가 흔하다. 현대사회의 지능에서 사회적, 감정적 지능이 중요하기 때문에 그들은 실제로 더 빠른 속도로 지적으로 발전하고 능력을 갖추어 간다. 이는 과보호되는 교육제도에 둘러싸인 청년기에 특히 두드러지는 이점이다. 그렇지 않은 사람들은 나중에 색다른 재능이 드러나 보상받으면서 성인 생활과 직장에서의 경쟁에서 이들을 따라잡는다.

매력 자본은 경제 자본(돈이 최고다.), 인적 자본(자신이 아는 것), 사회 자본(자신이 아는 사람)에 이은 제4의 자산이다. 매력 자본은 다른 모든 자본과는 달리 요람에서부터 계속 효과가 나타나기 시작하기 때문에 인생의 모든 단계에서 잘 보이지 않더라도 심오한 영향을 미친다.

매력 자본은 아름다운 외모, 건강하고 섹시한 몸, 사교술, 카리스마, 패션을 통한 자기표현 기술, 외모, 건강함과 생기, (성인의 사생활을 위한) 성적 능력과 임신 능력 등 여러 가지 일면을 지닌 가장 복잡한 개인 자산이기도 하다.

　매력적인 사람들은 친구, 애인, 동료, 고객, 의뢰인, 팬, 추종자, 지지자, 후원자로서 다른 사람들의 마음을 끌어들인다. 이 과정은 여성뿐 아니라 남성에게도 작동한다. 실제로 '외모 프리미엄'은 공적 생활을 하는 여성보다 남성에게 더 큰 것처럼 보이는데, 이 프리미엄은 직장에서 가장 두드러지며 10~20퍼센트 정도 소득을 증가시킨다. 아름답고 카리스마 있는 여성에 대한 차별이 있는 것이 확실하며 이 부분은 설명이 필요하다.

　부분적으로 해답은 두 번째 요인인 남성의 섹스 결핍에서 찾을 수 있다. 남성은 대체로 모든 연령에서 자신이 얻는 섹스보다 훨씬 더 많은 섹스를 원한다. 따라서 남자들은 인생의 많은 시간 동안 성적으로 좌절감을 맛보며 살아간다. 이는 성혁명이 이루어진 뒤에도, 남자가 결혼을 한 이후에도 해당한다. 어쩌면 1960년대의 성혁명은 상황을 악화시켰을 수도 있다. 성관계를 피하기 위해 여성이 전통적으로 내세운 구실은 임신이 두렵다는 점이었다. 효과적인 현대적 피임이 그 문제를 해결한 지금, 여성이 섹스에 관심이 적다는 사실은 더욱더 확실히 드러났다. '위험을 무릅쓸 수 없다.'가 '당신이 마음에 들지 않는다.'로 대체되었다.

　남성의 섹스 결핍은 매력적인 젊은이들에게 상당히 중요할 수 있다. 만원 버스에서 여성 승객의 몸을 더듬는 손이나 나이를 불문한 남자들의 뜨거운 눈길과 곁눈질, 끊임없는 성적 유혹 등의 경험은 자신의 매력 자본이 지닌 긍정적, 부정적 가치에 대한 젊은이들의 생각을 형성할 수 있다. 다른 면에서 보면 젊은 사람들 사이에서 남성의 섹스 결핍은 그리 분명하게 나타나지 않는다. 이 연령대에는 사생활뿐 아니라 학교에서 일어나는 모든 사회적 만남에 영향을 미치는 성욕과 성적 매력이 들끓듯이 일어난다.

남성의 섹스 결핍이 혹여 줄어든다면, 나이가 듦에 따라 서서히 줄어들 뿐이다. 여성의 욕구는 흔히 서른 이후에 급격히 떨어지는데 대개는 엄마가 되기 때문이다. 남성의 섹스 결핍은 라이프사이클 동안 꾸준히 증가한다. 집안의 주된 부양자 역할을 계속하는 기혼 남성은 성관계를 자주 하지 않고 애정을 보여 주지 않으려는 아내가 터무니없이 이기적이며 자신을 부당하게 거절한다면서 분노할 수 있다.

부분적으로 남자는 시각적인 자극에 더 영향을 받기 때문에 여성은 남성보다 매력 자본이 더 많다. 남성이 여성을 증오하는 근원적인 이유는 남성의 성욕이 반영구적이어서 성적으로 좌절을 맛보기 때문이다. 남자들은 여성의 성적 매력과 멋진 모습이 남성의 욕구를 자극하기 때문에 그것을 좋아하는 동시에 분개하지만, 여성은 똑같은 욕구를 교환하지 않는다. 남자들은 애원하는 입장에 처하는 것을 싫어한다. 남성이 테스토스테론을 많이 분비할수록 분노는 더 커지고 결국 강간을 포함한 폭력적인 행동으로 폭발할 수 있다. 포르노는 매력적인 여성이 남성과 똑같이 성욕을 느끼고 영원히 만나 줄 시간이 있는, 남성의 유토피아를 묘사한다. 억압받고 충족되지 않은 욕구는 남성과 여성의 모든 상호작용에 어느 정도 스며든다.

수요와 공급의 법칙은 다른 분야에서와 마찬가지로 섹슈얼리티에서도 모든 것의 가치를 결정한다. 남성의 섹슈얼리티는 공급이 지나쳐 가치가 전혀 없다. 오늘날에도 대부분의 여성은 성욕에 의해 그렇게까지 내몰리지 않기 때문에 남성의 에로틱 파워는 여성의 매력 자본보다 가치가 낮다. 여성용 에로틱 잡지는 대량 판매되는 남성용 잡지처럼 팔리지 않았다. 여성의 성적 관심이 적다는 일반적인 사실은 성적 협상과 사적인 관계에서 여성에게 유리한 입장을 제공한다. 남성은 대부분 결혼이 자신의 섹스 결핍에 영구적이고 완벽한 해결책을 제공해 주리라고 생각하지만 결혼 뒤에도 협상은 오래도록 계속된다.

상업적인 성 산업은 영구적으로 불균형을 이루는 남녀의 성적 관심과 욕구에 유일한 해결책을 제공한다. 부족한 부분을 메우거나 전문적인 틈새 서비스를 제공하는 여성은 희소상품에 대한 시장가격을 남성에게 청구할 수 있다. 여성의 매력 자본이 높을수록 가격은 더 높다. 성 서비스를 제공하는 여성은 보통의 일자리, 특히 동등한 교육 수준에서 잡을 수 있는 일자리에서보다 2배에서 50배 정도 많은 소득을 벌 수 있다. 이는 남자들이 여성은 몰랐으면 하는 내용이다. 그리고 여자들이 결코 그 사실에 대해 아무것도 알지 못하게 확실히 단속하면서 성 서비스를 제공하는 여성에게 더 심한 낙인을 찍는 주요한 이유이다.

남자들은 늘 돈이나 결혼, 존중, 장기적인 헌신이나 적극적인 육아 돕기 등으로 섹스에 대가를 지불해야 했다. 오늘날 섹슈얼리티에 대한 태도가 혁명적으로 달라지면서 다수의 젊은 남성들은 돈을 내지 않고 충분히 성적으로 만족을 느끼는 것이 당연하고 섹스를 거부하는 여성은 그냥 변태라고 생각하게 되었다. 남녀의 성적 관심이 같다는 페미니즘의 잘못된 생각은 부당하고 악의적으로 섹스를 허락하지 않는 여성에 대한 남성의 분노를 키웠다. 성행위와 돈 같은 현물의 일상적인 맞교환은 모든 일에서 평등을 부르짖는 급진적 페미니즘의 잘못된 믿음에 의해 뒤죽박죽되었다.

여성의 매력 자본은 어디에서나 남성보다 크다. 부분적으로는 여성이 매력 자본을 키우기 위해 더 노력하기 때문이다. 예술가들은 항상 이 사실을 알기 때문에 여성 누드가 남성 누드보다 훨씬 더 흔하고 인기가 있다. 남성의 섹스 결핍 덕분에 여성은 매력 자본의 교환가치를 더 많이 이용할 수 있다. 이 사실은 젊고 매력적인 여성이 사무실이나 상점, 공장 같은 보통 일자리보다 훨씬 더 많은 돈을 벌 수 있는 광고, 연예, 상업적 성 산업에서 가장 확실히 드러난다.

가부장적인 남성들은 여성의 매력 자본의 가치를 떨어뜨리고('미모는 거죽 한 꺼풀에 불과하기 때문에 아무런 가치가 없다.') 성 유흥 비용을 착취함으로써('사악한 여성만이 그렇게 타락한다.') 성 시장과 결혼시장을 지배하려 하고 성 서비스와 에로틱한 여흥의 가격을 낮추려는 남성의 집단적인 이해관계 속에서 늘 그 사실을 깨달았다. 남성의 통제 시스템은 기본적으로 이념적이다. 안타깝게도 급진적인 페미니스트들은 여성의 매력 자본을 경시하고 상업적인 성 산업에 종사하는 여성을 모독하는 전통적인 가부장적 가치관에서 벗어나지 못했다. 가부장제와 급진적인 페미니즘의 끔찍한 동맹 때문에 남성의 섹스 결핍으로 발생하는 또 다른 이점을 이용하든 못하든 자신의 매력 자본을 활용할 수 있는 여성의 자유는 제한받는다.

남녀 간의 다툼은 늘 오랜 관계에서 불화를 일으키는 두 가지 주요 원인인 섹스와 돈 때문에 일어났다.[2] 현재의 가부장적인 남성들은 일방적으로 게임의 규칙을 정할 수 있는 권한이 자신에게 있다고 생각한다. 이러한 생각은 바뀌어야 한다. 사적인 관계에서 여성은 이미 금전

적인 부와 인적 자본(소득을 얻을 수 있는 잠재력과 함께)에 부여된 중요
성과 함께 높은 매력 자본의 가치와 성관계가 지닌 또 다른 가치를 의
식적으로 깨우쳐야 한다. 서양의 급진적인 페미니즘은 많이 배우지 않
은 대다수 사람들을 모독하는 엘리트적인 막다른 골목에서 빠져나와
야만 한다.

　매력 자본에 대한 가부장적인 편견과 급진적 페미니즘의 편견은 공
공 생활에서 이 자산을 충분히 활용하지 못하게 방해한다. 직장과 정
계, 언론계, 스포츠계, 예술계는 매력 자본이 높은 남성과 여성이 생산
력을 증대한다는 점을 적극 인정해야 한다. 고객이나 의뢰인과 직접 대
면하는 일이 흔하고, 활달함과 사교술, 카리스마, 자기표현 기술이 중
요한 직업에서는 높은 매력 자본이 업무 성과와 고객 만족에 크게 기여
한다. 따라서 높은 매력 자본은 보상을 받아야 한다. 노동자의 자산으
로서의 매력에 대한 서양의 가부장적인 편견은 잘못된 것이다. 현대의
페미니스트들은 현 상태를 지지하지 말고 '외모 차별'이 부당하다는
생각에 이의를 제기해야 한다.

　현재 (상업적인 성 산업을 포함한) 연예산업은 어떤 산업보다도 매력
자본을 인정하고 보상한다. 그러나 여기에도 여성에 대한 부당한 편견
이 자리 잡고 있어서 여성의 매력 자본이 더 높은데도 남성보다 더 낮
은 보상을 받는다. 할리우드의 여자 스타들은 남자 스타들과 똑같이 힘
들게 일해도 돈을 더 적게 받는다.[3] 여기서도 여성은 이도저도 할 수 없
는 곤란한 상황에 직면한다. 그들은 충분한 수준까지 매력 자본을 발
전시키지 못했다고 비난받지만 실제로 그렇게 하더라도 제대로 보상
받지 못한다.[4] 가부장적인 가치관 아래서는 으레 여성의 매력을 당연

한 부분으로 간주할 수 있기 때문에 남자들이 돈을 지불할 필요가 없다고 주장한다. 사적인 이성애 관계를 지배하는 가부장적인 가치관은 시장경제의 상업적인 교환에까지 영향을 미친다. 이 두 영역은 서로 다른데도 가치가 일치되는 부분이 있다. 어쩌면 전혀 다르지 않은 것일지도 모른다.

여성이 이러한 인습에 도전하려면 공적, 사적인 생활에서 더욱더 공평한 거래를 요구하는 법을 배워야 한다. 하지만 먼저 여성의 매력 자본을 의식적으로 인정하고 승인하고, 남자들이 자신의 모든 장점을 이용하듯이 여성도 남성의 섹스 결핍이라는 사회적 사실을 적극적으로 이용할 의사가 있음을 보여 줘야 한다. 매력과 욕구의 권력 정치는 사회적 관계의 작동 방식과 정당한 것에 대한 가부장적인 생각에서 벗어나고, 여성의 삶과 욕망에 대한 가부장제의 이데올로기적 지배에서 벗어나서 다시 균형을 잡아야 한다.

매력 자본은 풍요로운 현대사회에서 그 중요성이 점점 더 커지고 있다. 남성과 여성 모두 배우자나 애인을 선택할 때 매력 자본을 점점 더 높이 평가한다. 서비스 부문의 비중이 커진 지식경제에서는 매력 자본이 생산에서 필수불가결한 요인이 되었다. 사람들의 관심을 끌고 설득하고 협력과 단결의 분위기를 조성하는 능력 등은 다수의 직업에서 소중한 기술이 되었다. 매력 자본이 많은 사람들은 키가 큰 사람들이 돈을 더 버는 이유와 같은 이유로 당연히 돈을 더 많이 번다. 소득의 증가 폭은 훌륭한 졸업장이 주는 이득과 같을 수 있다.

이제 매력 자본은 제4의 자산으로 인정받아야 한다. 그것은 여러 가지 방식으로 남성과 여성 모두에게 똑같이 소중하다. 매력 자본은 이성애든 동성애든 파트너 간의 사적인 관계와 협상의 성격이 달라지고 있는 현실을 여실히 보여 준다. 무엇보다도 매력 자본은 왜 일부 젊은이들이 능력 위주의 현대사회에서 우선시되는 공식 자격증 없이도 백만장자가 될 수 있는지를 설명해 준다.

성 경제학이 작동하는 방식

경제학자들은 동일한 사물이나 활동의 가치를 서로 다르게 인식할 때 교환을 통해 이익을 얻을 수 있다고 설명한다. 성행위와 모든 종류의 에로틱한 여흥은 대부분의 여성보다는 남성에게 더 흥미롭고 소중하다. 여자들 중에도 돈이나 선물, 기타 이익을 받는 대신 이러한 서비스를 제공할 정도로 섹스를 좋아하는 이들도 있다. 자카르타의 술집 여자들은 일을 그만두면서 이렇게들 이야기한다. "돈이 없으면 섹스도 없다." 일부 문화에서는 이러한 태도를 당연하게 받아들인다. 기독교적인 서양 세계는 2000년에 걸쳐 이러한 교환에 오명을 씌우고 급기야는 성 산업을 불법화하는 이데올로기와 이론, 문화적 규범을 형성해 왔다. 그 결과 남성은 여성에게서 원하는 것을 공짜로 얻어야 한다고 생각하게 되었다. '양성평등'에 대한 급진적인 페미니스트들의 웅변은 가부장적인 관념과 가치관에 이의를 제기하기보다 도리어 그것을 강화했다. 그 둘의 공통점은 여성의 성적 독립과 에로틱 파워, 심지어는 섹슈얼리티 자체에 뿌리 깊은 문화적 반감을 보인다는 점이다.[5]

섹슈얼리티와 돈은 돈과 사랑만큼이나 따로 떼어 놓을 수가 없다.[6]

평범한 삶에는 그 모든 것이 서로 결합되어 나타난다. 청교도적인 앵글로색슨계 문화는 섹슈얼리티와 돈을 결코 편안하게 받아들이지 않았고 그 둘은 자기기만과 이중사고의 불쾌한 혼미함을 형성했다.[7] 예를 들어 사람들은 혼전계약을 실용적인 필수품이라기보다 부적절한 것이라고 자주 반대한다. 프랑스인들은 어떤 민족 못지않게 낭만적이지만, 프랑스 법은 모든 부부가 결혼 전에 각자의 자산을 합칠 것인지를 결정하고 부부 간의 경제적 계약을 자세히 적을 것을 요구한다.[8]

성적 경제학, 혹은 내가 표현하는 '성 경제학'은 남성의 섹스 결핍 때문에 섹슈얼리티가 근본적으로 여성의 자원임을 인정한다.[9] 일반적으로 여성의 매력 자본이 남성의 매력 자본보다 더 많다는 사실은 여성의 섹슈얼리티의 가치를 더 높여 준다. 대개 성적 만남은 여성에 의해 결정되고 항상 주고받기가 성립한다. 즉 남자는 성관계에 대한 답례로 여자에게 물질적인 선물과 존중, 배려, 관계에 대한 헌신, 오락 등의 서비스를 제공한다. 여성의 성적 관심이 적다는 일반적인 사실은[10] 성적인 협상에서 여성에게 유리한 입장을 안겨 준다.[11] 특히 젊을 때 이런 일이 발생하는데, 여성이 섹스를 원하는 나이에도 남자들은 여전히 여성보다 섹스를 더 많이 원한다. 남성과 여성으로 이루어진 한 집단이 동일한 수준의 매력 자본을 지닌 경우라면 남성의 섹스 결핍은 여성의 매력 자본이 여전히 더 큰 가치를 지닐 수 있도록 보장한다. 매력 자본은 사회가 부유해질수록 더 많이 원해서 사람들이 그것을 사려면 더 많은 돈을 지불해야 하기 때문에 '상급재'이자 '기펜재'가 된다.

일부 비서양권 사회의 여성은 완벽한 성적 자유를 누리고 모든 자녀가 공공의 이익으로서 환영받는다. 가부장적인 사회에서 여성이 자신의 섹슈얼리티와 매력 자본, 출산 능력을 이용하는 행위는 사회적 관습과 가치관, 법률에 의해 심하게 제한을 받는다. 일부일처제는 모든 남성이 적어도 배우자 한 명의 마음을 사로잡는 기회를 확보할 수 있도록 보장함으로써 성적 민주주의의 요소를 강요한다. 그러나 이는 특정 지역의 성비와 불균형한 성비의 지속 여부, 고용과 소득에 대한 여성의 접근권, 그리고 당연히 그 지역의 문화에 의해 결정된다.[12] 중국에서는 한 자녀 정책의 결과로 성비의 심각한 불균형 현상이 나타났다. 여자아이 100명당 남자 아이가 120명 정도 태어났다. 이로 인해 곧바로 성 산업이 확대되었고 신부를 납치하는 새로운 풍습이 등장했다. 그리고 중매 서비스가 증대하고 이혼율이 높아졌으며 여성과 젊은 아가씨들의 지위가 높아졌다. 중국 역사상 처음으로 어떤 부부는 자신들의 유일한 아이가 아들이 아니라 딸이기를 희망했다.[13] 이와는 반대로 미국 대학 캠퍼스에서는 남성에게 유리한 성비가 나타나고 있다. 여학생 100명당 남학생이 80명에 불과한 덕에 남성에게 희소가치가 생겼다. 이는 전통적인 데이트나 구애 대신 우연히 만난 사람과의 성관계나 성접촉이 자주 이루어지는 현상의 주요한 배후 요인으로 보인다.[14] 실제로 젊은 여성들은 결혼 상대를 찾을 때 배우자로서의 자신의 가치가 떨어진 사실을 알게 된다. 그러한 초기의 경험은 장기적인 전략과 자신감에 당연히 영향을 미친다.[15]

일부일처제 사회에서도 상당히 특이한 특징을 지닌 성 시장은 하나가 아니라 여럿 존재한다.[16] 이 시장들은 장기적인 파트너십을 위한 시장, 즉 단순하게 말해서 '결혼시장'이라 부를 수 있는 시장과 단기적인 성관계를 위한 '현물시장'으로 크게 구분된다.[17] 현물시장은 품위 있는 구애 이전에 우연히 만난 사람과의 성행위, 데이트, 가벼운 만남, 결혼 이후의 단기적인 방종과 장기적인 불륜, 상업적인 성 산업에서의 성행위, 폰섹스나 저속한 쇼, 스트립쇼, 포르노같이 온통 섹스만 머릿속에 가득 찬 에로틱한 유흥산업의 고객이 되는 것 등을 포함한다.

타인과의 관계에 '시장'이라는 말을 적용하기가 불편하다고 느끼는 사람들에게는[18] 장기적인 관계와 에로틱하거나 성적인 성격을 띤 일시적인 관계로 성 시장을 구분해 줄 수 있다.

오랜 남녀 관계는 대체로 섹스를 포함하지만, 항상 그런 것은 아니다. 많은 해설가들이 저지르는 실수는 배우자가 있거나 오래된 애인이 있으면 원하는 만큼의 섹스를 영구히 보장받는다고 생각하는 것이다.[19] 이는 커플 간의 협상과 의사결정에 대한 연구에서 섹슈얼리티를 무시하는 주요한 논거였다. 2장에서 제시한 전 세계의 성 설문조사 결과를 검토한 후 그 근거 없는 생각을 영원히 없애 버렸기를 바란다. 현대 서양 사회에서 섹스에 굶주린 금욕적인 결혼 생활은 이제껏 알고 있던 것보다 훨씬 더 흔하다. 성적으로 적극적인 부부 사이에서도 많은 아내가 서른 이후에 섹스에 대한 관심을 꾸준히 상실하기 때문에 나이가 들면서 남성의 섹스 결핍이 심각해진다는 증거가 있다. 그 결과 오랜 남녀 관계와 일시적인 관계, 즉 결혼시장과 현물시장으로 사람들을 구분 짓는 경계선은 미약하게만 존재한다. 오래된 애인이 있는 남성은 현물시장에서 섹스 파트너를 찾는 등 매우 적극적으로 행동할 수 있다.[20] 종종 동성애 남성들은 성적으로 진부하거나 억제된 성생활은 일시적인 바람으로 보충할 수 있다고 용인한다. 일부다처제나 일처다부제는 여성이나 남성에게 다양한 관계를 허용하지만, 가끔은 남녀 모두에게 그러한 관계를 허용하기도 한다. 예를 들어 프랑스와 이탈리아에서는 신중한 불륜이 용인되는 반면, 미국과 영국에서는 그러한 불륜이 즉각적인 이혼(그리고 연속된 일부일처제)을 유발할 수 있다.[21] 그러나 두 시장에서 여성 간의 경쟁이 거의 존재하지 않으려면 두 시장 간의 구분선은 상당히 중요하다.[22]

현물시장과 일시적인 관계는 여성의 섹슈얼리티와 매력 자본이 지닌 가치를 전적으로 드러내는 유일한 환경이다. 오랜 남녀 관계는 더 복잡한 계약이다. 그러한 관계에는 종종 지연만족(delayed gratification, 자신의 욕구가 채워지기까지 시간이 걸릴 수 있으며, 그 시간을 인내할 때 나중에 채워지는 만족도가 더 크다는 의미 ─ 옮긴이)과 자녀나 재산에 대한 장기적인 투자, 종교, 정치, 여행, 스포츠, 예술에 대한 공통의 관심, 공통의 친구와 공유하는 사회생활, 가족 관계, 관계를 공고히 해 주는 공통의 활동 등이 포함된다. 일시적인 관계에서는 이러한 종류의 접착제가 대개 부족하기 때문에 에로틱한 정도와 성적 능력이 주요한 특징으로 당당하게 위치한다. 현물시장은 상품이 현금으로 거래되고 즉시 지급되는 시장이다. (선물시장과는 반대로) 매력 자본의 불균형은 다른 이익으로 곧바로 보충되어야 한다. 매력 자본의 최대한의 가치는 매우 높은 것으로 드러난다. 6장에서 입증했듯이, 상업적인 성매매 종사 여성은 대개 전통적인 노동시장에서 일하는 여성보다 2배에서 50배까지 더 번다. 스트립 댄스와 폰섹스같이 지엽적인 활동을 통한 벌이 역시 일반적인 일자리의 벌이보다 적어도 두세 배는 많다. 오늘날보다 과거에 그 가격이 훨씬 더 높았다는 증거는 충분히 많다.

성 산업 밖에서는 뚱뚱하거나 건강이 좋지 않고 사회적으로 세련되지 못하고 옷도 잘 못 입고 머리가 벗어지기 시작한 중년 남성이나 차림새가 흐트러진 나이 든 여성처럼 매력 자본을 적게 갖춘 파트너는 모자란 부분을 메워 주는 이점을 제공해야만 한다. 짧은 남녀 관계를 위한 개방된 시장이 존재하는 모든 상황에서 이런 현상이 나타난다. 이성애 현물시장에서 스타일이나 옷차림, 매너가 괜찮은 매력적인 젊은 아가씨는 교환의 등가 측면에서 볼 때 경제적, 문화적, 사회 자본이 훨씬 많은 상대를 고를 수 있다. 아름답고 똑똑하지만 무일푼의 학생이 돈 많고 나이 많은 성공한 남자나 유부남과 맺는 불륜 관계가 대표적인 예이다. 이 경우에 남자는 보기 흉할 정도는 아니지만 신체적으로 매력적이지는 않다. 또는 북미와 유럽의 '트로피 아내'나 '슈가 대디'도 대표적인 예에 속한다. 세계로 눈을 돌려도 비슷한 경우는 수두룩하다. 브라질의 벨로 크 아주다나 프로그라마스[23]와 쿠바의 지네테리스모[24], 나이지리아의 '돈 없는 연애'는 사절하는 학생 신분의 첩,[25] 자카르타의 '돈 없이는 섹스도 없다.'는 정사의 관습,[26] 베트남 외국인 관광객의 값비싼 여자 친구[27] 등이 바로 그러한 예이다. 남자 동성애 집단에도 비슷한 관계가 있지만 여자 동성애 집단에는 그러한 관계가 거의 없다.

상하이, 베이징 등 중국의 도시에서는 젊은 여성이 부족하고 대학 교육비가 상당히 많이 들기 때문에 '학생 첩'이라는 새로운 사회현상이 등장했다. 중국 최대 인터넷 데이트 사이트인 지아위안의 젊은 여성 회원들은 자신의 공부를 지원해 주고 바람직한 라이프스타일에 들어가는 비용을 대 줄 정도로 돈 많은 나이 든 남자를 원한다고 숨김없이 말한다. 그들은 중국 사람들이 시 유(si you)라고 부르는 '네 가지 갖추야 할 것', 즉 집과 자동차, 높은 연봉과 최고의 직장이나 사업체를 갖춘 남자를 원한다고 대놓고 말한다. 다시 말하면 정부나 아내를 품격 있게 지원해 줄 남자를 원하는 것이다. 젊은 남자들 또한 부유한 가문의 여성과 결혼하여 젊음과 수려한 외모를 부나 사업 기회와 바꿀 용의가 있다고 당당히 밝힌다.[28]

비유럽 문화의 남성들은 여성의 매력 자본과 섹슈얼리티를 높이 평가하고 그것의 교환가치를 인정한다. 가부장적인 가치관 때문인지 청교도적인 앵글로색슨계의 이데올로기 때문인지, 서유럽과 미국의 여러 국가에서는 여성의 섹슈얼리티와 매력 자본, 출산 능력을 이용하는 행위를 법률이나 규범에 어긋나거나 부당하다고 간주한다. 매력 자본이나 섹슈얼리티를 돈이나 지위와 맞교환하는 행위에 따라다니는 오명은 이러한 주제를 연구하는 학자에게까지 확대될 수 있다.[29] 결혼을 통해 사회적인 신분 상승을 이루는 아름다운 아가씨들은 마치 그들이 아무런 가치도 제공하지 못하는 것처럼 '돈이나 우려 내는 여자'로 낙인찍힌다. 이 문제를 연구해 온 학자들은 여성이 남성의 섹스 결핍 때문에 생기는 의존성을 부당하게 이용해서는 안 된다고 주장할 수도 있다.[30] 그러나 성적 매력이 높은 남성들은 동성애 성 시장에서 자신의 이점을 틀림없이 이용한다.[31] 실제로 이는 남자를 희생시키면서 자신의 매력 자본이나 우월한 부분을 이용하는 여성을 반대하는 경우에 해당된다.

　　서양 세계의 사람들은 사랑과 보살핌, 애정, 돈, 시간, 노력이 모두 뒤엉켜 있는 사생활과 가정 내에서 이루어지는 교환에 대해 명확하고 이성적으로 생각하지 못하는 것 같다.[32]

　　한편 증여 관계가 상업적인 교환보다 항상 우월하다고 주장하는 사람들도 있다. 이에 대한 대표적인 예는 다수의 책에 인용되는 리처드 티트머스의 『증여관계: 헌혈에서 사회정책까지』이다. 티트머스는 영국의 자발적인 헌혈 제도가 혈액 기증자에게 대가를 지불하는 미국의 상업적인 제도보다 깨끗한 수혈용 혈액을 더 많이 병원에 제공한다고 설명했다. 이 연구는 상업적인 시장이 자선에 의한, 가족 기반의 교환보다 품질이 떨어지는 재화와 서비스를 제공한다는 증거로 자주 인용된다. 자발적인 헌혈자는 비록 익명이지만 남을 돕고 나서 기분이 좋아지는 보상을 받는다.

　　반면에 보육 문제에서 유럽의 사회정책 전문가들은 상업적인 교환을 옹호하는 쪽으로 재빠르게 입장을 바꾼다. 그들은 정부의 자금 지원을 받는 보육원이나 상업적인 보육원에 남겨진 유아와 어린아이들이 사랑하는 부모나 조부모가 가정에서 제공하는 수준만큼 훌륭한 보살핌을 받는다고 주장한다. 북유럽 국가들은 돈을 받지 않고 자발적으로 보호하는 가정보다 상업적인 집단 보육원에서 아이들이 더 나은 보살핌을 받는다고 주장한다.

　　비슷하게 상업적인 성 서비스에 대한 주장은 종종 사적인 성관계와 비교해서 논의된다. 일부에서는 애정이 수반되기 때문에 (적어도 가끔은) 선물의 교환이 당연히 더 나은 수준임에 틀림없다는 주장을 제기하는 반면, 전문적 기술과 특화된 기술이 있기 때문에 한쪽에서는 상업적인 성 서비스가 항상 우월하다는 주장을 제기한다. 직접 폭넓은 경험을 하거나 두 가지 상황에 대한 다른 증거를 확보한 사람이 거의 없기 때문에 진정한 비교는 할 수 없다. 나는 그러한 비교가 어쨌든 무의미하다고 주장한다. 장기적인 관계는 현물시장의 교환과는 질적으로 다르기 때문에 우리는 비슷한 것끼리 비교하는 것이 아니라 완전히 다른 두 가지 활동을 비교하는 것이다. 또한 이러한 논쟁은 제대로 알지 못하는 사람들끼리의 만남이나 하룻밤의 섹스가 흔하게 일어나는 젊은이들의 성생활 실상을 간과한다. 젊은이들의 섹스에서 애정은 중요하지 않으며 때로는 전문적인 수준의 성적 능력이 요구되기도 한다. 아마추어와 프로의 성행위 간의 구분선은 사라지고 만다.

서양에서 사랑에 대한 집착은 보편적인 현상이 아니다.[33] 사랑과 섹슈얼리티에 대한 서양의 편견과 선입관은 보편적인 것이 아니라 특이하다. 어떤 경우든 '이중사고'는 여기에서도 적용된다. 정당한 성행위에 대한 사랑 개념은 여성과 남성이 다르게 이용한다. 여성은 이렇게 말한다. "당신을 진짜 많이 사랑하니까 난 당신을 행복하게 하기 위해서 섹스를 포함한 모든 것을 할 거야." 남성은 이렇게 말한다. "당신을 미친 듯이 사랑해. 그러니까 당신은 내가 원하는 것은 무엇이든, 섹스까지 포함해서 모두 내게 줘야 해." 여기에도 불균형이 존재하는데, 이 불균형을 무시하기로 작정하는 사람들이 있다.

1950년대와 1960년대의 페미니스트 운동은 처음에 여성 자신의 몸과 임신 능력을 여성 스스로 통제하는, 더욱 구체적으로 말하면 낙태를 선택할 수 있는 여성의 권리를 중심으로 하나가 되었다. 그런 뒤에 경구 피임약과 믿음이 가는 현대적 피임법이 산아제한 방법으로 낙태를 빠르게 대체하면서 여성에게 새로운 시대가 열렸다.[34]

페미니즘의 투쟁적인 활동이 그다음 초점을 맞춘 부분은 여성의 저임금, 그중에서도 특히 여성의 평균임금과 남성의 평균임금이 크게 차이가 난다는 점이었다. 19세기까지 남자들은 똑같은 일을 하고도 대개 여성의 두 배를 받았다. 영국의 전체적인 상황을 볼 때, 이러한 차이는 1970년대까지도 계속되었다.[35] 미국에서는 고용주들이 남자 노동자에게 지불하는 임금의 절반에도 못 미치는 임금을 여성 노동자에게 지불했고, 때로는 3분의 1이나 4분의 1을 지급하기도 했다.[36] 고용주들은 남자 노동자들이 지배하는 노조와 은밀히 결탁하여 여성의 임금을 남성의 임금보다 체계적으로 낮게 유지했다.[37]

동일임금과 기회균등법은 그 법률이 완벽히 실행된 곳에서는 어디서나 극적인 영향을 미쳤다. 영국에서는 남녀 간의 임금 격차가 불과 6년 만에 10퍼센트포인트가 하락한 뒤에 1993년 무렵까지 서서히 줄어들었다. 그때 이후로 유럽 대륙 전체와 영국, 그리고 다른 모든 현대적인 산업 경제국에서 임금 격차는 거의 변화하지 않았다. 유럽연합과 북유럽 국가들에서 그 격차는 17퍼센트 정도에 머물고 있지만, 미국에서는 25퍼센트가 넘는다.[38] 연구자들과 정책 분석가들은 이렇게 지속적인 변화가 이루어지지 않는 이유를 설명하느라 여러 해 동안 곤혹스러워했다.

일부 학자들은 기회균등과 동일임금법이 이미 제 임무를 다했고 지속되는 임금 격차는 여성의 직업 선택과 고용 패턴이 남성과는 다소 다르기 때문이라고 결론 내렸다.[39] 반면 여성이 대학 교육과 전문직에 접근할 수 있게 되었는데도 여성의 소득이 다소 낮은(평균적으로 국민 전체를 통틀어) 결과를 가져오는 정확한 메커니즘과 라이프스타일 선택 과정을 계속해서 찾고 있는 학자들도 있다.[40]

그리고 중요한 '메커니즘' 중의 하나는 너무나도 엄연한 사실임이 드러났다. 여자들이 임금을 올려 달라거나 승진을 시켜 달라고 남자만큼 자주 요구하지 않는다는 점이다. 때로 여자들은 승진 제안을 받고도 그것을 거부한다. 똑같은 대학의 똑같은 학과를 졸업했을 때에도 젊은 여성이 첫 직장에서 받는 초임은 남자 동료들보다 적다. 졸업 직후, 젊은 남성은 처음 제시된 봉급보다 더 많이 받기 위해 자주 협상한다. 그들은 직장 생활을 하는 내내 계속해서 임금 인상과 승진을 요구하고 더 많은 임금을 받기 위해 종종 직업을 바꾼다. 반대로 젊은 여성들은 대개 회사가 주는 대로 우아하게 받고 승진과 임금 인상을 제안받을 때까지 꾹 참고 기다린다. 다른 직장에서 더 많이 받기 위해 회사를 바꾸는 경우는 거의 없다.[41]

이 모든 것이 전적으로 관계가 없는 것처럼 보이지만 실상은 그렇지 않다. 여성이 직장에서 더 많은 것을 요구하지 못하는 것은 명백한 사실이고 많은 연구가 그것을 증명하고 있다. 하지만 문제는 여성이 직장 외에 사생활에서도 요구하고 협상하지 못한다는 점이며, 이는 연구하고 증명하기가 훨씬 더 어렵다. 여기서 중요한 사실은 여성이 요구하지 않는다는 점이다. 요구하지 않는 것은 결코 얻을 수 없다. 당신이 무엇인가를 요구하면 확률적으로만 봐도 50퍼센트 정도는 얻을 수 있고, 이는 안 하는 것보다 훨씬 낫다. 가끔 얻는 것은 항상 아무것도 얻지 못하는 것보다 낫다.

여성은 직장과 일반적인 공적 생활에서 더 나은 거래를 요구하지 못한다. 사생활에서 정당한 거래나 더 나은 거래를 요구하는 법을 거의 배우지 못했기 때문이다. 남자들은 사생활에서, 엄마, 여자 친구, 애인, 아내, 딸과의 협상에서 매일 자신이 원하는 바를 얻어 내는 데 익숙하기 때문에 고용주에게도 더 많은 것을 요구할 수 있다.

2010년 프랑스 언론에 로레알 스캔들이 터졌다. 로레알의 상속녀인 87세의 릴리안 베탕쿠르가 자신의 오랜 친구인 63세의 프랑수아 마리 바니에르에게 엄청난 액수의 돈과 그림 등의 자산을 선물로 줬다는 사실이 드러났다. 재능 있는 성공한 작가이자 예술가이고 사진 작가인 그는 여러 해 동안 릴리안 베탕쿠르 부부의 지원과 옹호를 받아 온 인물이었다. 릴리안과 사이가 소원해진 딸 프랑수아 베탕쿠르 메이예는 바니에르가 엄마의 약해진 마음을 이용하여 엄청난 재산을 거저 얻어 냈다고 비난하면서 '약점을 악용'했다는 이유로 바니에르를 상대로 법적 조치를 취했다. 평소에 세상의 눈을 피해 은둔하고 있던 릴리안 베탕쿠르는 가까스로 성사된 인터뷰에서 자신이 바니에르에게 그림과 보험증권, 10억 유로 이상의 현금을 주었다고 인정했다. 왜 그랬냐는 질문을 받은 프랑스 최고의 여성 갑부는 이렇게 말했다. "그가 그렇게 해 달라고 했으니까."[42] 여자가 남자 친구나 동료를 상대로 똑같은 일을 성공적으로 해낼 거라고 상상하기는 쉽지 않다.

일상생활의 관계에서 나타나는 남성 우월주의의 중심적인 요소는 돈과 지위가 '중요한' 반면 매력 자본을 포함한 여성의 재능과 장점은 자연계의 일부분에 불과한, 당연한 것이라는 생각에서 생겨난다.[43]

여성은 더 나은 거래를 얻어 내고 사생활에서 자신이 기여한 것을 더 많이 인정받기 위해 남자들과 흥정하고 협상하는 법을 배워야 직속 상사나 동료, 고용주와의 관계에서도 성공적으로 협상할 수 있다. 당신에게 욕망을 느끼고 당신을 사랑하고 존중한다고 주장하는 남자와 성공적으로 협상할 수 없다면, 같은 조직 내의 남자 동료나 친구, 배달부나 서비스 맨같이 모르는 남자들, 일상생활에서 우리 모두가 마주쳐야 하는 수많은 남자들을 다루는 데 필요한 기술을 갖출 가능성은 낮아진다. 자신감과 협상 기술은 다른 많은 것과 마찬가지로 자기 집에서부터 시작된다.

사생활에서 매력 자본은 돈이나 소득이 아니라 비장의 수가 되는 경우가 흔히 있다. 물론 많은 남자들이 이미 그러한 수를 갖고 있다. 또한 매력 자본은 대부분의 잘생긴 남자들이 매력 자본을 성공적으로 결합할 수 있는 사회적 기술을 갖추고 있다면 그들에게도 중요한 자산이 될 수 있다. 극소수의 여성들만이 고소득의 전문직이나 관리직에 도달하는데, 그런 여성들도 매력 자본으로 이득을 본다. 여자들은 매력 자본이 하나의 자산이라는 점을 잘 모르는 경향이 있다. 가부장적인 남성들과 많은 페미니스트들이 매력 자본을 경시하고 모독하기 때문이다. 물론 미모는 거죽 한 꺼풀이다. 그리고 미모가 그 이상으로 깊어질 필요는 없다. 지능은 두뇌 깊이이다. 돈은 천박하지만, 여전히 가치를 지닌다. 매력 자본은 그것이 지닌 보편적인 가치와 운반성에서 돈만큼 다목적적이다. 미모는 아멕스 카드만큼 훌륭하다는 말이 있다.[44] 아리스토텔레스도 비슷한 생각을 했다. 그는 미모가 최고의 소개서이고 이것으로 계급적 차이를 뒤엎을 수 있다고 생각했다.

남자들은 종종 현실을 규정하고 대인 관계에서 자신이 주도할 권리가 있다고 생각한다. 내 요구와 기대치는 합리적이지만, 상대의 요구나 기대치는 그렇지 않다는 것이다. 남자들은 대인 관계라는 게임의 규칙을 정할 권리가 본인에게 있다고 생각한다. '어떤 행동이 마음에 들고 적합한지, 어떤 행동은 마음에 들지 않는지 내가 너에게 이야기하겠다.'[45] 도대체 남자들의 이 오만함은 어디서 생기는 것일까? 맹목적인 사랑을 주는 엄마들 때문인가? 아니면 아버지를 본받은 것일까? 더욱 중요한 점은 남자들이 그렇게 해도 그냥 넘어갈 수 있게 여자들이 놔두는 이유이다.

21세기에 들어선 지금도 여자들은 여성과 '표면적으로는 평등하지만 실제로는 특권을 누리는' 1등 시민으로 남성을 간주하는 태도에 적극적으로 가담한다.[46] 육아 전문 사이트인 네트멈스가 2010년에 2500명의 엄마들을 상대로 실시한 설문조사에 따르면 영국의 엄마 10명 중 9명이 잘못된 행동인 줄 알면서도 딸보다 아들에게 더 잘해 주고 있다고 인정했다. 아들은 엄마에게 칭찬받을 가능성이 더 높은 대신 딸들은 엄마에게 비난받을 가능성이 두 배나 높다. 아들에게는 자기 마음대로 할 수 있는 자유가 더 많이 주어진다. 사내아이들의 버릇없는 행동은 '장난스럽고', '까불고', '웃기다'고 받아들여지는 반면, 여자아이에게는 '까다롭고', '짜증이 심하다'는 꼬리표가 붙는다. 여성의 복종과 많은 남성의 오만한 이기심은 엄마의 무릎에서 시작된다. 이는 다수의 성인 여성들이 남자가 자신에게 함부로 하도록 내버려 두는 이유를 설명해 준다. 여자들은 돈과 자격증만이 가치가 있다고 믿도록 세뇌되었기 때문에 자신의 가장 보편적인 자산인 성적 접근권과 매력 자본을 너무나도 자주 내버린다. 매력 자본의 가치와 여성의 독특한 임신 능력을 인정하는 것은 여성을 위한 진정한 의미의 페미니스트 성명서의 기초가 된다.

노동시장에서 여성은 남성의 인적 자본과 사회 자본을 상대로 경쟁한다. 여성은 또 다른 유형의 남성인 대체 노동자가 된다. 노동시장에 다수의 여성이 유입되면서 전체적으로는 부득이 경쟁이 심해지고 노동 가격이 낮아졌다.[47] 이는 최근에 대학 교육을 받는 학생 수의 대대적인 증가와 그로 인한 '학력 인플레이션'을 설명하는 데 도움이 된다. 예전에는 고등학교만 졸업해도 취직할 수 있던 일자리에 이제는 대학 졸업장이 필요하다. 경쟁은 남성과 여성 모두에게 더 심해졌다. 이러한 상황에서는 언어든 외국 문화에 대한 지식이든 관련된 취미든 그 종류를 막론하고 장점과 재능이 더 많다면 결정적으로 중요할 수 있다. 사회 자본과 매력 자본 또한 일부 직업, 특히 사람들 눈에 잘 띄거나 사회적으로 드러나는 직업이라면 성공과 실패에 크게 영향을 미치는 '장점'을 제공해 줄 수 있다.

제도권 교육에서 실패하거나 단순히 지루해서 학교를 중퇴한 사람들의 학력은 낮을 수 있지만, 그들의 매력 자본은 사생활과 노동시장 양쪽에서 가장 강력한 개인 자산으로 남을 가능성이 크다. 패션모델인 케이트 모스는 일찍 학교를 그만두었지만 자기 힘으로 백만장자가 되었고 사생활에서도 여러 명의 애인을 두는 등 성공을 거두었다. 비슷하게, 조던으로도 알려진 에로틱한 모델 케이티 프라이스는 제대로 학교를 졸업하지 않았지만 자력으로 다양한 사업을 벌여 백만장자가 되었다. 이러한 여성들과 그들의 화려한 삶은 공부에 흥미를 느낀다면 대학에 들어가 지루한 사무직 직원이 될 수 있겠지만 본인 스스로 그런 흥미를 느끼는 사람이 아니라고 생각하는 젊은 여성들에게 롤 모델이 될 수 있다.[48]

일부 학자들은 응용된 성 각본을 통해 성관계를 살펴보면서[49] 이 각본을 쓰고 통제하는 사람에 대한 의문은 완전히 무시해 버린다. 각본은 대부분 가부장적인 남자들이 써 왔다. 이제 여성은 이 책에서 입증된 두 가지 새로운 사회적 사실을 고려하여 각본을 다시 써야 한다. 먼저 여성은 대체로 남성보다 매력 자본이 더 많다. 여성이 매력 자본을 키우기 위해 더 열심히 노력하기 때문이다.(예외는 동성애 남성들인데, 이들도 자신의 성적 매력을 열심히 유지한다.) 두 번째로 남성과 여성의 매력 자본이 동일한 수준이라고 해도 남성의 섹스 결핍 때문에 여성은 자연스레 사생활에서 유리해진다. 비슷하게 동성애 관계에서도 상대 파트너가 별다른 이익을 보충하지 않는다면, 더 젊고 매력적인 남성이 둘 사이에서 더 큰 힘을 지니는 경향이 있다.

대부분의 페미니스트 작가들이 저지르는 중요한 지적 실수는 미시적인 차원과 거시적인 차원의 분석을 혼동하는 것이다.[50] 국가 차원에서 보면 전체 남성은 한 집단으로서의 여성들보다 더 많은 권력을 갖고 있다. 그들은 정부와 국제 조직, 최대 기업, 노조를 운영한다. 그러나 이를 당연히 사사로운 남녀 관계나 가족 같은 개인 차원에서도 남자가 더 많은 권력을 갖고 있다는 뜻으로 해석할 수는 없다. 개인 차원에서는 매력 자본과 섹슈얼리티가 학력이나 소득, 사회적인 네트워크만큼 중요하다. 출산 능력까지 포함하면 부부가 아이를 원할 경우 여성의 힘이 더 커진다. 남자들이 국가 차원에서 권력을 유지하고 있는 사회에서도 여성이 더 큰 힘을 갖고 사적인 관계에 대해 전적으로 각본을 쓸 수 있다. 이러한 힘의 역전은 상업적인 유흥 산업에서 극명하게 드러난다. 남자들이 각본을 쓰고 공연을 선택할 수 있지만, 그 특권을 누리려면 후하게 돈을 지불해야만 한다.

어떤 면에서 보면 페미니즘 운동이 저지른 최대의 실수는 여성을 상대로 여성은 무능하고 영원히 남성 지배의 희생양이 될 수밖에 없다고 말했던 것이다. 말이 씨가 되듯 이것이 자기실현적인 예언이 되었고 젊은 여성들이 자신은 내세울 것이 없고 게임에 이길 가능성이 없다고 생각하게 되었다. 페미니즘은 여성이 특히 사적인 관계에서 자신이 원하는 것을 요구하지 못하고 정당하다고 생각하는 것을 얻지 못하는 이유의 일부가 되었다.

매력 자본과 사회정책의 상관관계

매력 자본을 문화, 혹은 인적, 사회, 경제 자본에 이어 제4의 개인 자산이라고 인정하는 것은 사회정책에 중요한 영향을 미친다. 매력적인 여성과 남성이 상업적인 성 산업과 에로틱한 여흥, 직장 혹은 사회 생활 전반에서 자신의 매력 자본을 이용하는 행동은 결코 불법이라고 할 수 없다. '사회 자본'이라는 라벨이 훌륭한 연줄을 이용하는 행위와 족벌주의, 심지어는 부패 행위까지도 정당화하는 것처럼 보이듯이, 사회적, 신체적 매력에 새로운 라벨을 제공하는 것은 이러한 자산에 지적인 정당성과 지위를 부여한다. 그로 인해 서양이 전통적으로 보여 주는 경멸의 반응은 저지된다. 사실 이러한 반응은 거의 언제나 놀라울 정도로 못생기고 사회적으로도 세련되지 못한 사람들이 보인다. 매력 자본은 노동시장은 물론 법조계나 관리직같이 언뜻 보면 관련이 없어 보이는 직업에서의 활동에 '가치를 덧붙여 준다.' 같은 방법으로 '인적 자본'이라는 용어는 더 나은 자격증과 더 많은 업무 경험을 지닌 사람들에게 더 높은 임금을 지불하는 행위를 정당화하는 이데올로기가 되었다. 인적 자본이 많은 사람들의 생산성이 더 높다는 것이 주장의 근거지만, 이는 관리직과 같은 다수의 직업에서 입증하기가 어려웠다.[51]

매력적인 남성은 여성보다 더 큰 '외모 프리미엄'을 누린다. 특히 모든 연구 결과가 여성이 남성보다 매력 면에서 더 높은 점수를 받는다는 사실을 보여 준다는 점에서, 이는 성차별의 명백한 증거이다. 명백히 여성은 직장의 생산물과 효율성에 추가로 기여하는 부분에 동일한 금전적 보상을 요구해야 한다. 남성과 여성의 설명되지 않는 임금 격차의 일부분은 여성의 매력 자본이 남성의 매력 자본과 같은 정도로 보상받지 못하기 때문인 듯하다.

나의 결론은 매력에 대한 어떠한 인정이나 보상도 불법화하려 하는 '페미니스트' 변호사나 학자들과 확실히 어긋난다.[52] 남성은 이미 이 자산에 대해 보상을 받고 있기 때문에 여성이 똑같이 보상을 받지 못하는 것은 부당하다.

　성매매와 모든 에로틱한 여흥을 범죄화하지 않고 오명을 씌우지 않는 것은 또 다른 논리적인 결말이다.[53] 합법화가 되면 남성과 성매매 종사 여성의 삶은 당연히 훨씬 수월해질 것이다. 성매매 불법화로 인해 가장 직접적으로 고생하는 사람은 언제나 여성이었다. 역사적으로 볼 때 성매매를 범죄화하지 않고 합법화하는 조치는 파트타임으로 일하거나 가끔 일하는 것으로, 성매매에 대한 여성의 참여를 제한할 뿐만 아니라 성매매 산업에서 더 쉽게 손을 떼게 할 수 있다. 성매매 종사 여성은 일에 대한 흥미를 잃거나 소득이 떨어질 때, 혹은 다른 일자리 기회가 생기면 곧바로 성매매 산업을 떠날 수 있다.[54] 현재 네덜란드와 뉴질랜드는 성매매를 전면적으로 정상화한 가장 훌륭한 예이고 독일과 프랑스가 그 뒤를 바짝 따르고 있다. 스웨덴과 영국은 '남녀평등' 정책으로 가장한, 고장난 정치적 정당성 원칙을 운용하고 있다.

　같은 논리를 따르면 대리모 임신과 관련 계약을 억제하는 법률은 전면적인 개정이 필요하다. 판사이자 법률학자인 미국의 리처드 포스너는 대리모 임신 계약에 따라 아기를 낳은 여성이 아기를 포기하기를 주저해도 그 계약을 강행할 합리적인 이유가 있다고 이미 설명해 주었다.[55] 이 일을 하는 여성들은 임신과 관련된 서비스, 즉 난자 기증이나 대리모 임신, 더욱 전통적인 일에 해당하는 유모 일에 대해 시장이 부담할 수 있다면 얼마든지 요금을 자유로이 청구할 수 있어야 한다. 일례로 현재 영국에서는 대리모가 '합리적인 비용' 이상을 청구하는 것이 법률적으로 금지되어 있다.[56] 이 법률은 여성의 노동이 항상 비용 없이 공급되어야 하고 '사랑'을 위해, 결코 돈 때문에 이루어져서는 안 된다고 주장하는 가부장적인 법률이다. 수익성은 높지만 의심스럽기

짝이 없는 영업에 매진하는 은행가에게 고액의 보너스를 지급하는 경우에서 알 수 있듯이, 남자들은 돈을 목적으로 일하고 수단을 위해 일해도 된다. 하지만 여성은 자본주의 경제에서도 돈을 목적으로 일해서는 안 된다.

상업적인 대리모 임신이 금지되지 않은 인도에서는 가난한 여성이 아이를 임신하여 10년치 소득을 벌 수 있다. 그리하여 그들은 가족 내에서 주요한 소득원이 된다.[57] 이 여성들 중 다수는 9개월 동안 휴식과 한가로운 시간을 즐길 수 있는 보너스를 추가로 받는다. 임신 상태를 모니터할 수 있도록 이 여성들을 병원에 가까운 수용 시설에서 살게 하기 때문이다. 이들은 텔레비전도 볼 수 있고 집에서는 불가능한 다른 호사도 누릴 수 있다. 이들은 대리모 임신 덕분에 상당한 수입을 벌고 지위도 높아진다. 또한 집을 사거나 딸들을 제대로 교육할 수 있다.

한마디로 남자들의 이익은 극대화하고 증진되도록 자유롭게 놔 두면서 여성의 활동은 늘 방해하는 법률과 사회정책의 근거인 청교도적인 가부장적 '도덕성'을 내버릴 때가 온 것이다. 여성은 공적인 생활뿐 아니라 사적인 생활에서도 더 나은 거래를 요구하는 법을 배워야 한다. 매력 자본의 사회적, 경제적 가치에 대한 인정은 그러한 재협상 과정에서 중요한 역할을 할 수 있다.

매력 자본 측정법

매력 자본 측정

이 책에서 정의한 매력 자본은 새로운 개념이고 다수의 연구에서 6가지 요소 중 1개 이상을 측정한 적은 있었지만 남성이나 여성의 매력 자본이 전체적으로 어느 정도인지 측정한 적은 한 번도 없었다. 먼저 나는 지금까지 매력 자본의 측정 방법으로 고안된 몇 가지 방법을 살펴본 다음, 앞으로의 연구에서 개념 전체에 대해 더욱 완벽한 측정이 가능할지 숙고할 것이다.

현재까지의 방법은 다섯 가지로 분류된다.

— 심사원으로 구성된 패널이 평가하는 사진 증거

— 대상을 보았거나 대상을 알고 있는 정보 제공자의 평가

— 설문조사를 통한 자기평가

— 최고 미인이나 미남을 가리는 대회

— 연구 실험을 통한 사회적 상호작용 기술 테스트

이 방법들은 모두 특정 지역의 특정 집단에 대한 연구뿐 아니라 국가 전체에 걸친 연구에서도 이용될 수 있다. 지금부터의 검토는 대표성이 크다고 할 수 있는 매력 등급 분포도를 산출할 정도로 충분히 규모가 큰 집단을 다루는 연구에 초점을 맞춘다. 실험적 연구와 실험실 연구는 전체적인 분포도를 산출하려 하지 않으며 피험자들은 특별히 매력적이거나 매력적이지 않은 개인을 대표하도록 선택할 수 있다. 그들에 대한 반응을 테스트하기 위해서이다. 그러나 유사한 방법들 또한 자주 이용된다.[1]

사진, 영상, 컴퓨터 이미지

미국의 연구자들은 모든 학생의 인물 사진과 함께 간단한 인물 소개까지 곁들여지기도 하는 고등학교, 대학교 졸업 앨범을 이용할 수 있는 큰 이점을 누린다. 사진은 학생이 가장 괜찮게 보이는 포즈로, 성인의 외모라 할 수 있는 연령에 촬영된다. 합의된 점수로 학생의 매력을 평가하는 세 명 이상의 패널이 졸업 앨범 사진의 점수를 매긴다. 평가자들은 대개 구식 헤어스타일이나 옷차림새의 영향은 무시하려고 애쓴다. 이 방법은 종종 고등학교나 대학교 같은 교육기관이 자기 학교 졸업생들의 졸업 후 성과를 평가하기 위해 몇 년이나 수십 년 뒤에 조사하는 연구에서 이용되었다. 예를 들어 미국에서 이루어진 한 연구는 고등학교 졸업 앨범 사진을 이용하여 가장 매력적이었던 여학생이 결혼할 가능성이 더 높고 더 어린 나이에 일찌감치 결혼했고 소득이 많은 높은 지위의 남편을 만나 15년 뒤에 가계소득이 가장 높았음을 입증했다.(그 여학생 본인이 일을 하는가는 관계없다.)[2]

대학들이 대학 입학자들의 입학 당시 사진을 앨범으로 펴 내는 경우도 있는데, 대개 학생들은 신경을 써서 포즈를 잡지 않는다. 제프 비들과 대니얼 해머메시는 신체적 매력이 직업적 성공과 소득에 미치는 영향을 측정하기 위해 미국 유수의 법대 졸업생들을 연구 조사할 때 이 데이터를 이용했다. 두 사람은 표 1의 동일한 5점 척도를 이용하여 여성의 평균 점수가 남자의 평균 점수보다 훨씬 더 높음을 알아냈다. 외모의 평균 점수 차이는 판단을 내리는 사람의 성별과는 무관했다.[3]

상상력이 가장 돋보이는 일부 연구는 기존의 다른 자료에 의존했다. 미국의 한 대학 강사는 라이프사이클을 통틀어 볼 때 매력이 어느 정도까지 지속되고 변하지 않는지 알아보기 위해 자신이 가르치는 학생들에게 부모님이 젊었을 때, 중년일 때, 나이가 든 뒤에 수영복을 입고 찍은 전신 사진을 가져오라고 했다.[4] 평가 점수는 평생 동안 계속해서 매우 안정된 것으로 드러났는데, 이는 젊었을 때의 외모가 노년의 외모를 알려 주는 훌륭한 지표임을 의미한다.

평가단이 점수를 매긴 사진으로 이루어진 증거는 실험적인 심리 연구와 신체적인 매력의 영향에 대한 소규모 연구에서도 가끔 사용된다. 컴퓨터를 이용한 연구에서는 안면의 대칭성이나 고른 피부색, 특정한 얼굴 비율 및 신체 비율의 영향을 측정하기 위해 매력의 정도와 유형을 아주 정확하게 조작할 수 있다.

디지털 사진과 그러한 사진을 조작하는 소프트웨어의 도입으로 얼굴의 매력도에 대한 연구 속도가 상당히 빨라졌다. 여러 연구에 따르면 전통성이 대체로 아름다움의 주요한 요인임을 알 수 있다. 4명의 사진을 합쳐서 합성하면 그로 인해 생기는 4명의 평균 얼굴은 가장 매력적이다. 8명 혹은 16명의 다른 얼굴을 합쳐서 얻은 얼굴은 점점 매력이 더해진다. 32명의 얼굴을 평균한 결과로 얻은 얼굴이 가장 매력적이다. 평균의 얼굴은 피부색이 더욱 한결같고 좌우 대칭이 뛰어나고 전통적인 외모를 보여 준다. 모든 인종 및 문화 집단에 대해서도 그 과정을 동일한 방식으로 적용한다. 매력적인 얼굴의 합성 작업은 다양한 얼굴에서 얻는 합성 얼굴보다 더욱 매력적인 얼굴을 탄생시킨다.[5]

일반적으로 사람들은 자신의 문화적 집단에 속한 얼굴을 선호하지만, 동일한 방식으로 다른 얼굴의 매력을 판단할 수도 있다. 개인의 취향 차는 아름다운 얼굴에 대한 객관적인 평가를 막지 못한다.

남녀 체형의 매력을 판단할 때도 허리 엉덩이 비율과 체질량지수를 달리 하도록 조작된 사진을 이용하는 비슷한 절차를 채택한다. 움직이는 몸의 매력을 연구하는 데는 컴퓨터 애니메이션을 이용한다. 스와미와 펀햄의 2007년 총서에 발표된 연구 결과에 따르면, 매력적인 몸매에 대한 여러 문화의 생각이 상당히 일치한다는 사실을 알 수 있다. 비만은 부정적인 평가의 가장 흔한 원인이고, 체질량지수는 여성의 매력을 예측하는 척도로 허리 엉덩이 비율보다 더 우세하다. 또한 체중(혹은 체질량지수)은 보편적으로 건강의 지표로 간주된다. 이러한 방법을 확대하여 정적인 사진이나 추상적인 컴퓨터 이미지 대신 실제 사람이 이야기하거나 움직이는 짧은 영상을 이용하는 경우도 있다. 이 방법은 컴퓨터를 이용한 연구에서 실행 가능해졌다.

사진을 이용한 방법은 얼굴의 아름다움과 매력적인 체형, 성적 매력, 꾸미고 자신을 표현하는 기술을 포착해 내는 데 확실히 훌륭하다. 하지만 사람을 대하는 사회적 기술과 활기를 평가하는 데는 도움이 되지 않는다. 이를 평가하기 위해서는 '실제' 사람을 만나거나 배우를 이용하여 직접 대면하는 상호작용이 필요하다.

정보 제공자

응답자의 매력에 대한 정보 제공자의 평가는 종종 전국적인 면접조사에서 수집된다. 이런 유형으로 대니얼 해머메시와 제프 비들이 해낸 획기적인 연구는 7장에서 다루었다. 두 사람은 1970년대에 실시된 미국의 설문조사 두 개와 캐나다의 설문조사 한 개를 분석했다. 이 세 설문조사는 모든 면접관에게 응답자의 신체적인 외모를 5단계, 즉 매우 아름답거나 잘생겼다, 보통 이상이다(뛰어난 외모), 그 나이로는 평균이다, 평균 이하다(아주 매력이 없다), 못생겼다로 구분하라고 요청했다. 그 결과는 표 1에 나타나 있다. 대다수의 사람들은 중간의 '평균' 그룹에 분류되었고, 4분의 1에서 3분의 1은 평균 이상으로 분류되었다. 그리고 약 10분의 1은 평균 이하의 외모로 평가받았다. 남성보다는 여성에 대한 판단에서 편차가 컸다. 미국에서는 여성이 남성보다 외모가 훌륭하거나 아름답다고 평가될 가능성이 높은데, 아마도 여성이 더 노력하기 때문인 듯하다.

각각의 설문조사에서 다수의 면접관을 채용했는데도 표 1의 결과는 놀라울 정도로 일관되었다. 캐나다의 삶의 질 연구는 1977년, 1979년, 1981년에 시행되었는데, 매번 면접관이 달랐다. 이 연구에는 고정 조사 대상이 포함되어 있어서 매번 같은 사람들을 다시 면접할 수 있었고, 그 덕분에 이 하부집단에 대한 2~3년간의 데이터를 수집할 수 있었다. 그 결과를 살펴보면 표본의 35퍼센트가 세 번의 조사에서 동일한 평가를 받았고, 93퍼센트가 적어도 2년의 조사에서 동일한 평가를 받았음을 알 수 있다.[6] 다른 연구에서도 신체적 매력에 대한 평가는 위에서 언급한 것처럼 성인 생활의 여러 단계에서 대체로 일관되었음을 알 수 있다.

영국의 일부 코호트(cohort, 통계적으로 동일한 특색이나 행동 양식을 공유하는 집단—옮긴이) 조사는 정보 제공자가 특정 영역의 매력을 평가한 내용을 수집했다. 예를 들면 국립아동발달연구(NCDS)는 1958년 3월에 태어나고 영국에 사는 사람들로 이루어진 코호트를 조사하는 장기적인 연구이다. 2010년, 이 코호트는 52세가 되었다. 국립아동발달연구는 각 조사 기간 중에 응답자의 키와 체중에 대한 정보를 수집하며 이를 통해 평생 동안 그들의 체질량지수를 모니터할 수 있다. 그들의 매력에 관한 정보는 7세와 11세에 수집했는데, 연구팀은 당시 조사 대상 어린이의 학교 선생님들에게 아이의 학교에서의 행동과 성격에 관한 조사표를 완성해 달라고 요청했다. 또한 '매력적이다', '대부분의 아이들만큼 매력적이지는 않다', '심하게 영양 부족인 듯하다', '비정상적인 특징이 있다', '주목할 만한 점이 없다'의 범주로 평가하라는 요청도 했다. 실제로 마지막 세 범주는 거의 이용되지 않았다.

배리 하퍼는 이 데이터를 분석하여 영국의 견본으로 미국의 연구를 모방하고 다른 주제들도 조사했다.[7] 이 경우에 조사 대상 어린이에 대해 보고하는 선생님은 아이를 잘 알고 있고 학교에서 매일 아이를 보았다. 하퍼는 이러한 상황이 선생님의 평가를 흔들리게 한다고 간주했다. 그들은 순수한 얼굴의 아름다움을 넘어 사교성과 성격까지도 포함해 평가할 수 있었다.[8] 매력 자본이라는 나의 폭넓은 개념을 적용하면 이러한 다방면의 평가는 활달함과 매력, 사교성, 사회적 기술 같은 요소들을 포함한 매력 자본에 대해 더욱 완벽한 평가를 제공한다. 한편 7세와 11세 때 이루어진 신체적, 사회적 매력에 대한 평가는 아이들이 사춘기 동안 아주 많이 달라질 수 있다는 점을 고려하면 성인이 됐을 때의 매력 자본을 예측하기에는 불충분한 자료일 수 있다. 국립아동발달연구 설문조사에서 이용한 척도가 특이했다는 점을 고려하면, 대부분의 아이들이 '매력적이다.'의 범주에 속하는 등 평가의 분포도가 매우 색다르다.(표 2) 그러나 여기서도 여학생들은 언제나 남학생보다 더 매력적으로 평가된다. 또한 평가하는 선생님이 바뀌었어도 7세와 11세 때 이루어진 평가는 크게 일관성을 띤다. 실제로 연구 결과를 보면 매력의 평가가 인종 및 문화 집단에서도 매우 일관됨을 알 수 있다.[9]

매력에 대한 정보 제공자의 평가는 소규모의 연구와 실험에서도 이용된다. 일례로 해트필드와 스프레처는 1960년대의 '컴퓨터 댄스'라는 모임에 초대된 미국 대학생들을 상대로 연구를 실행했는데, 이 모임에 온 학생들은 그날 밤 자신에게 어울리는 파트너와의 만남을 보장받았다. 모임 티켓을 팔고 표면적으로는 컴퓨터 짝짓기에 이용되는 프로필을 수집, 정리한 학생들은 신체적인 매력의 척도에 따라 각 학생을 매우 빠르게 평가하는 일도 맡았다. 실제로 커플은 무작위로 맺어졌고, 설문지는 피드백과 만족도를 수집했다. 만족도와 관련된 유일한 요인은 파트너의 매력이었다. 놀랍게도 설문결과에 따르면 아무것도 중요하지 않았다.[10]

자기평가

매력 자본에 대한 자기평가의 주요한 문제는 남자들이 대체로 자신의 매력을 심하게 과대평가하는 데 비해 여자들은 좀 더 현실적이라는 점이다. 이 점은 남성과 여성의 자기평가에서 일반적으로 나타나는 경향인 듯하다. 여성은 스스로에게 높은 기준을 정하고 자신의 이상에 도달하지 못했다고 비판하는 듯하다. 여성은 자기표현에 더 열심이기 때문에 자신이 목표에 비해 얼마나 모자라는지 더 잘 알고 있다. 응답 유형에서 나타나는 이러한 성별 차이는 자기평가 데이터를 이용하는 학자들에게 문제가 된다.

유럽 최초로 국가 차원에서 이루어진 성에 대한 설문조사는 에이즈에 대한 두려움 때문에 그러한 설문조사가 보건 연구로 바뀌기 훨씬 전인 1967년, 스웨덴의 한스 제터버그에 의해서였다. 성애에 관한 계층화와 순위라는 개념에 영감을 얻은[11] 그는 스웨덴의 설문조사에 두 가지 질문[12]을 추가했다.

— 당신은 다른 사람들이 당신과 사랑에 빠지도록 만들기 쉽다고

말할 수 있습니까?

—지난 12개월을 되돌아보고 그 기간 동안 정말로 당신과 사랑하는 사이였다고 말할 수 있는 사람은 몇 명입니까?

안타깝게도 연구 결과는 발표되지 않았는데, 이는 그 질문들이 그가 의도했거나 희망했던 결과를 가져오지 못했음을 암시한다.

제터버그의 선구적인 작업에 영감을 받은 핀란드의 성 조사가 1971년에 시작되었는데, 두 국가의 결과를 비교해 보려는 목적 또한 띠고 있었다. 1992년의 핀란드의 성 조사는 다음과 같은 '성적 자부심'을 측정함으로써 스웨덴의 조사에서 추가되었던 질문들을 대체했다.

—당신의 성생활과 성 능력에 대한 다음의 진술에 대해 당신은 어떻게 생각합니까?

—나의 성기술은 꽤 훌륭하다.

—나는 성적으로 적극적이다.

—나는 성적으로 매력적이다.

사람들은 세 항목 모두에서 '완전히 동의한다.', '어느 정도 동의한다.', '동의도 부정도 하지 않는다.', '다소 동의하지 않는다.', '완전히 동의하지 않는다.'의 5개 답변 중에 하나를 골라야 했다. 이 질문은 에스토니아와 러시아 상트페테르부르크에서 실시한 성 설문조사에도 포함됨으로써 3개국 간의 비교가 가능해졌다.[13] 이 질문은 세 항목 각각에 대한 분석뿐 아니라 3점에서 15점 사이의 점수 합계도 가능케 한다.

성 활동에 대한 중간 항목은 파트너의 마음을 사로잡는 면에서 결과를 측정하므로 매력 자본에 대한 간접적인 측정이라 할 수 있다. 질문서의 첫 번째 항목과 마지막 항목은 성 기능과 성적 매력을 매우 직접적으로 평가한다. 늘 그렇듯 남성은 특히 성 기능 면에서 평생 동안 스스로에게 높은 점수를 매긴다. 상트페테르부르크의 가부장적인 문화에 속한 남성들은 핀란드와 에스토니아 남성보다 성 기능 면에서 자신이 매우 뛰어나다고 분류했다.[14]

점수에서 나타나는 성별 차이는 핀란드 조사에 대한 보고서와 발트해 4개국에 대한 비교 분석표에서 분석되었다.[15] 분석 결과에 따르면 여성은 젊을 때 특히 자신의 매력 자본이 남성보다 더 많다는 사실을 알고 있지만 나이가 들면서 그 자본이 빠르게 감소한다고 믿는다. 반면 남자들은 자신의 성적 매력이 모든 연령대에서 견고한 수준을 유지한다고 믿는다. 남자들은 외모와 건강의 변화와 관계없이 자신이 몇 살이든 매력적이라고 말하고 또 그렇게 믿는다. 핀란드의 조사 결과를 보면, 여성은 스스로 평가한 매력을 모든 연령에서의 성 활동과 밀접하게 연관지은 반면, 남성은 모든 연령에서 연관성이 없었음을 알 수 있다.[16] 이는 남자들이 체계적으로 자신의 매력을 과대평가하고(거나) 자신의 부족한 매력 자본을 메우기 위해 다른 자원을 교환하기 때문일 수 있다.

성에 대한 조사에는 매력 자본을 간접적으로 측정하는 다른 질문들도 포함된다. 예를 들면 지난해에, 지난 5년 동안, 혹은 평생에 걸쳐 섹스 파트너가 몇 명이었는지 등을 묻는다. 그러나 대단히 매력적인 사람들 중에서 오직 한 사람에게만 평생 충실하기로 작정한 사람도 있기 때문에 섹스 파트너 수는 매력 자본을 측정하는 수단으로서는 불충분하다. 대표적인 예가 폴 뉴먼으로, 그는 20세기 최고의 미남 배우 중 한 명인데 여러 번의 제안이 있었지만 자기 아내에게 충실했다. 남성은 여성보다 섹스 파트너가 더 많은 경향이 있는데, 이로 인해 남자들은 자신이 문란하기보다는 성적으로 매력이 있다고 간주할 수 있다. 또한 자신이 성적으로 매력적이라고 묘사하려는 욕망은 남성이 항상 여성보다 섹스 파트너가 많다고 말하는 이유를 설명해 줄 수 있다.

미인 대회

마지막으로 매력 자본을 가장 총체적으로 평가하는 작업은 미인 대회에서 이루어진다. 미인 대회의 심사 위원들은 단순히 예쁜 얼굴만이 아니라 참가자들을 전체적으로 평가한다. 미인 대회 참가자들은 야회복과 같은 의상뿐 아니라 수영복까지 입고 행진을 하면서 자기표현과 스타일링 능력을 보여 준다. 종종 미미하지만 사회적 기술과 매력을 비롯하여 개성과 활달함을 어느 정도 엿볼 수 있는 인터뷰나 프레젠테이션 형식이 마련되기도 한다. 전체적으로 미인 대회는 지금까지 고안된 방법 중에서 가장 완벽하게 매력 자본을 평가하게 해 준다. 아마도 그러한 점 때문에 미인 대회는 지역 행사로서 텔레비전에서도 큰 인기를 누리는 듯하다.[17]

미인 대회나 미인 선발 대회는 세계적인 활동으로 여겨지는데, 여성뿐 아니라 남성이 참여하기도 한다. 여왕에게 왕관을 씌워 주는 것은 종교적, 전통적 축제(5월의 여왕 같은)의 일부분인 경우가 흔하며, 아마도 그 기원은 다산 의식일 것이다. 미스 월드와 미스 유니버스 대회는 가장 최근에 이 전통에 추가된 행사이다. 대부분의 행사는 참가자들을 심사하고 순위를 매길 뿐 아니라 신체적인 매력과 개성, 아름다운 용모를 찬양한다.

태국과 일부 동남아시아 국가에서는 미모를 과시하고 경쟁하는 전통이 아주 오래되었다. 심지어 정치인들도 권력을 부여하는 것으로 간주되는 미모에 대해 평가받고 그 때문에 존경받는다. 동남아시아에서는 한 사람의 목소리와 매너, 스타일, 행동을 신체적인 외모만큼이나 중요하다고 여긴다.[18] 따라서 어떤 상황에서는 사회적 매력이 신체적 매력보다 더 중요할 수도 있다.

카리브 해 지역에서 열리는 미스터 퍼스낼러티(Mr Personality) 대회는 남성 참가자들이 섹시하게 수영복을 입고 행진하면서 자신의 신체와 성적 매력을 마음껏 드러내는 것으로 시작한다. 그런 다음 그들은 자신이 고른 옷을 입고 행진한다. 필리핀의 동성애 남성 미인 대회는 지역사회 전체가 참가하는 등 매우 인기가 높고 자주 개최된다. 남자들은 칵테일 드레스와 야회복, 수영복, 서머 드레스, 운동복, '전통' 의상을 입고 줄지어 행진한다. 때때로 대회는 최고의 의상이나 최고의 모델, 피부색, 헤어스타일 등 특별히 뛰어난 부문이나 능력에 대해 10여 개의 상을 시상한다.[19]

콜롬비아 보고타에서는 여성 수감자들이 직접 만든 야회복을 입고 미인 대회에 참가했다. 참가자들의 자기표현 스타일과 자신의 옷을 디자인하여 만드는 기술은 여성뿐 아니라 남성 대회에서도 중요한 요인이다.

미인 대회에서 보여 주고 심사하는 것은 문화별로 다르다. 동성애 남성이나 성도착자들이 참가하는 대회는 여성 대회와 구성이 비슷한 데, 이는 동일한 자질과 기술을 심사하고 있다는 의미이다. 각 문화에서 매력 자본의 여섯 가지 요소에 부여되는 중요성이 각기 다르기는 하지만, 전체적으로 볼 때 참가자들은 자신의 매력 자본을 보여 주고 있다. 물론 그러한 대회는 엄격하게 통제된 사회과학 연구보다 훨씬 더 흥미롭다.

미인 대회와 비슷한 사례로는 인기 가수가 노래를 홍보하기 위해 제작한 영상이나 가수가 여러 번 옷을 갈아입으면서 춤을 추고 노래를 부르는 라이브 공연을 들 수 있다. 최신 비디오 영상을 보여 주는 국제적인 텔레비전 채널 MTV에서 증명하듯이 연예산업은 가수들의 매력 자본을 이용하고 그 재능을 최대한 보여 준다.

사회적 기술

사회심리학자들의 연구는 신체적인 매력에만 집중하는 연구에서 간과하는 사회적 기술을 다룬다. 이 연구는 사회적 상황에서의 개인의 능숙함과 편안함, 공감 능력, 영향력, 미소의 범위, 설득력, 얼굴 표정, 사회적 불안으로부터의 자유, 과묵함 등을 평가한다.[20] 종종 이용되는 기술로는, 실험 참가자들에게 이성을 만나 15분에서 30분 동안 잡담을 나누게 함으로써 모르는 이성과 친해지는 상황을 겪게 하는 방법이 있다. 심사 위원들은 두 사람의 상호작용을 촬영한 영상을 통해 모르는 사람과의 대화에서 나타나는 실험 참가자의 사회적 능력을 평가한다.[21]

이러한 연구들은 대부분 소규모로 이루어지기 때문에 남성과 여성에 대한 국가적인 분포도를 만들어 내기가 어렵다.[22] 일반적인 통념에 따르면 여성의 사회적 기술이 남성보다 낫다. 여성은 대인 관계를 맺고 합의를 이루려 노력하기 때문이다. 예를 들어 여성은 대화 중에 남성보다 (여성과 남성에게) 칭찬을 더 많이 하고 더 자주 사과하고 대화를 방해하지 않고 타인에게 더욱 예의 바르고 덜 공격적이다.[23] 호감도 측정에서 여성은 늘 남성보다 높은 점수를 받는다.[24]

사회심리학자들은 일반 지능 측정과는 분리되는 사회적 지능과 대인 사교 능력을 측정하는 방법을 개발하려고 노력해 왔지만, 지금까지는 성공적인 결과를 얻지 못했다. 그들은 사회적 지능이나 사회적 기술과 부분적으로 겹치는 감성 지능 측정에는 크게 성공했다.[25]

미래의 발전

최근에 데이터 수집 방법에서 이루어진 발전 덕분에 앞으로의 연구에서 매력 자본을 파악하는 일은 훨씬 더 쉬울 것이다. 일례로 조사원들이 들고 다니는 랩톱 컴퓨터를 위한 컴퓨터 면접조사(CAPI) 소프트웨어 시스템이 도입되면서 수집하는 면접 데이터 외에 한 개 이상의 사진을 얻어 내기가 더욱 수월해졌다. 어쩌면 면접이 끝나고 자유롭게 이야기하는 모습이나 조사 중에 쉬운 질문에 대답하는 응답자의 모습이 담긴 3~5분 정도의 짧은 비디오 영상도 얻을 수 있을 것이다. 면접 비용이 마련되면, 데이터 저장 비용 때문에 확보 가능한 데이터 양이 제한되는 경우는 더 이상 발생하지 않는다. 사진이 디지털화되면서 조사 데이터세트에 사진을 포함하기가 수월해졌다.

런던 교육연구소 종단연구센터(Center for Longitudinal Studies at the Institute of Education)가 준비하여 관리하는 몇몇 코호트 연구는 코호트 집단에 속한 성인 멤버들의 사진을 이미 일부 수집했다.[26] 일례로 1960년대 후반과 1970년대 초에 코호트 집단에서 부모가 재능이 뛰어나다고 생각한 아이들이 11세가 됐을 때, 이 부표본 집단의 얼굴 사진을 수집했다. 이 기록들이 디지털화되면서 심사 위원단들은 매력 자본이라는 광범위한 개념이나 얼굴의 미모와 같은 협의의 개념을 이용하여 매력 점수를 매길 수 있었다. 아직까지 성인이 된 코호트 집단의 사진은 확보되지 않았다.

2000년에 태어난 집단인 영국 밀레니엄 코호트 연구(Millennium Cohort Study) 멤버들은 이제 막 사춘기를 시작할 것이다. 현재와 어른이 된 이후 면접관들이 실시하는 신체적인 매력에 대한 평가는 이 중요한 인생의 단계에서 매력 자본이 어느 정도까지 견실할지 가늠해 줄 것이다. 그러한 데이터는 물론 매력 자본의 영향이 시간이 지나면서 어떻게 변하는지 시험할 수 있게 해 주면서 모든 코호트 연구의 데이터세트를 풍부하게 만들어 줄 것이다.

대학 졸업 앨범을 발간하는 미국의 관례가 영국을 비롯한 유럽의 여러 국가들로 확산되고 있기 때문에 졸업 앨범 사진을 기초로 한 연구가 유럽에서도 하나의 방법이 될지 모른다.[27] 영국에서는 학생들이 다소 표준화되지 않은 형식으로 찍은 자기 사진을 제출하는 관례가 있어서 그 사진들은 종합적인 매력 자본을 알려주는 더 나은 지표가 될 수 있다.

페이스북 사이트는 졸업 앨범 시스템을 확대하여 사진과 개인에 대한 상세한 사실들을 기재한, 인터넷 기반의 세계적인 데이터베이스로 만들었다. 페이스북은 사람들이 다른 사람들에게 자신을 소개하는 방법, 공급하는 사진, 투명성과 사생활의 수준에 대해 새로운 관계를 수립했다. 이러한 새로운 트렌드는 이 주제에 대한 미래의 연구를 촉진할 것이 분명하다. 처음에 페이스북이 여학생의 매력 정도를 평가하는 데 이용된 인터넷사이트였다는 점을 고려하면, 그러한 응용은 그리 불쾌하게 느껴지지 않을 것이다. 페이스북의 사진을 이용하여 여러 인종집단의 매력 정도를 검토한 연구가 한 건 정도 있었다.[28]

매력 자본과 그것의 구성 요소들, 그리고 매력 자본의 영향은 사회적 구조의 무형의 요소나 문화, 사회적 상호작용 등과 마찬가지로 연구 대상이 될 수 있다. 이미 그 근거는 성에 대한 조사는 물론 매력의 사회적, 경제적 가치 및 짝짓기, 데이트 유형, 성 생활 방식, 임신에 대한 태도를 다룬 연구에 존재한다. 매력 자본 측정은 이미 큰 진전을 이루었고 앞으로는 방법적인 발전이 이루어질 기회가 상당히 많다.

현재로서는 지금까지 이루어진 연구에 만족해야만 한다. 대부분의 연구가 매력 자본의 한두 가지 측면을 다루었다. 따라서 대부분의 학자들이 인정하듯이 미모나 성적 매력, 치장 및 스타일의 영향을 입증하는 연구는 항상 종합적인 매력 자본의 영향을 과소평가하고 축소해 말하게 된다. 예를 들어 최근의 메타분석에 따르면 외모에 대한 광범위한 측정법을 이용한 연구가 얼굴의 매력에만 국한한 연구보다 매력의 영향이 더 크다는 사실을 밝혀 냈다.[29] 아마도 매력 자본이 미치는 최대한의

영향은 이 책에서 검토한 연구가 밝힌 수준의 두 배가 될 수 있으며, 특
정한 경우에서는 훨씬 더 클 수도 있다.

21세기 성 조사 보고서

최근의 성 조사

에이즈가 유행하면서 생긴 예상치 못한 부작용은 자국 국민이 한밤중에 침대에서 은밀하게 무엇을 하는지 관심을 가져도 되는 정당한 근거를 제공했다는 사실이다. 섹슈얼리티에 대해 이야기하기가 훨씬 더 편해졌고 콘돔 광고가 곳곳에서 등장하면서 성이 커밍아웃했다. 성에 대한 조사는 갑자기 '의학적'이고 '공중 보건'에 대한 연구가 되면서 연구 자금을 확보하기가 수월해졌다. 이러한 변화가 지닌 부정적인 면은 먼저 성욕과 성욕의 표현, 그에 대한 사회적 제약에 대해 폭넓게 이해하려 하지 않고 음란성과 우연한 성적 만남, 콘돔 사용에만 연구를 국한했다는 점이다. 그런데도 1990년대부터 전 세계적으로 실시한 국가적인 성 조사가 크게 늘면서 인간의 섹슈얼리티에 대한 지식과 이해력이 크게 높아졌고 그 과정에서 다수의 근거 없는 믿음이 사라졌다.

미국에서는 1940년대와 1950년대에 남녀 성생활에 대한 앨프리드 킨제이의 선구적인 과학적 연구를 필두로 여러 종류의 성 조사가 오래도록 이어졌다. 1970년대에 이루어진 셰어 하이트의 여성의 섹슈얼리티 연구와 1980년대의 제너스 보고서는 성혁명 이후 미국에 형성된 성생활의 양상을 설명해 주었다. 그러나 미국 전체를 대표할 수 있는 데이터를 제공한 최초의 면접조사는 1992년이 돼서야 이루어졌다.[1] 이 최초의 조사는 18~59세의 사람들을 대상으로 실시했고, 그때 이후로 조금 더 나이가 든 57~85세의 성인 집단을 다룬 조사가 이어졌다.[2]

섹슈얼리티에 대한 유럽의 조사는 1967년의 스웨덴 조사로 시작했는데, 거의 30년 뒤인 1996년이 돼서야 다시 이루어졌다.[3] 최초의 스웨덴 조사는 다른 조사에 영감을 불어넣었는데, 특히 1971년, 1992년, 1999년, 2007년에 연이어 이루어진 핀란드의 국가 조사가 대표적인 예이다. 핀란드의 조사는 이후 에스토니아와 상트페테르부르크에서 모방하면서 북유럽 국가들의 성 문화에 대한 흥미로운 비교가 가능해졌다. 엘리나 하비오 마닐라와 오스모 콘툴라가 실시한 핀란드의 연구 프로그램은 공중 보건 문제에 지나치게 구속받지 않으면서 성욕과 성적 표현 전체를 이해하려고 했다는 점에서 특히 소중하다. 또한 국가 차원의 조사는 모든 연령대의 남녀로부터 수집한 개인의 성 경력 정보에 의해 보완되면서 섹슈얼리티가 라이프사이클에 따라 어떻게 발전하고 지역사회의 환경에 어떤 영향을 받는지(혹은 받지 않는지)에 대해 더욱 완벽한 그림을 제공해 주었다.[4] 거의 40년에 걸친 일련의 조사들은 사회적 변화와 피임 혁명으로 여성이 더 많은 성 경험을 했다는 사실과 함께 사람들의 성 태도와 성행동이 어떻게 변화했는지도 알려주었다. 현대의 섹슈얼리티가 지닌 주요한 특징과 금욕 생활, 부부간의 정절, 음란함, 자위, 섹슈얼리티의 남녀 차이 등을 다룬 핀란드의 연구 프로그램은 결국 지난 40~50년 동안의 변화를 다룬 최고의 분석 중의 하나가 되었다.[5]

다른 유럽 국가에서 이루어진 조사는 대개 '의학적' 모델을 좇았기 때문에 매력 자본이 욕망을 일으키는 과정을 이해하는 데 도움이 되지 않는 경향이 있다. 이제껏 전 세계에서 실시한 조사 중에 가장 규모가 크고 상세했던 조사 중의 하나는 1990년에 영국에서 최초로 이루어진 조사로 면접을 통해 대략 2만 명의 성생활과 성에 대한 태도를 조사했다. 시간 경과에 따른 추세를 모니터하기 위해 2000년과 2010년에 이전보다는 작은 규모로 반복 조사가 이루어졌다.[6]

프랑스에서는 1972년과 1992년에 대규모 조사를 시행했는데, 모쉬라보가 수집한 성생활 기록으로 보충되었다. 프랑스 보고서는 프랑스의 조사 결과와 다른 11개 유럽 국가의 조사 결과를 체계적으로 비교함에 따라 풍부해졌다. 이 연구 프로그램은 성욕과 성 활동, 남녀가 생각하는 섹슈얼리티의 상대적인 중요성을 가장 세밀하게 분석한 내용을 제시하기도 했다.[7]

대부분의 국가는 진정한 의미에서 인구 전체를 파악하는 국가 차원의 성 조사를 단 한 차례 실시했다. 그 외에는 지역별 연구나 특정 연령 집단 혹은 특별히 관심이 가는 집단(상업적인 성 산업에 종사하는 노동자 집단 등)에 대한 연구와 사회적 태도에 대한 조사를 결합한 내용에 의

존하여 국가 전체 성 문화에 대한 진상을 파악했다.[8]

이러한 연구 중에 가장 규모가 컸던 경우는 1989~1990년에 이루어진 중국의 성 조사를 들 수 있다. 2만 명의 남녀를 조사 대상으로 한 이 연구는 고등학생, 대학생, 기혼 부부 등 세 개의 주요 집단에 대한 여섯 개의 독립된 조사로 구성되었는데, 각 집단에 도시와 농촌 지역의 샘플이 포함되어 있었고 매춘이나 강간과 같은 성범죄 기록이 있는 사람들에 대한 연구도 함께 이루어졌다.[9]

이 대열에 가장 최근에 합류한 연구로는 2002년의 호주 전화 조사를 들 수 있는데, 대략 2만 명의 성생활에 대해 조사했다.[10] 독일, 노르웨이, 그리스의 조사 등 가장 알려지지 않은 조사들은 프랑스 보고서에서 검토되고 요약되었다.[11] 대개 서너 명의 학자들이 특정 주제나 문제에 대해 집중적으로 증거를 검토했다.[12] 물론 소표본과 특정 집단 및 지역사회에 대한 사례 연구를 토대로 섹슈얼리티를 다룬 조사 보고서는 상당히 많다.

제약회사와 콘돔 제조업체들은 대개 콘돔 사용이나 (특히 여성의 경우) 성욕 감퇴로 인한 '성 건강' 문제, 발기부전, 폐경기 증상 등에 특별히 관심을 갖고 정기적으로 성 행동에 대한 전 세계적인 조사를 시행한다. 예를 들어 성 태도 및 성 행동 국제 연구(Global Study of Sexual Attitudes and Behavior)는 29개국의 40~80대 여성 1만 4000명에 대한 데이터를 수집했다.[13] 한 제약회사에서 자금을 지원 받는 여성 건강과 성에 대한 국제 연구(Women's International Study of Health and Sexuality)는 20~70세에 해당하는 미국 여성 952명과 유럽 여성 2467명을 조사했다.[14] 듀렉스는 오랜 기간에 걸쳐 자사의 고객 기반에 대해 다수의 연구를 의뢰해 왔다. 성 건강과 행동에 대한 국가조사(National Survey of Sexual Health and Behavior)는 콘돔 회사 트로잔으로부터 자금 지원을 받았다. 이 조사는 미국에 거주하는 14~94세의 성인 6000명을 대상으로 했는데,[15] 일대일 면접 대신 온라인에서 실시했다. 이로 인해 사람들은 더욱 솔직하게 답할 수 있었겠지만, 참여하기 귀찮아하는 사람들의 경우에는 편파성이 나타날 수도 있었을 것이다. 예를 들면 섹슈얼리티에 관심이 있고 성적으로 적극적인 사람들이 참여할 가능성이 더 높기 때문에 조사 결과에서 금욕 생활이 자동으로 축소되어 표현될 수도 있을 것이다.

이제껏 전 세계에서 이루어진 이 모든 연구 결과를 종합하여 인간의 섹슈얼리티에 존재하는 보편상수와 가장 많이 변화하는 특징들을 확인해 내려고 한 사람은 아무도 없었다. 실제로 시행된 조사의 횟수 자체와 다양성 때문에 그러한 확인 작업은 점점 더 불가능해진다. 사회 인류학자들은 전 세계의 소규모 농촌 사회와 원시 사회에서 발견할 수 있는 특이하고 불가해한 모든 성 관습을 지적하기를 좋아하며 성 조사에 대한 보고서에 사례들을 정기적으로 인용한다. 2장에서 나는 피임 혁명과 남녀 기회균등 혁명을 경험한 풍요롭고 교양 있는 사회를 집중적으로 다루었다. 2개국 이상의 비교 보고서는 섹슈얼리티의 사회적 특징과 최근의 동향보다 '의학적' 문제를 집중적으로 다루는 경향이 있었다. 난잡한 성행위가 증가하는 현상이 의료상의 위험 요소로 간주되는 것처럼, 이 보고서들은 때때로 중복되기도 한다.[16] 내가 관심을 갖는 부분은 남녀의 섹슈얼리티에 존재하는 차이로, 그 차이는 과거만큼이나 큰 것으로 드러나고 있다.

매력 자본이 왜 중요한가?

1 처음에 이 이론이 옥스퍼드 대학 출판사의 간행물인 *European Sociological Review*에 간략하게 소개되었을 때 이론에 대한 반응은 가지각색이었다. 이 이론이 기존의 여러 사회과학 이론을 뒤흔들기 때문이었다. 런던정치경제대학(London School of Economics) 학장을 지낸 뛰어난 사회학자 앤서니 기든스 교수는 논문이 "상당히 재기 넘치고 정말로 독창적이며 흥미롭다."고 지적했다.

2 Schick and Steckel 2010.

3 Baumeister and Vohs 2004.

1 매력 자본이란 무엇인가?

1 Donegan 2009; Davies 2010.

2 모든 문화에서 이렇지는 않다. 트로브리앤드 제도와 말레이시아의 세마이

(Semai) 족은 모르는 사람이 성관계를 갖자고 여성에게 요청하는 것이 문제
가 되지 않으며 여성이 그 요청을 거부하면 무례한 사람으로 간주될 수 있다.
Stonehouse 1994, p.187; Lewin 2000, p.16; Shrage 1994.

3   Rosewarne 2007.

4   Hunt 1996.

5   자세한 내용을 위해서는 부록 매력 자본 측정법과 21세기 성 조사 보고서 참조.

6   이 주제는 2장에서 더욱 완벽하게 다룬다.

7   Brown 2005.

8   일본은 음악가, 예술가, 호스티스 술집에서 일하는 여성, 상업적인 성 산업 종사
    여성 등 레저 산업에 종사하기 위해 입국하는 모든 사람들에게 '연예' 비자와 허
    가서를 적용한다. 서양에서는 다양하게 나타나는 성 산업이 더 범위가 넓은 연예
    산업에 속한다.(Frank 2002, pp.85~95).

9   Eder 외 1999.

10 로널드 잉글하트의 '세계 가치관 조사(World Values Survey)' 시리즈는 여성의
    출산에 대한 태도에 분명한 변화가 있음을 보여 준다. 집단 생존에 초점을 맞추
    는 물질주의적 가치관을 지닌, 가난한 저개발 국가의 국민들은 출산을 아주 많
    이 강조한다. 일례로, 그들은 여성이 성취감을 느끼기 위해서는 아이가 있어야 하
    고 아이가 결혼 생활에 없어서는 안 된다는 의견에 거의 전적으로 동의한다. 탈물
    질주의적 가치관을 지닌 풍요로운 현대 국가의 국민들은 대체로 이러한 의견에
    동의하지 않는다. Inglehart 1977, 1990, 1997; Inglehart and Norris 2003, 2004;
    Inglehart and Welzel 2005; Inglehart 외 1998 참조.

11 Masson 1975.

12 키와 피부색은 주로 각각의 요인으로 연구되지만, 매력에 도움이 될 수도 있다.
    대부분의 여성은 키가 작은 남성보다 키가 큰 남성이 더 매력적이라고 생각한다.
    태국, 중국을 포함한 모든 문화권에서는 여성과 남성의 창백한 피부를 대체로 선
    호하는데, 태국과 중국의 경우는 식민주의가 한 가지 요인으로 작용한 적이 결코
    없었다. 이는 창백한 피부가 젊음이나 고귀한 사회적 지위로 연상되기 때문이다.
    실외에서 일하는 사람들은 실내에서 일하는 사람들보다 피부가 더 검다. 이러한
    사실은 여성의 매력 자본이 더 강조되기 때문에 남성보다 여성에게 영향을 미치
    는 듯하다. 일례로 브룩스(Brooks) 2010에 따르면, 뉴욕과 샌프란시스코의 흑인

스트리퍼는 낮은 수요 때문에 백인 스트리퍼에 비해 돈을 많이 벌지 못한다.

13 Martin and George 2006; Green 2008a; Brooks 2010.

14 1973년에 부르디외는 프랑스의 상류층 가문이 교육제도를 통해 카드르(cadres)
라고 알려진 고위 전문직과 관리직을 거의 독점하다시피 하는 과정을 분석하면서
처음으로 문화 자본이라는 개념을 사용했다. 그의 세 가지 개념과 그 개념들의 전
환성을 다룬 중대한 논문은 1983년에 불어로 된 원문이 번역되어 독일에서 처음
발표된 뒤 1986년에 영어 번역본으로 다시 발표되고 1997년에 재출간되었는데,
항상 교육과 관련된 교과서에 발표되었다. 그 결과, 특히 북미 학자들이 부르디외
의 세 가지 개념에 대한 고전적인 설명을 가끔 무시했다.

15 Bourdieu and Wacquant 1992; Mouzelis 1995.

16 Becker 1993.

17 Hess 1998; Gambetta 1993.

18 Bourdieu 1986. 방글라데시의 유누스가 창안한 이후 전 세계적인 운동으로 자리
잡은 소액대출 사업의 특징은 서로의 대출에 보증을 서 줄 정도로 서로를 아주 잘
아는 고객들에게 대출해 줌으로써 가난한 사람들의 제한된 사회 자본을 돈으로
전환한다는 점이다.

19 사회 자본에 대한 로버트 퍼트남의 이론은 민주주의의 사회적 토대와 관련이 있
고 정치과학자인 알몬드와 버바의 『시민문화(*The Civic Culture*)』에 대한 초기 연
구를 기반으로 한다. 그는 미국에서 사회 자본이 1970년대까지 증가하다가 20세
기 말에 이르러 갑자기 줄어든 과정을 설명하고 그러한 변화에 대해 가능한 설명
을 숙고했다. 『나 홀로 볼링(*Bowling Alone*)』이라는 제목은 오늘날 볼링을 하러 가
는 미국인들이 증가했지만 지역사회의 사회적 연대감과 협동심을 길러 주는 볼
링 리그나 클럽에 참여하는 사람의 수는 줄어든다는 사실을 가리킨다. Putnam
1995, 2000 참조. 앤더슨, 그랩(Grabb), 커티스 또한 미국에서 시민 참여 감소율
이 높아졌음을 알아냈다.

20 매력 자본이라는 개념을 소개한 2010년 논문에서 나는 매력 자본의 한두 가지 요
소는 확인했지만 일반 이론으로 발전시키지 못한 학자들의 의견을 검토했다. 이
내용과 다른 관련된 의견이 이 책 전체에서 다루어졌다.

21 부르디외의 최초의 이론은 부모와 가족으로부터 자산을 물려받은 집단에 크게 집
중되었다. 나의 이론과 같이 현대에 업데이트된 이론은 사람들이 노력을 통해 자

신의 자산을 발전시키는 과정에 더 초점을 맞춘다.

22 Bourdieu 1998.

23 Martin and George 2006, p.126. 브룩스(2010) 또한 매력 자본을 문화 자본에 속한 하나의 요소로 취급한다. 뉴욕과 샌프란시스코의 스트립 클럽에 대한 그녀의 연구에 따르면 비백인 여성이 백인 여성보다 돈을 많이 받지 못한다. 그녀는 이것이 인종적, 계층적 편견 때문이라고 생각한다. 또 다른 예는 워허스트와 닉슨(2007a)이 중산층 고객을 겨냥한 상점과 호텔에 중산층 스타일로 옷을 입고 중산층 억양을 쓰는 직원이 필요한 이유를 설명하기 위해 사용한 '미학적' 노동의 개념이다. 이 연구는 7장에서 다루지만, 계층으로 규정되는 문화 자본과 관련이 있는 것이 분명하다.

24 Bourdieu 1986, p.244.

25 Lewis 2010; Knight 2010. 이 연구는 웨일스에서 페이스북에 오른 사진 1000개 정도를 이용하여 실시한 소규모 연구였다. 연구 결과에 따르면, 적어도 영국에서는 혼혈인이 흑인이나 백인보다 매력적으로 평가될 가능성이 더 높았다.

26 비슷하게 웹스터와 드리스켈(1983)은 아름다움이 지위를 부여하기 때문에 가치가 있다고 말했다.

27 Bourdieu 1986. 나는 매력 자본을 추가했는데, 그의 공식적인 설명에도 잘 들어맞는다.

28 Hakim 2000a, pp.196~201.

29 이 과정은 못생긴 여성보다는 아름다운 여성의 높은 출산율에 의해 강화된다. 매력적인 여성이 못생긴 여성보다 아이가 더 많고 아들보다 딸이 더 많기 때문에 더욱 매력적인 여성이 되어 가는 장기적인 진화 추세를 만들어 낸다는 증거가 존재한다. 반면 남자들은 안타깝게도 시간이 지나도 많이 나아지지 않았다. Miller and Kanazawa 2007; Leake 2009a 참조.

30 이는 4장에서 다룬 노르베르트 엘리아스의 문명화 과정이다.

31 인도에서는 같은 카스트 집단 내에서 결혼하는 풍습이 있다. 그 규칙을 어기는 행동을 가장 흔하게 인정하는 경우는 매우 아름다운 신부가 카스트가 더 높은 집안에 시집가는 경우이다.

32 Rhodes and Zebrowitz 2002, pp.2~3, 244. 미모의 구성 요소에 대해 남미 아마존 부족들 간에 의견이 같다.(r = .43).인종 및 문화 집단과 고도로 발전된 사회에서

는 의견이 더더욱 일치한다. (r = .66 and .88 to .94 다른 연구에서) 그러나 원시인 집단과 선진국 간에는 미모의 기준에 대한 의견이 거의 같지 않다. (r = .14).

33 Cohen, Wilk and Stoeltje 1996.

34 Rhodes and Zebrowitz 2002; Geher and Miller 2008.

35 Hamermesh and Biddle 1994.

36 Zetterberg 2002, p.275.

37 Langlois 외 2000, p.402.

38 에카차이 우에크롱탐의 2003년 영화 「뷰티풀 복서(*Beautiful Boxer*)」는 농 툼의 인생 스토리를 담고 있다. 영화는 10개의 국제 영화제에서 수상했다.

39 Beauvoir 1949/1976, p.295.

40 Reddy 2005.

41 Kulick 1998; Reddy 2005.

42 Brand 2000, p.148.

43 성형수술은 많은 사람들이 알고 있는 것보다 더 긴 역사를 갖고 있다. 예를 들어 문신과 피어싱은 근대 이전 사회의 전통적인 관습이 현대적으로 변형된 것이다. 벡위스, 피셔(2010)가 증명했듯이, 아프리카 사회에서는 화려한 페이스페인팅과 문신, 얼굴이나 몸에 장식적인 패턴으로 낸 상처, 귀와 입술 피어싱 등이 사용되었다. 다른 문화에서는 목이 길어지도록 귓불 피어싱이나 귀걸이, 목걸이를 사용했다. 고대 마야인들은 아기의 두개골에 나무로 된 꺾쇠를 대어 남녀 모두에게 아름답다고 간주되는 높은 이마와 큰 머리 모양을 만들었다.

44 Davis 1995, p.70. 가장 극단적인 신체이형장애인 경우에 사람들은 사지를 절단해야 '건강하게' 살 수 있다고 주장할 정도로 정신이 이상하다.

45 페인과 슈나이더(2000)는 "어느 누구와도 다른 사람이 되어라."라고 조언한다. 이는 인상 관리가 구체적인 기술만큼 중요함을 보여 준다. Louis and Copeland 1998, 2000도 참조.

46 Langlois 외 2000, p.400. 카우피넨과 안틸라(2005)는 2003년에 날씬한 여성의 소득이 20퍼센트 더 많음을 알아냈지만, 1997년의 조사에서는 체질량지수가 소득에 아무런 영향을 미치지 않았다.

47 Hatfield and Sprecher 1986, p.145.

48 Etcoff 1999, p.61.

49 로널드 잉글하트는 이 극단적인 두 가지가 세계의 변화하는 가치관의 주요한 영
역이라고 생각했다. Inglehart and Welzel 2005, pp.94~114; Inglehart and Norris
2003, 2004 참조.

50 Rhodes and Zebrowitz 2002, pp.244~254. 이 패턴에 중대한 성별 차이가 존재하
는지 여부는 지금까지의 연구에서 분명히 나타나지 않는다.

2 욕망의 정치학

1 Druckerman 2007, p.197. 그녀는 남아프리카에서 에이즈가 급격히 퍼진 이유 중
의 하나는 특히 남성들이 성적으로 상당히 문란한 점과 적어도 하룻밤에 한 번씩
은 배우자와 성관계를 갖는 풍습, 콘돔을 잘 사용하지 않는 성향 때문이라고 지적
한다.

2 Kontula and Haavio-Mannila 1995, pp.31~35, 217~218. 그들은 여성이 '동등
한 성 권리', 예를 들면 성관계에서 주도권을 잡을 권리에 대해 이야기한다.

3 Laumann 외 1994, pp.170~171, 518~519, 547.

4 Goldin and Katz 2002.

5 Hakim 2004, p.152.

6 그러나 일부 시사 해설자들(그리고 유럽위원회)은 여전히 만족하지 못한다. 그들
은 결과에서 나타나는 모든 성 차별이 없어져야 하고 임금 격차가 제로가 되어야
한다고 주장한다. 이는 여성이 가정생활에 똑같이 관심을 갖고 있다는 점을 고려
하면 비현실적인 것처럼 보인다. Blau, Brinton and Grusky 2006; Hakim 2011.

7 Hatfield and Sprecher 1986, pp.136~137; Clark and Hatfield 1989.

8 Gurley-Brown 1962/2003.

9 Moscowitz 2008; Farrer 2010.

10 허버트, 바조스, 샌포트(1998)는 11개 유럽 국가의 조사 결과에 대한 가장 중요한
검토서와 종합 보고서를 제공했다. 여기서 1996년 스웨덴 조사는 제외했다.

11 Hakim 2000a, 2004, 2006, 2008, 2011.

12 Oliver and Hyde 1993.

13 Levitt and Dubner 2009.

14 잉그리드 벤지스의 1973년 회고록은 하나의 사례에 불과하다.

15 영국 여학생이 중년 남성과 맺은 관계를 서술한 린 바버의 2009년 기사는 다소 다른 예를 보여 준다. 남자가 유부남이라는 사실을 알게 된 뒤 남자와의 교제를 후회했지만, 이 여학생은 그 경험을 통해 다수의 유용한 사회적 기술과 자신감을 가질 수 있었다.

16 작자불명 2006.

17 작자불명 2006, pp.10, 127, 138, 152~153, 157, 216.

18 Laumann 외 1994, p.11; Baumeister and Vohs 2004.

19 Levitt and Dubner 2009, p.23.

20 바우마이스터와 트웬지(2002)는 증거를 검토하여 반대의 결론에 도달한다. 그들은 여성의 섹슈얼리티가 남성과의 협상에서 우위를 차지하게 하는 인위적인 희소성을 만들어 내는데, 남성이 아니라 여성이 여성의 섹슈얼리티를 억압한다고 주장한다. 나는 그들이 원인(遠因)과 근인, 정책 입안과 정책 실행을 혼동한다고 생각한다. 일반적으로 여성이 구속을 강화한 데 대해 중대한 책임이 있지만, 그들이 그 구속을 만들어 낸 것은 아니다.

21 이제 임금 격차는 여러 국가에서 아무런 관계가 없는데도 페미니스트들은 그것이 모든 것을 설명하는 것처럼 강조한다. 유럽과 북미에서는 같은 일자리에 대한 임금에서 명백한 성차별이 사라졌다. 유럽의 임금 격차는 극적으로 줄어들었고(유럽연합의 평균은 17퍼센트며 8퍼센트에서 23퍼센트에 이른다.), 이러한 임금 격차는 여성의 일자리 선택으로 설명된다. 또한 그 격차는 너무 작은 수준이기 때문에 행동과 노동시장의 결과에서 지속되는 모든 성차별의 주된 원인이 될 수 없다.(Hakim 2004, 2011) 대부분의 국가에서 전체적인 임금 격차는 엄마와 아빠의 평균 소득 격차로 대체되었는데, 이 차이는 마흔 이후에나 나타난다. 따라서 임금 격차는 모든 성 조사, 심지어는 성적으로 해방된 스칸디나비아 국가의 성 조사에서도 남성의 성적 관심과 활동이 여성보다 훨씬 크다는 사실을 설명해 주지 못한다. 남성의 성적 관심과 활동은 자위, 성애물 및 성적 환상 이용, 경제적, 사회적 구속이 중요하지 않은 활동 등으로 측정할 때 여성보다 세 배나 더 큰 경우도 흔히 나타난다.

22 일부 여성은 출산 이후에 성적인 전성기를 경험하면서 결국 그 시기에 혼외정사를 즐기기도 한다. Wolfe 1975; Hunter 2011 참조.

23 이 결론은 바조스 외 1998에서 보존에 의해서도 내려졌다.; Baumeister and Tice

2001, pp.102~107 ; Baumeister 외 2001; Fennell in Zetterberg 2002 and Hunter 2011.

24 Lewin 2000.

25 Laumann 외 1994.

26 Johnson 외 1994.

27 Richters and Rissel 2005; Arndt 2009, pp.48, 61.

28 Kontula 2009, pp.224~227.

29 Meana 2010.

30 Laumann 외 1994, p.91; Kontula and Haavio-Mannila 1995, p.75.

31 'affairs'는 일정 기간 동안의 성적, 감정적 간통을 말하는 반면,(스칸디나비아 국가의 보고서에서는 병행 관계(parallel relationship)라 불림) 'fling'은 예를 들면 휴가 중에 있을 수 있는 하룻밤의 만남이나 짧은 성적인 관계를 말한다. 그러나 많은 조사가 둘을 명확히 구분하지 않는다. 프랑스의 경우에는 모험(aventures)이나 짧은 모험(petites aventures)으로 불리는 경향이 있다. 바이앙(2009)은 성적으로 문란한 생활에도 방랑(vagabondage)이나 방탕(libertinage)이라는 관대한 꼬리표를 부여했다.

32 Hunter 2011.

33 Kontula and Haavio-Mannila 1995, pp.200~203. 여기서는 상업적인 성 서비스를 이용하고 불륜을 저지르고 수많은 섹스 파트너를 두는 행동과 높은 성적 자존심(실제로는 매력 자본을 의미하는) 간의 강력한 상관관계가 증명된다. 모든 연령의 핀란드 남성들은 특히 35~40세 이후에 매춘부를 이용한다. 미국에서는 남성은 17퍼센트, 여성은 2퍼센트만이 성관계를 위해 돈을 지불한다.(Laumann 외 1994, pp.590, 595) 상업적인 성 산업과 성매매 고객을 불법화하기로 한 스웨덴의 결정은 그러한 서비스에 대한 수요가 외국의 여성에게로 수출되고 '아웃소싱'되었음을 의미할 뿐이다. 1996년에 이미 스웨덴 남성의 상업적인 성매매 이용 중 80퍼센트가 스웨덴 밖에서 발생했다.(Lewin 2000, p.243).

34 Malo de Molina 1992, p.204.

35 Hunter 2011.

36 Zetterberg 2002, pp.114~115; Lewin 2000.

37 Vaccaro 2003.

38 Kontula and Haavio-Mannila 1995, p.126.

39 Buunk 1980.

40 스웨덴의 성 조사 보고서에 따르면, 경우에 따라 자위를 4세에도 시작한다. Lewin 2000, pp.149~151 참조.

41 Lewin 2000, pp.127, 201; Hubert, Bajos and Sandfort 1998, pp.151~156.

42 Kontula and Haavio-Mannila 1995, pp.200~203. 이것이 보완재가 아니라 대안 이라는 생각은 킨제이의 초기 연구 때문이라고 생각할 수 있다.

43 Jong 1973.

44 Oliver and Hyde 1993; Laumann 외 1994, pp.509~540, 547; Laumann and Michael 2001, pp.109~147, 265~269; Bozon in Bajos 외 1998, pp.227~232; Lewin 2000, pp.68, 72~73.

45 Kontula and Haavio-Mannila 1995; Lewin 2000, p.76~78, 342~343, 365.

46 Green 2008b.

47 영국에서는 전문직과 관리직 남성이 성생활을 늦게 시작해도 전체적으로 보면 파 트너가 더 많은 반면, 사회경제적으로 하위 집단에 속한 사람들은 성생활을 일찍 시작하지만 전체 파트너는 더 적은 것이 일반적인 패턴이다. Wellings 외 1994.

48 Wellings 외 1994, 표 3-5에서 계산된 수치, p.109. Lewin 2000, pp.67~74도 참 조; Kontula 2009, pp.114, 122, 224~227; Kontula and Haavio-Mannila 1995, pp.28, 41, 92; Bajos 외 1998, pp.175~232.

49 Lewin 2000, pp.67~74; Laumann 외 1994, pp.170~171, 518~519, 547.

50 Wellings 외 1994, 표 3-5에서 계산된 수치, p.109. Lewin 2000; Kontula 2009; Kontula and Haavio-Mannila 1995; Bajos 외 1998.

51 지나치게 활동적인 사람들을 포함시키면 대다수의 사람들이 경험하는 현실을 반 영하지 못하는 전체 인구의 평균치가 도출된다. 스웨덴의 경우, 섹스 파트너의 중 앙값은 남성의 경우 7명이지만, 평균은 두 배가 많은 15명이다. 여성의 경우 중앙 값은 5명이지만, 평균은 7명이다. Lewin 2000, pp.67~73.

52 Graham Fennell in Zetterberg 2002, pp.1~9. 입수할 수 있는 성 회고록을 모두 검토했다. 거의 대부분 남성이 쓴 회고록이다.

53 이 약어는 속박(bondage), 지배(domination), 사디즘(sadism), 마조히즘 (masochism)을 의미한다.

54   Belle de Jour 2005, 2006; Thomas 2006.

55   콜걸을 그만둔 지 5년 뒤인 2009년 11월에 벨르 드 주르는 브리스톨(Bristol)의
     대학병원 연구팀에서 발달학성 신경독성학과 암 역학 전문의로 일하고 있는 브룩
     매그난티 박사임을 스스로 밝혔다.

56   Millet 2002.

57   Thomas 2006, pp.258~261, 293.

58   Kelly 2008.

59   Hefner 2010. 2011년, 헤프너는 86세의 나이에 24세의 플레이메이트와 세 번째
     결혼식을 올렸다.

60   그룹 심플리 레드(Simply Red)의 가수 믹 헉놀은 자신의 인기가 최고에 달했던 3
     년(1985~1987) 동안 매일 하루에 세 명의 여성과 성관계를 가졌다고 시인했다.
     그는 2010년 12월에 그 여성들에게 공개적으로 사과했다. Fitzpatrick 2010. 롤링
     스톤스(Rolling Stones)의 기타리스트인 빌 와이먼 또한 음악 활동을 하는 동안
     아내와 애인을 계속 갈아치웠으면서도 1000명이 넘는 여성과 성관계를 가진 것
     으로 유명하다. 1989년에 53세인 그는 18세인 맨디 스미스와 결혼했다. 두 사람
     은 그녀가 13세일 때부터 교제해 왔다. Wyman 1990.

61   Arndt 2009, pp.6, 33, 196. 비슷한 지적이 이 책의 거의 모든 페이지에서 발견된다.

62   Arndt 2009; Baumeister and Tice 2001; Baumeister 외 2001.

63   1994년의 미국 종합사회조사(General Social Survey)를 근거로 한 마이클 비더만
     의 1997년 연구는 다른 정기적인 섹스 파트너와 부부를 구분하지 않았기 때문에
     성관계가 없는 부부 생활과 불륜을 엄격히 구분해 내지 못했다. 같은 문제가 대부
     분의 성 조사에서 나타난다.

64   Wellings et al 1994, pp.143~145 and Fig.4.1, p.138.

65   Bozon in Bajos 외 1998, pp.187, 212. 프랑스 부부들은 결혼한 지 처음 2년 동안
     빈번하게 성관계를 갖는다고 보고하지만(평균 한 달에 13번, 이에 비해 영국의
     경우에는 한 달에 10번이다.), 아내들은 여전히 성욕이 더 강한 남편이 성관계를
     시작한다고 이야기한다.

66   Klusman 2002; Lewin 2000, p.201.

67   Donnelly 1993.

68   Vaccaro 2003.

69 Malo de Molina 1992, p.72.

70 Meana 2010, p.118.

71 이 때문에 성 치료사들이 결국 여성은 치료사의 도움을 받으면 성욕이 '정상'으로 돌아올 것이라고 주장하면서 여성의 낮은 성욕과 금욕 생활을 남녀 관계에 다른 문제가 있음을 가리키는 지표이자 비정상적인 현상으로 간주하는 일을 멈추지 않는다. 일례로, 스티븐슨 코널리도 2009년에 그렇게 조언했다.

72 Baumeister, Catanese and Vohs 2001.

73 Wellings 외 1994, p.251.

74 Laumann 외 1994, p.547.

75 Bozon in Bajos 외 1998.

76 이 연구 프로그램의 결과는 수잔 스케빙턴이 이끄는 영국의 바스 대학교 (University of Bath) 팀 등 전 세계의 여러 팀이 분석하고 있다. The WHOQOL Group 1995; Saxena 외 2001; Skevington 외 2004 참조.

77 훌륭한 삶의 질을 위한 상위 25개 요인을 중요성 순서대로 소개하면 다음과 같다. 매일 활기 넘치는 활동을 추구할 수 있는 능력, 활력이 있다, 전체적인 건강, 행복과 삶을 즐김, 여기저기 돌아다닐 수 있는 능력, 적절한 의료 서비스를 받을 수 있는 능력, 고통 없이 살 수 있다, 일을 할 수 있다, 휴식을 주는 수면, 집중할 수 있다, 훌륭한 가정환경, 스스로에 대해 긍정적으로 느낀다, 안전하고 걱정이 없다고 느낀다, 재력이 있다, 다른 사람들과 좋은 관계를 갖고 있다, 부정적인 느낌이 없다, 적절한 운송 수단이 있다, 약이나 치료에 의존하지 않는다, 편안하고 여유가 있다, 확고한 개인의 신념, 새로운 정보와 지식을 얻을 수 있는 기회, 좋은 환경, 다른 사람들로부터의 지원, 훌륭한 신체 이미지와 외모, 훌륭한 성생활. 여성은 성생활을 가장 마지막에 꼽고 훌륭한 외모를 한 단계 높게 평가했다. 남성은 훌륭한 외모보다 훌륭한 성생활이 더 중요하다고 했다. 남성은 훌륭한 외모를 맨 마지막으로 꼽았다.

78 Saxena 외 2001, p.714. 또 다른 세계적 연구는 성 문화가 다른 국가의 나이 든 사람들에게 섹스가 얼마나 중요한지 조사했다. 모든 경우에서 남성은 여성보다 섹스를 더 중요하게 평가했다. 여성이 마흔이 넘으면 섹스가 중요하지 않다고 평가할 가능성이 남성보다 세 배가 넘는 경우도 있었다. Meana 2010, p.115.

79 Saxena 외 2001, 표 2. 이 연구에서는 사회경제적으로 크게 발전한 대부분의 풍요

로운 국가의 국민들이 후진국 국민들보다 외모와 성생활에 중요성을 많이 부여하지 않는 점이 주목할 만하다. 이는 매력적인 외모와 성생활이 부유한 국가에서 더 중요성이 커졌다는 내 이론과 모순되는 듯하다. 이 결과에 대해서는 두 가지 설명을 할 수 있다. 먼저 이 연구에 이용된 견본이 엄격히 국가 전체를 대표하도록 계획되지 않았다는 점이고, 더 중요하게는 개도국의 연령 구조가 30세 이하의 사람들로 크게 편향되었다는 점이다. 이들은 외모와 성생활에 더 많이 관심을 갖는다. 유럽, 일본 등 대부분의 선진국 사회의 연령 구조는 55세 이상의 사람들로 편향되었는데, 이들은 성생활과 외모에 크게 관심을 갖지 않는다. 따라서 비슷한 연령집단을 비교하는 것이 중요하다.

80 Blanchflower and Oswald 2004.

81 Laumann 외 1994, p.141.

82 Silverstein and Sayre 2009, pp.23, 217, 220, 250.

83 한 가지 단적인 예는 혼전 성관계와 동거인데, 이는 지중해 지역보다 북유럽 국가에서 훨씬 더 많이 용인되고 흔하게 나타난다.

84 Hubert, Bajos and Sandfort 1998, pp.121~125.

85 Druckerman 2007, p.197.

86 Jankowiak 2008, pp.46~50.

87 Luce 2003.

88 프랑스 이론가 조르주 바타유는 에로티시즘이 항상 관습에 대한 도전과 관련이 있으며 본질적으로 모든 규범을 깨는 파괴적이고 무질서한 성질을 띠기 때문에 흥분을 안긴다고 주장했다. 따라서 부부간의 성관계는 더 이상 부정(不淨)하지 않기 때문에 신나지 않는다.

89 빅토르 마르티노비치는 최근에 발표한 소설 『편집증(*Paranoia*)』에서 누군가가 항상 지켜보고 있고 성관계가 하나의 도피처가 되는 경찰국가로 벨로루시의 수도 민스크를 묘사했다.

90 Kon 1995; Druckerman 2007, pp.145~168.

91 Hunter 2011.

92 Druckerman 2007.

93 Lewin 2000, p.17.

94 Lewin 2000, pp.17~18, 칠레 출신의 스웨덴인 마우리치오 로자스의 연구를 인용.

95 Piscitelli 2007.

96 Liu 외 1997.

97 Lafayette de Mente 2006. 일본은 아직까지 국가 차원의 성 조사를 시행하지 않은 몇 안 되는 현대 국가 중의 하나인 듯하다.

98 동성애 여성의 개인 광고가 훌륭한 외모를 언급할 가능성이 가장 낮고 진심을 강조할 가능성이 가장 높다. 반대로 동성애 남성은 이성애 남성들만큼 훌륭한 외모에 초점을 맞춘다. Etcoff 1999, p.62.

99 새로운 관용은 매우 상대적이다. 노동시장과 공적인 생활에서 동성애자 차별을 금지한 유럽연합의 법률과 국가별 법률이 존재하는 유럽에서도 대다수의 유럽인들은 동성애 남성을 이웃으로 너그럽게 봐 주기가 내키지 않는다고 말하고 동성애가 사생활에서 정당하지 않다고 생각한다. 가장 관대한 태도는 네덜란드와 북유럽 전체에서 나타나며 동유럽(체코 공화국은 제외하고)과 이탈리아, 그리스는 동성애에 대해 가장 관대하지 않다. Gerhards 2010 참조.

100 서양의 동성애 하부문화에는 클론(비슷하게 옷을 입고 행동하는 그룹), 가죽, 베어스타일(몸에 털이 많이 난 스타일)과 근육질의 남성 등이 포함된다. 각각의 하부문화는 특정한 자기표현 방식, 즉 '패션'이 있다.

101 동성애 집단에는 전문직에 종사하는 고학력자의 비율이 더 높다. 이로 인해 아이가 생기더라도 그들의 지출 능력은 높아진다.

102 사람들이 종종 과장하여 말하기는 하지만, 단기적인 관계와 오랜 남녀 관계의 차이는 짝짓기 연구에서 근본적인 것으로 간주된다. Geher and Miller 2008.

103 이러한 쾌락주의적이고 방탕한 라이프스타일은 숀 토마스가 2006년 마흔의 나이에 마침내 결혼을 결심하며 쓴 성 회고록에서 생생하게 설명했다.

104 Hunter 2011.

105 이러한 환경으로 인해 성 자본의 '현물 시장'이 조성된다.

106 Woods and Binson 2003; Green 2008a, b.

107 Martin and George 2006; Green 2008a. 애덤 그린이 동성애 집단의 일시적 만남에 대한 연구에서 '매력 자본'이라는 용어를 사용했지만, 나는 '성적 자본' 혹은 성적 매력 정도가 더 어울린다고 생각한다. 그는 섹스와 섹슈얼리티에만 초점을 맞춘 성적 만남에 관심이 있는데, 이성애 집단에서는 이러한 만남과 비슷한 것이 없다. 목욕탕같이 동성애자들이 만나는 여러 장소에서는 대화나 교제는 전혀 없

고 완전한 침묵 속에서 성관계가 이루어질 수 있다. 완벽한 익명성이 다반사인데, 부분적으로는 수십 년 동안 동성애가 비합법적인 행위로 분류되어 남성이 협박당할 수도 있었기 때문이다. 이 모든 것이 이성애자들이 만나는 장소나 데이트, 성관계에서 나타나는 사회성과 동떨어져 있다. 대화 기술은 중요하며 대화는 매춘부를 찾아갈 때도 통상적으로 필요하다. 실제로 성 노동자들은 시시덕거리고 함께 대화를 나누는 '여자 친구 경험'이 가장 인기 있는 고객 요청 중의 하나라고 말한다. 그린은 덩치 큰 수컷이 운동선수처럼 멋진 몸매만큼 높게 평가되는 문화에서 섹스 파트너로서 높은 점수를 받을 정도로 매력적이지 않은 흑인 남성이나 아시아 남성은 성적 매력이 낮은 남성에 대한 차별을 인종차별로 인식할 수 있다고 지적한다.

108 이에 대한 중요한 한 가지 지표는 동성애자를 위한 상업적인 성 시장이 이성애자를 위한 시장보다 훨씬 작고 선별적이라는 점이다. 대체로 시장은 사람을 사귀는 데 시간을 들이고 싶어 하지 않거나 공개적으로 동성애자로 인식되기 싫어하는 돈 많은 나이 든 남성에게 성 서비스를 제공하는 잘생기고 건장한 젊은 남성으로 제한된다. 이성애자를 위한 상업적인 성 산업에서보다 다양성과 차별성이 훨씬 더 적다.

109 Martin and George 2006; Green 2008a.

110 576장의 남성 누드 사진이 들어 있는 데이비드 레딕의 2005년 개요서는 이 유형을 아주 명확히 드러낸다. 이 사진들 중에서 여성이 찍거나 여성 관객을 겨냥하여 찍은 사진은 거의 없다. 샬롯 마치의 남성 누드에서 설명되듯이, 이 사진들은 동성애 소비자를 겨냥한 사진과 매우 다른 특징을 지녔다.

111 1993년 당시 영국에서는 《루두스(*Ludus*)》, 《플레이걸(*Playgirl*)》, 《여성 전용(*Women Only*)》, 《여성을 위해(*For Women*)》, 《여성 상위시대(*Women on Top*)》 등 여성을 겨냥한 에로틱한 잡지가 다섯 개 판매되고 있었다. 대부분이 1~2년 만에 폐간되었다. 여성을 겨냥한 에로틱 잡지가 실패한 한 가지 이유는 품위에 관한 애매모호한 법률 때문에 발기한 남성의 사진을 싣기 꺼려하면서 관심이 시들어졌기 때문이라고 한다. MacKinnon 1997.

112 Mulvey 1984, 1989.

113 한 가지 예외는 고대 그리스인 듯하다. 이 시대에는 여성의 나체보다 운동선수 같은 남성의 나체에 대한 묘사가 더 많았다. Guttman 1996 참조.

114 Swim 1994; Eagly 1995; Hyde 1996, p.114, 2005; Campbell 2002; Pinker 2002.

115 레빗과 더브너(Levitt and Dubner 2009), 헌터(Hunter, 2011)는 수요와 공급이 시간이 지나면서 달라지지만, 성적으로 적극적인 여성은 성혁명 이후에도 늘 공급이 모자란 상태라고 지적한다.

116 매력적인 여성이 못생긴 여성보다 아이를 더 많이 낳으며 매력적인 여성에게는 딸이 더 많아서 더욱 매력적인 여성이 되는 진화적 추세(1000년이 넘는 기간)가 생성되는 반면, 남자들은 시간이 지나도 크게 나아지지 않았다. Leake 2009a; Miller and Kanazawa 2007 참조.

117 Druckerman 2007, pp.91~110; Perel 2007.

3 억압받는 매력 자본

1 Bourdieu 1998.

2 예를 들어 고전적인 노동경제학과 사회학 이론은 노동시장과 사회 전반에서 나타나는 남성의 행동 패턴에서 약간 벗어난 존재로서 여성을 취급한다. 선호 이론은 여성의 선택과 인생 목표에 구체적으로 초점을 맞춘 최초의 이론이었다. Hakim 2000a.

3 남자들은 계속해서 인적 자본 부분에서 전체적으로 우위를 누리는 듯하다. 여성이 교육과 노동시장에 완벽히 접근할 수 있게 된 후에 능력상의 성별 차이가 실제적으로 사라졌지만, 이 얘기는 남녀의 평균적인 재능에만 적용된다. 남성은 여성보다 능력 점수에서 더 넓은 편차를 보여 준다. 천재인 남성과 바보인 남성이 더 많은 반면, 여성은 평균 근처에 집중되는 경향이 있다. 또한 남자들은 (엔지니어링이나 비즈니스처럼) 직업과 관련된 진로를 계속해서 선택하는 반면, 여성은 시장가치가 낮은 과정을 종종 선택한다.(예술가나 언어 등) 일단 학교를 졸업하고 나면 남자들은 지적 능력이 가장 높은 수준에서도 성공하려는 의욕이 더 크고, 최고의 직장과 특권을 얻고 성공을 이루며 돈을 벌어야겠다는 마음뿐이다. Deary 외 2003; Strand, Deary and Smith 2006; Hakim 2004; Pinker 2008; Arden and Plomin 2006; Lubinski and Benbow 2006; Ferriman, Lubinski and Benbow 2009.

4 Taylor 1991, pp.97~114.

5 예를 들면 말로 드 몰리나(Malo de Molina 1992, pp.198~199, 203)는 스페인에

서 성매매를 하는 남성은 나약한 피해자가 아니라 이해하기 힘든 사람으로 간주된다는 점을 지적했다. 매키넌(MacKinnon, 1998)은 젊은 남자들이 남성의 에로틱한 사진을 다루는 데 어려움을 겪는다고 지적했다. 테일러(1991, p.109)와 제프리(Jeffreys 1997, p.107)는 남자 매춘부가 여자 매춘부처럼 사회적으로 낙인이 찍혔다고 생각하지 않는다고 지적한다.

6   예를 들어 스웨덴의 1996년 성 조사에 따르면, 매춘에 반대하는 여성이 남성의 두 배임이 드러났다. 여성의 5분의 2와 남성의 5분의 1은 성매매 이용자와 판매자 모두 범죄자로 취급해야 한다고 생각했다. 성 서비스를 이용하는 남자들은 20명 중 1명만이(5퍼센트) 불법화에 찬성하는 등 대체로 성매매에 관대했다. Lewin 2000, pp.249~250 참조. 반대로 대부분의 호주인들은 성 산업의 합법화에 찬성했다. 바이처(Weitzer, 2009)가 지적했듯이, 2007년에 3분의 2가 합법화에 찬성했고 2000년에는 4분의 3이 사창가 합법화 조치를 지지했다. 프랑스에서는 2010년 3월 《르 포엥(*Le Point*)》에 대다수의 프랑스 국민들이 네덜란드, 독일, 스페인, 스위스의 관례와 비슷하게 프랑스에서도 사창가를 다시 여는 조치에 찬성한다고 보도했다. 그러나 성 산업을 반대하는 페미니스트들의 입장은 월터(Walter, 2010)와 같은 저널리스트들에 의해 지속적으로 표명되고 있다.

7   Nelson 1987, pp.221, 232~237; White 1990; Shrage 1994.

8   남성의 관심과는 별개로 성매매에 반대하는 여성의 입장을 옳다고 증명하기 위해 제시된 근거는 한 가지에 불과했다. 이는 여성이 성행위를 제공하는 데 있어 '클로즈드 숍(closed shop, 고용주가 노동자를 채용할 때 노동조합의 조합원이어야만 채용할 수 있고, 노동조합이 제명하거나 노동조합으로부터 탈퇴한 자는 해고해야 하는 노사 관계의 유형 ─ 옮긴이) 노조를 만들고자 한다는 생각이다. 이 노조는 성 서비스에 대한 대가가 반드시 결혼과 그로 인해 생기는 아이에 대한 경제적 지원이어야 한다고 주장한다. 이 경우, 대신 돈을 받고 몸을 파는 여성은 독점공급을 깨는 것으로 간주된다. 이 주장의 문제는 물론 결혼 관계가 일시적인 관계와 비교될 수 없다는 점이다.

9   Lerner 1986. 스톤하우스(Stonehouse, 1994) 또한 여성의 출산 역할이 남녀 간의 권력 관계와 종교 및 법률 조항을 통해 여성을 지배하려는 남성의 결단을 이해하는 데 중요했다고 주장한다. 허쉬먼과 라슨은 1998년에 성에 대한 법률의 정치적 기초의 역사를 다루면서 고대 메소포타미아에서 부정한 아내에 사형을 내린 함무

라비 법전을 인용하면서 러너의 의견에 찬성했다.

10 Crawford and Popp 2003; Glenn and Marquardt 2001.

11 Hunt 1996.

12 Lerner 1986; Posner 1992, p.180.

13 일본 국보 중의 하나인 다나바타케 비너스는 다산을 상징하는 도구 여신상으로,
   일부는 1만 3000년 전에 만들어졌다.

14 Stonehouse 1994.

15 남자들은 아버지의 사회적 역할을 취한다. 어른이 아이의 성격과 개성을 형성할
   수 있고 입양 아이의 부모가 하는 것처럼 아이를 자기 아이로 만들 수 있다는 믿
   음이 강하다.

16 Stonehouse 1994, pp.181~188. 연속된 일부일처제는 자바(Java)의 경우처럼 이
   유가 서로 다르지만, 다른 문화의 특징이기도 하다.

17 남자들이 매춘부에게 늘어놓는 불평 중의 하나는 그들이 돈을 목적으로 일하기
   때문에 고객에게 감정적으로 냉담하다는 것이다. 나이가 어린 고객들은 상대 매
   춘부가 자신을 좋아한다면 돈을 내지 않을 수 있다고 기대한다. McLeod 1982;
   Thorbek and Pattanaik 2002; Earle and Sharp 2007.

18 Zelizer 2005.

19 나타샤 월터의 책 『살아 있는 인형: 성차별의 재현(*Living Dolls: The Return of
   Sexism*)』은 한 가지 예에 불과하다. 월터는 섹슈얼리티를 성차별과 동일시하고 자
   신의 섹슈얼리티를 이용하는 여성을 비웃으며 섹슈얼리티가 항상 오랜 감정적 헌
   신에만 연결되어야 한다고 주장하면서 영국의 성적 자유와 젊은 여성들의 문란함
   을 개탄했다. 그녀의 열렬한 논쟁은 21세기에 들어선 지금도 섹슈얼리티와 성적
   표현에 대한 청교도적 앵글로색슨계의 반감이 내포하는 모든 특징을 보여 준다.

20 보통의 벨리 댄스 의상은 살을 많이 노출시키고 댄서들은 대개 맨발로 춤을 춘다.
   1950년대부터 이집트에서는 벨리 댄서들이 몸통 부분을 가리지 않고 사람들 앞
   에서 춤을 추거나 과다하게 살을 내보이는 행동은 불법이 되었다. 그래서 길고 몸
   에 꼭 맞는 라이크라 원피스 드레스가 일반적인 의상이 되었는데, 때로는 속이 다
   비치는 살색 옷감 조각으로 된 의상을 전략적으로 입기도 한다. 시간이 지나면서
   규제는 점점 더 강화되었다.

21 Ince 2005.

22 존 아인스는 빌헬름 라이히의 이론에 크게 의존하여 서양의 청교도적 기독교 문화가 반 성애주의와 성애 공포증을 보여 준다고 주장했다. 그는 성격이 완고하고 독재자 같은 사람들이 나체상과 성애를 두려워하고 심하게 권위주의적이고 계층적인 사회가 성에 대해 가장 반대한다고 주장한다. 그러나 그는 결코 청교도주의가 남성보다 여성의 외모와 행동을 통제했다고 지적하지 않았다. 2010년부터 이슬람 베일(얼굴 베일을 포함하여) 착용을 금지한 유럽의 새로운 법률은 여성에게 숨기기보다는 드러내도록 강요하는 반대의 성향을 보여 준다. 하지만 다시 한 번 말하지만, 대중의 통제와 논쟁의 초점이 되는 것은 여성의 외모이다. 똑같이 모든 것을 덮으면서도 독특하게 다른 아랍 남성의 옷차림새는 결코 공격받은 적이 없었다.

23 무엇이 옳고 올바르고 진실하고 정당하고 합리적이고 적절한지에 대한 생각을 통제하는 것은 무력을 사용하는 것보다 지배력을 발휘하는 더 나은 방법이다. 마음의 감옥이 신체의 감옥보다 더 효과적이다.(사람들이 자진해서 열심히 순응하기 때문이다.)

24 Agustin 2007; Walkowitz 1980, 1982.

25 Etcoff 1999, pp.18~19; Zetterberg 2002, pp.109~111; Ince 2005.

26 기독교가 금욕을 강조하는 것은 이상하다. 실제로 모든 종교 지도자들은 결혼을 했고 아이가 있었다. 예수 그리스도만이 평생 동안 독신으로 지냈고 자신의 제자들에게도 독신을 요구했다. 이것이 현재까지 서양 문화에 영향을 주었다. Hirshman and Larson 1998, pp. 41~42.

27 Blackburn 2004; Eigen 2006.

28 Blackburn 2004, p.60.

29 Blackburn 2004, p.68.

30 Masson 1975; Reddy 2005; Brown 2007.

31 예를 들어 이러한 구분은 아프리카 문화와 중국 문화의 특징은 아니다. Nelson 1987, p.235; Jeffreys 2006.

32 대표적인 논제는 막스 베버의 『프로테스탄티즘 윤리와 자본주의 정신』이다. Marshall 1982 참조.

33 Henrich, Heine and Norenzayan 2010. 리처드 니스벳은 미국과 중국, 일본과 한국의 관점 및 사고방식의 차이를 자세히 분석했다. Nisbett 2003.

34 Druckerman 2007.

35 Pateman 1988, pp.194, 205.

36 Soble 2002.

37 Soble 2002, p.14. 앨런 소블 또한 남성이 무엇보다도 색다른 체격과 인종, 문화 등 다양성을 제공해 주는 수단으로서 매춘부를 이용한다는 사실을 설명했다.

38 Soble 2002.

39 기든스 교수는 자신이 런던정경대학교 학장으로 재임할 때 전후 시기를 통틀었을 때보다 많은 여성이 런던정경대학교 교수에 임명되도록 했다. 런던정경대학교는 사회과학을 전문으로 하는 대학이었는데도 영국에서 고위직에 진출한 여성 비율이 가장 낮은 대학에 속해 왔다.

40 Giddens 1991, p.229; Giddens 1992.

41 Giddens 1992, p.60.

42 Giddens 1992; Beck and Beck-Gernsheim 1995; Layder 2009. '순수한' 관계라는 개념은 남성에게 가장 매력적이었고 남자들이 가장 자주 논의한다. 일부 논의는 심리적인 이점을 제공하는 '애인' 관계가 사회계층과 종교 등에 의해 구조화되는 결혼을 대체하는 과정을 강조한다. 그러나 기든스는 심리적, 감정적 지원 외에는 어떠한 교환도 이루어지지 않는다는 점을 암시하면서 순수한 관계의 비도구적인 특징을 강조한다.

43 Hakim 2000, 2004, 2011.

44 Giddens 1992, pp.149~153.

45 Jukes 1993. 주크스(Jukes)의 전문적인 연구 결과를 고려해 보면, 그가 내린 결론은 극단적인 형태의 가부장적인 사고방식에 의해 힘을 얻었다. 그가 자신의 책에서 제시한 다른 결론들 중 일부는 잘못되었고 시대에 맞지 않거나 정보에 어두운 문제가 있었다. 그러나 아내를 때리는 남편에 대한 그의 깊은 이해는 나약하고 논리 정연하지 않은 남성들 사이에서 널리 퍼져 있는 생각과 감정을 정확히 확인했다. 많은 남성이 살면서 만나는 여성을 지배하기를 원하는데, 그중 일부는 지배력이 명백히 부족해질 때 폭력적이 된다.

46 Jukes 1993.

47 영국 남성들은 완전히 모르는 사람에게 훨씬 더 터무니없는 요구를 한다. 예를 들어 젊은 남자들은 생일을 축하하고 있다는 이유로 술집이나 클럽 여성에게 가슴

을 보여 달라고 요구하기도 한다. Belle de Jour 2005, pp.283~284.

48　앵글로색슨계 국가에서 이러한 결과가 나타난다. 다른 문화에서, 특히 라틴계 문화에서는 결과가 다를 수도 있다. 이 문제는 앞으로의 연구에서 확인해야 한다.

49　이것은 조셉 헬러가 『캐치 22』에서 던진 유명한 수수께끼로, 동전을 던져 앞면이 나오면 상대가 이기고 뒷면이 나와도 상대가 이기는 결과를 안겨 준다.

50　Beauvoir 1976, pp.568~587.

51　England and Folbre 1999, p.46; Zelizer 2005, p.302도 참조.

52　Hakim 2011.

53　영국 중고등학교 학생들이 글을 읽고 쓰는 기본적인 능력과 계산력이 크게 떨어진다는 사실은 여러 자료에서 등장한다. OECD의 정기 국제성인문해조사(International Adult Literacy Surveys, IALS), 국제학업성취도평가(Programme for International Student Assessment, PISA) 시험 결과에 대한 국가 통계수치 등이다. 학업 성취도가 가장 높은 수준인 국가들은 중국(상하이)과 핀란드이다. 영국 노동자의 20~25퍼센트 정도는 높은 수준의 교육 자격을 갖추고 있다. 대졸자는 전체 인구와 노동인구에서 여전히 소수이다.

54　극소수의 여성만이 평생의 직업에 주력하기를 선호하는데, 이들은 살고 있는 국가에 따라 10~30퍼센트 정도에 달한다. 2011년 1월, 《선데이 타임스》의 의뢰로 이루어진 전국적인 유거브(YouGov) 여론조사에 따르면 여성의 3분의 2는 자신보다 소득이 많은 남성과 결혼하기를 선호했으며 실제로 그들 중 3분의 2는 배우자가 본인보다 소득이 많았다. 또한 절반이 넘는 여성이 집에 아이가 있을 때 일하지 않는 쪽을 원했고, 50퍼센트 이상이 직장으로 돌아가라는 사회적 압력이 주부들에게 크게 가중되고 있다고 생각했다. Hakim 2000a, 2008; Spicer 2011.

55　한동안 조던이라는 직업상의 이름을 사용했던 케이티 프라이스는 아름답고 가슴이 풍만하면서도 날씬하고 활달한 젊은 여성으로 처음에는 핀업걸로 유명해졌다가 그 이미지를 이용하여 소설과 아동복 등을 판매하는 비즈니스 제국을 키웠다. 영국의 일부 저널리스트들은 축구 선수의 아내와 조던이 다수의 10대 소녀들에게 롤 모델로 간주되는 현실을 개탄한다. 2006년에 실시한 한 설문조사에 따르면, 10대 소녀의 3분의 1이 조던의 성공을 따라 하고 싶어 하고 절반이 넘는 소녀들이 에로틱 모델을 직업으로 고려했다. Walter 2010, p.25 참조. 2009년에 실시한 조사에 따르면 25퍼센트가 좋은 머리보다 예쁜 외모가 더 중요하다고 생각한

다. Banyard 2010, p.26. 아마도 이 여학생들은 아무런 자격증 없이 학교를 중퇴하기를 바라고 있을 것이다.

56 왜 본질주의가 시대에 뒤떨어진 것인지 보여 주는 단적인 예는 여성이 엄마가 되어야 한다는 '필요성'과 관련이 있다. 이는 가부장제의 근거 없는 믿음으로, 그들의 주장에 따르면 여성의 삶은 불가피하게 모성애에 의해 조직되는 반면, 부성애는 그만큼 중요하지 않다. 실제로 피임 혁명 이후 20퍼센트 정도의 여성은 남자들처럼 아이 없이 사는 쪽을 선택하여 자신의 에너지를 직업과 다른 목표에 집중했다. 엄마가 된다는 것은 더 이상 불가피한 운명이나 생물학적인 요구가 아니다. 그것은 하나의 선택으로 대다수의 여성이 이 선택을 내리는데, 남자들에게는 정말로 편리한 상황이다. Hakim 2000a, pp.50~56.

57 이러한 반응을 보여 주는 최근의 예는 코델리아 파인의 『성별의 기만(*Delusions of Gender*)』이다. 그녀는 남녀 간의 차이를 입증하는 학자들이 모두 진화생물학의 해석(실제로는 이단적인 이론)을 믿는 본질주의자라고 분류한다. 그녀는 모든 성별 차이가 진실이 아닌 인위적인 결과물이거나 부모 등의 차별적인 대우 때문이라는 사실이 연구에 의해 입증되었다고 (잘못) 주장한다. 실제로 그녀는 한 가지 연구 유형만이 지적으로 정당할 수 있다고 주장한다.

58 Campbell 2002. 이 접근 방식은 성별에 대한 페미니스트들의 논쟁에서도 드러나는데, 이는 이러한 논의가 이데올로기적이고 실증 연구와는 동떨어지면서 신학적인 논쟁이 되었음을 보여 준다. Browne 2007 참조.

59 서양의 페미니즘은 제대로 알지 못하고 본질주의라고 간주되는 동시에 오만하다는 이유로 종종 제국주의적이라고 평가받는다. Ghodsee 2004 참조.

60 이는 미국 대학생들 사이에 벌어지는 '데이트 강간'에 대한 파글리아의 확신에 찬 발언에서 입증된다. Paglia 1992.

61 Walby 1990, p.110; Whelehan 1995, pp.148, 154~155; Coppock, Haydon and Richter 1995, pp.29, 32; Evans 2003, p.99; Banyard 2010. 예를 들어 캣 배니아드는 전적으로 성희롱, 매춘, 착취, 가정 폭력, 강간, 성폭력의 관점에서 섹슈얼리티를 설명한다. 그녀는 21세기에도 저임금 때문에 모든 여성이 일종의 성적 노예가 되고 있다고 주장하면서 성매매 폐지를 자신의 사회운동의 최고 관심사로 삼는다.

62 Lipman-Blumen 1984, pp.89~90.

63 Walby 1990, p.79.

64 Hakim 2000a, pp.153, 201.

65 Pateman 1988, pp.194, 205.

66 Pateman 1988, p.230.

67 Walby 1990, p.128.

68 Jeffreys(1997, 2005)는 이러한 주장을 되풀이하면서 업데이트한다.

69 동성애 집단은 주로 킨제이에 의존하여 남녀의 10퍼센트까지가 동성애 성향을 갖고 있다고 오래전부터 주장해 왔다. 이제 이 주장은 과도한 과장임이 입증되었고 2퍼센트가 정확한 수치이다. 2만 3000개의 전국적인 견본을 갖춘 영국범죄조사(British Crime Survey)는 그 수치를 2퍼센트로 잡았다. 2010년 새로이 실시된 통합가구조사(Integrated Household Survey)는 거의 25만 명에 달하는 영국 성인을 대표 견본으로 갖추고 있었는데, 겨우 1.5퍼센트의 사람들이 스스로를 동성애자 및 양성애자라고 밝혔다. 실제 상황을 감추는 요소를 감안하더라도 그 수치는 2퍼센트에 불과할 것이다. 2퍼센트라는 수치는 견본 집단의 크기가 훨씬 더 작지만 성적 성향에 대해 물은 최근의 모든 성 설문조사에서 나온 결과이다.

70 Hakim 2004, p.51. 연구에 따르면 스칸디나비아 국가의 남성들이 여성보다 더 많이 일한다. 가난한 제3세계에서만 여성이 남성보다 더 많은 시간을 일한다. 페미니즘의 또 다른 근거 없는 믿음이 무너지고 말았다.

71 Wittig 1992. 늘 그렇듯이 그녀는 엄마들이 성별 역할과 그에 수반되는 태도 및 가치관을 사회화하는 대표적인 대리인이라는 사실을 간과한다.

72 Caplan 1987; Fine 2010.

73 Jeffreys 2005.

74 모니크 위티그는 여성 동성애자가 여자도 남자도 아니라는 주장으로 불가능한 일을 시도한다. 이 주장은 동성애 남성 또한 남자도 여자도 아니라면 말이 될 것이다. 하지만 대부분의 동성애 남성들은 분명 남자이고 적어도 서양 문화에서는 자신이 남자라는 사실을 자랑스럽게 생각한다. 실제로 대부분의 여성 동성애자는 대개가 여성이다. 하지만 일부 문화에서는 중간의 범주를 허용한다. 역사가와 사회 인류학자들은 현대의 동성애 하부문화에 대한 역사적인 선례를 꾸준히 찾고 있다. 예를 들어 터키와 브라질의 사우바도르(Salvador)에는 남성 성도착자와 동성애 매춘의 전통이 존재하고, 몸바사(Mombasa)에는 여성 동성애 애인과 매춘

뿐 아니라 남성 동성애 매춘의 전통도 존재한다. Shepherd 1987; Cornwall and Lindisfarne 1993. 인도에는 거세당한 남성 복장도착자가 결혼식 연예인으로 활동하면서 성 서비스 또한 제공하는 오래 전통이 존재한다. Reddy 2005.

75 Jeffreys 2005, p.135; Pateman 1988, p.206.

76 Frost 1999.

77 샌드라 바츠키는 마치 여성이 남성에 대해 성 권리를 갖고 있는 것처럼 스스로 예뻐지기 위해 노력하지 않는 이성애 여성은 자신을 예쁘다고 생각하지 않고 무시하는 남자들에 의해 벌 받을 거라고 한탄한다. Bartsky 1990, p.76; Jeffreys 2005, pp.174~175.

78 물론 남녀 관계에서 남성이 지배하는 상황에 대해 정치적으로 대응하기보다 자발적으로 독신이나 동성애를 선택하는 여성도 있다.

79 Chancer 1998, pp.82~172; Rhode 2010.

80 부부 간의 협상을 다루면서 에로틱한 매력과 섹슈얼리티, 남성의 섹스 결핍같이 중요한 문제를 회피하는 저자들을 주제로 논문을 쓸 수도 있다. 이 저자들은 거의 대부분이 남성이다. 예를 들어 존 스칸조니의 저서 『성적 협상(*Sexual Bargaining*)』은 일자리나 집, 가사 분담에 대한 부부간의 의사결정을 집중적으로 다룬 뒤 부부 간의 권력이 전적으로 돈에 의해 결정된다고 결론 내린다. 그는 122~123페이지에서만 지나가면서 섹슈얼리티를 언급한다. 구체적으로 소개하면 미국 남성이 여성의 새로운 성적 자유를 인정하지만 그 대신 아무것도 제공하지 않았다고 말했다. 『성행위와 권력(*Intimacy and Power*)』에서 데릭 레이더가 제시한 분석 또한 섹슈얼리티가 관련이 없다고 판단하고 자기노출과 대화 방식에 초점을 맞추었다. 호주의 섹스 치료사이자 저널리스트인 베티나 아른트는 『섹스 다이어리(*The Sex Diaries*)』로 신선한 변화를 시도했는데, 그녀의 책은 성적 접근권에 대한 부부의 협상을 집중적으로 다루면서 그것이 전체 관계에 어떻게 고루 스며드는지 설명했다.

81 물론 일부는 조사 결과가 발표되기 전에 쓰고 있었다.

82 문화가 항상 성공하는 것은 아니다. 따라서 불가해한 성적 미신과 스타일을 추구하는 소수 집단이 있다. Brame 2001; Bergner 2009에 설명되어 있다.

83 Sprecher and McKinney 1993, pp.72~79. 그들은 처음 만난 지 2년 동안 일주일에 세 번 이상 성관계를 맺은 커플 비율이 동성애 커플의 경우에 가장 높고(67퍼센트) 여성 동성애 커플(33퍼센트)이 가장 낮고 기혼 이성애 커플은 그 중간(45

퍼센트)임을 소개한 미국의 연구 결과를 인용했다. 성 활동은 어떤 관계가 2년이 지난 이후에 대체로 줄어든다.

84 Baumeister, Catanese and Vohs 2001; Baumeister and Twenge 2002.

85 Weitzer 2009.

86 Weitzer 2009.

87 일부 사회에서는 부부간의 성관계가 출산의 이유에 의해 너무 지배되기 때문에 바람을 피울 때만 진정으로 즐거움을 누릴 수 있다. 이는 서부 아프리카의 기혼 남성들이 아름다운 젊은 미혼 여성에게 '슈가 대디'가 되어 주는 기본적인 이유인 듯 보인다. 나이 많은 기혼 남성과 사귀는 이 여성들 중 다수는 무일푼의 학생들이다. 젊은 여성이 '돈 없이 연애는 없다.'고 주장하는 사회에서 기혼 남성이 여자 친구의 경비를 모두 대줄 수 있다면 그러한 관계가 성립한다. Jankowiak 2008; Smith 2008 참조.

88 말레이시아 세마이 족과 트로브리앤드제도에서 그 예를 찾을 수 있다. Stonehouse 1994, p.187 참조.

89 서양 유럽 문화 또한 섹스의 이유로 사랑을 제시하며 라우만(Laumann 외 1994, pp.509~540)에 따르면 이는 미국의 대표적인 섹스 이데올로기이다. 실제로 섹스의 전제조건으로서의 사랑은 출산에 중심을 둔 도덕률을 현대적으로 공식화한 것에 불과하다. 이를 위해서는 이후에 생기는 아이의 육아를 책임지기 위해 성관계에 대한 오랜 헌신적 관계가 필요하다. 사랑의 애매모호한 의미로 인해 불륜처럼 쾌락과 개인의 만족을 위해서만 추구되는 성관계에 대해서도 사랑이 변명의 이유가 된다.

90 Zetterberg 2002. 프랑스의 엘리자베스 바댕테르는 기독교가 섹스와 돈을 모두 악마로 만들었기 때문에 매춘이 도덕에 의해 이중으로 피해를 입었다고 지적한다. "기독교와 마르크스주의의 이중 계보에서 돈은 인간이 타락했고 다른 인간을 잔인하게 지배한다는 표시이다." Badinter 2003, p.66. 반대로 아프리카 문화는 섹슈얼리티나 성매매를 비방하지 않는다. 아프리카의 가정주부들은 성매매를 할 수도 있다. Nelson 1987 참조.

91 가장 눈에 띄는 경우는 여성 동성애 이론가인 모니크 위티그이다.

92 Badinter 2003; Sichtermann 1986.

93 Sichtermann 1986, pp.53~54.

94 Thompson and Cafri 2007.

95 Nye 1999, p.105.

96 Giovanni 2009.

97 Nye, 1999, p.104; Spira and Bajos 1993, pp.157~158; Kontula and Haavio-Mannila 1995, pp.106~107, 171.

98 첫 번째는 필명이 폴린 레아주 작품으로, 그녀의 애인을 위해 썼다. 마르그리트 뒤라스는 여학생과 부유한 중국인 애인을 다룬 『연인』을 썼다. 이 소설은 부분적으로는 그녀의 경험을 근거로 한 듯하다. 마지막 예는 유명 미술잡지의 창간자이자 유명한 미술평론가인 카트린 밀레의 작품으로 그녀는 자신의 섹스 회고록이 진지하게 받아들여진 이유에 대해 자신의 전문가로서의 입지가 중요했다고 말한다. 영국이나 미국 작가의 작품으로 터부를 깨는 회고록은 찾을 수 없다.

99 Barber 2009.

100 프랑스 문화는 매력 자본의 가치를 인정하며 프랑스 여성은 자신의 외모를 가꾸는 데 노력한다. 그렇다고 해서 프랑스 여성이 다른 유럽 국가의 여성보다 동등한 고용 기회를 얻지 못한다는 얘기는 아니다. 실제로 프랑스 학계(그리고 크리스틴 라가르드 본인도)는 스웨덴 학계와 마찬가지로 그 반대를 주장한다. 프랑스는 임금 격차나 직업의 성차별 면에서 유럽의 다른 국가들과 거의 비슷하며 프랑스 여성의 취업률은 유럽연합 평균과 비슷하다. Giovanni 2011; Hakim 2011; Hakim 2004, pp.61, 172 참조.

4 매력 자본은 어떻게 마법을 일으킬까?

1 이 책 속의 이야기들은 여러 실제 인물들의 이야기와 실제 사건을 토대로 만든 것이다. 이름과 세부적인 사항은 꾸며 낸 것이다.

2 Casey and Ritter 1996.

3 Zebrowitz 1990; Langlois 외 2000, p.400.

4 Berscheid and Walster 1974, pp.187~195; Zebrowitz 1990; Rhodes and Zebrowitz 2002, pp.3~5, 27~28.

5 Jackson 외 1995, p.115. 이들은 상관계수가 0.20이고 효과 크기가 0.41임을 알아냈다. Langlois 외 2000, pp.402~403. 이들은 평균 효과 크기가 0.3이고 매력적인

아이들의 60퍼센트가 매력적이지 않은 아이들의 40퍼센트에 비해 지능과 능력 면에서 평균 이상임을 입증했다. 카나자와(Kanazawa, 2011)는 영국의 매력적인 아이들이 IQ가 12.4포인트(r=.381)가 더 높다는 사실을 알아냈다. 30년 뒤 미국의 조사 결과에서 나타난 연관성은 더 낮았다.(r=.126) 어떤 이유에서인지 양국 모두에서 이 연관성은 남자 어린이 사이에서 더 강하게 나타났다.

6 Denny 2008. 이 분석은 부록 매력 자본 측정법과 표 2에서 설명된 1958년 국립아동발달연구의 코호트 연구 데이터를 근거로 했다.

7 Zebrowitz 1990; Cohen 2009; Kanazawa 2011.

8 자기실현적인 예언은 주로 어떤 아이를 여러 해 동안 알아 온 어른(부모와 같은)이 아이의 장기적인 성공에 거는 긍정적인 기대가 격려와 칭찬, 도움을 통해 아이의 발달과 성취에 매일 지속적으로 영향을 미칠 때 적용된다. 오늘날 부모조차도 너무 바빠서 아이에게 그러한 집중적인 지원을 제공해 주지 못하는 경우가 종종 있다.

9 Feingold 1992, p.318.

10 또 다른 요인은 일부 문화와 일부 가문이 성격이나 도덕성, 인격에 비해 아름다운 외모를 하찮게 여긴다는 점이다. 그래서 폴란드의 아름다운 여성은 자신이 예쁜지도 모른 채 성장할 수도 있다.

11 Wiseman 2003, 2004.

12 Hatfield and Sprecher 1986; Zebrowitz, Olson and Hoffman 1993.

13 Feingold 1992; Langlois 외 2000; Dollinger 2002.

14 Hatfield and Sprecher 1986, pp.82~95.

15 Hatfield and Sprecher 1986, p.95.

16 Hatfield and Sprecher 1986, pp.96~103.

17 Hatfield and Sprecher 1986, pp.65~66, 124~125.

18 Reinhard, Messner and Sporer 2006. 설득력 있게 의도를 이야기하는 것만으로도 메시지에 대한 관심이 높아질 수 있다.

19 Dollinger 2002 매력적인 사람과 매력적이지 않은 사람이 실제로 똑같이 개인주의적이 될 가능성이 있음을 증명했다.

20 Berscheid and Walster 1974, p.168.

21 Berscheid and Walster 1974, p.189; Hatfield and Sprecher 1986, p.45. 본능적인

반응에 대한 이러한 연구 결과들은 시대에 뒤떨어졌다고 할 수 있지만, 내가 경험한 바에 따르면 그렇지 않다. 고학력 여성은 합리적이고 근거가 충분한 반감을 표시하는 데 더 뛰어날 뿐이다.

22 대부분의 증거는 수인의 딜레마 게임에 대한 실험적 연구에서 얻어진다. 이 연구는 사회 과학자들이 실험실 실험을 통해 인간의 행동에 대한 이론, 특히 이타심 즉 협동과 이기심 간의 선택에 대해 테스트할 때 널리 사용한다. 수인의 딜레마 게임(소설 줄거리를 근거로 하는)은 대개 컴퓨터에서 진행되기 때문에 게임에 참여하는 두 사람은 서로 만나지 못한다. 수인의 딜레마에 대한 전형적인 이야기는 다음과 같다. 용의자 2명이 경찰에 의해 체포되어 공범 혐의를 받고 서로 분리되어 심문을 받고 있다. 문제는 두 사람 중 한 사람이 무죄로 풀려나기 위해 상대가 범죄를 저질렀다고 고발할 것인지 아니면 둘 다 침묵을(협력) 지켜 두 사람의 유죄 판결이 힘들거나 불가능하게 만들 것인지 여부이다. 각 용의자의 선택은 상대의 행동에 대한 추측에 영향을 받지만, 두 사람 모두 서로를 비난한다면 둘 다 장기 징역형을 받을 것이다. 게임은 사람들이 타인을 배신하는 이기적인 행동 대신 서로에게 이익이 되는 협력을 얼마나 자주 선택하는지 시험하기 위한 것이다. 연구자들은 각기 다른 이론을 시험하기 위해 세부적인 내용을 끝없이 바꾸었다. 각각의 선택에 대한 보상과 불이익은 가상의 징역형 대신 진짜 돈인 경우가 종종 있어서 참가자들은 자신의 선택 때문에 실제로 돈을 벌거나 잃을 수도 있다. 그 결과 게임은 상상의 게임이 되지 않는다. 모르는 사람에 대한 반응을 시험할 경우에는 다른 사람과 단 한 번만 게임을 치른다. 장기적인 관계에서 반응을 시험할 경우에는 동일한 두 사람이 여러 번 게임을 치른다. 1980년대에 로버트 액설로드는 장기적인 관계에서 이타심과 협동심이 발달할 수 있음을 증명하기 위해 이러한 게임으로 국제 대회를 열었다.

23 Mulford 외 1998.

24 Mulford 외 1998.

25 Berscheid and Walster 1974, p.209.

26 Berscheid and Walster 1974, pp.203~204.

27 Feingold 1992.

28 Feingold 1992; Langlois 외 2000.

29 Dollinger 2002.

30   Zebrowitz, Collins and Dutta 1993.

31   나는 이 책에서 아름다운 외모가 지위를 부여하기 때문에 중요하다는 웹스터와
     드리스켈의 1983년 이론을 근거로 하고 있다. 신장 또한 지위를 부여하고 소중한
     특징이기 때문에 다수의 상황에서 승진을 가능하게 했다는 확고한 증거를 보고
     싶다면 Cohen 2009를 참조하라.

32   Jackson 외 1995. 이들은 매력과 지각된 지능 간의 상관계수가 성인 여성의 경우
     에 0.33, 성인 남성의 경우에 0.42라고 발표했다. 랑글루아(Langlois 외 2000) 등
     이 더욱 최근에 실시한 메타 분석 결과에 따르면, 매력이 지각된 지능에 미치는
     영향에서 성별 차이가 없었다. 더욱 최근에 제브로비츠(Zebrowitz외 2002)는 매
     력과 지각된 지능 간에 0.41~0.64의 상관관계가 존재하고 IQ 수치와 매력 간에
     는 0.11~0.26의 상관관계가 존재함을 알아냈다. 따라서 지각된 연관성이 여전히
     더 강하지만, 연관성이 존재한다고 말할 수 있다. Kanazawa 2011 참조.

33   Jackson 외 1995. 이들은 관련 정보를 이용할 수 있을 때 상관계수가 0.28이고 전
     혀 정보가 제공되지 않을 때 0.34라고 발표했다.

34   Langlois 외 2000, p.400.

35   Langlois 외 2000, p.401.

36   Langlois 외 2000, p.402; Jackson 외 1995, p.115; Zebrowitz 외 2002; Kanazawa
     2011.

37   Zebrowitz, Collins and Dutta 1993. 펠슨과 보른슈테트가 다소 미덥지 못하게 계
     획한 1979년의 연구도 아이들이 '스타'(시험이나 운동에서 뛰어나거나 똑똑한
     아이들)를 더 매력적으로 인식한다고 주장한다.

38   Truss 2005; Blaikie 2005; Fanshawe 2005.

39   앨리 혹실드의 책『감정노동(*The Managed Heart*)』은 미국에서 크게 영향을 미쳤
     지만, 유럽에서는 매우 형편없는 반응을 얻었다. Wouters 1989, p.95.

40   Hochschild 1983/2003.

41   혹실드의 논제는 특히 미국에서 많은 연구를 촉발시켰다. 유럽의 연구는 대체로
     그녀의 논제가 사실과 상충함을 증명한다.

42   Elias 1937/1994; Smith 2000; Loyal and Quilley 2004. 노르베르트 엘리아스의 저
     서는 부분적으로 1930년대에 처음 독일어로 발표되었다가 1978년이 돼서야 영
     어로 번역되었기 때문에 잘 알려지지 않았다. 또 다른 요인으로는 그가 이주자라

는 사실을 들 수 있는데, 덕분에 사회과학자로서의 그의 연구가 풍부해지기는 했지만 안정된 기반을 잡지 못했다.

43 노르베르트 엘리아스는 리처드 세네트(Richard Sennet), 앤서니 기든스 등 유럽과 북미 학자들에게 폭넓은 영향을 미쳤다.

44 중국어(대만)에는 감정 상태를 설명하는 단어가 750개 정도 되는 데 비해, 단순한 사회는 10개도 사용하지 않는다. 우울의 개념은 대부분의 비서양권 문화와 언어에는 존재하지 않는다. 그리고 사랑과 죄책감도 똑같은 중요성을 지니지 않는다. lek(발리)나 lajja(힌두 인도)의 개념은 부끄러움, 무대 공포증, 수줍음 등으로 다양하게 번역되었다. 그것은 침묵이나 복종, 심지어는 물러서기를 요구할 수도 있는 사회적인 고상함과 관련하여 자제심 있게 예의를 갖추는 공적인 페르소나의 감정과 행동을 말한다. Heelas 1986; Zebrowitz 1990, pp.89~138; Simon and Nath 2004; Lewis, Haviland-Jones and Barrett 2008.

45 Wouters 1989, 2004, 2007.

46 Zebrowitz 1990.

47 유럽의 인종차별금지법에 담긴 인권 개념은 소수인종집단이 그 법을 이용하여 훌륭한 예의범절이나 지역적 관습, 문화로부터 예외를 주장할 수 있기 때문에 더 많은 문제를 초래한다. 예를 들어 네덜란드에서 소수인종에 속하는 한 여성이 직장에서 사람들을 만날 때 악수하는 관습을 따르지 않아도 된다고 주장하면서 그 문제를 법정으로 가져갔다. 이 특별한 요구에는 비합리적이라는 판결이 내려졌지만, 다른 문제들은 다루기가 더 힘든 것으로 드러났다. Bribosia and Rorive 2010 참조.

48 Kavanagh and Cowley 2010.

49 Bryman 1992; Baehr 2008.

50 Guttman 1996.

51 Lewis 2010.

52 Hamermesh and Biddle 1994, p.1184. 조사 면접관들이 평가한 체중과 함께 1977년 조사를 인용했다.

53 Berry 2007, p.8; Jack 2010.

54 지나치게 뚱뚱한 사람들은 같은 일을 해도 더 낮은 평가를 받는다. 그들이 머리가 좋지 않고 활동적이지 않다고 인식되기 때문이다. Zebrowitz 1990, p.77. 카우

피넨과 안틸라(2005)는 비만인 사람들의 소득이 높은 지위의 직업에서 20퍼센트 적다고 지적했다.

55 Braziel and LeBesco 2001; Brownell 2005; Cooper 1998; Berry 2007, 2008; Kirkland 2008.

56 Rothblum and Solvay 2009.

57 Rhode 2010.

58 Chancer 1998; Cooper 1998; Brownell 2005; Berry 2007, 2008; Kirkland 2008; Rhode 2010. 비만에 대한 페미니스트들의 지지는 비행기 좌석과 같은 심각한 문제를 경험하는 또 다른 집단인 장신 여성에 대한 지지와 부합되지 않는다. 코언(2009)은 미국의 장신 전문직 종사자들이 비행기 좌석 배치에서 우선권을 달라고 제기한 소송이 미국 정부에 의해 그 자리에서 거부되었음을 지적한다. 미국 정부는 많은 사람들이 공공장소에서 우선권을 가질 권리를 요구할 수 있다고 지적했다. 달리 말하면 적극적인 차별은 정당화될 수 없다는 얘기이다.

59 Orbach 1978/1988.

60 Jack 2010.

61 연구에 따르면 매일 활력 있게 걸어만 다녀도 체중을 줄일 수 있다고 한다. 도시와 교외 생활 때문에 정상적인 활동 수준이 내려갔다.

62 빈곤과 기근이 과거사가 아닌 일부 문화에서는 뚱뚱한 것이 부의 상징이며 그렇게 칭찬받는다. 일례로 남아프리카 정치인들(그리고 그들의 배우자들)은 심각할 정도로 비만이면서도 여전히 공직에 선출될 수 있다. 에이즈 환자들이 흔히 말랐거나 야위었기 때문에 에이즈의 위험이 전통적인 태도를 강화시켰다. 그런데도 가난한 국가의 국민들은(남아프리카를 포함하여) 이상적인 체형에 대한 인식에서 부유한 국가(영국과 같은)의 국민들과 크게 다르지 않다. Swami and Furnham 2007, pp.76~77, 114~117.

63 Merryman 1962.

64 Rhodes and Zebrowitz 2002, p.209; Zebrowitz, Olson and Hoffman 1993, p.464.

65 Hochschild 2003. Wouters(1989). 이들은 그 이야기가 모든 항공사 승무원들 사이에서 잘 알려져 있다고 말한다.

66 Raz 2002.

67 에릭 간디니가 2009년 베를루스코니를 소재로 다룬 영화 「비디오크러시

(*Videocrcy*)」에서 언급되었다.

5 결혼시장에 등장한 매력 자본

1 Hakim 2004. 시간 분배에 관한 새로운 연구에 따르면 여성이 남성보다 일하는 시간이 더 많은 경우는 가난한 제3세계뿐이다. (유급과 무급의 가사 일을 합쳐서) 북미와 서유럽의 남성과 여성은 똑같은 시간을 일한다.

2 Hakim 2011. 인원수를 근거로 한 고용률은 오해의 소지가 있다. 다수의 여성이 파트타임으로 일하기 때문이다. 정규직 기준(Full-Time Equivalent, FTE) 고용률은 평균적으로 여성의 근무시간이 여전히 남성 근무시간의 3분의 2에 불과함을 알려 준다.

3 Glenn and Marquardt 2001. 이들은 미국 여대생의 3분의 2가 미래의 남편을 대학에서 만나기를 바란다고 지적한다.

4 Hakim 2004.

5 Buss 1989; Kenrick 외 1993; Fletcher 외 1999; Geher and Miller 2008, pp.37~101.

6 Buston and Emlen 2003.

7 Todd 외 2007.

8 Feingold 1988; Geher and Miller 2008.

9 Todd 외 2007; Geher and Miller 2008, pp.37~101. 이 연구는 독일 뮌헨에서 시행되었지만, 그 결과는 유럽 전체에 적용되었다.

10 Geher and Miller 2008, p.58.

11 Townsend and Wasserman 1997. 응답자들이 어떤 사람을 섹스 파트너나 장래의 배우자로서 받아들일 수 있는지 평가한 세 가지 연구를 발표했다.

12 제임스 콜먼의 미국 고등학교 '사춘기 사회(The Adolescent Society)'에 대한 고전적인 연구는 세부적인 사항에서는 시대에 뒤떨어져 있지만 일반적인 동향에서는 그렇지 않다.

13 Udry 1984.

14 Elder 1969; Glenn, Ross and Tully 1974; Taylor and Glenn 1976; Udry 1977, 1984; Townsend 1987; Stevens, Owens and Schaefer 1990 참조. Whyte 1990,

p.169; James 1997, pp.222~237; Mullan 1984 and Hakim 2000a, pp.193~222도 참조.

15 Buss 1989, 1994. Kurzban and Weeden 2005 and Hunter 2011. 이들은 뚱뚱한 여성이 데이트에 성공할 가능성이 낮다고 지적했다.

16 Gerson 1985; Hakim 2000a, pp.153, 155, 197, 216.

17 McRae 1986.

18 2011년 1월에 이루어진 조사에 따르면 영국 여성의 3분의 2가 자기보다 소득이 더 많은 배우자와 결혼하기를 바랐고 그렇게 할 작정이었다. 그리고 대부분의 남자들은 이 사실을 알고 있었다. Spicer 2011.

19 Papanek 1973; Wajcman 1998, pp.140~143, 156, 163~165.

20 고위 관리직에 오른 남성에 관한 연구들을 보면, 대부분 아내가 일하지 않는 반면 고위직에 오른 여성은 남편이 대개 출세를 중요시한다는 결과가 꾸준히 나온다. 이 여성들의 절반은 아이가 없고 아이가 있어도 많아야 한 명이라 일과 가정생활의 병행으로 인한 갈등을 피하고 있다. Hakim 2000a, pp.50~56, 2011 참조.

21 Thelot 1982; Erikson and Goldthorpe 1993, pp.231~277; Hakim 2000a; pp.160~163.

22 2010년 1월 1일,《선데이 텔레그래프 스타일(*Sunday Telegraph Style*)》에 보도된 2008년 슈퍼드럭(Superdrug) 연구와 2009년 걸가이딩 영국(Girlguiding UK)조사. 비슷하게 2010년에 캣 배니아드는 3000명의 10대 소녀들을 대상으로 한 2009 영폴닷컴(YoungPoll.com) 조사에서 10대 소녀 중 25퍼센트가 똑똑한 머리보다 예쁜 얼굴이 더 중요하다고 생각한다는 사실이 밝혀졌음을 지적했다. 자신이 똑똑하지 않다는 사실을 이미 학교에서 알았다면, 그리고 아무런 자격증 없이 고등학교를 그만두는 25퍼센트의 젊은이들에 속한다면, 예쁜 외모 덕분에 자신이 어디까지 갈 수 있는지 아는 것이 중요하다.

23 Averett and Korenman 1996.

24 Harper 2000, p.795.

25 Harper 2000. Kurzban and Weeden 2005 and Hunter 2011. 이들은 뚱뚱한 여성이 데이트에 성공할 가능성이 더 낮다고 지적했다.

26 Harper 2000; Cohen 2009.

27 이에 대한 믿을 수 있는 증거가 없기 때문에 성적 접근성에 초점을 맞춘다. 매력

적인 외모와 옷차림새를 유지하지 못하는 아내에 대해 불만족스러워하는 남편의 사례나 남편에 대해 불만을 갖는 아내의 사례는 많다. 하지만 배우자가 매력 자본을 유지하지 못하거나 협상에서 이용하지 못했다고 해서 부부간에 갈등이 생겼다는 믿을 만한 정보는 실제로 존재하지 않는다.

28 Baumeister and Vohs 2004.

29 Baumeister and Vohs 2004, p.359; Zelizer 2005도 참조.

30 Hakim 2000a, pp.110~117; 2004, pp.71~73. 현재 연구는 부부간의 평등과 권력 관계를 평가하기 위해 배우자의 상대적인 소득이나 가구 소득에 대한 배우자의 상대적인 기여도에 초점을 맞춘다. 유럽 전역에서 아내들은 대체로 가구소득의 3분의 1 정도를 책임지는 2차적인 소득원이다. 따라서 남편은 아내보다 대략 두 배를 벌고 때로는 모든 소득을 책임지기도 한다. 부부가 모두 정규직에 종사하고 아이가 없을 때 아내가 가구소득의 절반 가까이를 벌어들이거나 특정 시점에서 (남편이 실직했을 때) 남편보다 더 많이 벌기도 하지만, 수십 년 동안 전체적인 그림은 크게 달라지지 않았다. 부분적으로 그 이유는 높아지는 여성의 취업률이 정규직 대신 파트 타임직을 대체했던 것에 불과하기 때문이다. 2004년 당시 직장을 다니는 영국의 아내들은 평균적으로 가구소득의 3분의 1만을 벌어들였다. 일자리가 없는 아내를 포함시키면, 아내의 평균 기여도는 3분의 1보다 크게 떨어질 것이 분명하다. Harkness 2008, p.251 참조.

31 예를 들어 1984년의 디트로이트 지역 연구 분석에 따르면, 배우자의 상대적인 소득과 아내가 직업이 있는지 여부도 부부간의 권력과 관련이 없으며 부부의 성공에 중요하지도 않았다. 신체적인 매력 자체도 부부간의 권력과 관련이 없었다.(Whyte 1990, pp.153~154, 161, 169). 성적 접근성을 포함한 에로틱 파워라는 나의 폭넓은 개념은 여기서 이 문제를 해결해 줄 수 있다.

32 Dallos and Dallos 1997; Arndt 2009.

33 치료사들과 상담사들은 대개 이것을 성적 관심의 단순한 불균형으로 보려 하지 않고 부부 관계에 생긴 다른 문제의 징후로 다룬다.(Praver 2006).

34 note 80 on p.290 참조.

35 Constable 2003.

36 놀랍게도 컨스터블은 그 아내들의 매력 자본에 대해 체계적인 정보를 제공하지 않았다. 50대 중반의 뚱뚱한 미국 남자와 행복하게 결혼하여 물심양면으로 도움

을 받는 예쁜 22세의 필리핀 여성의 예에서 알 수 있듯이 컨스터블이 드물게 정보를 제공한 경우, 그 여성들은 아름답고 매력적이라고 설명했다. Constable 2003, pp.102, 142, 169.

37 McNulty 외 2008.

38 Geher and Miller 2008, pp.105~157.

39 Hunter 2011.

40 독신자 데이트 사이트(와 개인광고 등)에 제기되는 가장 흔한 불평 중의 하나는 남성 가입자들(일부 사이트의 경우 3분의 1까지) 중 다수가 실제로 젊고 매력적인 독신 여성을 속여 성관계를 맺고자 하는 기혼 남성이라는 점이다. 문학과 현실은 언젠가 아내와 이혼하고 결혼하겠다고 약속하면서 불륜을 위해 젊고 매력적인 여성들을 이용해먹는 기혼 남성들의 이야기로 가득 차 있다.

41 Hunter 2011.

42 Jankowiak 2008.

43 팝 스타뿐 아니라 프로 운동선수들 사이에서도 불륜은 흔하다. 많은 대회와 투어가 기회를 제공하기 때문이다. 대표적인 예가 골프 스타인 타이거 우즈로, 그는 아름다운 아내 엘린 노르데그린과의 결혼 생활 중에 120번이 넘게 외도했다고 인정했다. 텔레비전으로 중계된 공개 사과석상에서 인정했듯이, 그는 그 상황을 모두 받아들일 수밖에 없었다고 한다. 그는 자신이 평생 열심히 일했고 자기 주변의 모든 유혹을 이용할 자격이 있다고 생각했다. 골프 선수로 성공하여 부자가 된 사람으로서 그는 자신이 즐길 자격이 있다고 느꼈다. 언론에 공개된 내연녀들은 모두 상당히 매력적이었다. 이는 매력 자본을 경제 자본과 교환한 전형적인 예이다.

44 Mossuz-Lavau 2002.

45 Mossuz-Lavau 2002.

46 Bozon in Bajos 외 1998.

47 Wellings 외 1994; Bozon in Bajos 외 1998; Kontula 2009, pp.149~160. 클루스만(Klusman 2002)은 20대에 독일어를 배웠고 동거와 결혼 2년째에 불륜이 시작된 것을 알았다.

48 Hunter 2011. 나이 많고 돈 많은 슈가 대디와 젊고 매력적인 여성 간의 불륜은 예외인 듯하다. Croydon 2011.

49 Baumeister, Catanese and Vohs 2001, p.264.

50 Hatfield and Sprecher 1986.

51 Hatfield and Sprecher 1986, p.187. 평범하게 생긴 여성들만이 첫 성 경험이 늦었다.

52 Langlois 외 2000, pp.402~403.

53 Hatfield and Sprecher 1986, pp.185~190; Feingold 1992, pp.318~319; Langlois 외 2000, pp.402~403.

54 Hatfield and Sprecher 1986, p.192.

55 Hatfield, Traupmann and Walster 1979.

56 Vailliant 2009.

57 부르디외의 용어에 의존하여 마틴과 조지(2006), 그린(2008a)은 성문화와 환경을 '활동범위(fields)'로 불렀다. '성문화'라는 용어는 따로 설명이 필요 없어 보인다.

58 Sollis 2010. 런던의 초등학생 중 40퍼센트 이상이 영어를 제2 혹은 제3언어로 사용한다. 전체적으로 런던의 초등학생들은 가정에서 300개의 다른 언어를 사용한다.

59 또 다른 독특한 목소리는 동성애 문화와 이성애 문화에 해당되는 BDSM 집단의 목소리이다. BDSM은 속박, 지배, 사디즘, 마조히즘 혹은 이 네 가지가 결합된 경우를 가리킨다. 이 네 가지는 BDSM 클럽의 다양한 성 게임의 기초를 형성한다. Brame 2001; Bergner 2009 참조.

60 Green 2008a, p.45 (n. 23) 예를 들어 그린은 자신의 분석이 이성애 관계까지 포함해야 한다고 인정했다. 비슷하게 마틴과 조지(2006)는 성 계층화(sexual stratification)와 성적 요구에 전적으로 초점을 맞추었다. 페미니스트 학자인 린 챈서도 '성적 자본'이라는 용어를 사용했지만, 여성의 성적 매력과 출산 능력을 가리키기 위해 여성에게만 그 용어를 적용했다. 챈서는 여성의 몸이 성적 자본을 구성하며 남자들은 그 자본을 부분적으로 지위의 상징과 출산의 목적을 위해 이용한다고 주장했다. 그러나 그녀는(p.119) 외모와 아름다움이 문화 자본(물론 여자뿐 아니라 남자까지도 포함하는)의 일부분이라고도 주장했기 때문에 그녀의 분석은 이론적으로 혼란스럽다. 다른 학자들도 적절한 이론적 정의나 전개 없이 지나가면서 '성적 자본'과 '매력 자본'을 사용했다. 대표적인 예가 브룩스(Brooks, 2010)이다.

61 Webster and Driskell 1983.

62 애덤 그린(2008a)이 북미의 남성 동성애를 분석하면서 '매력 자본'이라고 부른 것은 나와 마틴 및 조지(2006)가 정의한 성적 자본에 해당한다.

63 Woods and Binson 2003.

64 많은 동성애 섹스가 익명으로 조용히 진행되는 한 가지 이유는 불법적인 성행위나 낙인찍힌 성행위에 대한 협박의 두려움 때문이다. 그러나 이러한 행위는 협박의 위협이 사라진 지 오랜 뒤에도 계속되었기 때문에 사회성의 결여가 동성애의 본질적인 특징인 듯하다.

65 게이샤의 역할에 대한 나의 설명은 대체로 마수다(Masuda)의 2003년 회고록에 기초하고 있다. 하지만 다른 회고록도 이용할 수 있다. Dalby 1983; Downer 2000; Underwood 1999. 마수다는 교토를 비롯한 도시보다는 온천 휴양지에서 성행위가 게이샤 역할의 많은 부분을 차지했다고 지적한다. 섹스를 할 수 있다는 환상만으로 매력 자본을 파는 도쿄 호스티스 술집의 현대판 게이샤에 대해서는 앨리슨(Allison 1994)을 참조.

66 Baumeister and Vohs 2004.

67 Hakim 2000a, p.193.

68 Hakim 2000a, p.162.

6 돈이 없으면 연애도 없다

1 Levitt and Dubner 2009, pp.54~55. 이들은 섹스를 좋아해야 하기 때문에 매춘이 모든 여성에게 어울리지는 않는다는 점을 인정했다. 이로 인해 자동적으로 매춘부라는 직업은 젊은 여성에게 제한된다.

2 예를 들어 심리학자인 로이 바우마이스터와 캐슬린 보스는 2004년 성 경제학 이론을 발전시켰지만 그 이론을 상업적인 성 산업에 적용하는 문제는 다루지 않기로 했다. 톰 라이커트는 광고 산업의 에로틱한 매력에 대해 연구한 내용을 책으로 쓰고 있을 때, 동료들과 지인들이 자신의 주제 선택에 의문을 제기하면서 그러한 선택이 자신의 인격과 도덕성에 흠이 있음을 드러낸다고 주장할 것을 깨달았다.

3 Reichert 2003, pp.203~213. 이 부분은 대체로 광고업계의 에로틱한 매력의 변천사를 다룬 라이커트의 연구에 의존했다. 그라치아와 펄로(1996), 로즈원(2007)은 광고업과 소비재 산업에서 여성의 매력 자본이 이용되는 현상을 페미

니스트적인 관점에서 살펴보았다.

4 Reichert 2003, p.174.

5 두 가지 예만 들면 다음과 같다. Walter 2010; Rosewarne 2007.

6 Reichert 2003; Reichert and Lambiase 2003.

7 Reichert and Lambiase 2003, p.273.

8 Reichert 2003, pp.233~250.

9 대개 나이 든 사람들이 그러한 광고에 대해 신랄하게 말한다. 이는 2005년에 드와이트 맥브라이드가 광고 모델같이 생긴 사람들만 매장 직원으로 채용한다고 애버크롬비앤피치 의류업체를 맹비난했던 사례에서 알 수 있다. 나이가 든 동성애 흑인이었던 그는 그 회사 옷을 사는 데는 아무런 관심이 없었지만, 그 회사의 외모 방침에 의해 사회적으로 배척당했다는 느낌을 받았다.

10 Reichert 2003, p.250.

11 Kramer 2004.

12 Kramer 2004. 런던에서 찬사를 받은 2009년의 연극 작품은 카포티의 원작 소설에 매우 가까웠다.

13 Lewin 2000, p.243.

14 Agustin 2007; Piscitelli 2007. 성 산업을 다룬 라우라 아구스틴의 저술은 이민 여성의 역할과 그들의 노동이 일시적으로 이루어지는 특징을 강조했다. 그녀의 주된 사례는 스페인, 카리브해 지역, 라틴 아메리카와 관련이 있다.

15 Lever and Dolnick 2000.

16 Lever and Dolnick 2000.

17 Allison 1994; Lever and Dolnick 2000; Belle de Jour 2005, 2006; Hoang 2010.

18 Flowers 1998.

19 Flowers 1998; Rich and Guidroz 2000.

20 일부 손님은 자기 딸이나 동물과의 섹스같이 현실에서는 절대로 일어나지 못할 기이한 공상도 요구할 수 있다고 생각한다. 그러나 모든 폰섹스 상담사들은 혐오스럽다고 생각하는 요구는 거절할 권리가 있다. Flowers 1998; Rich and Guidroz 2000.

21 Allison 1994; Frank 2002.

22 Druckerman 2007, p.72; Jolivet 1997. 이것이 일본의 출산율이 낮은 한 가지 이유

라고들 한다.

23 Allison 1994; Frank 2002, pp.106~166; Druckerman 2007, pp.170~190; Price-
    Glynn 2010.

24 Frank 2002.

25 Shay and Sellers-Young 2005.

26 Allison 1994.

27 2010년 9월 《가디언 G2(*Guardian G2*)》의 뉴스기사, p.9; Davis 2011.

28 French 1990. Taylor 1991, pp.20~26. 그녀와의 인터뷰 기사가 실렸다.

29 Rounding 2004.

30 Rounding 2004; Cruickshank 2009.

31 Frank 2002; Banyard 2010, pp.135~177; Walter 2010, pp.39~62.

32 Flowers 1998. 1차적 관계(그리고 1차적 집단)는 대체로 가족이나 친구처럼 우리
    가 잘 아는 사람들과의 일대일 대면이다. 2차적 관계(와 집단)에서는 직접적인 접
    촉이 거의 필요하지 않다. 노조나 정당의 경우에서 알 수 있듯이 서로 간의 유대
    감은 미미하고 부분적이다. 플라워스는 이메일과 전화, 인터넷(페이스북 같은)만
    을 기초로 한 관계가 새로운 범주의 제3의 관계라고 주장한다.

33 Allison 1994.

34 Piscitelli 2007. 흥미롭게도 정치적, 문화적 환경이 매우 다른 쿠바에서는 사회주
    의 체제하에서 매춘이 엄격히 불법으로 간주되는데도 지네테리스모(jineterismo)
    라는 파트 타임직을 이용하여 고학력 여성이 외국 관광객과의 관계를 통해 돈이
    나 선물로 경제적인 이득을 볼 수 있다. Cabezas 2009; Garcia 2010 참조.

35 Druckerman 2007, pp.203~206.

36 Jacobsen 2002; Mansson 2010.

37 Taylor 1991.

38 Jacobsen 2002; Mansson 2010. 만손은 스티그 라르손(Stieg Larsson)의 '밀레니엄
    (Millenium)' 3부작에 나오는 최악의 남자처럼 모든 고객을 같은 관점에서 표현
    했다.

39 Jacobsen 2002; Mansson 2010.

40 Druckerman 2007, pp.252~258.

41 Jeffreys 2005.

42 Taylor 1991, p.97. 테일러는 매춘에 종사하는 남녀 4000명에 대한 조사를 근거로 영국에서 몸을 파는 남성이 길거리 매춘부만큼 많다고 지적했다. 그러나 그 남자 매춘부의 고객 대부분은 이성애 여성이 아니라 동성애 남성이었다.

43 이는 얼(Ealre)과 샤프(Sharp)(2007)에 의해 구체적으로 설명되었다.

44 Hakim 2000b, pp.8~9. 사회운동가들은 자신들이 제안한 정책을 뒷받침해주는 증거를 대조하기 위해 옹호적인 연구 결과를 이용했다.

45 Taylor 1991; Flowers 1998; Lever and Dolnick 2000; Monto 2000; Frank 2002; Agustin 2007; Earle and Sharp 2007. 연구는 언제나 남성 고객에 초점을 맞추지만, 나는 비슷한 이유가 젊은 애인이나 성매매를 원하는 소수의 여성 고객에도 적용된다고 생각한다.

46 Hunter 2011. 헌터는 이러한 남성들도 기혼자를 위한 인터넷 데이트 사이트에 똑같은 이유로 가입한다고 지적했다.

47 서양의 결혼 상담사는 섹스 없는 부부 관계를 이런 식으로 정의한다. 2장에서 지적했듯이, 훌륭한 성생활은 경제학자인 블랜치플라워와 오즈월드(2004)에 의해 의미 있는 것으로 확인되었다. 그들은 행복의 관점에서 볼 때 전적으로 금욕적인 결혼 생활과 한 달에 한 번 이하로 섹스를 하는 결혼 생활에는 아무런 차이가 없음을 알아냈다.

48 Monto 2000. 이 미국의 연구는 길거리 매춘부에게 접근했다가(실제로는 경찰의 함정 수사였다.) 체포된 700명의 남성에게서 얻은 정보를 수집했다. 따라서 이 연구는 성 산업의 하단 부분을 다루고 있기 때문에 상단 부분을 전적으로 대표하지는 못할 것이다. 베르그너(Bergner, 2009)는 BDSM 취향을 가진 사람들이 아마추어 파트너를 찾기가 특히 어렵다고 설명했다.

49 Monto 2000.

50 Vaccaro 2003.

51 Allison 1994. 일본의 이른바 '소프랜드'라는 시설은 비누질 마사지를 포함하여 손 마사지에서 섹스까지 모든 것을 판매한다.

52 Lever and Dolnick 2000, p.91.

53 Monto 2000.

54 두 집단에는 이성을 잃은 사람들, 살인범 등 소수 집단이 포함되어 있다.

55 뉴욕에서 고급 콜걸로 일하는 젊은 여성에 관한 2009년 영화는 「여자친구 경험

(*The Girlfriend Experience*)」이라는 제목이 붙었는데, 이것이 평범한 데이트와 여러 가지 면에서 구분하기 힘든 너무나도 일반적인 형태의 계약이었기 때문이다.

56 Lever and Dolnick 2000.

57 Frank 2002.

58 Earle and Sharp 2007.

59 전형적인 고객은 4, 50대에 속한다. 이에 비해 인터넷 사이트에서 검토되는 거의 모든 전문적인 성 노동자들은 20대이다. 프랭크(Frank, 2002)에 따르면 이러한 패턴은 미국의 스트립 클럽 단골손님에서도 나타난다.

60 Lever and Dolnick 2000, p.95.

61 Earle and Sharp 2007, pp.39~41, 69, 73~80.

62 일부 남성들은 성 관광에 관한 의견을 올려놓을 수 있는 인터넷 사이트에서 특히 불만을 표시한다. 토르벡과 파타나익(2002)의 저서에서 입증되듯이, 많은 지적이 가격에 대한 집착을 드러낸다. 주요한 문제는 서양 남자들이 섹스와 성 서비스에 대해 돈을 낼 의향이 없다는 사실인 듯하다. 그들은 상대 여성이 자기를 좋아한다면 유럽과 북미 고국의 여자 친구나 우연히 만난 여성이 그랬듯이 섹스 서비스가 공짜일 것이라고 항상 기대한다. 여성이 손님의 자존심을 높여서 기분 좋게 만들려고 애쓸수록 남자들은 그러한 서비스가 직업적이거나 상업적인 것이 아니라 공짜일 수 있다는 환상을 믿는다. 문제는 초짜나 젊은 남성이 특히 심각해 보이며 부분적으로는 술집 여성의 스스럼없는 행동 때문이기도 하다. 이와는 반대로 콜걸들은 데이트를 시작할 때 선불로 요금을 받기 때문에 오해가 생길 수 없다. 그러나 프랭크(2002, pp.173~228)는 스트립 클럽의 일부 단골손님들(대부분이 중년인)이 스트립 댄서가 손님에게 보여 주는 관심에 대해 돈을 지불하는 것을 불편해한다고 설명한다. 그들도 자신이 성적으로 매력적이고 술집 여성이 진심이라는 사실을 이유로 공짜 서비스를 원하고 있었다.

63 Lever and Dolnick 2000; Levitt and Dubner 2009, p.36; Walter 2010, pp.57~58.

64 Lever and Dolnick 2000; Belle de Jour 2005, 2006.

65 Weitzer 2009.

66 Home Office 2008.

67 Levitt and Dubner 2009, pp.37~47.

68 Belle de Jour 2005, 2006.

69 영국의 학교제도는 엄격할 정도로 까다롭고 학생이 한 학년을 다시 이수하도록 허용하지 않는다. 이 제도에 의해 수십 년 동안 학생 중의 20퍼센트가 낙제를 했고 그들은 결국 글자도 모르고 기본적인 계산 능력도 갖추지 못한 채 학교를 중퇴한다. 많은 수의 학생들이 취직 가능성을 보장해 주는 졸업장 없이 학교를 그만둔다.

70 Agustin 2007.

71 『옥스퍼드 사회학 사전(*Oxford Dictionary of Sociology*)』이 매춘을 설명하면서 이러한 발견을 알려 준다. Marshall 1998, p.534 참조. 공정하게 말하면 대체로 보수가 이러한 일의 주요한 동기임을 '발견한' 사회과학 보고서는 수없이 많다.

72 그녀가 6년 동안 스트립 클럽에서 일했고 그곳에서의 생활과 관계에 대해 자세히 설명했지만, 프랭크(2002)조차도 스트립 클럽의 요금이나 주급, 임금 면에서 이러한 일이 전통적인 일자리에 비해 어느 정도인지에 대해서는 부분적인 정보만을 제공한다.

73 Murray 1991, p.121.

74 Brooks 2010. 그녀는 백인 여성만이 최고 수준인 하룻밤에 500달러 이상을 벌 수 있다고 강조한다. 부분적으로는 그들이 스트립 클럽에서 돈이 가장 잘 벌리는 시간대를 배정받기 때문이다. 백인이 아닌 여성들은 그들의 서비스와 외모에 대한 고객 수요가 적기 때문에 그보다 훨씬 적은 150~300달러 정도를 번다. 소도시의 쇠퇴한 테이블 댄스 클럽에 대해 연구한 프라이스 글린에 따르면, 그 클럽의 댄서들은 제반 비용을 제외하고 200달러를 벌었는데 클럽의 다른 어떤 직원보다도 훨씬 많았다. Price-Glynn 2010.

75 Levitt and Dubner 2009, p.29.

76 Frank 2002, pp.xv – xx; Walter 2010, p.48.

77 Banyard 2010 and Walter 2010. 두 학자는 그 일에 대한 모든 것이 마음에 들지 않았던 몇몇 여성의 말을 인용했다. 그런 일도 다른 모든 유급직처럼 지루할 정도로 반복될 수 있다는 점도 맞는 얘기이다.

78 Levitt and Dubner 2009, pp.52~55. 알렉스 기브니의 2010년 다큐멘터리 영화, 「고객 9: 엘리어트 스피처의 성공과 몰락(*Client 9: The Rise and Fall of Eliot Spitzer*)」은 뉴욕 최고의 에스코트 걸들이 2008년 당시 시간당 200달러에서 2000달러 정도를 벌 수 있었음을 보여 준다.

79 매춘을 합법화하고 용인하는가에 따라 국가들을 단순하게 분류하기는 힘들다. 영국처럼 성 서비스를 판매하는 일이 합법적인 국가에서도 그 매매와 관련된 모든 행위, 예를 들면 사창가를 운영한다든지 광고나 호객 행위를 하거나 보조 서비스를 제공하는 행위 등은 여전히 불법이 될 수 있다. 따라서 안전과 보안을 위해 아파트에서 함께 일하는 여성들은 사창가를 운영한다는 이유로 범죄자가 된다. 스웨덴과 노르웨이에서는 매춘이 법을 어기는 것은 아니지만, 법률을 골치 아플 정도로 따지고 들면 매춘 고객은 범죄자가 된다. 일본과 스페인 같은 국가에서는 매춘을 원칙적으로 금지하고 있지만, 실제로 사람들은 전통 때문에 매춘에 대해 편안하게 생각한다. 여성 매춘을 인정하는 국가와 미국의 네바다 주 등은 남성이 동성애 남성이나 여성을 상대로 성 서비스를 제공하는 데 대해서는 격렬하게 반대할 수도 있다. 브라질에서는 매춘이 범죄는 아니지만, 매춘부를 착취하는 일은 불법이다. 그러나 매춘은 여전히 오명을 벗지 못했다. 따라서 성매매에 대한 합법화와 불법화 혹은 승인을 명확히 가르는 선은 종종 존재하지 않는다.

80 Levitt and Dubner 2009, pp.23~31.

81 Gentleman 2010, p.27.

82 Cruickshank 2009, pp.36, 48, 120, 128~133.

83 Fredman 1997, p.108.

84 Hausbeck and Brents 2000.

85 Flowers 1998; Rich and Guidroz 2000.

86 Belle de Jour 2005, 2006.

87 Murray 1991, pp.121~134. 어떤 술집 소녀는 시골 고향에 사는 가족 18명을 부양하고 있었다.

88 Murray 1991.

89 Allison 1994, pp.135, 185. '소프랜드' 시설은 비누질 마사지 등 다양한 성 서비스를 제공한다.

90 가게 보조원의 시급은 고작 800엔인데, 여학생들은 데이트 한 번에 5만 엔을 번다고 인터넷에서 자랑한다.

91 Smith 2008. Cabezas 2009. 쿠바와 도미니크공화국의 비슷한 관계를 설명했다.

92 이직률이 매우 높고 파트타임이나 부업, 임시직으로 일하는 부분이 크기 때문에 산업의 총 규모를 정확히 측정할 수는 없다. 모든 수치는 추정치이다.

93 Flowers 1998; Belle de Jour 2005, 2006; Millet 2002; Frank 2002, pp.276~277. 프랭크는 처음에 성적으로 해방된 스트리퍼에 대한 남성의 고정관념에 주목하다가 나중에 그것이 타당성이 있다고 인정했다.

94 Walkowitz 1980, pp.16~24, 194.

95 로버트 앨트만의 1971년 영화 「맥케이브와 밀러 부인(*McCabe and Mrs Miller*)」에서는 줄리 크리스티가 술집 마담이자 매춘부로 주연을 맡았고 세르지오 레오네가 1968년에 제작한 마카로니 웨스턴(spaghetti western, 1960~1970년대 이탈리아에서 제작한 미국 서부시대를 배경으로 한 영화-옮긴이)영화 「원스 어폰 어 타임 인 더 웨스트(*Once Upon a Time in the West*)」에서는 클라우디아 카르디날레가 뉴올리언스 출신의 매춘부 여성 역을 맡았다.

96 이 모든 요소들은 빅토리아 시대의 영국과 현대의 유럽, 게이샤 산업에 적용할 수 있을 듯하다. 그러나 과거에는 자신의 선택으로 게이샤가 되는 일은 거의 없었다. 사요 마수다의 경우처럼 찢어지게 가난한 부모가 어린 딸을 일정 기간 동안 게이샤 집에 파는 일이 종종 있었다. 그녀는 엄마 손에 크지 못한 많은 게이샤의 대표적인 예이다. 일부 게이샤는 고아이다.

97 Allison 1994; French 1990; Belle de Jour 2005, 2006; Frank 2002; Millet 2002.

98 Hakim 1995, 2004, 2011.

99 Levitt and Dubner 2006, p.96; 2009, p.54.

7   직장 생활을 좌우하는 매력 자본

1 Dipboye, Arvey and Terpstra 1977; Heilman and Saruwatari 1979; Raza and Carpenter 1987; Frieze, Olson and Russell 1991.

2 Frieze, Olson and Russell 1991.

3 Biddle and Hamermesh 1998.

4 Biddle and Hamermesh 1998.

5 Biddle and Hamermesh 1998.

6 Biddle and Hamermesh 1998, p.188.

7 Biddle and Hamermesh 1998. 달러 타임스(Dollar Times) 인터넷 사이트는 다양한 연도, 예를 들면 1983년과 2010년 물가에 대한 달러 가치를 비교한다. www.

dollartimes.com/calculators/inflation.html.

8 Hamermesh and Biddle 1994.

9 평범하게 생긴 사람들의 소득과 비교하여 외모 프리미엄은 1퍼센트에서 최대 13퍼센트까지 발생한다.(여성의 경우)반면 매력 없는 외모로 인한 불이익은 5퍼센트에서 15퍼센트 사이이다.(남성의 경우)

10 Hamermesh and Biddle 1994.

11 미국의 두 설문조사 중의 하나는 키가 작은 사람의 소득 불이익(-10퍼센트)과 뚱뚱한 여성의 불이익이 비슷한 수준(-12퍼센트)임을 보여 주었다. 나머지 조사는 키가 크고 작은 여성들의 임금 프리미엄을 보여 주었다.(각각 +25퍼센트와 +23퍼센트) 그러나 이 요인들은 면접관이 판단하는 매력에 크게 영향을 미치지 않았다.

12 Harper 2000. 하퍼는 부록 매력 자본 측정법에서 설명한 NCDS 코호트 조사 데이터를 분석했다. 몇 가지 점에서 이 영국의 연구는 북미의 다른 세 건의 조사보다 설득력이 없는 증거를 제공했는데, 사람들의 매력을 7세와 11세일 때 학교 선생님이 평가했기 때문이다. 이 연령은 성인이 되었을 때의 외모에 대해 정확한 평가를 내리기에는 너무 이를 수도 있다. 한편 자신의 학생을 잘 아는 선생님들은 단 한 번 얼굴을 본 면접관보다 전체적인 매력 자본에 대해 더욱 완벽한 평가를 내릴 수 있었다. 선생님들은 신체적인 외모뿐 아니라 사회적 기술과 사교성도 고려했고, 실제로 조사 결과를 보면 이 요소들이 밀접하게 연관되어 있음을 알 수 있다. 따라서 하퍼의 연구는 매력 자본의 영향력에 대해 더 나은 평가를 제공할 수도 있다. 그러나 그는 자신의 연구가 부족하다는 사실은 매력의 실제 영향력이 자신이 확인한 것보다 더 클 수도 있음을 의미한다고 인정했다.

13 장기적인 NCDS 연구가 사람들의 직업 이력에 대한 막대한 양의 정보를 수집하기 때문에 하퍼는 북미의 연구보다도 건강 상태나 사회계층, 인종, 근무 경험 연수, 현재 고용주와의 재직 기간, 능력, 졸업장, 노조 가입 여부와 같은 다수의 기타 요인들을 훨씬 더 많이 대조할 수 있었다. 하퍼는 모든 이용 가능한 변수를 회귀분석(regression analysis, 둘 또는 그 이상의 변수 사이의 관계, 특히 변수 사이의 인과관계를 분석하는 추측통계의 한 분야 ─ 옮긴이)에 적용함으로써 33세의 나이에서 매력의 순효과를 무시해도 좋을 정도로 낮은 수준으로 줄일 수 있었다. 그러나 매력이 없다는 사실은 여전히 중요했고, 남성의 소득을 15퍼센트, 여성의 소

득을 11퍼센트나 떨어뜨렸다.

14 Harper 2000, p.785. 중고등학교만 졸업한 사람들에서 외모의 영향력은 졸업장의 수익을 능가한다.

15 Judge, Hurst and Simon 2009.

16 저지, 허스트, 사이먼의 2009년 연구는 개인 소득이 아니라 총 가구소득을 검토했다. 실제로 그들은 노동시장을 이용했든 결혼시장을 이용했든 매력과 지능이 소득에 미치는 영향을 평가했다. 매력적인 여성은 자신이 직접 일을 할 뿐 아니라 (혹은 그 대신) 소득이 높은 배우자와 결혼하여 높은 가구소득을 달성할 수 있다.

17 Judge, Hurst and Simon 2009.

18 Mobius and Rosenblat 2006.

19 그 임무는 실적과 생산량에서 상당한 성별 차이를 불러왔고 이 점을 고려해서 분석했다.

20 Mobius and Rosenblat 2006.

21 에릭 간디니의 영화 「비디오크러시」 2009.

22 그녀의 책 『감정노동』은 1983년에 처음 출간되자마자 인기를 끌었다. 미국을 제외한 다른 국가에서의 연구는 혹실드의 논제를 부정했지만, 그녀의 책은 직장과 사생활에서의 감정 관리에 관한 연구 전체에 영감을 불어넣었다. Kemper 1990; Raz 2002; Bolton and Boyd 2003; Bolton 2005 참조.

23 Hochschild 2003; Ehrenreich and Hochschild 2004.

24 이는 그녀의 다른 저작과 일치한다. 그녀의 많은 저서는 앵글로색슨계의 희생자 페미니즘의 관점에서 저술되었다. 그녀는 여성의 유급, 무급 노동에 대한 평가절하, 여성이 가사 노동과 직장 생활을 병행하느라 겪는 어려움, 미국 정부의 지원 부족, 여성이 갖는 직업의 특이한 특징, 여성의 가정생활에 대한 기여에 초점을 맞추었다. Hochschild 1990a, b, 1997 참조.

25 Hochschild 1983, pp.138~147.

26 Elias 1937/1994; Mennell 1989; Mennell and Goudsblom 1998; Loyal and Quilley 2004.

27 혹실드는 하위계층보다는 상위계층의 가정과 일자리에서 더 많은 감정 관리가 진행된다는 사실을 알아냈다. 그러나 그녀는 관리직과 전문직에서 대다수의 고위직을 남성이 차지하고 있지만 여성이 남성보다 더 많이 감정노동을 한다는 생각을

이 결론과 일치시키지 못했다. Hochschild 1983, p.162.

28 Wouters 1989, p.100.

29 Bolton and Boyd 2003. 두 사람은 영국의 3개 항공사 승무원들에 대한 1998년 설문조사를 분석했다. 1000명 정도가 응답한 이 설문조사에서 응답 대상의 20퍼센트가 남성이었고 업계의 식견 있는 자료 제공자와의 개인 면접도 추가되었다. 볼튼(Bolton 2005)은 혹실드의 논제를 광범위하게 비판하면서 그녀의 결론과 모순되는 다른 연구들을 검토했다. 우터스(Wouters 1989)도 혹실드의 논제를 비판하면서 KLM 승무원의 사회적 기술에 대한 반대되는 증거를 제시했다.

30 Wouters 1989.

31 Raz 2002.

32 Raz 2002, pp.204~220, 242~249.

33 Wajcman 1996, 1998; Raz 2002; Bolton 2005.

34 사회심리학자들은 일반적인 지능 측정과는 분리된 사회지능과 대인기술을 측정하는 방법을 개발하려고 노력했지만 지금까지는 성공하지 못했다. 그들은 사회지능과 중복되는 감성지능 측정에는 크게 성공했다. Geher and Miller 2008, pp.18~19, 263~282.

35 Wouters 1989, 2007.

36 Soames 2010.

37 Witz, Warhurst and Nickson 2003, p.50.

38 Warhurst and Nickson 2001, 2007a, b, 2009; Nickson, Warhurst, Cullen and Watt 2003; Nickson, Warhurst and Watt 2000; Nickson, Warhurst and Dutton 2005. 그들은 그 과정이 사람들의 취업에 도움을 주는 데 성공했는지 여부는 결코 말하지 않았다. '심미적 노동'의 개념은 결코 적절히 정의되지 않았고 불필요한 말의 반복처럼 보인다. 모든 사람들이 암묵적인 메시지로 옷을 입고 다들 항상 그 일을 하고 있기 때문이다. 일부 논문에서 저자들은 '적절한 태도'를 갖추는 것이 채용에서 중요한 요인이었다고 말한다. 따라서 하나의 분리된 요소로서의 심미적 노동이라기보다는 인격과 사회적 기술을 가리킨다.

39 일부 사람들은 짙은 신사복 외에 다른 근무복에도 돈을 지출해야 하기 때문에 이 혁신적인 방침에 반대했다.

40 Hunt 1996. 그는 사치금지법이 항상 여성에게 가장 가혹하게 집행되었고 여성의

외모가 사회적으로 더 많이 통제되었다고 말한다.

41 Mack and Rainey 1990.

42 Mack and Rainey 1990. 이 연구의 지원자는 모두 여성이었지만, 다른 연구에서 입증되듯이 그 결과는 남성에게 더 강력하게 적용되었다.

43 Mack and Rainey 1990, p.399. 자신들의 연구 결과뿐 아니라 다른 몇몇 연구들도 언급했다.

44 1 = '채용될 가능성이 지극히 낮다.'에서 7 = '채용될 가능성이 지극히 높다.'의 척도에서 자격은 충분하지만 제대로 꾸미지 않은 지원자는 평균 4.03의 점수를 받은 반면, 자격은 제대로 갖추지 않았지만 잘 꾸민 지원자는 약간 더 높은 평균 4.16을 받았다. 이에 비해 자격도 제대로 갖추지 않고 제대로 꾸미지도 않은 지원자는 3.36을 받았고, 자격도 훌륭하고 제대로 꾸민 지원자는 5.68의 점수를 받았다. Mack and Rainey 1990.

45 이 인용문은 R. M. Adams, L. J. Walker, B. Crick, L. M. Ludlow의 몇몇 번역문을 혼합한 것이다.

46 Hopfl 1999.

47 McBride 2005.

48 Industrial Relations Services 2000; Income Data Services 2001.

49 Warhurst and Nickson 2007a, p.102.

50 그러나 교복을 입은 일본의 젊은 여성은 전문적인 에로틱한 스타일이 되었다.

51 Nencel 2010; Hall 2010.

52 데브라리 로렌자나는 자신이 입은 몸에 꼭 맞는 옷이 S라인 몸매를 너무 드러내서 남자 동료들의 정신을 산만하게 했다는 이유로 시티은행이 2010년에 자신을 해고했다고 주장했다. 자신의 해고가 성차별이라고 이의를 제기하고 보상을 요구하는 과정에서 그녀는 언론의 뜨거운 주목을 받았고 몸에 딱 붙는 옷을 입은 그녀의 사진도 수없이 게재되었다.

53 Judge, Hurst and Simon 2009, p.752.

54 Henrich, Heine and Norenzayan 2010.

55 Hakim 2010a.

56 Biddle and Hamermesh 1998, p.191; Frieze, Olson and Russell 1991, p.1052; Hamermesh and Biddle 1994, pp.1190~1192. 하퍼는 소비자 지향적인 직업과

판매직으로 직업을 분류한 증거를 찾지 못했지만, 매력적인 남성이 고객과 접촉하는 일을 할 때 임금 프리미엄이 9퍼센트인 반면 매력적인 여성은 그러한 일을 해도 '과밀' 때문에 급료 면에서 10퍼센트의 불이익을 받는다는 사실을 알아냈다. Harper 2000, p.794. 외모 프리미엄의 크기가 성별로 차이가 나는 것은 여성이 공공부문의 저임금 일자리에 집중되어 있기 때문으로 설명할 수 있다.

57 Biddle and Hamermesh 1998.

58 히틀러와 나폴레옹은 매력적이지도 않고 평균 키에도 못 미쳤지만 카리스마가 있었다. 21세기에 정치인의 신체적인 외모는 사진과 텔레비전 출연으로 끊임없이 노출된다. 오늘날에도 비즈니스계의 실력자들은 화이트컬러 범죄자로 밝혀지지 않는 이상 언론에 노출되는 경우가 훨씬 적다.

59 Cohen 2009.

60 Harper 2000; Cohen 2009.

61 Cohen 2009.

62 Harper 2000.

63 Loh 1993, p.428.

64 Schick and Steckel 2010. 두 학자는 키가 5센티미터 정도만 커도 읽고 쓰는 능력과 계산 능력 점수가 더 높고, 사회적 기술은 평균 2퍼센트가 더 높다는 사실을 알아냈다. 이러한 효과는 하층계층의 가정과 중산층 가정에서 성장하는 경우만큼 크다.

65 Jeffreys 2005; Rhode 2010.

66 아마도 다이애나 왕세자비 역시 20세기 말에 영국의 왕세자인 찰스와 결혼함으로써 똑같은 종류의 명사 지위에 올랐다고 할 수 있다.

67 Cashmore 2006.

68 부정확하게 번역하면 '쇼걸'로 옮겨지는 벨리나는 이탈리아 텔레비전에서 퀴즈쇼나 토크쇼, '인포테인먼트' 프로그램을 장식하는 아름답고 섹시한 젊은 여성을 말한다. 그들은 매력 넘치게 춤을 추고 옷도 잘 입고 상당히 아름답다. 그리고 늘 젊다. 많은 이탈리아 사람들이 벨리나가 되는 것이 명성과 부를 얻을 수 있는 지름길이라고 믿기 때문에 신규 채용을 위한 전국 대회에는 많은 사람들이 참가한다.

69 Frank and Cook 1996. 사회의 경제적 불평등에 반대하는 논거는 윌킨슨, 피켓(2009) 등 다수의 저자들도 제시했다.

70   Frieze, Olson and Russell 1991; Biddle and Hamermesh 1998.

8 매력 자본의 힘

1   10년에 걸쳐 운의 요소를 다룬 리처드 와이즈먼의 연구는 스스로를 '운이 좋다고' 생각하는 사람들이 '운이 나쁘다고' 생각하는 사람들과 성격이나 스타일이 다른 경향이 있음을 보여 주었다. 실제로 운은 인생에 대한 전망에 의해 저절로 생기는 것이다. 운이 좋은 사람들은 개방적이고 자신감이 넘치고 관찰력이 예리하고 낙천적이기 때문에 나중에 유용하다고 드러날 수도 있는 '우연한 만남'을 더 많이 갖게 된다. 그들은 긍정적인 예상을 통해 자기실현적인 예언을 만들고 나쁜 운을 좋은 운으로 바꾸는 탄력성 있는 태도를 채택한다. 외모가 훌륭한 사람들이나 키가 큰 사람들의 성격이나 스타일과 일치하는 부분이 있는 듯하다. Schick and Steckel 2010 참조.

2   만약에 있다면 세 번째는 아이와 교육이다.

3   이 말은 영화배우이자 댄서인 진저 로저스가 했다. 그녀는 많은 영화에서 프레드 아스테어와 파트너가 되었는데, 그와 똑같은 춤을 춰도 그보다 적게 받았다.

4   조지프 헬러의 소설에 나오는 '캐치-22'는 아무런 변화도 일어나지 못하도록 저절로 조항이나 규칙이 바뀌는 바람에 끊임없이 저지당하거나 바람직하지 않은 결과를 가져오는 행동방침에 직면하게 되는, 결코 이길 수 없는 터무니없는 상황을 의미한다. 그의 책에서 전쟁의 광기를 이해할 수 있는 병사는 계속 전투를 할 수 있을 정도로 제정신이라고 분류되었다.

5   Ince 2005. 인스는 섹슈얼리티에 대한 서양 세계의 반감을 연구하고 그것이 가장 순진무구한 행동에 어떠한 영향을 미치고 어떻게 망쳐 놓는지 설명했다. 허시먼과 라슨(1998)은 그러한 반감이 성 활동에 대한 모든 사고와 법률을 어떻게 형성했는지 설명했다.

6   Zelizer 2005; Zelizer 1985도 참조.

7   Badinter 2006.

8   세 가지 기본적인 결혼제도는 포괄공동재산제(communauté universelle), 부부법정재산제 communauté de biens réduite aux acquêts), 재산분할제(séparation de biens)이다. 결혼 전에 각자가 갖고 있던 재산은 분리된 개인의 사적인 재산으로

취급하거나 공동의 자금으로 합칠 수 있다. 결혼 후에 획득한 재산은 대개 공동의 소유로 취급하지만, 결혼 계약에 모든 것이 개인의 소유라고 명시할 수 있다. 기본적인 결혼 계약은 개별적인 상황에 맞게 수정할 수 있으며 양측의 합의하에 결혼 후에도 바꿀 수 있다. 하지만 부부의 재정적인 합의를 자세히 설명하는 계약서가 있어야 한다. 영국이나 다른 다수의 국가에서처럼 질문을 피할 수는 없다.

9 나의 '성 경제학'은 로이 바우마이스터와 캐슬린 보(2004) 덕분에 탄생했다. 그리고 나는 성적 상호작용에 대한 그들의 선구자적인 개요를 기초로 삼았다. 하지만 성 시장에 대한 그들의 개념을 발전시키는 과정에서 역사적 증거뿐 아니라 전 세계에서 얻은 연구 자료를 기초로 삼다 보니 매우 다른 결론에 이르게 되었다. 나는 특히 결혼한 부부와 동성애 남성들이 시장에 포함되지 않기 때문에 섹스에 대한 협상이 결혼 전의 구애 단계로 제한된다는 그들의 생각에 반대한다. 나의 '성 경제학' 이론은 인생의 모든 단계와 모든 관계에 적용된다.

10 Waller 1938; Hatfield and Sprecher 1986; Baumeister and Vohs 2004, p.342.

11 드물게 나타나는 예외가 여성의 매력 자본이 높은 가치를 지닌다는 사실을 증명한다. 남자들은 대개는 서로 연관되어 있는, 대단한 재산과(이나) 사회적 지위 및 명성을 증명할 수 없다면 협상에서 우위를 차지할 가능성이 적다. 따라서 세계적으로 유명한 팝 가수와 마음 넓은 백만장자들은 매력적인 젊은 여성을 유혹하기가 쉽다.

12 Guttentag and Secord 1983.

13 Branigan 2009.

14 Glenn and Marquardt 2001.

15 린 바버의 회고록 『교육(*An Education*)』에서 알 수 있듯이, 1960년대에 영국에서 대학을 다닌 여성들의 경험에는 현저한 차이가 있다. 당시 남성은 여성보다 수적으로 크게 우세했기 때문에 매력적인 여성에 대한 수요가 상당히 높았다.

16 이것이 성비의 영향에 대한 연구가 그토록 어려워지는 주요한 요인이다. 청교도는 여러 개의 성 시장이 있다는 사실을 부인하면서 성 시장은 본질적으로 결혼에 국한된 하나의 시장만 있다고 주장한다. 현대의 변호사와 정치과학자들도 이 견해에 집착하여 매춘의 폐지를 이끌어 냈다. Hirshmann and Larson 1998 참조. 그러나 심리학자들은 단기적인 성관계와 장기적인 성관계에는 큰 차이가 있다고 확신한다. Geher and Miller 2008 참조.

17 판사이자 법학자인 리처드 포스너도 상업적인 성매매를 가리키기 위해 '현물 시
    장'이라는 용어를 사용한다. 그는 상업적인 성매매가 단기간의 간통과 다를 게 없
    다고 생각한다. 이 생각은 일찍이 칼 마르크스와 프레드리히 엥겔스가 주장했다
    가 나중에는 급진적인 페미니스트들이 채택했다.

18 일부 사회학자들은 '시장'이라는 용어가 어쨌든 연인 관계에 적합할 수 있다는 생
    각이 근거가 없다고 주장한다. 명확하고 뚜렷한 가격이 없기 때문이다. 마틴과 조
    지(Martin and George 2006), 그린(2008a)은 섹슈얼리티에 대한 시장적인 접근
    이 부적절하다고 거부하고 북미 사회의 성 하부문화에 초점을 맞추는 '현장' 접근
    방식을 선호한다. 하지만 이는 자기 민족 중심적인 관점이다. 시장은 상품(재화와
    용역)이 교환되고 물물교환되거나 거래되는 환경이다. 그것은 독신용 술집이나
    동성애 목욕탕, 인터넷 데이트 사이트, 클럽 댄스 등 참가자들이 서로 경쟁하면서
    섹스 상대를 물색하는 곳이면 어디든 될 수 있다. 모든 사람이 독특한 재능과 자
    산을 짝짓기 시장에 갖고 나오기 때문에 고정된 가격은 없다. 하지만 여전히 물물
    교환이나 교환은 이루어지며 이성애자든 동성애자든 남녀 간에 공개된 경쟁이 이
    루어진다. 명시된 가격이 얼마인가의 문제는 전적으로 문화적인 환경에 의해 결
    정된다. 공식적으로나 비공식적으로 혼인 지참금과 신부 대금 제도를 운영하는
    사회에서는 가격을 명쾌하게 제시한다. 예를 들어 일부 아프리카 부족에서는 결
    혼하지 않은 소녀의 신부 대금은 구슬 장식과 액세서리, 신부가 매일 하고 다니는
    장신구의 보석을 통해 숨김없이 지정된다.

19 예를 들면 이 실수는 포스너(Posner 1992, p.132)와 바우마이스터, 보(Baumeister
    and Vohs 2004, p.359)가 저질렀다. 결혼 상담사들이 자주 이러한 실수를 저지른다.

20 기혼자들의 데이트 사이트인 애슐리 매디슨을 설립한 노엘 비더만은 평범한 데이
    트 사이트의 남성 회원 중 3분의 1이 기혼자라는 사실을 알게 되면서 불륜을 조장
    하는 자신의 사이트를 만들었다고 말한다. 그는 충족되지 않는 니즈와 시장의 틈
    새를 알아챘으며, 그 니즈와 틈새는 그의 사이트를 비롯하여 21세기에 등장한 다
    수의 유사 사이트에 의해 채워지고 있다.

21 Hunter 2011.

22 여성이 매춘에 반대하는 것은 부분적으로 부부간의 성생활이 거의 다르지 않다
    는 잘못된 가정에 근거한다. 남편의 불륜을 아내가 반대하는 것은, 지극히 드물
    지만 일시적인 관계가 때로는 장기적인 관계로 바뀌기 때문에 매우 확실한 근거

를 갖고 있다고 할 수 있다. Hunter 2011. 진화심리학자들은 이성애 집단에서 남자들은 짧은 만남과 성적인 다양성을 훨씬 더 선호하는 반면 여성은 장기적인 관계를 선호하고 성적 다양성을 중요하게 생각하지 않는다고 주장한다. Geher and Miller 2008 참조.

23 Piscitelli 2007. 프로그라마스(programas)는 서로 사귀고 성관계를 갖는 데 대한 보수를 명확히 밝히면서도 임시로 맺는 계약이다. 벨로 크 아유다(velho que ayuda)는 젊은 여성을 금전적으로 도와주는 슈가 대디이다.

24 Cabezas 2009; Garcia 2010. 지네테리스모(Jineterismo, 기수를 뜻한다.)와 더욱 최근에 등장한 루차도라(luchadora, 투사를 뜻한다.)는 외국인 관광객에게 성행위를 포함한 여러 서비스를 제공해 주는 매춘부나 남창을 가리킨다.

25 Smith 2008.

26 Murray 1991.

27 Hoang 2010. 많은 학자들이 알게 되었듯이, 여자 친구에게 선물이나 다른 이점을 제공하는 남자와 상업적인 성매매를 구분하는 명확한 선은 없다. Druckerman 2007, pp.208, 216; Cabezas 2009.

28 Turner 2010.

29 Baumeister and Vohs 2004, p.360. 이들은 학자들 사이에 교환 과정이 있다는 사실을 인정하는 것조차 꺼려하는 경향이 있다고 지적한다.

30 Baumeister and Vohs 2004, p.264.

31 Green 2008b.

32 '이중 사고'의 개념은 조지 오웰의 역유토피아적 소설 『1984』에서 유래한다. 이는 한 사람이 모순되는 두 가지 신념을 동시에 갖고 두 신념 모두를 받아들이는 능력이다.

33 Heelas 1986.

34 가부장적인 의사가 경구 피임약을 주지 않는 일이 자주 발생하는 일본 같은 나라에서는 낙태가 여전히 산아제한의 중요한 방법으로 이용된다. Jolivet 1997 참조.

35 Hakim 2004, p.168.

36 Goldin 1990, p.60; Padavic and Reskin 2002, p.122; Hakim 2004, p.169.

37 Hakim 2004, p.169.

38 Hakim 2004. 상근직 남녀의 중간임금을 이용하면 영국의 임금격차는 10퍼센트

이지만, 국제적인 비교에서 흔히 이용되는 평균을 이용하면 16퍼센트이다. 미국의 임금격차는 1960년의 40퍼센트에서 2000년 이후에는 25~30퍼센트로 줄어들었다. Blau, Brinton and Grusky 2006, pp.41, 69; Hakim 2011 참조.

39 Hakim 2000a, 2004, 2011. 여기서 핵심적인 사실은 독신 남녀 간에는 임금격차가 없고 아이가 없는 남녀 간에도 임금격차가 없다는 점이다. 임금격차는 아이가 있는 남녀에게만 나타난다. 따라서 자녀가 있는 여성의 임금격차가 임금에서 나타나는 전체적인 성별 차이를 대체한 것이다. 더군다나 영국에서는 2010년 이후로 40세 이하의 남녀 간에 임금격차가 발생하지 않았다. 임금격차는 40세가 넘는 사람들에서만 나타난다.

40 Blau, Brinton and Grusky 2006.

41 Babcock and Laschever 2003; Hakim 2004.

42 Willsher 2010. 일부 언론 기사는 말쑥한 바니에르가 베탕쿠르를 감정적으로 유혹했다고 넌지시 비췄다. 실제로 바니에르는 동성애자로 알려져 있었고 릴리안 베탕쿠르의 남편이 2007년에 세상을 떠날 때까지 부부의 오래된 친구였다. 바니에르는 베탕쿠르 부부가 친구이자 예술 후원가로서 자신의 예술 활동을 지원해 주었음을 밝혔다. 그리고 다른 상류사회의 부부들도 자신에게 지원을 제안했다고 말했다. 결국 소송은 법정 밖에서 해결되었다.

43 페미니스트 정치이론가, 캐롤 페이트먼이 지적한 대로 이는 ‘남성의 성적 권리’이다. Pateman 1988, p.205.

44 Freedman 1986, p.115에서 인용.

45 남성 잡지의 상담 페이지에서 한 가지 예를 들어 보자. 한 젊은 남자는 여자 친구를 다루는 방법에 대해 조언을 얻기 위해 잡지에 글을 보냈다. 그는 항문성교를 원했는데, 그녀가 계속 동의를 안 해 준다는 것이었다. 그는 어떻게 여자 친구를 설득할 수 있을까? 다른 남성 독자들이 제안한 해결책은 대체로 여성이 동의해야 한다는 의견이 다수였다. 만약 여자 친구가 끝까지 거절한다면, 여자 친구를 바꿔야 한다고 조언했다. 이러한 독선적인 태도는 젊은 남성들 사이에서 아주 일찍이 나타나는 듯하다. 동료들이 내게 말하기를 12세, 13세 여학생들이 하굣길에 통학 버스 뒤에서 장난으로 한 번이 아니라 자주 남학생에게 구강섹스를 해 준다고 한다.

46 이 표현은 조지 오웰의 정치 풍자소설 『동물농장』에서 인용했다. 『동물농장』은 모두가 평등하지만 고위 관리 기능을 맡은 집단이 자신들의 뛰어난 역량을 이유

로 특권과 권력을 가져야 한다고 결정하는 사회주의 국가를 묘사하고 있다.

47 이러한 경향은 인위적으로 최저 임금을 정하는 법정최저임금에 의해서만 저지되었다.

48 Walter 2010, p.25. 월터는 10대 소녀의 절반 이상이 커서 누드모델이 되려 하고 3분의 1이 레이첼 헌터나 조던 같은 핀업 모델을 롤 모델로 생각한다는 2006년 설문조사를 지적했다.

49 Gagnon and Simon 2005; Weis 1998, pp.107~110.

50 Weis 1998, p.106.

51 사회적, 문화 자본과 같은 용어를 이렇게 실질적으로 응용하는 것은 사회계층과 사회계층 유지에 관심을 가졌던 부르디외의 생각과는 거리가 멀다. 그러나 이론과 개념은 그것의 창시자에 의해 제한받는 것이 아니라 그 자체로 생명력을 갖는다.

52 Chancer 1998, pp.82~166; Rhode 2010.

53 나는 상업적인 성 산업을 도덕적으로 정당화할 수 없으며 어느 누구도 진심으로 그 산업에 종사하려고 선택할 수 없다고 주장하는 관념적인 이론가(허시먼과 라슨(1998), 필립스(2012))들과 의견이 다르다. 대개 이러한 주장은 고정관념을 덧붙인, 상업적인 성 산업에 대한 매우 편파적인 지식에 의존한다.

54 Walkowitz 1980. 태국 매춘의 예도 적절하다.

55 Posner 1992, pp.420~429.

56 영국에서 대리모 임신에 대한 합리적인 수당은 막연히 5000파운드에서 2만 5000파운드 정도로 판단된다. 미국에서는 여성은 자신이 원하는 만큼, 시장이 부담할 수 있는 만큼 요금을 청구할 수 있다.

57 인도에서 대리모 임신을 하는 여성은 5000파운드 정도를 받을 수 있다. 이는 인도 농촌 노동자의 10년치 소득에 해당된다. 다른 모든 비용과 요금을 포함한 대리모 임신의 총 비용은 1만 5000파운드 정도이다. Smith 2010.

매력 자본 측정법

1 연구 목적과 설문조사의 특징, 사례연구, 패널 연구, 실험실 연구를 전체적으로 검토하고 싶으면 Hakim 2000b를 참조하라.

2   Udry 1984.

3   Biddle and Hamermesh 1998, pp.180~181.

4   Hatfield and Sprecher 1986, pp.282~283.

5   Rhodes and Zebrowitz 2002.

6   Hamermesh and Biddle 1994.

7   Harper 2000.

8   Harper 2000, p.782.

9   Rhodes and Zebrowitz 2002.

10   Hatfield and Sprecher 1986, pp.109~112.

11   Zetterberg 1966.

12   Zetterberg 2002, p.275.

13   Haavio-Mannila and Kontula 2003.

14   Haavio-Mannila and Kontula 2003.

15   Kontula and Haavio-Mannila 1995, pp.179~183; Haavio- Mannila and Kontula 2003도 참조.

16   Kontula and Haavio-Mannila 1995, pp.179~182.

17   Cohen, Wilk and Stoeltje 1996.

18   Cohen, Wilk and Stoeltje 1996.

19   Cohen, Wilk and Stoeltje 1996.

20   Langlois 외 2000, p.397.

21   Feingold 1992, p.312.

22   실험실 연구와 자연적 실험의 주요한 목적은 전형적인 서술을 제시하는 것이 아니라 인과관계의 과정을 확인하는 것이다. Hakim 2000b 참조.

23   Holmes 1995.

24   Geher and Miller 2008, p.127.

25   Kihlstrom and Cantor 2000; Mayer, Salovey and Caruso 2000; Brackett 외 2006; Geher and Miller 2008, pp.16~19, 263~282.

26   코호트 연구의 상세한 내용은 www.cls.ioe.ac.ul에서 이용할 수 있다.

27   Hilpern 2010.

28   Lewis 2010.

29 Langlois 외 2000, p.402.

21세기 성 조사 보고서

1 Janus and Janus 1993; Laumann 외 1994; Laumann and Michael 2001.

2 Lindau 외 2007.

3 Zetterberg 2002; Lewin 2000. 가장 최근의 스웨덴 보고서에는 노르웨이 성 설문
조사와 비교한 내용이 포함되어 있다.

4 Kontula and Haavio-Mannila 1995; Haavio-Mannila and Rotkirch 1997, 2000;
Haavio-Mannila 외 2001, 2002; Kontula 2009.

5 Kontula 2009.

6 Johnson 외 1994; Wellings 외 1994. 첫 번째 설문조사만 책자 정도 길이의 보고서
로 발표되었다. 뒤이은 설문조사의 결과는 의학학술지에 발표되었다.

7 Simon 외 1972; Spira and Bajos 1993; Groupe ACSF 1998; Bajos 외 1998;
Hubert, Bajos and Sandfort 1998; Mossuz-Lavau 2002.

8 설문조사는 규모, 샘플 추출, 초점에서 서로 다르다. 이탈리아는 Vaccaro 2003을
참조하고 스페인은 Malo de Molina 1992를 참조하고 체코슬로바키아는 Raboch
and Raboch 1989를 참조하라. 독일, 네덜란드, 노르웨이의 설문조사 결과는
Hubert, Bajos and Sandfort 1998에 요약되어 있다. 실제로 일본에서 성에 대한
전국적인 설문조사가 이루어진 적은 없어 보이지만, 일본은 Lafayette de Mente
2006에서 다루었다. 러시아의 조사 결과와 연구는 Kon 1995에 의해 보고되었다.

9 Liu 외 1997.

10 Richters and Rissel 2005.

11 Hubert, Bajos and Sandfort 1998.

12 Thompson 1983; Hubert, Bajos and Sandfort 1998; contributors to Eder, Hall
and Hekma 1999; Fennel in Zetterberg 2002, pp.1~79; Hunter 2011.

13 Laumann 외 2006.

14 Dennerstein 외 2006; Leiblum 외 2006.

15 Mulhall 외 2008.

16 Hubert, Bajos and Sandfort 1998. 이들은 유럽 11개국에서 이루어진 설문조사 결

과를 종합하고 검토한 가장 중요한 내용을 제공했다. 비유럽국의 설문조사는 당
연히 제외되었고 1996년의 스웨덴 조사도 포함되지 않았다.

참고문헌

Agustin, L. M. (2007), *Sex at the Margins: Migration, Labour Markets and the Rescue Industry*, London: Zed Books

Ali, L. and Miller, L. (2004), 'The secret lives of wives', *Newsweek*, 12 July 2004

Allison, A. (1994), *Nightwork: Sexuality, Pleasure, and Corporate Masculinity in a Tokyo Hostess Club*, Chicago: University of Chicago Press

Almond, G. and Verba, S. (1963), *The Civic Culture: Political Attitudes and Democracy in Five Nations*, Princeton, NJ: Princeton University Press

Alwis, A. P. (2007), *Three Tales of Celibate Marriage*, Cambridge: CUP

Andersen, R., Grabb, E. and Curtis, J. (2006), 'Trends in civic association activity in four democracies: the special case of women in the United States', *American Sociological Review*, 71: 376–400

Anonymous (2006), *A Woman in Berlin*, London: Virago

Arden, R. and Plomin, R. (2006), 'Sex differences in variance of intelligence across childhood', *Personality and Individual Differences*, 41: 39–48

Arndt, B. (2009), *The Sex Diaries: Why Women Go Off Sex and Other Bedroom Battles*, London: Hamlyn

Atkins, D. C., Baucom D. H. and Jacobson, N. S. (2001), 'Understanding infidelity: correlates in a national random sample', *Journal of Family Psychology*, 15: 735–49

Attwood, F. (2006), 'Sexed up: theorising the sexualisation of culture', *Sexualities*, 9: 77–94

Averett, S. and Korenman, S. (1996), 'The economic reality of The Beauty Myth', *Journal of Human Resources*, 31: 304–30

Axelrod, R. (1984), *The Evolution of Cooperation*, New York: Basic Books

Babcock, L. and Laschever, S. (2003), *Women Don't Ask: Negotiation and the Gender Divide*, Princeton, NJ: Princeton University Press

Badinter, E. (2003/2006), *Dead-End Feminism (Fausse Route)*, Cambridge: Polity Press

Baehr, P. (2008), Caesarism, *Charisma and Fate*, New Brunswick, NJ: Transaction Publishers

Bajos, N., Bozon, M., Ferrand, A., Giami, A. and Spira, A. (1998), *La Sexualite aux Temps du SIDA*, Paris: Presses Universitaires de France

Bajos, H. M. and Sandford, T. (1998), *Sexual Behaviour and HIV/AIDS in Europe*, London: Routledge

Banyard, K. (2010), *The Equality Illusion*, London: Faber and Faber

Barber, L. (2009), *An Education*, London: Penguin

Barnes, H. C. (2005), *Affair! How to Have Your Cake and Eat It*, London: Metro

Barry, K. L. (1984), *Female Sexual Slavery*, New York: New York University Press

Barry, K. L. (1995), *Prostitution of Sexuality*, New York: New York University Press

Bartsky, S. (1990), 'Narcissism, femininity, and alienation', in *Femininity and Domination*, New York: Routledge

Bataille, G. (1986), Eroticism, trans. M. Dalwood, San Francisco, CA: City Lights Books. Previously published in 1957, in French, as *Erotisme*, Paris: Editions de Minuit

Baumeister, R. F., Catanese, K. R. and Vohs, K. D. (2001), 'Is there a gender difference in strength of sex drive? Theoretical views, conceptual distinctions, and a review of relevant evidence', *Personality and Social Psychology Review*, 5: 242–73

Baumeister, R. F. and Tice, D. M. (2001), *The Social Dimension of Sex*, Boston and London: Allyn and Bacon

Baumeister, R. F. and Twenge, J. M. (2002), 'Cultural suppression of female sexuality', *Review of General Psychology*, 6: 166–203

Baumeister, R. F. and Vohs, K. D. (2004), 'Sexual economics', *Personality and Social Psychology Review*, 8: 339–63

Beauvoir, S. de (1949/1976), *The Second Sex*, trans. and ed. H. M. Parshley, Harmondsworth: Penguin

Beck, U. and Beck-Gernsheim, E. (1995), *The Normal Chaos of Love*, trans. M. Ritter and J. Weibel, Cambridge: Polity Press

Becker, G. S. (1993), *Human Capital*, 3rd edn, London: University of Chicago Press

Beckwith, C. and Fisher, A. (2010), *Faces of Africa: Thirty Years of Photography*, Washington DC: National Geographic

Belle de Jour (2005/2006), *The Intimate Adventures of a London Call Girl and The Further Adventures of a London Call Girl*, London: Phoenix

Bengis, I. (1973), *Combat in the Erogenous Zone: Writings on Love, Hate and Sex*, London: Wildwood Press

Ben-Ze'ev, A. (2004), *Love Online: Emotions on the Internet*, Cambridge: Cambridge University Press

Bergner, D. (2009), *The Other Side of Desire: Four Journeys into the Far Realms of Lust and Longing*, London: Allen Lane

Bergstrom-Walan, M. B. and Nielsen, H. H. (1990), 'Sexual expression among 60–0-year-old men and women: a sample from Stockholm, Sweden', *Journal of Sex Research*, 27: 289–95

Berry, B. (2007), *Beauty Bias: Discrimination and Social Power*, Westport, CT: Praeger

Berry, B. (2008), *The Power of Looks: Sexual Stratifi cation of Physical Appearance*, Aldershot: Ashgate

Berscheid, E. and Hatfield, E. (1978), *Interpersonal Attraction*, 2nd edn, Reading, MA: Addison-Wesley

Berscheid, E. and Walster, E. (1974), 'Physical attractiveness', pp. 157–215 in Advances in

Experimental Social Psychology, vol. 7, ed. L. Berkowitz, New York: Academic Press

Biddle, J. E. and Hamermesh, D. S. (1998), 'Beauty, productivity, and discrimination: lawyers' looks and lucre', *Journal of Labor Economics*, 16: 172–201

Bischof, G., Pelinka, A. and Herzog, D. (eds.) (2007), *Sexuality in Austria*, Contemporary Austrian Studies, vol. 15, New Brunswick, NJ and London: Transaction Publishers

Black, P. (2004), *The Beauty Industry: Gender, Culture, Pleasure*, London: Routledge

Blackburn, S. (2004), *Lust*, Oxford: Oxford University Press

Blaikie, T. (2005), *Blaikie's Guide to Modern Manners*, London: Fourth Estate

Blanchfl ower, D. and Oswald, A. (2004), 'Money, sex and happiness', *Scandinavian Journal of Economics*, 106(3): 393–415

Blau, F. D., Brinton, M. C. and Grusky, D. B. (eds.) (2006), *The Declining Signifi cance of Gender?*, New York: Russell Sage Foundation

Bloom, A. (1987), *The Closing of the American Mind*, New York: Simon & Schuster

Bolton, S. (2005), *Emotion Management in the Workplace*, Basingstoke: Palgrave–Macmillan

Bolton, S. and Boyd C. (2003), 'Trolley dolly or skilled emotion manager? Moving on from Hochschild's Managed Heart', *Work, Employment and Society*, 17: 289–308

Bourdieu, P. (1986), 'The forms of capital', pp.241–8 in *Handbook of Theory and Research for the Sociology of Education*, ed. J. G. Richardson, New York: Greenwood Press. Reprinted pp.46–8 in A. H. Halsey, H. Lauder, P. Brown and A. S. Wells (eds.) (1997), *Education: Culture, Economy and Society*, Oxford: Oxford University Press

Bourdieu, P. (1998), *La Domination Masculine*, Paris: Seuil

Bourdieu, P. and Wacquant, L. J. D. (1992), *An Invitation to Refl exive Sociology*, Cambridge: Polity Press

Brackett, M. A., Rivers, S. E., Shiffman, S., Lerner, N. and Salovey, P.(2006), 'Relating emotional abilities to social functioning: a comparison of performance and self-report measures of emotional intelligence', *Journal of Personality and Social Psychology*, 91: 780–95

Brame, G. (2001), *Come Hither! A Commonsense Guide to Kinky Sex*, London: Fusion Press

Brand, P. Z. (ed.) (2000), *Beauty Matters*, Bloomington, IN: Indiana University Press

Brandon, M. (2008), *Swinging: Games Your Neighbours Play*, London: HarperCollins Friday Books

Branigan T. (2009), 'New freedoms, new problems in the nation of lonely hearts', *Guardian*, 20 May 2009

Braziel, J. E. and LeBesco, K. (2001), *Bodies Out of Bounds: Fatness and Transgression*, Berkeley, CA: University of California Press

Bribosia, E. and Rorive, I. (2010), *In Search of a Balance Between the Right to Equality and Other Fundamental Rights*, European Network of Legal Experts in the Non-Discrimination Field, Luxembourg: Publication Office of the European Union

Brinkgreve, C. (2004), 'Elias on gender relations: the changing balance of power between the sexes', pp.142–54 in S. Loyal and S. Quilley(eds.), *The Sociology of Norbert Elias*, Cambridge: Cambridge University Press

Brooks, S. (2010), *Unequal Desires; Race and Erotic Capital in the Stripping Industry*, New York: SUNY Press

Brown, L. (2005), *The Dancing Girls of Lucknow*, New York: Fourth Estate

Brown, L. (2007), 'Performance, status and hybridity in a Pakistani red-light district: the cultural production of the courtesan', *Sexualities*, 10: 409–23

Browne, J. (ed.) (2007), *The Future of Gender*, Cambridge: Cambridge University Press

Brownell, K. D. (ed.) (2005), *Weight Bias*, New York: Guilford Press

Brownmiller, S. (1977), *Against Our Will: Men, Women and Rape*, Harmondsworth: Penguin

Bryman, A. (1992), *Charisma: Leadership in Organisations*, London: Sage

Bryson, V. (1992), *Feminist Political Theory*, London: Macmillan.

Buss, D. M. (1989), 'Sex differences in human mate preferences: evolutionary hypotheses tested in 37 cultures', *Behavioural and Brain Sciences*, 12: 1–49

Buss, D. M. (1994), *The Evolution of Desire: Strategies of Human Mating*, New York: Basic Books

Buston, P. M. and Emlen, S. T. (2003), 'Cognitive processes underlying human mate choice: the relation between self-perception and mate preference in Western society', *Proceedings of the National Academy of Science USA*, 100: 8805–10

Butler, J. (1990), *Gender Trouble: Feminism and the Subversion of Identity*, New York: Routledge

Butler, J. (1993), *Bodies That Matter*, Routledge

Buunk, B. (1980), 'Extramarital sex in the Netherlands: motivation in social and marital context', *Alternative Lifestyles*, 3: 11–39

Cabezas, A. L. (2009), *Economies of Desire: Sex and Tourism in Cuba and the Dominican Republic*, Philadelphia, PA: Temple University Press

Callaghan, K. A. (ed.) (1994), *Ideals of Feminine Beauty: Philosophical, Social and Cultural Dimensions*, Westport CT: Greenwood Press

Cameron, S. (2002), 'The economics of partner out-trading in sexual markets', *Journal of Bioeconomics*, 4: 195–222

Campbell, A. (2002), *A Mind of Her Own*, Oxford: Oxford University Press

Campbell, R. T. (1979), 'The relationship between children's perceptions of ability and perceptions of physical attractiveness: comment on Felson and Bohrnstedt's Are the good beautiful or the beautiful good?', *Social Psychology Quarterly*, 42: 393–8

Caplan, P. (ed.) (1987), *The Cultural Construction of Sexuality*, London: Routledge

Casey, R. J. and Ritter, J. M. (1996), 'How infant appearance informs: child care providers' responses to babies varying in appearance of age and attractiveness', *Journal of Applied Developmental Psychology*, 17: 495–518

Cashmore, E. (2006), *Celebrity Culture*, Abingdon: Routledge

Chadwick, B. A. and Heaton, T. B. (eds.) (1999), *Statistical Handbook on the American Family*, 2nd edn, Phoenix, AZ: Oryx Press

Chancer, L. S. (1998), *Reconcilable Differences: Confronting Beauty, ornography and the Future of Feminism*, Berkeley, CA: University of California Press

Chaplin, S. (2007), *Japanese Love Hotels: A Cultural History*, Abingdon: Routledge

Clark, R. D. and Hatfield, E. (1989), 'Gender differences in receptivity to sexual offers', *Journal of Psychology and Human Sexuality*, 2: 39–55

Cohen, A. (2009), *The Tall Book: A Celebration of Life on High*, New York: Bloomsbury and Barnes & Noble

Cohen, C. B., Wilk, R. and Stoeltje, B. (eds.) (1996), *Beauty Queens on the Global Stage:*

Gender, Contests and Power, New York and London: Routledge

Cole, J. (1999), *After the Affair: How to Build Trust and Love Again*, London: Vermilion

Coleman, J. C. (1988), 'Social capital in the creation of human capital', *American Journal of Sociology*, 94: S95–S120

Coleman, J. S. (1961), *The Adolescent Society*, New York: Free Press

Connolly, P. S. (2010), 'Sexual healing', *Guardian*, 2 April 2010

Constable, N. (2003), *Romance on a Global Stage*, Berkeley, CA: University of California Press

Cooper, C. (1998), *Fat and Proud: The Politics of Size*, London: Women's Press

Copas, A. J. et al (2002), 'The accuracy of reported sensitive sexual behaviour in Britain: exploring the extent of change 1990–2000, *Sexually Transmitted Infections*, 78 (1): 26–30

Coppock, V., Haydon, D. and Richter, I. (1995), *The Illusions of Post-Feminism: New Women, Old Myths*, Washington DC: Taylor & Francis

Cornwall, A. and Lindisfarne, N. (eds.) (1993), *Dislocating Masculinities: Comparative Ethnographies*, London: Routledge

Crawford, M. and Popp, D. (2003), 'Sexual double standards: a review and methodological critique of two decades of research', *Journal of Sex Research*, 40: 13–26

Croydon, H. (2011), *Sugar Daddy Diaries*, London: Mainstream Publishing

Cruickshank, D. (2009), *The Secret History of Georgian London*, London: Random House

Dalby, L. C. (1983), *Geisha*, Berkeley, CA: University of California Press

Dallos, S. and Dallos, R. (1997), *Couples, Sex and Power: The Politics of Desire*, Buckingham: Open University Press

Davies, L. (1996), *Feminism after Post-Feminism*, Nottingham: Spokesman for European Labour Forum

Davies, P. J. (2010), 'When star power hits the rough', *Financial Times*, 8 April 2010

Davis, J. A. and Smith, T. W. (1996), *General Social Surveys 1972–1996: Cumulative Codebook*, Chicago, IL: National Opinion Research Centre

Davis, K. (1995), *Reshaping the Female Body: The Dilemma of Cosmetic Surgery*, New York: Routledge

Davis, R. (2011), 'Flexible working', *Guardian Education Supplement*, 15 February 2011

Deary, I. J. et al (2003), 'Population sex differences in IQ at age 11: the Scottish mental survey of 1932', *Intelligence*, 31: 533–42

Dennerstein, L., Koochaki, P., Barton, I., Graziottin, A. (2006), 'Hypoactive sexual desire disorder in menopausal women: a survey of Western European women', *Journal of Sexual Medicine*, 3: 212–22

Denny, K. (2008), 'Beauty and intelligence may –or may not –be related', *Intelligence*, 36: 616–68

Dipboye, R. L., Arvey, R. D. and Terpstra, D. E. (1977), 'Sex and physical attractiveness of raters and applicants as determinants of resume evaluations', *Journal of Applied Psychology*, 62: 288–94

Dollinger, S. J. (2002), 'Physical attractiveness, social connectedness, and individuality: an autophotographic study', *Journal of Social Psychology*, 142(1): 25–32

Donegan, L. (2009), 'From $100m man to nowhere man', *Guardian*, 11 December 2009

Donnelly, D. A. (1993), 'Sexually inactive marriages', *The Journal of Sex Research*, 30(2): 171–9

Downer, L. (2000), *Geisha: The Secret History of a Vanishing World*, New York: Broadway; London: Headline

Druckerman, P. (2007), *Lust in Translation: The Rules of Infi delity from Tokyo to Tennessee*, New York: Penguin Press

Duffy, S. (2010), *Theodora: Actress, Empress, Whore*, London: Virago

Duras, M. (1984), *L'Amant*, Paris: Les Editions de Minuit

Dworkin, A. (1981), *Pornography: Men Possessing Women*, New York: Perigree Books

Dworkin, A. (1987), *Intercourse*, London: Secker & Warburg

Eagly, A. H. (1995), 'The science and politics of comparing women and men', *American Psychologist*, 50: 145–58 (with comments by Hyde and Plant, Marecek, and Buss, and response by Eagly, pp.159–71)

Earle, S. and Sharp, K. (2007), *Sex in Cyberspace: Men Who Pay for Sex*, Aldershot: Ashgate

Eder, F. X, Hall, L. A. and Hekma, G. (eds.) (1999), *Sexual Cultures in Europe*, Manchester: Manchester University Press

Ehrenreich, B. (1984), *The Hearts of Men: American Dreams and the Flight from Commitment*, Garden City, NY: Anchor Press

Ehrenreich, B. and Hochschild, A. (2004), *Global Women: Nannies, Maids and Sex Workers in the New Economy*, New York: Metropolitan/Owl Books

Eigen, M. (2006), *Lust*, Middletown, CT: Wesleyan University Press

Elder, G. H. (1969), 'Appearance and education in marriage mobility', *American Sociological Review*, 34: 519–33

Elias, N. (1937/1994), *The Civilising Process: The History of Manners and State Formation and Civilization*, Oxford: Blackwell

England, P. and Folbre, N. (1999), 'The cost of caring' in R. J. Steinberg and D. M. Figart (eds.), *Emotional Labor in the Service Economy special issue of Annals of the American Academy of Political and Social Science*, 561: 39–51

Ericksen, J. A. with Steffen, S. A. (1999), *Kiss and Tell: Surveying Sex in the Twentieth Century*, Cambridge, MA: Harvard University Press

Erikson, R. and Goldthorpe, J. H. (1993), *The Constant Flux*, Oxford: Clarendon Press

Etcoff, N. (1999), *Survival of the Prettiest: The Science of Beauty*, London: Little Brown

Evans, M. (2003), *Gender and Social Theory*, Buckingham: Open University Press

Fair, R. (1978), 'A theory of extramarital affairs', *Journal of Political Economy*, 86: 45–61

Fanshawe, S. (2005), *The Done Thing*, London: Century

Faraone, C. A. and McClure, L. K. (2006), *Prostitutes and Courtesans in the Ancient World*, Madison, WI: University of Wisconsin Press

Farrer, J. (2010), 'A foreign adventurer's paradise? Interracial sexuality and alien sexual capital in reform era Shanghai', *Sexualities*, 13: 69–95

Fassin, E. (2006), 'The rise and fall of sexual politics in the public sphere: a transatlantic contrast', *Public Culture*, 18: 79–92

Feeley, M. and Little, D. (1991), 'The vanishing female: the decline of women in the criminal process 1687–912', *Law and Society Review*, 25: 719–57

Fein, E. and Schneider, S. (2000), *The Complete Book of Rules: Time-Tested Secrets for Capturing the Heart of Mr Right*, London: HarperCollins

Feingold, A. (1988), 'Matching for attractiveness in romantic partners and same-sex friends –a meta-analysis', *Psychological Bulletin*, 104: 226–35

Feingold, A. (1992), 'Good-looking people are not what we think', *Psychological Bulletin*, 111: 304–41

Felson, R. B. and Bohrnstedt, G. W. (1979), 'Are the good beautiful or the beautiful good? The relationship between children's perceptions of ability and perceptions of physical attractiveness', *Social Psychology Quarterly*, 42: 386–92

Ferriman, K., Lubinski, D. and Benbow, C. P. (2009), 'Work preferences, life values, and personal views of top math/science graduate students and the profoundly gifted: developmental changes and gender differences during emerging adulthood and parenthood', *Journal of Personality and Social Psychology*, 97: 517–32

Finch, J. (1983), *Married to the Job*, London: Allen & Unwin

Fine, C. (2010), *Delusions of Gender: The Real Science behind Sex Differences*, London: Icon Books

Fisher, H. (1992), *Anatomy of Love: The Natural History of Monogamy, Adultery and Divorce*, New York: Norton

Fitzpatrick, R. (2010), 'I feel a bit like the antichrist', *Guardian*, 3 December 2010

Fletcher, J. G. O., Simpson, J. A., Thomas, G. and Giles, L. (1999), 'Ideals in intimate relationships', *Journal of Personality and Social Psychology*, 76: 72–89

Floor, W. M. (2008), *A Social History of Sexual Relations in Iran*, washington DC: Mage Publications

Flowers, A. (1998), *The Fantasy Factory: An Insider's View of the Phone Sex Industry*, Philadelphia, PA: University of Pennsylvania Press

Franck, M. (2006), *Voyage au Bout du Sexe: Trafics et Tourisme Sexuels en Asie et Ailleurs*, Quebec: Presses de l'Universite Laval

Frank, K. (2002), *G-Strings and Sympathy: Strip Club Regulars and Male Desire*, Durham, NC: Duke University Press

Frank, R. H. and Cook, P. J. (1996), *The Winner-Take-All Society: Why the Few at the Top Get So Much More Than the Rest of Us*, New York: Penguin

Fredman, S. (1997), *Women and the Law*, Oxford: Clarendon Press

Freedman, R. (1986), *Beauty Bound*, Lanham, MD: Lexington Books

French, D. (1990), *Working*, London: Victor Gollancz

Frieze, I. H., Olson, J. E. and Russell, J. (1991), 'Attractiveness and income for men and women in management', *Journal of Applied Social Psychology*, 21, 13: 1039–57

Frost, L. (1999), 'Doing looks', pp.117–6 in J. Arthurs and J. Grimshaw(eds.). *Women's Bodies*, New York: Cassell

Gagnon, J. H. and Simon, W. (2005), *Sexual Conduct: The Social Sources of Human Sexuality*, 2nd edn, New Brunswick, NJ: Aldine

Gambetta, D. (1993), *The Sicilian Mafia*, Cambridge, MA: Harvard University Press

Garcia, A. (2010), 'Continuous moral economies: the state regulation of bodies and sex work in Cuba', *Sexualities*, 13: 171–96

Gardner, H. (1983), *Frames of Mind: The Theory of Multiple Intelligences*, London: Paladin

Geher, G. and Miller, G. (eds.) (2008), *Mating Intelligence: Sex, Relationships, and the Mind's Reproductive System*, New York: Lawrence Erlbaum

Gentleman, A. (2010), 'Women for sale', *Guardian*, 11 September 2010

Genz, S. (2009), *Postfeminism: Cultural Texts and Theories*, Edinburgh: Edinburgh University Press

Gerhards, J. (2010), 'Non-discrimination towards homosexuality: the European Union's policy and citizens' attitudes towards homosexuality in 27 European countries', *International Sociology*, 25: 5–28

Ghodsee, K. (2004), 'Feminism-by-design: emerging capitalisms, cultural feminism, and women's nongovernmental organisations in postsocialist eastern Europe', *Signs*, 29: 727–53

Giddens, A. (1991), *Modernity and Self-Identity*, Cambridge: Polity Press

Giddens, A. (1992), *The Transformation of Intimacy: Sexuality, Love and Eroticism in Modern Societies*, Cambridge: Polity Press

Gilfoyle, T. (1994), *City of Eros: New York City, Prostitution and the Commercialisation of Sex 1790–1920*, New York: Norton

Giovanni, J. de (2009), 'We will teach you to make love again', *Guardian G2*, 26 March 2009

Giovanni, J. de (2011), 'Sleeves up, ready to work', Guardian G2, 14 January 2011

Glass, S. P. and Wright, T. L. (1992), 'Justifi cations for extramarital relationships: the association between attitudes, behaviors and gender', *Journal of Sex Research*, 29: 361–85

Glenn, N. and Marquardt, E. (2001), *Hooking Up, Hanging Out and Hoping for Mr Right: College Women on Dating and Mating Today*, New York: Institute for American Values

Glenn, N., Ross, A. A. and Tully, J. C. (1974), 'Patterns of intergenerational mobility of females through marriage', *American Sociological Review*, 39: 683–99

Goldin, C. (1990), *Understanding the Gender Gap*, New York: Oxford University Press

Goldin, C. and Katz, L. F. (2002), 'The power of the pill: oral contraceptives and women's career and marriage decisions', *Journal of Political Economy*, 110: 730–70

Goleman, D. (1995), *Emotional Intelligence*, New York: Bantam Books

Grazia, V. de and Furlough, E. (1996), *The Sex of Things: Gender and Consumption in Historical Perspective*, Berkeley, CA: University of California Press

Green, A. I. (2008a), 'The social organisation of desire: the sexual fields approach', *Sociological Theory*, 26: 25–50

Green, A. I. (2008b), 'Health and sexual status in an urban gay enclave: an application of the stress process model', *Journal of Health and Social Behaviour*, 49: 436–51

Green, B. L., Lee, R. R. and Lustig, N. (1974), 'Conscious and unconscious factors in marital infidelity', *Medical Aspects of Human Sexuality*, pp.87–105

Griffin, V. (1999), *The Mistress: Histories, Myths and Interpretations of the 'Other Woman'*, London: Bloomsbury

Griffiths, N. and Davidson, J. (2006), 'The effects of concert dress and physical appearance on perceptions of female solo performance', paper presented at 9th International Conference on Music Perception and Cognition, Bologna, August 2006

Groupe ACSF (1998), *Comportements Sexuels et Sida en France: Les Donnees de l'Enquete ACSF*, Paris: INSERM

Gurley-Brown, H. (1962/2003), *Sex and the Single Girl*, New York: Random House

Guttentag, M. and Secord, P. F. (1983), *Too Many Women? The Sex Ratio Question*, Beverly Hills, CA: Sage

Guttman, A. (1996), *The Erotic in Sports*, New York: Columbia University Press

Haavio-Mannila, E. and Kontula, O. (2003), *Sexual Trends in the Baltic Sea Area*, Helsinki: Population Research Institute, Family Federation of Finland

Haavio-Mannila, E. and Rotkirch, A. (1997), 'Generational and gender differences in sexual life in St Petersburg and urban Finland', pp.133–60 in *Yearbook of Population Research in Finland*, no. 34, Helsinki: Population Research Institute

Haavio-Mannila, E. and Rotkirch, A. (2000), 'Gender liberalisation and polarisation: comparing sexuality in St Petersburg, Finland and Sweden', *The Finnish Review of East European Studies*, 3–4: 4–25

Haavio-Mannila, E., Rotkirch, A. and Kuusi, E. (2001), *Trends in Sexual Life Measured by National Sex Surveys in Finland in 1971, 1992 and 1999, and a Comparison Sex Survey in St Petersburg in 1996*, Working Paper E10 for the Family Federation of Finland, Helsinki: Population Research Institute

Haavio-Mannila, E., Kontula, O. and Rotkirch, A. (2002), *Sexual Lifestyles in the Twentieth Century: A Research Study*, New York: Palgrave Macmillan

Haiken, E. (1997), *Venus Envy: A History of Cosmetic Surgery*, Baltimore, MD: Johns Hopkins Press

Hakim, C. (1995), 'Five feminist myths about women's employment', *British Journal of Sociology*, 46: 429–55

Hakim, C. (2000a), *Work-Lifestyle Choices in the 21st Century*, Oxford: Oxford University Press

Hakim, C. (2000b), *Research Design*, London: Routledge

Hakim, C. (2004), *Key Issues in Women's Work*, London: Glasshouse Press

Hakim, C. (2006), 'Women, careers, and work-life preferences', *British Journal of Guidance and Counselling*, 34: 279–94

Hakim, C. (2008), 'Is gender equality legislation becoming counterproductive?', *Public Policy Research*, 15: 133–6

Hakim, C. (2010a), 'Attractive forces at work', *Times Higher Education*, no. 1950, 3–9 June 2010, pp.36–41

Hakim, C. (2010b), 'Erotic capital', *European Sociological Review*, 26(5): 499–518

Hakim, C. (2011), *Feminist Myths and Magic Medicine*, London: Centre for Policy Studies

Hall, N. (2010), 'French Assembly votes by big majority to ban fullface veil', *Financial Times*, 14 July 2010

Halper, J. (1988), *Quiet Desperation: The Truth About Successful Men*, New York: Warner Books

Hamermesh, D. S. and Biddle, J. E. (1994), 'Beauty and the labor market', *American Economic Review*, 84: 1174–94

Hansen, G. E. (2002), *The Culture of Strangers: Globalization, Localization and the Phenomenon of Exchange*, New York: University Press of America

Harkness, S. (2008), 'The household division of labour: changes in families' allocation of paid and unpaid work', pp.234–68 in J. Scott, S. Dex and H. Joshi (eds.), *Women and Employment*, Cheltenham: Edward Elgar

Harper, B. (2000), 'Beauty, stature and the labour market: a British cohort study', *Oxford Bulletin of Economics and Statistics*, 62: 771–800

Harris, J. (1985), *The Value of Life*, London: Routledge

Harris, J. (1992), *Wonderwoman and Superman*, Oxford: Oxford University Press

Harris, J. (1998), *The Future of Human Reproduction*, Oxford: Clarendon Press

Hatfield, E. and Rapson, R. L. (2005), *Love and Sex: Cross-cultural Perspectives*, Lanham, MD: University Press of America

Hatfield, E. and Sprecher, S. (1986), *Mirror, Mirror··· The Importance of Looks in Everyday Life*, New York: State University of New York Press

Hatfield, E., Traupmann, J. and Walster, G. W. (1979), 'Equity and extramarital sex', pp.309–22 in M. Cook and G. Wilson (eds.), *Love and Attraction*, Oxford: Pergamon Press

Hausbeck, K. and Brents, B. G. (2000), 'Inside Nevada's brothel industry', in R. Weitzer (ed.), *Sex for Sale*, New York: Routledge

Heelas, P. (1986), 'Emotion talk across cultures', pp.234–66 in R.

Harre (ed.), *The Social Construction of Emotions*, Oxford: Blackwell

Hefner, H. (2010), *Hugh Hefner's Playboy 1953–1979*, Los Angeles: Taschen

Heilman, M. E. and Saruwatari, L. R. (1979), 'When is beauty beastly: the effects of appearance and sex on evaluations of job applicants for managerial and nonmanagerial jobs', *Organizational Behaviour and Human Performance*, 23: 360–72

Heller, J. (1961), *Catch-22*, London: Corgi

Henrich, J., Heine, S. J. and Norenzayan, A. (2010), 'The WEIRDest people in the world', Nature, 466 (7302): 29 and *Behavioural and Brain Sciences*, 2010, 33: 61–135

Herbenick, D. et al (2010), 'The National Survey of Sexual Health and Behaviour', *Journal of Sexual Medicine*, special issue, 5: 788–95

Hess, H. (1998), *Mafia and Mafiosi*, trans. Ewald Osers, London: C. Hurst & Co.

Hilpern, K. (2010), 'Most likely to be hip and hilarious', *Guardian*, 18 May 2010

Himmelweit, S. (1999), 'Caring labor', *The Annals of the American Academy of Political and Social Science*, 561: 27–38

Hirshman, L. R. and Larson, J. E. (1998), Hard Bargains: *The Politics of Sex*, New York: Oxford University Press

Hoang, K. K. (2010), 'Economies of emotion, familiarity, fantasy and desire: emotional labour in Ho Chi Minh City's sex industry', *Sexualities*, 13: 255–72

Hochschild, A. R. (1975), 'The sociology of feelings and emotions', pp.280–307 in M. Millman and R. M. Kanter (eds.), *Another Voice*, Garden City, NY: Doubleday

Hochschild, A. R. (1983/2003), *The Managed Heart: Commercialization of Human Feeling*, Berkeley, CA: University of California Press

Hochschild, A. R. (1990a), *The Second Shift: Working Parents and the Revolution at Home*, London: Piatkus

Hochschild, A. R. (1990b), 'Ideology and emotion management: a perspective and a path for future research', pp.117–42 in T. D. Kemper (ed.), *Research Agendas in the Sociology of Emotions*, Albany, NY: State University of New York Press

Hochschild, A. R. (1997), *The Time Bind*, New York: Metropolitan Books

Holmes, J. (1995), *Women Men and Politeness*, Harlow: Longman

Holzman, H. R. and Pines, S. (1982), 'Buying sex: the phenomenology of being a john', *Deviant Behaviour*, 4: 89–116

Home Office (2008), *Tackling the Demand for Prostitution: A Review*, online report

Hopfl, H. (1999), '*Suaviter in modo, fortiter in re*: appearance, reality and the early Jesuits', in S. Linstead and H. Hopfl (eds.), *Aesthetics of Organisation*, London: Sage

Hubert, M., Bajos, N. and Sandfort, T. (eds.) (1998), *Sexual Behaviour and HIV/AIDS in Europe*, London and New York: Routledge

Hunt, A. (1996), *Governance of the Consuming Passions: A History of Sumptuary Law*, Basingstoke: Macmillan

Hunter, A. S. (2011), *The Rules of the Affair: Internet Dating, Modern Affairs and Erotic Power*, London: Gibson Square

Hyde, J. S. (1996), 'Where are the gender differences? Where are the gender similarities?', pp.107–18 in D. M. Buss and N. M. Malamuth(eds.), *Sex, Power, Conflict*, New York: Oxford University Press

Hyde, J. S. (2005), 'The gender similarities hypothesis', *American Psychologist*, 60: 581–92

Ince, J. (2005), *The Politics of Lust*, Amherst, NY: Prometheus Books

Income Data Services (2001), *Corporate Clothing and Dress Codes*, London: Income Data Services

Industrial Relations Services (2000), *Dressed to Impress*, Employment Trends, 693: 4–6

Inglehart, R. (1977), *The Silent Revolution: Changing Values and Political Styles*, Princeton, NJ: Princeton University Press

Inglehart, R. (1990), *Culture Shift in Advanced Industrial Society*, Princeton, NJ: Princeton University Press

Inglehart, R. (1997), *Modernization and Postmodernization: Cultural, Economic, and Political Change in 43 Societies*, Princeton, NJ: Princeton University Press

Inglehart, R., Basanez, M. and Moreno, A. (1998), *Human Values and Beliefs: A Cross-Cultural Sourcebook –Political, Religious, Sexual, and Economic Norms in 43 Societies: Findings from the 1990–1993 World Values Survey*, Ann Arbor, MI: University of Michigan Press

Inglehart, R. and Norris, P. (2003), *Rising Tide: Gender Equality and Cultural Change around the World*, New York: Cambridge University Press

Inglehart, R. and Norris, P. (2004), *Sacred and Secular: Religion and Politics Worldwide*, New York: Cambridge University Press

Inglehart, R. and Welzel, C. (2005), *Modernization, Cultural Change, and Democracy: The Human Development Sequence*, New York: Cambridge University Press

Izugbara, C. O. (2005), 'The socio-cultural context of adolescents' notions of sex and sexuality in rural South-Eastern Nigeria', *Sexualities*, 8: 600–617

Jack, A. (2010), 'Fat is a fi nancial issue', *Financial Times*, 9 September 2010

Jackson, L. A. (1992), *Physical Appearance and Gender: Sociobiological and Sociocultural Perspectives*, Albany, NY: State University of New York Press

Jackson, L. A., Hunter, J. E. and Hodge, C. N. (1995), 'Physical attrac-tiveness and intellectual competence: a meta-analytic review', *Social Psychology Quarterly*, 58(2): 108–22

Jacobsen, D. (2012), *Of Virgins and Martyrs: Women's Sexuality in Global Conflict*, Baltimore, MD: Johns Hopkins University Press

Jacobsen, M. (2002), 'Why do men buy sex?', *NIKK Magasin*, online article

James, O. (1997), *Britain on the Couch*, London: Century

Jankowiak, W. R. (1995), *Romantic Passion: A Universal Experience?*, New York: Columbia University Press

Jankowiak, W. R. (ed.) (2008), *Intimacies: Love and Sex Across Cultures*, New York: Columbia University Press

Janus, S. S. and Janus, C. L. (1993), *The Janus Report on Sexual Behaviour*, New York: John Wiley & Sons

Jeffreys, E. (2006), 'Debating the legal regulation of sex-related bribery and corruption in the People's Republic of China', pp.159–78, in E. Jeffreys (ed.) (2006), *Sex and Sexuality in China*, London: Routledge

Jeffreys, E. (ed.) (2006), *Sex and Sexuality in China*, London: Routledge

Jeffreys, S. (1997), *The Idea of Prostitution*, Melbourne: Spinifer Press

Jeffreys, S. (2005), *Beauty and Misogyny: Harmful Cultural Practices in the West*, London and New York: Routledge

Johnson, A., Wellings, K., Field, J. and Wadsworth, J. (1994), *Sexual Attitudes and Lifestyles*, London: Penguin Books

Johnson, A. et al (2001), 'Sexual behaviour in Britain: partnerships, practices, and HIV risk behaviours', *Lancet*, 358: 1835–42

Johnston, W. (2005), *Geisha, Harlot, Strangler, Star: A Woman, Sex and Morality in Modern Japan*, New York: Columbia University Press

Jolivet, M. (1997), *Japan: The Childless Society?*, London: Routledge Jones, S. (2009), 'Where did my sex kitten go?', *Sunday Times Style Magazine*, 15 March 2009

Jong, E. (1973), *Fear of Flying*, New York: Holt, Reinhart and Winston

Judge, T. A., Hurst, C. and Simon, L. S. (2009), 'Does it pay to be smart, attractive, or confi dent (or all three)? Relationships among general mental ability, physical attractiveness, core self-evaluations, and income', *Journal of Applied Psychology*, 94(3): 742–55

Jukes, A. (1993), *Why Men Hate Women*, London: Free Association Books

Kakabadse, A. and Kakabadse, N. K. (2004), *Intimacy: An International Survey of the Sex Lives of People at Work*, Basingstoke: Palgrave Macmillan

Kalick, S. M., Zebrowitz L. A., Langlois, J. H. and Johnson, R. M.(1998), 'Does human facial attractiveness honestly advertise health? Longitudinal data on an evolutionary question', *Psychological Science*, 9: 8–13

Kanazawa, S. (2011), 'Intelligence and physical attractiveness', *Intelligence*, 39: 7–14

Kanazawa, S. and Kovar, J. L. (2004), 'Why beautiful people are more intelligent', *Intelligence*, 32: 227–43

Karch, C. A. and Dann, G. H. S. (1981), 'Close encounters of the Third World', *Human Relations*, 34: 249–68

Kauppinen, K. and Anttila, E. (2005), 'Onko painolla valia: hoikat, lihavat ja normaalipainoiset naiset tyoelaman murroksessa?' (Does weight matter –how do women with diff erent BMI cope with work-life situations?), *Tyo ja Ihminen*, 2: 239–56

Kavanagh, D. and Cowley, P. (2010), *The British General Election of 2010*, Basingstoke: Palgrave Macmillan

Kelly, I. (2008), *Casanova*, London: Hodder & Stoughton

Kelly, P. (2008), *Lydia's Open Door: Inside Mexico's Most Modern Brothel*, Berkeley, CA: University of California Press

Kemper, T. D. (ed.) (1990), *Research Agendas in the Sociology of Emotions*, Albany, NY:

State University of New York Press

Kenrick, D. T., Groth, G. E., Trost, M. R. and Sadalla, E. K. (1993), 'Integrating evolutionary and social exchange perspectives on relationships: effects of gender, self-appraisal, and involvement level on mate selection criteria', *Journal of Personality and Social Psychology*, 64: 951–69

Kihlstrom, J. F. and Cantor, N. (2000), 'Social intelligence', pp.359–79 in R. J. Sternberg (ed.), *Handbook of Intelligence*, Cambridge: Cambridge University Press

Kinsman, G. (1996), *The Regulation of Desire: Homo and Hetero Sexualities*, Montreal and London: Black Rose Books

Kirkland, A. (2008), *Fat Rights: Dilemmas of Difference and Personhood*, New York: New York University Press

Kirshenbaum, M. (2008), *When Good People Have Affairs: Inside the Hearts and Minds of People in Two Relationships*, New York: St Martin's Press

Klusman, D. (2002), 'Sexual motivation and the duration of partnership', *Archives of Sexual Behaviour*, 31(3): 275–87

Knight, I. (2009), 'Oh sister, have I misjudged beauty queens', *Sunday Times*, 26 July 2009

Knight, I. (2010), 'If you're half black, half white, you're totally delicious', *Sunday Times*, 18 April 2010

Koktvedgaard, Z. M. (2008), *Polygamy: A Cross-Cultural Analysis*, Oxford and New York: Berg

Kon, I. S. (1995), *The Sexual Revolution in Russia: From the Age of the Csars to Today*, New York: Free Press

Kontula, O. (2009), *Between Sexual Desire and Reality: The Evolution of Sex in Finland*, *trans.* Maija Makinen, Helsinki: Population Research Institute

Kontula, O. and Haavio-Mannila, E. (1995), *Sexual Pleasures: Enhancement of Sex Life in Finland, 1971–1992*, Aldershot: Dartmouth Press

Kramer, P. (2004), 'The many faces of Holly Golightly: Truman Capote, *Breakfast at Tiffany's* and Hollywood', *Film Studies*, 5: 58–65

Kulick, D. (1998), *Travesti: Sex, Gender and Culture among Brazilian Transgendered Prosti-*

tutes, Chicago, IL: University of Chicago Press

Kurzban, R. and Weeden, J. (2005), 'HurryDate: mate preferences in action', *Evolution and Human Behaviour*, 26: 227–44

Lafayette de Mente, B. (2006), *Sex and the Japanese*, Tokyo: Tuttle ublishing

Lampard, R. (2007), 'Couples' places of meeting in late 20th century Britain', *European Sociological Review*, 23: 351–71

Langley, M. (2008), *Women's Infi delity: Living in Limbo and Breaking out of Limbo*, from http://womensinfi delity.com

Langlois, J. H., Kalakanis, L., Rubenstein, A. J., Larson, A., Hallam, M. and Smoot, M. (2000), 'Maxims or myths of beauty? A metaanalytic and theoretical review', *Psychological Bulletin*, 126(3): 390–423

Larsson, S. (2009), *The Girl with the Dragon Tattoo, The Girl Who Played with Fire, and The Girl Who Kicked the Hornet's Nest*, 3 vols., London: MacLehose Press

Laumann, E. O., Gagnon, J. H., Michael, R. T. and Michaels, S.(1994), *The Social Organisation of Sexuality: Sexual Practices in the United States*, Chicago, IL: University of Chicago Press

Laumann, E. O. and Michael, R. T. (eds.) (2001), *Sex, Love, and Health in America: Private Choices and Public Policies*, Chicago, IL: University of Chicago Press

Laumann, E. O., Paik, A., Glasser, D. B., Kang, J. H., Wang, T., Levinson, B. et al (2006), 'A cross-national study of subjective sexual well-being among older women and men', *Archives of Sexual Behaviour*, 35: 145–61

Lawson, A. (1988), *Adultery: An Analysis of Love and Betrayal*, Oxford: Basil Blackwell

Layder, D. (2009), *Intimacy and Power: The Dynamics of Personal Relationships in Modern Society*, Basingstoke: Palgrave Macmillan

Leake, J. (2009a), 'Women are getting more beautiful', *Sunday Times*, 26 July 2009

Leake, J. (2009b), 'Face it, ladies –beauty is all about skin tone', *Sunday Times*, 15 November 2009

Leddick, D. (2005), *The Male Nude*, Cologne: Taschen

Leiblum, S. R., Koochaki, P. E., Rodenberg, C. A., Barton, I. P. and Rosen, R. C. (2006), 'Hypoactive sexual desire disorder in postmenopausal women: US results from the

Women's International Study of Health and Sexuality', *Menopause*, 13: 36–46

Lenton, A. P., Fasolo, B. and Todd, P. M. (2008), 'Shopping for a mate: expected versus experienced preferences in online mate choice', *IEEE Transactions on Professional Communication*, 51: 169–82

Lerner, G. (1986), *The Creation of Patriarchy*, Oxford: Oxford University Press

Lever, J. and Dolnick, D. (2000), 'Clients and call girls: seeking sex and intimacy', in R. Weitzer (ed.), *Sex for Sale*, New York: Routledge

Levitt, S. D. and Dubner, S. J. (2006), *Freakonomics*, London: Allen Lane

Levitt, S. D. and Dubner, S. J. (2009), *Super Freakonomics*, London: Allen Lane

Lewin, B. (ed.) (2000), *Sex in Sweden 1996*, Stockholm: National Institute of Public Health

Lewis, M. B. (2010), 'Why are mixed-race people perceived as more attractive?', *Perception*, 39: 136–9

Lewis, M., Haviland-Jones, J. M. and Barrett, L. F. (2008), *Handbook of Emotions*, 3rd edn, New York: Guilford Press

Lewis, P. (2010), 'Feeling bloated? Men now a stone heavier than in 1986', *Guardian*, 27 December 2010

Lim, L. L. (ed.) (1998), *The Sex Sector: The Economic and Social Bases of Prostitution in Southeast Asia*, Geneva: International Labour Office

Lindau, S. T. and Gavrilova, N. (2010), 'Sex, health, and years of sexually active life gained due to good health: evidence from two US population-based cross-sectional surveys of ageing', *British Medical Journal*, 340(92):c810, DOI: 10.1136/bmj:c810

Lindau, S. T., Schumm, L. P., Laumann, E. O., Levinson, W., O'Muircheartaigh, C. and Waite, L. J. (2007), 'A study of sexuality and health among older adults in the United States', *The New England Journal of Medicine*, 357: 762–74

Linstead, S. and Hopfl, H. (eds.) (1999), *Aesthetics of Organisation*, London: Sage

Lipman-Blumen, J. (1984), *Gender Roles and Power*, Englewood Cliffs, NJ: Prentice-Hall

Liu Dalin, Ng Man Lun, Zhou Li Ping and Haeberle, E. J. (1997), *Sexual Behaviour in Modern China: Report on the Nationwide Survey of 20,000 Men and Women*, New

York: Continuum

Liu-Farrer, G. (2010), 'The absent spouses: gender, sex, race and extramarital sexuality among Chinese migrants in Japan', *Sexualities*, 13: 97–121

Loehlin, J. C. (2000), 'Group differences in intelligence', pp.176–93 in R. J. Sternberg (ed.), *Handbook of Intelligence*, Cambridge: Cambridge University Press

Loh, Eng Seng (1993), 'The economic effects of physical appearance', *Social Science Quarterly*, 74: 420–38

Louis, R. and Copeland, D. (1998), *How to Succeed with Women*, Englewood Cliffs, NJ: Prentice-Hall

Louis, R. and Copeland, D. (2000), *How to Succeed with Men*, Englewood Cliffs, NJ: Prentice-Hall

Loyal, S. and Quilley, S. (2004), *The Sociology of Norbert Elias*, Cambridge: Cambridge University Press

Lubinski, D. and Benbow, C. P. (2006), 'Study of mathematically precocious youth after 35 years', *Perspectives on Psychological Sciences*, 1: 316–45

Luce, E. (2003), 'Spate of rapes puts spotlight on attitudes to women in India', *Financial Times*, 21 October 2003

Mack, D. and Rainey, D. (1990), 'Female applicants' grooming and personnel selection', *Journal of Social Behaviour & Personality*, 5: 399–407

MacKinnon, C. A. (1987), 'Sex and violence', in *Feminism Unmodified*, Cambridge, MA: Harvard University Press

MacKinnon, C. A. (1987), *Feminism Unmodified: Discourses on Life and Law*, Cambridge, MA: Harvard University Press

MacKinnon, C. A, (2005), *Women's Lives, Men's Laws*, Cambridge, MA: Belknap Press

MacKinnon, K. (1998) *Uneasy Pleasures: The Male as Erotic Object*, London: Cygnus Arts

Malo de Molina, C. A. (1992), *Los Espanoles y la Sexualidad*, Madrid: Temas de Hoy

Man, Eva Kit Wah (2000), 'Female body aesthetics, politics, and feminine ideals of beauty in China', in P. Z. Brand (ed.), *Beauty Matters*, pp.169–6, Bloomington, IN: Indiana University Press

Mansson, S. A. (2010), 'Men's practices in prostitution and their implications for social work', article on www.aretusa.net

Marlowe, H. A. (1986), 'Social intelligence: evidence for multidimensionality and construct independence', *Journal of Educational Psychology*, 78: 52–8

Marshall, G. (1982), *In Search of the Spirit of Capitalism*, London: Hutchinson

Marshall, G. (1998), *A Dictionary of Sociology*, Oxford: Oxford University Press

Martin, J. L. and George, M. (2006), 'Theories of sexual stratifi cation: toward an analytics of the sexual fi eld and a theory of sexual capital', *Sociological Theory*, 24: 107–32

Martinovich, V. (2010), *Paranoia*, St Petersburg: Astrel SPB

Masson, G. (1975), *Courtesans of the Italian Renaissance*, London: Secker & Warburg

Masuda, S. (2003), *Autobiography of a Geisha*, trans. G. G. Rowley, New York: Columbia University Press

Mayer, J. D., Salovey, P. and Caruso, D. (2000), 'Models of emotional intelligence', pp.396–420 in R. J. Sternberg (ed.) *Handbook of Intelligence*, Cambridge: Cambridge University Press

Maykovich, M. K. (1976), 'Attitudes versus behaviour in extramarital sexual relations', *Journal of Marriage and the Family*, 38: 693–9

McBride, D. A. (2005), *Why I Hate Abercrombie & Fitch: Essays on Race and Sexuality*, New York: New York University Press

McConnachie, J. (2010) *The Rough Guide to Sex*, London: Penguin

McGuiness, R. (2010), 'Mum's the word, boys', *Metro*, 6 October 2010

McLeod, E. (1982), *Women Working: Prostitution Now*, London: Croom Helm

McNulty, J. K., Neff, L. A. and Karney, B. R. (2008), 'Beyond initial attraction: physical attractiveness in newlywed marriage', *Journal of Family Psychology*, 22: 135–43

Meana, M. (2010), 'Elucidating women's (hetero)sexual desire: definitional challenges and content expansion', *Journal of Sex Research*, 47: 104–22

Mennell, S. (1989), *Norbert Elias: Civilisation and the Human Self-Image*, Oxford: Blackwell

Mennell, S. and Goudsblom, J. (eds.) (1998), *Norbert Elias: On Civilization, Power, and Knowledge*, Chicago and London: University of Chicago Press

Mercurio, J. (2008), *American Adulterer*, London: Jonathan Cape

Merryman, R. (1962), 'Last talk with a lonely girl: Marilyn Monroe', *Life Magazine*, 17 August 1962

Meston, C. M. and Buss, D. M. (2007), 'Why humans have sex', *Archives of Sexual Behaviour*, 36: 477–507

Meston, C. M. and Buss, D. M. (2009), *Why Women Have Sex: nderstanding Sexual Motivations, from Adventure to Revenge (and Everything in Between)*, New York: Times Books

Michaels, S. and Giami, A. (1999), 'Review: sexual acts and sexual relationships: asking about sex in surveys', *Public Opinion Quarterly*, 63(3): 401–20

Miller, A. S. and Kanazawa, S. (2007), *Why Beautiful People Have More Daughters: From Dating, Shopping and Praying to Going to War and Becoming a Billionaire – Two Evolutionary Psychologists Explain Why We Do* What We Do, London: Penguin/Perigree

Miller, E. (1986), *Street Women*, Philadelphia, IL: Temple University Press

Millet, C. (2001/2002), *The Sexual Life of Catherine M (La Vie Sexuelle de Catherine M)*, trans. A. Hunter, London: Serpent's Tail

Mobius, M. M. and Rosenblat, T. S. (2006), 'Why beauty matters', *American Economic Review*, 96: 222–35

Monto, M. A. (2000), 'Why men seek out prostitutes', in R. Weitzer, (ed.), *Sex for Sale*, New York: Routledge

Morris, B. (2002), 'Trophy husbands arm candy? Are you kidding? While their fast-track wives go to work, stay-at-home husbands mind the kids. They deserve a trophy for trading places', *Fortune Magazine*, 14 October 2002. Available on money.cnn.com/magazines/fortune

Moscowitz, M. L. (2008), 'Multiple virginity and other contested realities in Taipei's foreign club culture', *Sexualities*, 11: 327–51

Mossuz-Lavau, J. (2002), *La Vie Sexuelle en France*, Paris: Editions La Martiniere

Mouzelis, N. (1989), 'Restructuring structuration theory', *Sociological Review*, 37: 613–36

Mouzelis, N. (1995), *Sociological Theory: What Went Wrong? Diagnosis and Remedies*, London: Routledge

Mulford, M., Orbell, J. and Stockard, J. (1998), 'Physical attractiveness, opportunity, and success in everyday exchange', *American Journal of Sociology*, 103: 1565–92

Mulhall, J., Herbenick, D. et al (2008), 'The National Survey of Sexual Health and Behaviour', *Journal of Sexual Medicine, special issue*, 5: 788–95

Mullan, B. (1984), *The Mating Trade*, London: Routledge

Muller, C. (2009), *365 Days: A Memoir of Intimacy*, London: John Blake

Mulvey, L. (1984), 'The image and desire', in Lisa Appignanesi (ed.), *Desire*, London: ICA

Mulvey, L. (1989), *Visual and Other Pleasures*, London: Macmillan

Murdoch, G. P. (1949), *Social Structure*, New York: Columbia University Press

Murray, A. (1991), *No Money, No Honey: A Study of Street Traders and Prostitutes in Jakarta*, Oxford: Oxford University Press

Myers, O. (2010), 'My first time cruising', *Time Out*, 29 April 2010

Nabokov, V. (1955), *Lolita*, Paris: Olympia

Nelson, N. (1987), 'Selling her kiosk: Kikuyu notions of sexuality and sex for sale in Mathare Valley, Kenya', in P. Caplan (ed.), *The Cultural Construction of Sexuality*, pp.217–9, London: Routledge

Nencel, L. (2010), 'Que viva la minifalda! Secretaries, miniskirts and daily practices of sexuality in the public sector in Lima', *Gender, Work and Organisation*, 17: 69–90

Neubeck, G. (ed.) (1969), *Extramarital Relations*, Englewood Cliffs, NJ: Prentice-Hall

Nickson, D., Warhurst, C., Cullen, A. M. and Watt, A. (2003), 'Bringing in the excluded? Aesthetic labour, skills and training in the "new" economy', *Journal of Education and Work*, 16: 185–203

Nickson, D., Warhurst, C. and Dutton, E. (2005), 'The importance of attitude and appearance in the service encounter in retail and hospitality', *Managing Service Quality*, 15: 195–208

Nickson, D., Warhurst, C. and Watt, A. (2000), 'Learning to present yourself: "aesthetic labour" and the Glasgow example', *The Hospitality Review*, no. 38, April 2000, 2: 38–42.

Nin, A. (1980), *The Diary of Anais Nin (edited by G. Stuhlman)*, New York: Harcourt

Brace

Nisbett, R. E. (2003), *The Geography of Thought: How Asians and Westerners Think Differently··· and Why*, New York: Free Press

Nye, R. A. (1999), 'Sex and sexuality in France since 1800', in F. X.

Eder, L. A. Hall and G. Hekma (eds.), *Sexual Cultures in Europe*, pp.91–13, Manchester: Manchester University Press

Oliver, M. B. and Hyde, J. S. (1993), 'Gender differences in sexuality: a meta-analysis', *Psychological Bulletin*, 114: 29–51

Orbach, S. (1978/1988), *Fat is a Feminist Issue*, London: Arrow

Padavic, I. and Reskin, B. (2002), *Women and Men at Work*, Thousand Oaks, CA: Pine Forge Press

Paglia, C. (1992), *Sex, Art, and American Culture*, New York: Vintage

Papanek, H. (1973), 'Men, women, and work: reflections on the twoperson career', *American Journal of Sociology*, 78: 852–72

Parker, R. G. (1991), *Bodies, Pleasures, and Passions: Sexual Culture in Contemporary Brazil*, Boston, MA: Beacon Press

Pateman, C. (1988), *The Sexual Contract*, Cambridge: Polity Press

Paul, E. L., McManus, B. and Hayes, A. (2000), 'Hookups: characteristics and correlates of college students' spontaneous and anonymous sexual experiences', *Journal of Sex Research*, 37: 76–88

Peplau, L. A. (2003), 'Human sexuality: how do men and women differ?', *Current Directions in Psychological Science*, 12: 37–40

Perel, E. (2007), *Mating in Captivity: Reconciling the Erotic and the Domestic*, London: Hodder & Stoughton

Phillips, A. (2012), *Body Property: Bodies as Possessions and Objects*, Princeton: Princeton University Press

Pinker, Steven (2002), *The Blank Slate: The Modern Denial of Human Nature*, London: Allen Lane

Pinker, Susan (2008), *The Sexual Paradox*, Random House Canada

Piscitelli, A. (2007), 'Shifting boundaries: sex and money in the North-East of Brazil',

Sexualities, 10: 489–500

Plantenga, J., Remery, C, Figueiredo, H. and Smith, M. (2009), 'Towards a European Union Gender Equality Index', *Journal of European Social Policy*, 19: 19–33.

Popper, M. (2005), *Leaders Who Transform Society: What Drives Them and Why We Are Attracted*, Westport, CT: Praeger

Posner, R. A. (1992), *Sex and Reason*, Cambridge MA: Harvard University Press

Potterat, J. J., Woodhouse, D. E., Muth, J. B. and Muth, S. Q. (1990), 'Estimating the prevalence and career longevity of prostitute women', *Journal of Sex Research*, 27: 233–43

Praver, F. C. (2006), *Daring Wives: Insights into Women's Desires for Extramarital Affairs*, Westport, CT and London: Praeger

Price-Glynn, K. (2010), *Strip Club: Gender, Power, and Sex Work*, New York: New York University Press

Putnam, R. D. (1995), 'Bowling alone: America's declining social capital', *Democracy*, 6: 65–78

Putnam, R. D. (2000), *Bowling Alone: The Collapse and Revival of American Community*, New York: Simon & Schuster

Raboch, J. and Raboch, J. (1989), 'Changes in the premarital and marital sexual life of Czechoslovak women born between 1911 and 1970', *Journal of Sex and Marital Therapy*, 15: 207–14

Raz, A. E. (2002), *Emotions at Work: Normative Control, Organisations, and Culture in Japan and America*, Cambridge, MA: Harvard University Asia Centre

Raza, S. M. and Carpenter, B. N. (1987), 'A model of hiring decisions in real employment interviews', *Journal of Applied Psychology*, 72: 596–603

Reage, P. (1975), *Histoire d'O*, Paris: Jean-Jacques Pauvert

Reddy, G. (2005), *With Respect to Sex: Negotiating Hijra Identity in South India*, Chicago, IL: University of Chicago Press

Reichert, T. (2003), *The Erotic History of Advertising*, Amherst, NY: Prometheus Books

Reichert, T. and Lambiase, J. (eds.) (2003), *Sex in Advertising*, Amherst, NY: Prometheus Books

Reinhard, M.-A., Messner, M. and Sporer, S. L. (2006), 'Explicit persuasive intent and its impact on success at persuasion –the determining roles of attractiveness and likeableness', *Journal of Consumer Psychology*, 16(3): 249–59

Rhode, D. L. (2010), *The Beauty Bias: The Injustice of Appearance in Life and Law*, New York: Oxford University Press

Rhodes, G. and Zebrowitz, L. A. (eds.) (2002), *Facial Attractiveness: Evolutionary, Cognitive and Social Perspectives*, Westport, CT: Ablex Rich, G. J. and Guidroz, K. (2000) 'Smart girls who like sex: telephone sex workers', in R Weitzer (ed), Sex for Sale, New York: Routledge

Richters, J. and Rissel, C. (2005), *Doing It Down Under: The Sexual Lives of Australians*, Sydney: Allen & Unwin

Roehling, M. V. (1999), 'Weight-based discrimination in employment: psychological and legal aspects', *Personnel Psychology*, 52: 969–1016

Romm-Livermore, C. and Setzekom, K. (eds.) (2009), *Social Networking Communities and E-Dating Services: Concepts and Implications*, Hershey, PA: Information Science Reference

Rosewarne, L. (2007), *Sex in Public*, Newcastle: Cambridge Scholars

Rothblum, E. and Solvay, S. (2009), *The Fat Studies Reader*, New York: New York University Press

Rounding, V. (2003), *Grandes Horizontales: The Lives and Legends of Four Nineteenth Century Courtesans*, London: Bloomsbury

Rouse, L. (2002), *Marital and Sexual Lifestyles in the United States: Attitudes, Behaviours, and Relationships in Social Context*, New York: Haworth Clinical Practice Press

Saeed, F. (2001), *Taboo! The Hidden Culture of a Red Light Area*, Oxford: Oxford University Press

Sarlio-Lahteenkorva, S., Silvennoinen, K. and Lahelma, E. (2004), 'Relative weight and income at different levels of socioeconomic status', *American Journal of Public Health*, 94(3): 468–72

Saxena, S., Carlson D., Billington, R. and Orley, J. (2001), 'The WHO quality of life assessment instrument (WHOQOL-Bref): the importance of its items for cross-cultural research', *Quality of Life Research*, 10: 711–21

Scanzoni, J. H. (1972), *Sexual Bargaining*, Englewood Cliffs, NJ: Prentice-Hall

Schick, A. and Steckel R. H. (2010), *Height as a Proxy for Cognitive and Non-Cognitive Ability*, National Bureau of Economic Research Working Paper no. 16570, December 2010

Schnarch, D. (1997), *Passionate Marriage: Keeping Love and Intimacy Alive in Committed Relationships*, New York: W W Norton

Shay, A. and Sellers-Young, B. (2005), *Belly Dance: Orientalism, Transnationalism and Harem Fantasy*, Costa Mesa, CA: Mazda Publishers

Shepherd, G. (1987), 'Rank, gender and homosexuality: Mombasa as a key to understanding sexual options', in E. Caplan (ed.), *The Cultural Construction of Sexuality*, pp.240–70, London: Tavistock

Sherman, A. J. and Tocantins, N. (2004), *The Happy Hook-Up: A Single Girl's Guide to Casual Sex*, Berkeley, CA: Ten Speed Press

Shrage, L. (1994), *Moral Dilemmas of Feminism: Prostitution, Adultery and Abortion*, New York: Routledge

Sichtermann, B. (1986), *Femininity: The Politics of the Personal*, Cambridge: Polity Press

Silverstein, M. J. and Sayre, K. (2009), *Women Want More: How to Capture Your Share of the World's Largest, Fastest-Growing Market*, New York: HarperCollins for The Boston Consulting Group

Simon, P., Gondonneau, J., Mironer, L. and Dourlen-Rollier, A. M.(1972), *Rapport sur le Comportement Sexuel des Francais*, Paris: Julliard

Simon, R. W. and Nath, L. E. (2004), 'Gender and emotion in the United States: do men and women differ in self-reports of feelings and expressive behaviour?', *American Journal of Sociology*, 109: 1137–76

Singh, D. (1993), 'Adaptive significance of female physical attractiveness: role of waist-to-hip ratio', *Journal of Personality and Social Psychology*, 65: 292–307

Skevington, S. M., O'Connell, K. A. and the WHOQOL Group(2004), 'Can we identify the poorest quality of life?', *Quality of Life Research*, 13: 23–34

Smith, C. (2007), *One for the Girls! The Pleasures and Practices of Reading Women's Porn,*

Bristol and Chicago, IL: Intellect Press

Smith, D. (2000), *Norbert Elias and Modern Social Theory*, London: Sage

Smith, D. J. (2008), 'Intimacy, infidelity, and masculinity in Southeastern Nigeria', in W. R. Jankowiak (ed.), *Intimacies*, pp.224–44, New York: Columbia University Press

Smith, N. (2010), 'Inside the baby farm', *Sunday Times*, 9 May 2010

Soames, G. (2010), 'Which button says I get promoted?', *Sunday Times*, 19 December 2010

Soble, A. (2002), *Pornography, Sex and Feminism*, New York: Prometheus

Sollis, A. (2010), 'Multilingual schools can still achieve impressive results', *Guardian*, 22 September 2010

Spicer, K. (2011), 'Feminism? That's rich!', *Sunday Times*, 9 January 2011

Spira, A. and Bajos, N. (1993), *Les Comportements Sexuels en France*, Paris: La Documentation Francaise

Sprecher, S. and McKinney, K. (1993), *Sexuality, Newbury Park*, CA: Sage

Staheli, L. (2007), *Affair-Proof Your Marriage: Understanding, Preventing and Surviving an Affair*, New York: HarperCollins

Stanley, L. (1995), *Sex Surveyed 1949–1994*, London: Taylor & Francis

Stephenson-Connolly, P. (2009), 'Sexual healing', *Guardian*, 27 November 2009

Stevens, G., Owens, D. and Schaefer, E. C. (1990), 'Education and attractiveness in marriage choices', *Social Psychology Quarterly*, 53: 6–70

Stonehouse, J. (1994), *Idols to Incubators: Reproduction Theory Through the Ages*, London: Scarlet Press

Strand, S., Deary, I. J. and Smith, P. (2006), 'Sex differences in cognitive abilities test scores: a UK national picture', *British Journal of Educational Psychology*, 76: 463–80

Sturdevant, S. P. and Stoltzfus, B. (1992), *Let the Good Times Roll: Prostitution and the US Military in Asia*, New York: New Press

Summerton, C. (2008), *The Profession of Pleasure*, London: Robert Hale

Swami, V. and Furnham, A. (eds.) (2007), *The Body Beautiful: Evolutionary and Sociocultural Perspectives*, New York: Palgrave Macmillan

Swim, J. K. (1994), 'Perceived versus meta-analytic effect sizes: an assessment of the accuracy of gender stereotypes', *Journal of Personality and Social Psychology*, 66: 21–36

Symonds, S. J. (2007), *Having an Affair? A Handbook for the Other Woman*, New York: Red Brick Press

Szreter, S. and Fisher, K. (2011), *Sex Before the Sexual Revolution: Intimate Life in England 1918–1963*, Cambridge University Press

Taylor, A. (1991), *Prostitution: What's Love Got to Do with It?*, London: Optima

Taylor, P. A. and Glenn, N. D. (1976), 'The utility of education and attractiveness for females' status attainment through marriage', *American Sociological Review*, 41: 484–97.

Thelot, C. (1982), *Tel Pere, Tel Fils? Position Sociale et Origine Familiale*, Paris: Dunot

Thomas, S. (2006), *Millions of Women Are Waiting to Meet You*, London: Bloomsbury

Thompson, A. P. (1983), 'Extramarital sex: a review of the research literature', *Journal of Sex Research*, 19: 1–22

Thompson, J. K. and Cafri G. (eds.) (2007), *The Muscular Ideal*, Washington, DC: American Psychological Association

Thorbek, S. and Pattanaik B. (eds.) (2002), *Transnational Prostitution: Changing Global Patterns*, London: Zed Books

Titmuss, R. M. (1970), *The Gift Relationship: From Human Blood to Social Policy*, London: Allen Lane

Todd, P. M., Penke, L., Fasolo, B. and Lenton A. P. (2007), 'Different cognitive processes underlie human mate choices and mate preferences', *Proceedings of the National Academy of Sciences*, 104, no. 38: 15011–16

Townsend, J. M. (1987), 'Mate selection criteria: a pilot study', *Ethology and Sociobiology*, 10: 241–53.

Townsend, J. M. and Levy, G. D. (1990), 'Effects of potential partners' physical attractiveness and socioeconomic status on sexuality and partner selection', *Archives of Sexual Behaviour*, 19: 149-64

Townsend, J. M. and Wasserman, T. (1997), 'The perception of sexual attractiveness: sex diff erences in variability', *Archives of Sexual Behaviour*, 26: 243–68

Truss, L. (2005), Talk to the Hand, London: Profile Tseelon, E. (1995), *The Masque of*

Femininity: The Presentation of Women in Everyday Life, London: Sage

Turner, J. (2010), 'Sex and the study: meet the campus concubines', *Sunday Times*, 19 December 2010

Twenge, J. M. (2006), *Generation Me: Why Today's Young Americans Are More Confident, Assertive, Entitled —and More Miserable Than Ever Before*, New York: Free Press

Twenge, J. M. et al (2008), 'Egos inflating over time: a cross-temporal meta-analysis of the narcissistic personality', *Journal of Personality*, 76(4): 875–902

Udry, J. R. (1966), *The Social Context of Marriage*, Philadelphia, PA: J. B. Lippincott

Udry, J. R. (1977), 'The importance of being beautiful: a re-examination and racial comparison', *American Journal of Sociology*, 83: 154–60

Udry, J. R. (1984), 'Benefits of being attractive: diff erential payoffs for men and women', *Psychological Reports*, 54: 47–56

Underwood, E. (1999), *The Life of a Geisha*, New York: Smithmark Vaccaro, C. M. (ed.) (2003), Comportamenti Sessuali degliItaliani: Falsi Mitie Nuove Normalita, Milan: FrancoAngeli for Fondazione Pfizer

Vailliant M. (2009), *Les Hommes, l'Amour, la Fidelite*, Paris: Albin Michel

Wajcman, J. (1996), 'Desperately seeking differences: is management style gendered?', *British Journal of Industrial Relations*, 34: 333–49

Wajcman, J. (1998), *Managing Like a Man*, Philadelphia, PA: Pennsylvania University Press

Walby, S. (1990), *Theorising Patriarchy*, Oxford: Blackwell

Walkowitz, J. R. (1980), 'The politics of prostitution', *Signs*, 6: 123–35

Walkowitz, J. R. (1982), *Prostitution and Victorian Society: Women, Class and the State*, Cambridge: Cambridge University Press

Waller, W. (1938), *The Family*, New York: Dryden

Walter, N. (2010), *Living Dolls: The Return of Sexism*, London: Virago

Warhurst, C. and Nickson, D. (2001), *Looking Good, Sounding Right: Style Counselling in the New Economy*, London: The Industrial Society

Warhurst, C. and Nickson, D. (2007a), 'Employee experience of aesthetic labour in retail and hospitality', *Work, Employment and Society*, 21: 103–20

Warhurst, C. and Nickson, D. (2007b), 'A new labour aristocracy? Aesthetic labour and routine interactive service', *Work, Employment and Society*, 21: 785–98

Warhurst, C. and Nickson, D. (2009), 'Who's got the look? Emotional, aesthetic and sexualized labour in interactive services', *Gender, Work, and Organization*, 16: 385–404

Webster, M. and Driskell, J. E. (1983), 'Beauty as status', *American Journal of Sociology*, 89: 140–65

Weiner-Davis, M. (2003), *The Sex-Starved Marriage*, London: Simon & Schuster

Weiner-Davis, M. (2008), *The Sex-Starved Wife*, London: Simon & Schuster

Weis, D. L. (1998), 'Conclusions: the state of sexual theory', *Journal of Sex Research*, 35: 100–114

Weitzer, R. (2000), *Sex for Sale: Prostitution, Pornography and the Sex Industry*, New York and London: Routledge

Weitzer, R. (2009), 'Legalising prostitution', *British Journal of Criminology*, 49: 88–105

Wellings, K., Field, J., Johnson, A. and Wadsworth, J. (1994), *Sexual Behaviour in Britain: A National Survey of Sexual Attitudes and Lifestyles*, London: Penguin Books

West, R. (2007), *Marriage, Sexuality, and Gender*, Boulder, CO: Paradigm Publishers

Whelehan, (1995), *Modern Feminist Thought: From the Second Wave to 'Post-Feminism'*, Edinburgh: Edinburgh University Press

White, L. (1990), *The Comforts of Home: Prostitution in Colonial Nairobi*, Chicago: University of Chicago Press

Whitty, M. and Carr, A. N. (2006), *Cyberspace Romance: The Psychology of Online Relationships*, Basingstoke: Palgrave Macmillan

Whitty, M. T., Baker, A. J. and Inman, J. A. (2007), *Online Matchmaking*, Basingstoke: Palgrave Macmillan

WHOQOL Group (1995), 'The World Health Organisation Quality of Life assessment (WHOQOL): position paper from the World Health Organisation', *Social Science and Medicine*, 41: 1403–9

Whyte, M. K. (1990), *Dating, Mating and Marriage*, New York: Aldine de Gruyter

Widmer, E. R., Treas, J. and Newcomb, R. (1998), 'Attitudes to non-marital sex in 24 countries', *Journal of Sex Research*, 35: pp.349–58

Wiederman, M. W. (1997), 'The truth must be in here somewhere: examining the gender discrepancy in self-reported lifetime number of sex partners', *Journal of Sex Research*, 34: 375–86

Wiederman, M. W. (1997), 'Extramarital sex: prevalence and correlates in a national survey', *Journal of Sex Research*, 34: 167–74

Wiederman M. W. and Allgeier, E. R. (1996), 'Expectations and attributions regarding extramarital sex among young married individuals', *Journal of Psychology and Human Sexuality*, 8(3): 21–3

Wilkinson, R. and Pickett, K. (2009), *The Spirit Level*, London: Allen Lane

Williams, L. (1999), *Hard Core: Power, Pleasure and the Frenzy of the Visible*, Berkeley, CA: University of California Press

Willsher, K. (2010), 'L'Oreal heiress gave friend 1 billion euros because he asked for it', *Guardian*, 2 October 2010

Wiseman, R. (2003), 'The luck factor', *Skeptical Inquirer*, 27(3): 1–5

Wiseman, R. (2004), *The Luck Factor*, London: Arrow

Wittig, M. (1992), *The Straight Mind and Other Essays*, Boston, MA: Beacon Press

Witz, A., Warhurst, C. and Nickson, D. (2003), 'The labour of aesthetics and the aesthetics of organisation', *Organisation*, 10: 33–54

Wolf, N. (1990), *The Beauty Myth*, London: Chatto & Windus

Wolfe, L. (1975), *Playing Around: Women and Extramarital Sex*, New York: William Morrow

Woods, W. W. and Binson, D. (eds.) (2003), *Gay Bathhouses and Public Health Policy*, New York: Harrington Park Press

Wouters, C. (1989), 'The sociology of emotions and fl ight attendants: Hochschild's Managed Heart', *Theory, Culture and Society*, 6: 95–450

Wouters, C. (2004), *Sex and Manners*, London: Sage

Wouters, C. (2007), *Informalization: Manners and Emotions since 1890*, London: Sage

Wyman, B. (1990), *Stone Alone*, London: Viking

Zebrowitz, L. A. (1990), *Social Perception*, Milton Keynes: Open University

Zebrowitz, L. A. (1997), *Reading Faces: Window to the Soul?*, Boulder, CO: Westview Press

Zebrowitz, L. A., Collins, M. A. and Dutta, R. (1998), 'The relationship between appearance and personality across the life span', *Personality and Social Psychology Bulletin*, 24: 736–49

Zebrowitz, L. A., Collins, M. A. and Dutta, R. (1998), 'The relationship between appearance and personality across the life span', Personality and Social Psychology Bulletin, 24: 736–49

Zebrowitz, L. A., Hall, J. A., Murphy, N. A. and Rhodes, G. (2002), 'Looking smart and looking good: facial clues to intelligence and their origins', *Personality and Social Psychology Bulletin*, 28: 238–49

Zebrowitz, L. A., Kikuchi, M. and Felous, J. M. (2010), 'Facial resemblance to emotions: group diff erences, impression eff ect and race stereotypes', *Journal of Personality and Social Psychology*, 98, 175–89

Zebrowitz, L. A., Montpare, J. M. and Lee, H. K. (1993), 'They don't all look alike: differentiating same versus other race individuals', *Personality and Social Psychology Bulletin*, 65: 85–101

Zebrowitz, L. A., Olson, K. and Hoff man, K. (1993), 'Stability of babyfaceness and attractiveness across the life span', *Journal of Personality and Social Psychology*, 64(3): 453–66

Zelizer, V. A. (1985), *Pricing the Priceless Child: The Changing Social Value of Children*, New York: Basic Books

Zelizer, V. A. (1989), 'The social meaning of money: special monies', *American Journal of Sociology*, 95: 342–77

Zelizer, V. A. (2005), *The Purchase of Intimacy*, Princeton, NJ: Princeton University Press

Zetterberg, H. L. (1966), 'The secret ranking', *Journal of Marriage and the Family*. Reprinted 1997 in R. Swedberg and E. Uddhammar(eds.), Hans L. *Zetterberg, Sociological Endeavour, Selected Writings*, Stockholm: City University RATIO Classic. Reprinted 2002 in K. Plummer (ed.), *Sexualities: Critical Concepts in Sociology*, London: Routledge, vol. 2, pp.242–57

Zetterberg, H. L. (1969/2002), *Sexual Life in Sweden*, trans. with a new Introduction by Graham Fennell, New Brunswick, NJ: Transaction Publishers

감사의 말

『성적 쾌락』(다트머스 출판사, 1995년)에 실린 표 1, 2, 3을 이 책에 다시 싣게 허락해 준 오스모 콘툴라와 엘리나 하비오 마닐라에게 감사한다.

시카고 대학 출판사의 허락 덕분에 라우만, 개그농, 마이클, 마이클스의 『섹슈얼리티의 사회구조』(시카고대학출판사, 1994년)에 실린 표 4와 5도 이 책에 실릴 수 있었다.(표 4와 5는 ⓒ Edward O. Laumann and Robert T. Michael, 1994의 저작권 보호를 받는다)

이 책이 그토록 빠른 시간 안에 탄생할 수 있었던 것은 나의 편집자 헬렌 콘포드와 제니 프라이, 세라 헌트쿡(Sarah Hunt-Cooke). 케이트 버턴(Kate Burton), 알렉스 엘람(Alex Elam), 리처드 두구드(Richard Duguid) 등, 런던 펭귄출판사의 많은 직원들 덕분이다. 그들 모두에게 심심한 감사의 말을 전한다.

옮긴이 **이현주**

서울대 서양사학과를 졸업하고《매일경제》편집국에서 근무했다. 현재 전문 번역가로 활동 중이다. 옮긴 책으로는『증오의 세기』,『대중의 직관』,『음식은 자유다』,『브레인 어드밴티지』,『위대한 연설 100』,『카리스마의 역사』,『경쟁사도 탐내는 팀장의 마케팅』,『CEO가 원하는 팀장의 혁신』,『상식의 실패』,『하이퍼 컴퍼티션』,『탐욕 주식회사』,『슈퍼클래스』,『유혹과 조종의 기술』,『매니저의 업무 기술』,『뉴미디어의 제왕들』,『에펠』,『팀장 정치력』,『2009 세계대전망』,『혁명적으로 지식을 체계화하라』 등이 있다.

매력 자본

1판 1쇄 펴냄 2013년 2월 1일
1판 15쇄 펴냄 2024년 5월 27일

지은이 캐서린 하킴
옮긴이 이현주
발행인 박근섭·박상준
펴낸곳 (주)민음사

출판등록 1966. 5. 19. 제16-490호
주소   서울특별시 강남구 도산대로1길 62(신사동)
             강남출판문화센터 5층 (우편번호 06027)
대표전화 02-515-2000 | 팩시밀리 02-515-2007
홈페이지 www.minumsa.com

ISBN 978-89-374-8653-1 (03320)